电驱动
特种车辆技术

李洪彪 杨 波 编著

Electric-Drive Special
Vehicles Technology

化学工业出版社
·北京·

内容简介

　　本书结合作者在特种车辆设计开发与实验等方面积累的多年研究成果及新能源车辆最新研究进展，介绍了电驱动特种车辆的总体设计思路、方法与技术要求；结合动力电池技术、电机驱动系统、智能动力单元和分布式能量管理技术，讲解了电驱动特种车辆的智能动力驱动系统、电驱动特种车辆电机反拖制动和防抱死制动系统，以及电驱动特种车辆电动助力转向系统、车架和悬架系统、驾驶室、电气系统和整车控制系统，并基于 AVL Cruise 对整车的性能进行了仿真实验研究。

　　本书可作为相关专业的教材或参考书，还可供从事新能源特种车辆开发、研究、试验、生产制造、管理等单位和部门的工程技术人员参考。

图书在版编目（CIP）数据

　电驱动特种车辆技术/李洪彪, 杨波编著 . —北京：
化学工业出版社，2022. 11（2023. 5 重印）
　ISBN 978-7-122-42221-7

　Ⅰ. ①电… Ⅱ. ①李…②杨… Ⅲ. ①电动汽车
Ⅳ. ①U469. 72

　中国版本图书馆 CIP 数据核字（2022）第 171226 号

责任编辑：陈景薇
文字编辑：冯国庆
责任校对：宋 玮
装帧设计：张 辉

出版发行：化学工业出版社
　　　　　（北京市东城区青年湖南街 13 号　邮政编码 100011）
印　　装：北京科印技术咨询服务有限公司数码印刷分部
787mm×1092mm　1/16　印张 18　彩插 2　字数 445 千字
2023 年 5 月北京第 1 版第 2 次印刷

购书咨询：010-64518888
售后服务：010-64518899
网　　址：http://www.cip.com.cn

凡购买本书，如有缺损质量问题，本社销售中心负责调换。

定　　价：98. 00 元　　　　　　　　　　　版权所有　违者必究

前言
PREFACE

面对环境和资源问题的威胁，电动汽车的研发和生产在近十几年达到顶峰。在"碳中和、碳达峰"的目标背景下，各地对环保越来越重视，2021年电动重卡汽车在低迷的重卡市场中的销量持续走高。在国防领域，对重型越野车有着迫切的需求，同时，军用车辆的电动化也引起人们的关注。在军事领域，电动化的军车有着传统柴油车无法比拟的优势。第一，电动化的军车可以满足静默监视的需要。电机的噪声小，这在敌后执行秘密行动以及运输物资时更加有利于隐蔽行动，使静默机动成为可能。第二，电动化可以实现军车强适应性。发动机受封闭性的影响，电动汽车相比于燃油汽车在泥泞等恶劣地形更具有优势；另外，在高原地区，柴油车进气不足，电动汽车相比燃油汽车更有优势。同时，研究显示，重型车辆的排放量相当于300辆家用轿车。如果实现重型车辆的电动化，将会对加速"碳中和、碳达峰"目标的实现做出重要贡献。目前，军车电动化在武装部队中的应用正在迅速成为现实，虽然在将电动汽车用于战斗环境之前需要解决技术障碍，但新技术已经在一些军营中得到应用，将电动化的车辆运用于军事领域是势在必行的。

本书全面、系统地介绍了电驱动特种车辆技术，共分10章：第1章介绍了电动汽车的定义与分类，阐述了电驱动特种车辆结构与关键技术，并且分析了特种车辆电驱化发展趋势；第2章阐述了电驱动特种车辆总体设计方法；第3章至第9章分别介绍了电驱动特种车辆智能动力驱动系统、电驱动特种车辆制动系统、电驱动特种车辆转向系统、电驱动特种车辆车架及悬架系统、电驱动特种车辆驾驶室、电驱动特种车辆电气系统以及电驱动特种车辆整车控制系统；第10章阐述了电驱动特种车辆性能试验，包括车辆基本性能计算与基于AVL Cruise 的整车性能仿真。

本书对电驱动特种车辆的关键技术做了深入的分析，内容兼具国内外相关研究，既反映了当前国内外关于重型车辆的新技术与研究成果，同时体现了新的行业导向。

为了向阅读者传播知识并提供解决问题的思路，本书在编写过程中，参阅了大量的相关文献，这些成功的研究内容与成果给予我们非常大的帮助，在此，向相关参考文献的作者表示衷心的感谢。

由于笔者水平有限，本书不足之处在所难免，恳请读者提出宝贵的意见，以便我们在后续的工作中进行修正和改进。

编著者

目录

CONTENTS

第 3 章
电驱动特种车辆智能动力驱动系统　　71

第6章
电驱动特种车辆车架及悬架系统　141

第1章
绪 论

1.1 电动汽车的定义与分类

电动汽车（Electric Vehicle，EV）是指以车载电源为动力，用电机驱动车轮行驶，符合道路交通、安全法规各项要求的汽车。电动汽车一般采用高效率充电电池或燃料电池为动力源。

按照美国汽车工程师学会（Society of Automotive Engineers，SAE）标准可以将电动汽车分为纯电动汽车、混合动力电动汽车、插电式混合动力汽车、增程式混合动力汽车、燃料电池电动汽车。

1.1.1 纯电动汽车

纯电动汽车（Battery Electric Vehicle，BEV），是指以事前已充满电的蓄电池供电给电机，由电机推动的车辆。电池的电量由外部电源补充。

纯电动汽车以蓄电池的形式将能量存储于车上，相等于一般汽车的油箱，为车辆的电机提供电力，电机把电能转化为动能，驱动车辆。电机推动车轮的方式可以像传统车辆一样经差速器传动到车轮，也可以在每个驱动轮处设置一个电机，电机则直接推动车轮，省减了差速器。

纯电动汽车，相对燃油汽车而言，主要差别（异）在于四大部件，即驱动电机、调速控制器、动力电池、车载充电器。相对于加油站而言，它采用超快充电站。纯电动汽车的品质差异取决于这四大部件，其价值高低也取决于这四大部件的品质。纯电动汽车的用途也与四大部件的选用配置直接相关。

纯电动汽车时速快慢和启动速度取决于驱动电机的功率及性能。驱动电机通常除用作驱动车辆外，在刹车时也用作再生制动系统的能量转换器，把车辆的动能回收转化为电能存储于电池中。

纯电动汽车的驱动电机有直流（有刷、无刷、永磁、电磁）和交流步进电机等，它们的选用也与整车配置、用途、档次有关。另外驱动电机的调速控制也分有级调速和无级调速，有采用电子调速控制器和不用电子调速控制器之分。电机有轮毂电机、内转子电机，驱动形式有单电机驱动、多电机驱动和组合电机驱动等。

纯电动汽车续航里程的长短取决于车载动力电池容量的大小，车载动力电池的重量取决于动力电池的种类，充电时间的长短取决于动力电池的性能。电池成本占整车成本非常大的比重，蓄电池的排碳量也占了整个使用周期排碳量的大部分（约为 43%）。所以电池是纯电动汽车发展的最重要的技术关键。常用动力电池主要有铅酸电池、锌碳电池、锂电池等。现今纯电动汽车所使用的电池有镍氢电池（Ni-MH battery）或锂离子电池（Li-ion battery），两种电池都可以回收再利用。现在适合并已用于纯电动汽车的锂电池有磷酸铁锂电池及钛酸锂电池。动力电池的重要性能参数有电池容量、充电时间、电池寿命。动力电池的体积、密度、比功率、比能量、循环寿命等都各异，这取决于制造商对整车档次的定位和用途以及市场界定、市场细分。

图 1-1　典型纯电动汽车的布置形式

典型纯电动汽车的布置形式如图 1-1 所示。

纯电动汽车优点：整体技术相对简单成熟，只要有电力供应的地方都能够充电。

纯电动汽车缺点：蓄电池单位重量储存的能量太少，还因其电池较贵，又没形成经济规模，故购买价格较高，至于使用成本，有些使用价格比燃油汽车贵，有些价格仅为燃油汽车的 1/3，这主要取决于电池的寿命及当地的油、电价格。纯电动汽车中与电池相关的技术仍不成熟，充电技术、续航里程、可靠性等方面仍需改进，而报废电池的处理和电网系统的优化亦为需要解决的关键问题。

1.1.2　混合动力电动汽车

混合动力电动汽车（Hybrid Electric Vehicle，HEV）是指使用两种或两种以上能源的车辆，所使用的动力来源为可消耗的燃料或可再充电能/能量储存装置。根据动力系统结构形式的不同，混合动力电动汽车可分为串联式混合动力汽车（Series Hybrid Electric Vehicle，SHEV）、并联式混合动力汽车（Parallel Hybrid Electric Vehicle，PHEV）和混联式混合动力汽车（Power-Split Hybrid Electric Vehicle，PSHEV）。

1.1.2.1　串联式混合动力汽车（SHEV）

串联式混合动力汽车主要由发动机、发电机和电动机三部分动力总成组成，它们之间用串联方式组成 SHEV 动力单元系统，发动机驱动发电机发电，电能通过控制器输送到电池或电动机，由电动机通过变速机构驱动汽车。小负荷时由电池给电动机供电驱动车轮，大负荷时由发动机带动发电机发电驱动电动机。当车辆处于启动、加速、爬坡工况时，发动机、发电机组和电池组共同向电动机提供电能；当车辆处于低速、滑行、怠速的工况时，则由电池组驱动电动机，当电池组缺电时则由发动机-发电机组向电池组充电。串联式混合动力汽车动力传递路线如图 1-2 所示。

串联式结构适用于城市内频繁起步和低速运行工况，可以将发动机调整在最佳工况点附

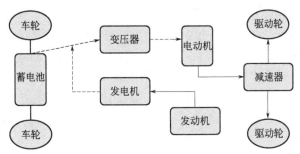

图 1-2　串联式混合动力汽车动力传递路线

——→ 动力传输方向；　----→ 电力传输方向

近稳定运转，通过调整电池和电动机的输出来达到调整车速的目的，使发动机避免了怠速和低速运转的工况，从而提高了发动机的效率，减少了废气排放。但是它的缺点是能量几经转换，机械效率较低。

对于串联式混合动力汽车，从燃油箱、发动机、发电机、整流器流出的能量是单向的，可以经电动机控制器、牵引电动机直到机械传动装置，提供车辆行驶所需要的能量，也可以经过 DC/DC 转换器到达蓄电池组，提供维持蓄电池组 SOC（荷电状态）的能量。从蓄电池组、DC/DC 转换器、电动机控制器、牵引电动机直到机械传动装置，能量流动可以是双向的。根据路况及控制策略，牵引电动机被控制为电动机或发电机，在驱动时，作为电动机使用，提供整车行驶所需要的动力；在制动减速时，作为发电机使用，将整车动能的一部分转化为电能，经 DC/DC 转换器给蓄电池充电，这样就实现了能量的双向流动。

串联式混合动力汽车工作特点：发动机启动后持续工作在高效区，通过发电机给电池充电，而驱动电机作为整车的动力源驱动整车运行。由此可见，串联混合动力技术，需要将机械能转化为电能（发动机→发电机→电池），然后再将电能转化为机械能（电池→牵引力），因为需要两次能量转换，所以整体的效率会比较低，同时需要用驱动电机代替传统的发动机达到牵引的目的，所以电池容量以及发电机、驱动电机的功率都不能太小，因而串联模式大多数应用在大型车中。

串联式混合动力电驱动系统的概念来源于电动汽车驱动系统的发展。与传统的内燃机车辆相比，电动汽车具有零污染的移动性排放物、多能源和高效率的特点。混合动力电动汽车在驱动系统的控制本质上有别于纯粹的电驱动系统。在以低负荷行驶时，串联式混合动力电动汽车可采用纯粹的电驱动模式或纯粹的发动机驱动模式。纯粹的电驱动模式主要用于对排放要求较高的市区道路环境。在以高负荷行驶时（如超车或者满载爬坡时），串联式混合动力电动汽车则采用混合驱动模式，电能来自于发动机-发电机组和蓄电池组。

在正常行驶时，串联式混合动力电动汽车一般采用发动机驱动和蓄电池充电模式运行。此时，发动机可以始终工作在效率高、排放较低的单一工况，并带动发电机发电。在电动机控制器的调节下，发电机发出的电能主要用于电动机，再通过机械传动装置驱动汽车行驶。当发电机发出的电能有多余时，可以同时向蓄电池组充电。按照来自驾驶员的牵引功率（转矩）的指令，来自各组件、驱动系统的预置控制策略的反馈，车辆控制器给出对各组件的运行指令。控制的目标是：满足驾驶员的功率需求；以最佳效率运行各组件；尽可能多地回收制动能量；在参数预置窗内，保持峰值电源的荷电状态。

1.1.2.2 并联式混合动力汽车（PHEV）

并联式混合动力汽车是指以先进控制技术为纽带，将内燃发动机与电动机通过机械连接接入驱动系统，由于两个动力源根据不同工作模式，分别进行驱动或者联合驱动，进而结合传统内燃机汽车与纯电动汽车的优点而生产出来的新能源汽车。

如图 1-3 所示为典型的并联式混合动力汽车动力传递路线，它有内燃机和电动机两套驱动系统。它们可分开工作，也可一起协调工作，共同驱动。所以并联式混合动力汽车可以在比较复杂的工况下使用，应用范围比较广。

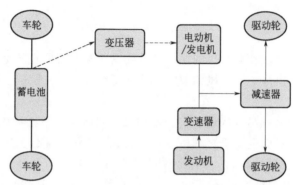

图 1-3　典型的并联式混合动力汽车动力传递路线

——→ 动力传输方向；-----→ 电力传输方向

并联式结构由于电机的数量种类、传动系统的类型、部件的数量（如离合器的数量）和位置关系（如电机与离合器的位置关系）的差别，具有明显的多样性。结构上可分为两种形式，即双轴式和单轴式。

并联式混合动力汽车在实际的道路上运行时十分复杂，主要包括起步、加速、巡航、减速、制动、上坡、下坡、倒车、停车等。并联式混合动力汽车由于发动机和电机的高效工作区域并不相同，为了发挥并联式混合动力系统的优势，汽车应根据不同运行工况，采取与之相适应的工作模式，以提高车辆整体动力性、经济性及排放性。在如图 1-3 所示的并联式混合动力汽车动力传递路线中，根据不同的工况要求和能量分配方案可将并联式混合动力汽车工作模式分为六种基本模式，即纯电动模式、纯发动机模式、混合驱动模式、行车充电模式、再生制动模式和怠速/停车模式。

（1）纯电动模式。当并联式混合动力汽车处于低速、轻载等工况且电池的 SOC 较高时，若以发动机作为驱动动力源，则发动机不仅燃油效率较低，并且排放性能很差。因此，在这种情况下，发动机停止工作，由电池提供能量驱动电机带动整车运动。但当电池的 SOC 较低时，为了延长电池寿命，应当切换到行车充电模式。

（2）纯发动机模式。在车辆中高速行驶且中等负荷时，车辆克服行车阻力所需的动力并不是很大且电池的 SOC 并不是很低。在这种情况下主要由发动机提供动力。此时，发动机可工作于较高的效率区域且排放性也较好。

（3）混合驱动模式。在急加速或爬坡等大负荷情况下，当车辆所需的动力超过发动机工作能力或不在发动机高效区时，这时驱动电机以电动机的形式工作对发动机进行助力。若此时电池的 SOC 值比较低，为了保护电池，只能由发动机单独驱动。

（4）行车充电模式。在车辆正常行驶等中低负荷时，若这时电池的 SOC 较低，发动机除了要提供驱动车辆所需的动力外，还要提供额外的功率对电池进行充电。

（5）再生制动模式。当并联式混合动力汽车减速/制动时，电机在保证制动安全的前提下尽可能多地回收再生制动能量，剩余的能量由机械制动系统消耗掉。

（6）急速/停车模式。在急速/停车模式中，并联式混合动力系统通常关闭发动机和电机，但如果这时电池 SOC 较低，需要开启发动机和电机，控制发动机带动电机为电池充电。

1.1.2.3 混联式混合动力汽车（PSHEV）

混联式混合动力汽车包含了串联式和并联式的特点。动力系统包括发动机、发电机和电动机，根据助力装置不同，它又分为以发动机为主和以电机为主两种动力形式。这两种动力单元既可以单独驱动车辆，也可以共同协作。同时混联系统由于具有单独的发电机，不再像并联系统那样使用电动机作为发电机使用，因此发动机还可以在与电动机共同工作时对电池组进行充电。混联系统的内燃机系统和电机驱动系统各有一套机械变速机构，通过齿轮系统或采用行星轮式结构结合在一起，从而综合调节内燃机与电动机之间的转速关系。

如图 1-4 所示为典型的混联式混合动力汽车动力传递路线，混联结构在发动机和电动机协同驱动车辆行驶的同时，发动机还能带动发电机为动力电池充电，不再像并联结构中单一电动机需要身兼两职，并且理论上它能够实现发动机带动发电机发电，电动机驱动车辆的模式。因此，混联结构的驱动模式有纯电模式、纯油模式、混合模式和充电模式四种。

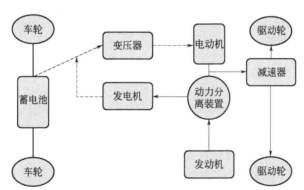

图 1-4 典型的混联式混合动力汽车动力传递路线

——→ 动力传输方向；-----→ 电力传输方向

目前应用最多的是混联混合动力系统。该结构的优点是控制方便，缺点是结构比较复杂，成本高。从理论上讲，混联式混合动力系统可以实现串联（即增程式）的工作方式。而与并联式混合动力系统相比，混联式动力系统可以更加灵活地根据工况来调节内燃机的功率输出和电机的运转。

混联的结构优点和使用优点更加接近于并联结构车型，但混联的驱动模式更加丰富，在并联的混合驱动模式基础上，加入了充电功能，这意味着发动机和电动机全力驱动车辆时也不用担心电量消耗的问题。并且得益于 ECVT 的加入，使电动机和发电机的配合更加默契，能够适应的工况更多，节油效果更加出色。

不过由于混联结构更加复杂，相应车型的价格也更高，而且由于 ECVT 存在技术垄断，其他厂家无法选择，但是随着丰田专利的到期，相信未来会有更多的混联车型推出。

混合动力电动汽车的代表车型有丰田普锐斯、雷凌、卡罗拉等。典型混合动力电动汽车结构如图 1-5 所示。

图 1-5　典型混合动力电动汽车结构

1.1.2.4　混合动力汽车优缺点

综上所述，混合动力电动汽车的优点如下。

（1）采用混合动力后可按平均需用的功率来确定内燃机的最大功率，此时处于油耗低、污染少的最优工况下工作。需要大功率内燃机功率不足时，由电池来补充；负荷少时，富余的功率可发电给电池充电，由于内燃机可持续工作，电池又可以不断得到充电，故其行程和普通汽车一样。

（2）因为有了电池，所以可以十分方便地回收制动时、下坡时、怠速时的能量。在繁华市区，可关停内燃机，由电池单独驱动，实现"零"排放。

（3）有了内燃机可以十分方便地解决耗能大的空调、取暖、除霜等纯电动汽车遇到的难题。可以利用现有的加油站加油，不必再投资。

（4）可让电池保持在良好的工作状态，不发生过充、过放，延长其使用寿命，降低成本。

混合动力电动汽车的缺点：长距离高速行驶基本不能省油。

1.1.3　插电式混合动力汽车

插电式混合动力汽车（Plug-in Hybrid Electric Vehicle，PHEV）就是介于纯电动汽车与燃油汽车两者之间的一种新能源汽车，既有传统汽车的发动机、变速器、传动系统、油路、油箱，也有纯电动汽车的电池、电动机、控制电路，而且电池容量比较大，有充电接口。它综合了纯电动汽车（EV）和混合动力汽车（HEV）的优点，既可实现纯电动、零排放行驶，也能通过混动模式增加车辆的续航里程。

按照电机驱动功率占整车功率的比例（亦可称为混合度），一般可将混合动力汽车分成以下四种类型：①微度混合动力，混合度在 5% 以内；②轻度混合动力，一般混合度在 20% 左右；③中度混合动力，混合度可达 30%～40%；④重度混合动力，混合度达 40% 以上。

（1）串联式插电式混合动力，亦称为增程式。发动机不直接驱动汽车，需要先由发动机驱动发电机来发电，再供电动机来驱动汽车，能量传递链较长，总体效率不高。

（2）并联式插电式混合动力。该类型下发动机和电机均可驱动汽车，动力传动模式较多，动力性较好，结构简单，应用广泛，是主流的技术路线。

（3）混联式插电式混合动力，又可称为动力分流式。一般需要 2 台电机（1 台发电机和 1 台电动机），同时需要 1 套用于动力分流的行星齿轮装置。该类型的结构和控制最为复杂，目前只有少数的制造商具备生产和制造该类型产品的能力，且存在一定的专利壁垒。

传统的混合动力汽车由于能量密度较低（动力电池容量一般低于 1.5kW·h），因而不需要外接充电，仅由制动时回收动能为动力蓄电池充电或利用车辆在低速行驶时发动机的多余功率通过发电机（电动机反转）为动力电池充电。插电式混合动力汽车可以行驶在纯电动模式下，也可以行驶在发动机与驱动电动机共同工作的混合动力模式下。行驶在混合动力模式下时，与普通的混合动力车辆的工作原理并无二致，驱动电动机作为辅助驱动机构，主要起"削峰填谷"的作用，帮助发动机工作在相对稳定的状态下，从而减少车辆的燃油消耗与排放；行驶在纯电动模式时，仅由动力电池组供应能量，从而实现纯电力驱动与零排放，因而在动力电池组电量用尽后需要外接充电，所以称为插电式混合动力汽车。

插电式混合动力汽车的优点如下。

（1）与非插电式混合动力汽车相比，插电式混合动力汽车的电池容量更大，可以支持行驶的里程更长，如果每次都是短途行驶，而且有较好的充电条件，插电式混合动力汽车可以不用加油，当作纯电动汽车使用，具有纯电动汽车的优点。

（2）与纯电动汽车相比，插电式混合动力汽车的电池容量要小很多，但是其带有传统燃油汽车的发动机、变速器、传动系统、油路、油箱，因此在无法充电时，只要有加油站就可以一直行驶下去，行驶里程不受充电条件的制约，又具有燃油汽车的优势。

（3）插电式混合动力汽车结合了传统混合动力汽车的优点，在提供较长的续航里程（指混合动力模式）的同时也能满足人们用纯电力行驶的需求，起到了良好的能源替代作用，是通向纯电动汽车的必经之路（技术路线）。

插电式混合动力汽车的缺点：由于一辆车内要集成纯电动汽车和燃油汽车两套完整的动力系统，因此插电式混合动力汽车的成本较高，结构复杂，重量也比较大，相对于单纯的燃油汽车和纯电动汽车又有劣势。

不过，在充电站大面积普及，充电时间大幅缩短之前，插电式混合动力汽车作为燃油汽车与纯电动汽车之间的过渡产品将长期存在下去。且在后补贴时期，政府补贴减少、消费者里程需求增加、电池成本降幅较小且车辆售价不能上涨，为插电式混合动力汽车提供了发展机遇。但提升插电式混合动力汽车性能混动方案合理化、动力系统集成化、核心部件专用化和控制策略创新等关键核心技术是亟待解决的问题。

插电式混合动力汽车如图 1-6 所示，出售中的插电式混合动力车辆有

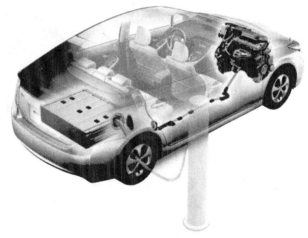

图 1-6　插电式混合动力汽车

比亚迪 F3DM、雪佛兰伏特、普锐斯Ⅲ PHEV 等。

1.1.4　增程式混合动力汽车

增程式混合动力汽车（Range Extend Electric Vehicle，REEV）是指由电动机驱动的汽车，可以在车上进行外部充电和内部充电。配备的发动机功率仅用于驱动发电机进行发电。系统的输出功率等于电机的输出功率。严格来说，这种车还是电动车，车内只有一个电驱动系统，包括电机、控制电路和电池。增程式插电式混合动力汽车的电机直接驱动车轮，发动机则用来驱动发电机给电池充电。由于发动机不直接驱动车轮，所以不需要变速器，这相当于在普通电动汽车上安装汽油/柴油发电机。

增程式混合动力汽车的优点如下。

（1）它具有电动汽车安静、启动扭矩大的优点，可以作为纯电动汽车使用，在充电方便

的情况下只充电不加油，使用成本低。

（2）相比其他混动模式，增程式混动可以避开变速器，成本略有降低。因为包含发动机发电，只要有加油站，就可以一直行驶，解决了充电基础设施不足的问题。

（3）因为发动机不直接驱动车轮，所以发动机转速与车轮转速和车速没有直接关系。通过控制系统的改进，发动机可以一直以最佳速度工作。即使在充电不方便的时候，城市交通堵塞时的油耗也相对较低，发动机噪声也能控制得很小。

增程式混合动力汽车的特点：在发电机持续发电的过程中一直保持着最佳转速，所以它在中低速行驶的过程中省油优势十分明显，不过一旦进入高速行驶，能量二次转换损耗较大，油耗反而成了它的弱点。

增程式混合动力汽车的代表车型有比亚迪秦、荣威 550 插电式、宝马 i3（可选增程式模块）、雪佛兰沃兰达（带隐藏式直驱模式）、菲斯克卡马和奥迪 A1e-tron 等，其典型结构如图 1-7 所示。

图 1-7　增程式混合动力汽车的典型结构

增程式混合动力汽车内部装配了一台发电机，通过增程器让汽油为发电机提供能量，产生电力后输送给电动机，也是最早的新能源车概念，但是在汽车低速或者高速行驶的时候，增程器不会为电池充电，所以技术设计还是不够合理。

增程式混合动力汽车与插电式混合动力汽车的区别如下。

增程式混合动力汽车的发动机只供电而不驱动车轮，没有变速器。对于增程式系统，在车辆上安装了一个内燃机增程器，但是这台内燃机并不直接参与驱动车辆，只是负责为车辆发电。而它发出来的电除了给驱动电机直接供电外，还负责给电池进行充电。当电池电量比较满的时候，内燃机就可以停止工作，由电池直接驱动电机，促进车辆前进。因此，可以将这台内燃机视为车辆的"充电宝"。

插电式混合动力汽车是有变速器的，它的发电机不仅供电，并且在电池没电的情况下，由发动机驱动车辆行驶。插电式混合动力汽车由两套动力系统组成，即电动机驱动和发动机驱动。插电式混合动力汽车就是能外接充电电源的混合动力车辆，某种程度上是燃油车的"省油版"，因为它既能充电，又能加油。一般起步时，由电动机驱动，等到了一定时速，发动机介入并开始工作，也可以两套系统共同驱动。在行驶过程中，当动力电池亏电时，可以通过逆变电机发电，对动力电池进行补电。目前的插电式混合动力电动汽车有三种动力系统，分别为串联式混合动力系统、并联式混合动力系统和混联式混合动力系统。

1.1.5　燃料电池电动汽车

燃料电池电动汽车（Fuel Cell Electric Vehicle，FCEV）是一种用车载燃料电池装置产生的电力作为动力的汽车。车载燃料电池装置所使用的燃料为高纯度氢气或含氢燃料经重整所得到的高含氢重整气。与通常的电动汽车比较，其动力方面的不同在于 FCEV 用的电力来自车载燃料电池装置，电动汽车所用的电力来自由电网充电的蓄电池。因此，FCEV 的关键是燃料电池。

燃料电池是一种不燃烧燃料而直接以电化学反应将燃料的化学能转变为电能的高效发电装置。发电的基本原理是：电池的阳极（燃料极）输入氢气（燃料），氢分子（H_2）在阳极催化剂作用下被离解成为氢离子（H^+）和电子（e），H^+ 穿过燃料电池的电解质层向阴极（氧化极）方向运动，e 因通不过电解质层而由一个外部电路流向阴极；在电池阴极输入氧气（O_2），氧气在阴极催化剂作用下离解成为氧原子（O），与通过外部电路流向阴极的 e 和燃料穿过电解质的 H^+ 结合生成稳定结构的水（H_2O），完成电化学反应，放出热量。这种电化学反应与氢气在氧气中发生的剧烈燃烧反应是完全不同的，只要阳极不断输入氢气，阴极不断输入氧气，电化学反应就会连续不断地进行下去，e 就会不断通过外部电路流动形成电流，从而连续不断地向汽车提供电力。与传统的导电体切割磁力线的回转机械发电原理也完全不同，这种电化学反应属于一种没有物体运动就获得电力的静态发电方式。因而，燃料电池具有效率高、噪声低、无污染物排除等优点，这确保了 FCEV 成为真正意义上的高效、清洁汽车。

为满足汽车的使用要求，车用燃料电池还必须具有高比能量、低工作温度、启动快、无泄漏等特性，在众多类型的燃料电池中，质子交换膜燃料电池（PEMFC）完全具备这些特性，所以 FCEV 所使用的燃料电池都是 PEMFC。

燃料电池电动汽车的工作原理是：作为燃料的氢气在汽车搭载的燃料电池中，与大气中的氧气发生氧化还原化学反应，产生出电能来带动电动机工作，由电动机带动汽车中的机械传动机构，进而带动汽车的前桥（或后桥）等行走机械结构工作，从而驱动电动汽车前进。

核心部件燃料电池的反应结果会产生极少的二氧化碳和氮氧化合物，副产品主要是水，因此被称为绿色新型环保汽车。燃料电池汽车是电动汽车的一种，其核心部件是燃料电池。通过氢气和氧气的化学反应，而不是经过燃烧，直接变成电能动力。

燃料电池电动汽车的氢燃料能通过几种途径得到。有些车辆直接携带着纯氢燃料，另外一些车辆装有燃料重整器，能将烃类燃料转化为富氢气体。单个的燃料电池必须结合成燃料电池组，以便获得必需的动力，满足车辆使用的要求，如图 1-8 所示为典型的氢燃料电池电动汽车结构。

与传统汽车相比，燃料电池电动汽车与传统的内燃机驱动汽车在构造及动力传输等方面的不同，为汽车的整体设计提出了新的要求。传统内燃机汽车的发动机与变速器动力总成在

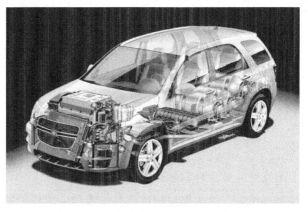

图 1-8　典型的氢燃料电池电动汽车结构

燃料电池电动汽车中不复存在，取而代之的是燃料电池反应堆、蓄电池、氢气罐、电动机、DC/DC 转换器等设备。而制动系统和悬架也相应变化。因此，根据燃料电池电动汽车自身特点，在设计时，应做相应的变化和改进。

燃料电池电动汽车能够达到零排放或近似零排放；能够减少机油泄漏带来的水污染；能够降低温室气体的排放；能够提高发动机燃烧效率和燃油经济性；运行平稳、无噪声。

燃料电池电动汽车的特点表现在以下方面。

（1）底盘布置方面。燃料电池动力总成包括氢气罐总成、蓄电池总成、燃料电池堆总成、动力输出系统总成等。其中，储氢罐一般放置于底盘的中部或后排座椅的下方空间（传统内燃机轿车的油箱位置），将氢气罐分散存储。除了燃料电池动力总成外，对汽车制动总成、前后悬架总成及轮胎等方面也应做相应的调整和测试。特别是随着轮毂电机技术的发展，使燃料电池汽车在电动机的放置方面有了新的选择，增大了汽车内部空间。而各电动轮的驱动力也可以直接控制，提高恶劣路面条件下汽车的行驶性能。对于底盘布置，应把绝大多数的负载均匀分配在底盘的前后端，降低车辆的总体重心，使轿车具有良好的操控性能，并改善车辆的整体安全性。

（2）管理系统方面。燃料电池电动汽车的动力系统一般由质子交换膜燃料电池、蓄电池、电机和系统控制设备组成。燃料电池产生的电能经过 DC/DC 转换器、DC/AC 逆变器等的变换，带动电机的运转，将电能转变为机械能，为汽车提供动力。对于一些关键部件，如质子交换膜燃料电池和蓄电池等，其热特性及传热性质与传统汽车有着很大的不同，为燃料电池电动汽车的水、热管理提出了新的目标和要求。

（3）电子控制方面。与传统汽车相同，电子控制在燃料电池电动汽车的发展中也将起着越来越重要的作用。汽车的各种操纵系统都会向着电子化和电动化的方向发展，实现"线操控"，即用导线代替机械传动机构，如"导线制动""导线转向"等。现有的 12V 动力电源已满足不了汽车上所有电气系统的需要，42V 汽车电气系统新标准的实施，将会使汽车电气零部件的设计和结构发生重大的变革，机械式继电器、熔丝式保护电路也将随之淘汰。

（4）燃料电池自身特性方面。燃料电池电压低，电流大，输出电流会随温度的升高而升高，输出电压会随输出电流的增大而下降。从开始输出电压、电流到逐渐进入稳定状态，停留在过渡带范围内的动态反应时间较长。正是由于以上特点，大多数电气和电机难以适应其电压特性，所以必须和 DC/DC 转换器及 DC/AC 逆变器配合使用，需要对燃料电池系统进行大量的功率调节以保证电压的稳定。当燃料电池的输出功率大于汽车的需求时，多余的功率可对蓄电池进行充电，在动力系统启动时蓄电池可以给辅助系统提供电源。当燃料电池的功率不能满足汽车加速、爬坡时，蓄电池可提供附加功率，配合燃料电池共同使用。

所以，车辆可采用 42V 的辅助电源独立地为各种电子、电气设备提供电能。由于燃料电池电动汽车较之传统内燃机汽车在驱动方式上有着本质的区别，所以在底盘布置、水热管理、电子控制等诸多方面的设计也有着很大的不同。

1.2　电驱动特种车辆结构

电动汽车整车控制结构如图 1-9 所示，主要包括电源系统、驱动电机系统、整车控制器和辅助系统等。动力电池输出电能，通过电机控制器驱动电机运转产生动力，再通过减速机构，将动力传给驱动车轮，使电动汽车行驶。一般来说，如果把电动汽车看成是一个大系统，则该系统主要由电力驱动子系统、电源子系统和辅助子系统组成。图 1-9 中实线表示机械方式连接；粗箭头表示动力信号连接；细箭头表示控制信号连接；线上箭头的指向表示动力信号或控制信号的传输方向。来自加速踏板的信号输入电子控制器并通过控制功率变换器来调节电动机输出的转矩或转速，电动机输出的转矩通过汽车传动系统驱动车轮转动。充电器通过汽车的充电接口向蓄电池充电。在汽车行驶时，蓄电池经功率变换器向电动机供电。当电动汽车采用电制动时，驱动电动机运行在发电状态，将汽车的部分动能回馈给蓄电池以对其充电，并延长电动汽车的续航里程。

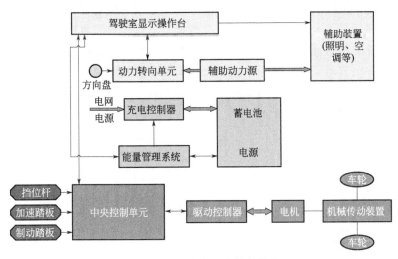

图 1-9　电动汽车整车控制结构

➡ 控制信号流向；➡ 动力信号流向；—— 机械方式连接

1.2.1　电源系统

电源系统（图 1-10）主要包括动力电池、电池管理系统、车载充电机及辅助动力源等。动力电池是电动汽车的动力源，是能量的存储装置。目前的纯电动汽车以锂离子蓄电池为主（包括磷酸铁锂蓄电池、三元锂离子蓄电池等）。电池管理系统实时监控动力电池的使用情况，对动力蓄电池的端电压、内阻、温度、电解液浓度、电池剩余电量、放电时间、放电电流或放电深度等状态参数进行检测，并按动力蓄电池对环境温度的要求进行调温控制，通过限流控制避免动力蓄电池过充、过放电，对有关参数进行显示和报警，其信号流向辅助系统，并在组合仪表上显示相关信息，以便驾驶员随时掌握车辆信息。车载充电机是把电网供电制式转换为对动力电池充电要求的制式，即把交流电（220V 或 380V）转换为相应电压（240～410V）的直流电，并按要求控制其充电电流（家庭充电一般为 10A 或 16A）。辅助动力源一般为

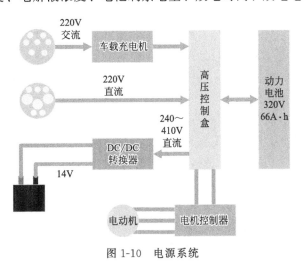

图 1-10　电源系统

12V 或 24V 的直流低压电源，它主要给动力转向、制动力调节控制、照明、空调、电动车窗等各种辅助用电装置提供所需的能源。

1.2.2 驱动电机系统

电力驱动子系统（以下简称驱动系统，如图 1-11 所示）是电动汽车的核心，也是区别于内燃机汽车的最大不同点。一般情况下，驱动系统由电子控制器、功率变换器、驱动电机、机械传动装置和车轮等部分构成。驱动系统的功用是将存储在蓄电池中的电能高效地转化为车轮的动能进而推进汽车行驶，并能够在汽车减速制动或者下坡时，实现再生制动。

驱动电机的作用是将电源的电能转化为机械能，通过传动装置驱动或直接驱动车轮。早期电动汽车上广泛采用直流串激电机，这种电机具有"软"的机械特性，与汽车的行驶特性非常适应。但直流电机由于存在换向火花、比功率较小、效率较低和维护保养工作量大等缺点，随着电机技术和电机控制技术的发展，正在逐渐被直流无刷电机（BCDM）、开关磁阻电机（SRM）和交流异步电机所取代。

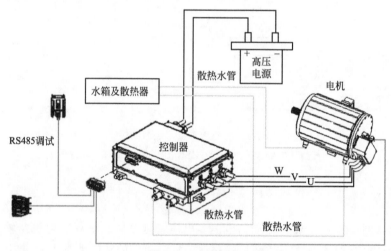

图 1-11　驱动系统

1.2.3 整车控制器

整车控制器是电机系统的控制中心，它对所有的输入信号进行处理，并将电机控制系统运行状态的信息发送给整车控制器。根据驾驶员输入的加速踏板和制动踏板的信号，向电机控制器发出相应的控制指令，对电机进行启动、加速、减速、制动控制。在纯电动汽车减速和下坡滑行时，整车控制器配合电源系统的电池管理系统进行发电反馈，使动力蓄电池反向充电。整车控制器还对动力蓄电池充放电过程进行控制。对于与汽车行驶状况有关的速度、功率、电压、电流等信息传输到车载信息显示系统进行相应的数字或模拟显示。电机控制器内含功能诊断电路，当诊断出现异常时，它将会激活一个错误代码，发送给整车控制器。电机控制系统使用以下传感器来提供电机的工作信息：电流传感器，用以检测电机工作的实际电流（包括母线电流、三相交流电流）；电压传感器，用以检测供给电机控制器工作的实际电压（包括高压电池电压、蓄电池电压）；温度传感器，用以检测电机控制系统的工作温度（包括模块温度、电机控制器温度）。

1.2.4　辅助系统

　　辅助系统（图 1-12）包括辅助动力源、动力转向系统、导航系统、空调器、照明及除霜装置、刮水器、收音机和音响等，借助这些辅助设备来提高汽车的操纵性和成员的舒适性。

图 1-12　辅助系统

1.3　电驱动特种车辆关键技术

　　纯电动汽车的关键能源动力技术包括电池技术、电机技术、控制器技术，这三项技术是电动汽车所特有的技术，也是一直制约电动汽车大规模进入市场的关键因素。

　　而电驱动特种车辆相比于其他电动车辆，突出表现为：①电驱动特种车辆的驱动电机动力输出要强于一般车辆，且在运动过程中电驱动特种车辆的电机会产生较大的转矩，从而电机控制驱动器要求转矩响应速度要快于普通车辆，保证其可在短时间内响应加减速、快速启动及频繁启停等要求；②启动电池的功率密度更大、电池寿命更长；③以目前的电池技术，部署一辆电驱动特种车辆，由于续航里程的限制，并不是一个最佳的选择，而增加车辆的电池容量，则会使车辆变得太笨重，无法承载足够的装甲、设备和人员，因此电驱动特种车辆的能量存储系统也是当前的一大难点。

1.3.1　电池技术

　　目前电能已成为军用陆地车辆大部分功能及内部仪器仪表的主要消耗能源，而电池是目前我国乃至全世界陆军车辆上唯一的电能存储形式。因此，它成了这些车辆电气系统的重要组成部分。由于陆地车辆所配备的电子设备（如收音机、监视设备、战斗管理系统、远程武器站和电子战对抗措施）越来越多，军用陆地车辆对电能及电能储备的需求将越来越多。考虑到军用陆地车辆的使用寿命通常在 20 年以上，预计车辆电池的电能存储能力将在其寿命期间逐渐降低，而电能储存不足时将会抑制各项操作性能，特别是在进行静默观察时。除了为静默观察功能提供电力外，军用陆地车辆上的电池还必须为标准启动功能、照明和点火（SLI）功能提供电力。

　　（1）启动电池——磷酸铁锂电池。改进电池技术以提高军用陆地车辆的各种性能，关键的考虑因素在于提高静默观察的能力、循环寿命以及成本、安全性和温度对电池本身的影响。同时，为了降低开发新电池技术所需的集成开销和成本，选用铅酸电池的直接替代品的电池技术是最贴合实际的。目前满足这一要求的最有前景的电池技术为锂离子电池的变体，即磷酸铁锂电池技术。与铅酸电池相比，锂离子电池具有更高的功率和能量性能以及更长时间的循环寿命。由于其更高的能量性能，预计军用陆地车辆的静默观察耐久性可以得到较大提升。

　　在过去的 10～15 年中，锂离子电池技术已发展成为广泛应用的主要二次电池技术之一，这是由于包括电极材料和电池设计在内的许多方面的改进。目前锂离子电池在便携式电子设备和电动工具中非常普遍，因为它具有许多理想的特性（例如高能量和高循环寿命），并且随着电动汽车的出现，它们在车辆中的使用越来越多（例如雪佛兰 Volt、日产 Leaf、特斯拉）。最近德国 Mainz-Kastel 实验室（图 1-13）的研究人员正在开发具有极高循环寿命的磷酸铁锂电池，最高可达 12000 个循环，容量保持率可达 80%。他们的研究重点是改善电极制造工艺，减少循环过程中电极厚度的变化，以提高电池的循环寿命。

图 1-13   德国 Mainz-Kastel 实验室

相较于普通的铅酸电池，磷酸铁锂电池的体积小、重量轻、能量密度大。当把铅酸电池运输至战场时，电池的重量就成了一项运输负担，而磷酸铁锂电池的重量仅有铅酸电池重量的一半，能够极大地减轻储运负担，大大降低车载电池使用所带来的后勤保障和维修保养的负担。另外，铅酸电池作为一项已经成熟的电池技术，其能量密度一般在 40W·h/kg 左右，而磷酸铁锂电池的能量密度最低也有 85W·h/kg，最高能达到 130W·h/kg。铅酸电池的循环寿命在 300 次左右，最高也就 500 次，而磷酸铁锂动力电池（图 1-14）的循环寿命达到 2000 次以上。由于军用启动电池必须在储存和使用上均具有较长的寿命，且磷酸铁锂电池在低荷电状态（SOC）下仍具有更多的可用能量，因此经过长时间的存储后它仍有可能启动发动机。磷酸铁锂电池一般被认为不含任何重金属与稀有金属（镍氢电池需稀有金属），

图 1-14   磷酸铁锂动力电池

无毒（SGS 认证通过），无污染，符合欧洲 RoHS 规定，为绝对的绿色环保电池。这就为其加工生产和回收处理过程省去了很多麻烦。

启动电池通常是用它在额定电压下提供电流的能力来评价的。在更换化学电池时，需要注意的一点是电池在放电过程中的电压实际上不是常数。对于铅酸电池及锂氧化物电池，随着荷电状态的减少其电压是降低的，这就导致电池随着其荷电状态和电压的降低，可用能量也越来越少。而磷酸铁锂电池表现出这种现象的程度要小得多。如图 1-15 所示，磷酸铁锂电池的电压随 SOC 变化的曲线几乎是平的，因此在整个的电池使用过程中有更多的能量可用。

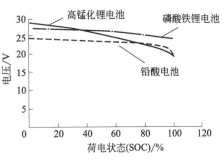

图 1-15　不同化学电池的电压与荷电状态关系曲线

现如今我国军用车辆的启动电池通常是依据 NATO 6T 模式制造的，提供 12V 动力。车辆通常使用 28V 总线，所以它们要使用两块 12V 电池串联，然后根据需要再将这些串联的电池并联以增加容量。美军标准 MIL-PRF-32143 中有这些电池设计的要求。作为战场电池可行的替代产品的磷酸铁锂电池也应遵守 MIL-PRF-32143 中的这些要求，并且能够通过串联和并联组合以达到与车辆需求更加匹配的电池容量。

磷酸铁锂电池是一种有广泛商业应用的化学电池，并且已经为战场应用做好了准备。虽然磷酸铁锂电池目前还存在造价高、一致性差等问题，但它能满足多种军事性能和复杂的环境要求，且具有功率密度大、电池寿命长、更强的静默观察能力与荷电状态等许多优点，磷酸铁锂电池在未来战场上，尤其是未来军用陆地车辆上拥有广泛的运用前景。

（2）能量存储系统。现代电动汽车的瓶颈仍然是车用储能装置，即电池技术，电池的能量、成本、质量以及电池的充电设备构建等都制约着电动汽车的发展。电动汽车对其储能装置的要求如下：①高的比能量和能量密度；②高的比功率和功率密度；③长循环寿命；④自放电率小，充电效率高；⑤安全，易保养；⑥原材料来源丰富，成本低廉；⑦对环境无危害，可回收性好。

然而，目前还没有一种能源能完全满足上述要求，选用某一种蓄电池只能满足上述部分要求。为解决一种能源不能同时提供足够高的比能量和比功率这个问题，可采用多能源系统提供动力，即可选用一个能源具有高的比能量，另一个具有高的比功率。有蓄电池和蓄电池相结合的双能量源系统，也有采用蓄电池和超级电容（图 1-16）、蓄电池和超高速飞轮相结合的系统。

1.3.2　电机技术

电机作为电传动装甲车辆的直接动力来源，其品质好坏直接影响车辆的性能。针对电机及其驱动系统，中国工程院院士、海军工程大学马伟明教授提出"高可靠性、高精度、高功率密度、高适应性、低排放、多功能复合"的应用需求，为电机系统高品质运行性能指明了发展方向。

（1）适配功率电机。适配功率电机（图 1-17）作为适用于特种电动汽车的驱动电机，其工作可靠性和动力输出性能是比较重要的设计指标。根据适配功率电机的创新原型、动力

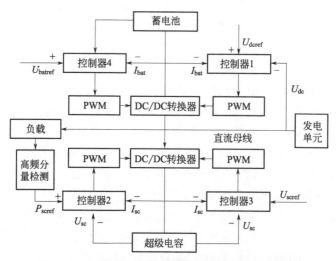

图 1-16　蓄电池和超级电容混合储能系统控制原理

I_{bat}—蓄电池电流；U_{bat}—蓄电池电压；U_{batref}—蓄电池期望电压；U_{dc}—直流母线电压；U_{dcref}—直流母线期望电压；

I_{sc}—超级电容充放电电流；U_{sc}—超级电容端电压；U_{scref}—超级电容期望端电压；

P_{scref}——负载功率高频分量检测阶段的高频功率

输出特点以及特种电动汽车的行驶要求，通过对适配功率电机的换向性能、电磁功率和转矩脉动三项关键技术展开深入研究，旨在突出适配功率电机作为驱动电机的性能优势和工作稳定性以及研究对适配功率电机所做出的优化设计是否有效。

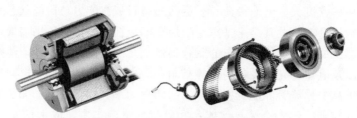

图 1-17　适配功率电机结构示意

　　一般特种电动汽车的载重系数比较高，例如城市公交车、城市物流车等，这些电动汽车不仅载重量大，而且需要较大的启动转矩来满足其顺利启动。城市重载电动汽车在行驶过程中的一个特点是需要频繁启停和频繁加速减速，因此需要驱动电机在特种电动汽车的较低速度时提供较大的输出转矩，保证电动汽车的顺利运行；当该电动汽车行驶在快速路或者外环路时，人们更期望电动汽车能够达到较高的速度，这就需要驱动电机的机械特性较硬，保证具有充足的动力转矩余量来使该电动汽车达到更高的速度。

　　为满足城市重载电动汽车的载重要求和行驶工况要求，科研团队提出了一种适用于城市重载电动汽车的适配功率电机研发创新方案。该电机在结构上的显著特点是采用双绕组结构，在功能上实现了可以输出两种基本转矩的能力。与原有的驱动系统相比，适配功率电机具有以下优势。

　　① 适配功率电机的创新原型为永磁直流有刷电机，因此适配功率电机保留了永磁直流有刷电机制造成本低、启动转矩大、机械特性平顺等特点；同时适配功率电机成功克服了永磁直流有刷电机由换向器和碳刷的存在引起的性能缺陷。

② 在启动或者较低转速阶段，适配功率电机能够输出足够大的动力转矩，保证电动汽车顺利并快速启动和提速。

③ 一般驱动电机的启动转矩大时，其机械特性比较软。但适配功率电机和永磁直流有刷电机相比，具有更好的提速性能，在提供足够的动力转矩时，表现出更硬的机械特性。

因此，与现有的驱动电机相比，适配功率电机能够使特种电动汽车表现出更好的动力性能，更能适应特种电动汽车的行驶工况。为进一步突出适配功率电机的性能优势，并对其进行优化设计，需要对适配功率电机的换向性能、电磁功率和齿槽转矩等关键技术进行深入的研究。

（2）轮毂电机。近些年，军用车辆轮毂电机驱动技术的研究得到广泛关注，轮毂电机独特的布置方式和结构特点，对提升军用车辆的综合性能有显著的作用，主要表现在：每一个电动轮都是独立可控的驱动单元，当个别电动轮发生故障时，其他电动轮仍能驱动车辆行驶，保持机动能力，这有效提升了战场生存能力，对战斗车辆尤为重要；同时，相比于机械转向结构，独立的电动轮结构可以更容易实现线控转向和全轮转向，极端情况下，利用电机的反转能力，能够实现类似履带车辆的滑差转向，甚至原地转向，这有效提高了车辆的转向性能；另外，简化了复杂的机械传动装置后，电机通过轮边减速器与车轮相连，缩短了动力传输路径，有效提升了驱动系统效率。基于此，多个国家已将轮毂电机驱动车辆作为新一代军用车辆的重要发展方向之一。

轮毂电机的最大优势就在于将动力、传动和制动三个装置全部整合在一起，装在车轮内，并且装配该电机的电动汽车没有离合器、变速器等传动系统和辅助系统的零部件，底盘构造简单，传动效率高。在使用时，可以根据是否安装减速机构，划分为减速驱动和直接驱动。

① 减速驱动也称内转子式轮毂驱动（图 1-18），选用的是高速内转子式电机，转速最高可达 15000r/min。因为此类电机的转速相对偏高，所以需要在驱动电机和车轮之间设计一个固定传动比的减速器，用来控制电机输出的转速和增大转矩，以满足车轮输出需求，从而驱动车辆行驶。

对于减速驱动，拥有可以高速运行的电机，比功率和效率都比较高，电机本身的体积小，重量轻，并且经过减速器增矩后的输出转矩大，汽车的爬坡能力优秀，在低速运行时的平稳

图 1-18　典型内转子式轮毂电机结构

转矩也可以长期地保持在较大的值。主要问题是：润滑不方便，齿轮磨损速度过快，难以维修或更换，电机耐用性差，散热困难，难以降低噪声。

② 直接驱动又称外转子式轮毂驱动（图 1-19），采用的是低速外转子式电机，其转速一般控制在 1500r/min 左右。电机的外转子直接和汽车车轮的轮辋固定或者集中在一起，没有减速器，电机的转速大小代表车轮的转速大小。

直接驱动没有装配减速器，具有结构简单、轴向尺寸相对较小、传递效率较高、响应速度迅捷等优点。缺点主要是：在汽车的起步、爬坡等特殊工况下要求输入大电流，无法保证电动汽车的电池和永磁体不受到损害，电机效率处于峰值的区间小。

在国外已有越来越多的电动汽车采用性能先进的电动轮（又称轮毂电机），它用电机（多为永磁无刷式）直接驱动车轮，因此无传统汽车的变速器、传动轴、驱动桥等复杂的机

图 1-19　典型外转子式轮毂电机结构

械传动部件，汽车结构大大简化。但是它要求电机在低转速下有很大的扭矩，特别是对于军用越野车，要求电机基点转速：最高转速＝1：10。近几年，美国、英国、法国、德国等国家纷纷将电动轮技术应用于军用越野车和轻型坦克上，并取得了重大成果。如美国军队正式测试全新的纯电动军用侦察车——extreme，该车采用由美国国防高级研究计划局（DAR-PA）研发的 20in（1in＝2.54cm）电机轮毂，每个电机功率为 100kW（图 1-20）。

图 1-20　美国纯电动军用侦察车——extreme

1.3.3　控制器技术

电动汽车的电机驱动控制器是确保电动汽车安全性和舒适性的重要保障，对整车性能发挥着至关重要的作用，因而必须给予电机驱动控制器设计工作充分的重视。考虑到电机驱动控制器设计工作涉及较多的专业知识，设计工作会面临诸多的难点问题，尤其是核心单元的设计工作有较强的特殊性，必须予以充分的重视，进一步分析讨论电动汽车电机驱动控制器关键性技术尤为必要。

（1）电动汽车车用电机驱动器性能要求。电机驱动器设计内容主要包括：

① 电动汽车在运行过程中会产生较大的转矩，尤其是低速时更易出现较大的转矩，且转矩响应速度较快，可在短时间内响应加减速、快速启动及频繁启停等要求；

② 确保电动汽车有一个良好的宽调速范围，这个调速范围要尽量宽；

③ 考虑到电机驱动控制器有较高的运行效率，需要有足够的能量回馈，因而需要做好能量回馈设计工作；

④ 低压供电关乎电机驱动控制电路运行的稳定性和安全性，尤其是当供电异常时可以立即断电，保护驱动控制器；

⑤ 信号采集和处理均是保证电机驱动器高效运行的保障，比如完成信息采集后便可以对信息进行 A/D 转换，同时借助滤波电路来减少噪声和受到的干扰；

⑥ 逆变电路可以将电池所提供的高压直流电逆变为三相交流电，为电机提供动能；

⑦ 鉴于电动汽车内有较为复杂的电磁环境，为保障电机驱动器顺利运行，尽量不受到电磁干扰，需要做到电磁兼容的设计工作；

⑧ 电机驱动器不仅要有良好的性能，而且系统的整体设计也要趋于紧凑和规整，方便后期故障的检查和维修。

另外，所设计的电机驱动器还需要有耐受剧烈振动的能力，确保其在遇到复杂和恶劣路况时可以安全驾驶。

（2）电机驱动控制器设计需求。电机驱动控制器对电动汽车来说十分关键，是核心技术之一，但考虑到电机驱动系统设计有较高的复杂性，做好设计工作尤为关键。目前来看，电动汽车行业多采用永磁同步电机来开展电动汽车驱动控制器关键性技术的研究与设计工作，取得了较好的成效。

总体来说，电机驱动控制器设计需求有：

① 驱动器的高压额定输入电压保证在 384V DC（350～420V），低压电压设定为 12V；

② 电机持续功率和峰值功率分别控制在 65kW 和 110kW；

③ 连续电流和峰值电流分别设定在 250A、500A；

④ 运行温度严格控制在 -25～45℃；

⑤ 冷却方式优先选择强制风冷，转矩控制优选电子油门；

⑥ 额定转速和峰值转速分别设定在 4500r/min 和 10000r/min；

⑦ 通信与反馈包括 CAN 总线、旋转变压器信号和转速脉冲信号。

（3）永磁同步电机的矢量控制要点。永磁同步电机运行过程中的励磁磁场和电枢磁势力之间的电角度会发生相应的变化，即会随着负荷的变化而变化。但是磁场相互作用过程中会有很复杂的作用力，若是依然选择直流电机控制方式控制永磁同步电机势必有一定的局限性。矢量控制可以有效控制永磁同步机的两个电流分量，即交轴和直轴，以此将控制模型转换为直流电机模型来实现控制目标。结合永磁同步电机的应用特点和需求，在整个系统运行过程中若要保证高速且高精的控制，则务必确保内环电流环、位置环和外环速度环的精度。比如在电流环精度控制中，通常需要对其进行补偿并增大电流环增益；再比如速度环对电流控制内环有较强的依赖性，同时对整个系统的动静态性能意义重大，为此必须保证速度伺服有快速响应的能力和高精度特性。为提升系统的控制精度，可以选用 PI 调节器，以此确保控制器的输出和输入误差在可控制范围，同时引入积分项来减小稳态误差。

（4）电动汽车电机驱动控制器方案。电动汽车电机驱动控制器包括两个单元，即功率转换单元和低压控制单元，分别被称为"热端"和"冷端"。考虑到功率转换单元所产生的热量较大，且电流和工作电压也较大，因而为确保电机驱动系统的元器件可以稳定运行，需要将功率驱动板和散热器连接起来，做好散热工作。另外，为了避免产生和引入不必要的干扰，可以将"冷端"和"热端"分离开来。

为降低不同模块电路对电磁所产生的干扰作用，可以将电机驱动器分解为四个板卡模块，即微处理器模块、驱动电路模块、错误诊断与保护电路模块、功率逆变模块。其中的微处理器模块的作用在于控制和保护整个电机驱动系统，对电机驱动系统所产生的信号加以处理，同时与其他系统通信。如图 1-21 所示是微处理器模块硬件拓扑。电机驱动控制器驱动电路模块的作用在于处理微控制器模块的控制信号，即对其做功率放大处理，以此确保驱动功率逆变器高效工作。同时在运行过程中错误诊断和保护电路模块可以完成过压保护、欠压保护、过流保护、过温保护及短路保护。考虑到电动汽车对安全运行有很高的要求，因而必须配备硬件错误保护与软件错误保护功能，一旦运行过程中发生故障问题，则立即做出反应，确保整个系统可以安全运行。功率逆变模块的功能在于将蓄电池中的电能转换为电机所需要的动能，是电机驱动器设计过程中至关重要的内容之一。通常情况下为确保电机可以稳定运行，可以选择在蓄电池的两侧并联一些大电容，同时可以考虑增加一些无感电容，来达到吸收电容的目的。

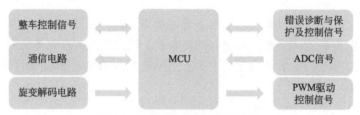

图 1-21　微处理器模块硬件拓扑

电动汽车电机驱动控制器设计包括较多的关键技术，同时电机驱动控制器设计工作有较强的复杂性，增加了设计工作的难度。因而实际开展设计工作时要从保障电动汽车运行安全性和稳定性着手，结合电机驱动器性能要求、电机驱动控制器设计需求来开展设计工作，尤其是需要做好功率逆变器设计和再生能量回馈技术两方面的设计工作，开展系统化的设计研发工作，保证电动汽车有一个良好的操纵稳定性控制系统。

1.4　特种车辆电驱化发展趋势

1.4.1　特种车辆电驱化的预期效益

电动和混合电动系统的一些潜在益处正推动着这项技术在民用和军用领域走向成熟。尽管一些收益对民用和军用两种市场来说是共同的，但也有一些相对于每种应用来说是独特的益处。对军事应用而言，最切实的益处如下。

（1）燃油经济性提高。燃油经济性提高的直接原因是发动机按程序设计能够一直在或接近于最好的燃油经济性范围工作。这可能是因为发动机的转速并非由所希望的车辆地面速度决定，而是发动机以几乎恒定的速度驱动交流发电机，发电机产生的电能通过功率控制装置传递到车轮或履带以满足牵引电机的要求。在混合电驱动情况下，能量存储系统（蓄电池、飞轮、电容等）是发动机功率的补充。燃油经济性提高还有另外一个原因：发动机功率主要用于稳态驱动阶段，此时机动需要消耗的燃油最少。在瞬态情况下主要由能量存储系统提供能量，能量存储系统由制动及发电的再生能量提供。这一特点使燃油消耗得到显著减少并降低了废气排放及热信号特征。

（2）车载可用功率大。混合电动系统包括两种电源：发电机和能量存储系统。主功率管理及分配系统通过设计可满足车上所有用电设备的需求。由于未来车上军用系统对电力需求的增长，这点显得非常有利。功率管理及分配系统可以为诸如推进、热管理和其他小功率用电设备等的负载提供连续电源，也可以为驱动电能武器（电热化学炮和定向能武器）或电磁装甲的脉冲电源系统提供间歇式电源或为其充电。此外，在车上可以得到这些高能级电力，在某些情况下消除了在战场上使用牵引发电机提供电力的必要性，从而可以减轻部队的后勤负担。

（3）信号特征降低。电驱动系统具有显著减少声响和热信号特征的潜力，它可能增加也可能不增加电磁信号特征（这取决于动力系是否能进行正确地屏蔽以满足电磁兼容性标准要求），它对视觉信号特征几乎没有或完全没有影响。混合电驱动通过采用更高效的动力系统来降低热信号特征并通过优化系统的功率管理来降低废气排放。此外，它有可能显著减少临时操作模式，车辆主电源发电机关闭，车辆由纯电力电源（比如化学电池、飞轮发电机或超级电容器甚至是燃料电池）供电。

（4）静默监视和静默机动能力提高。车载能量存储系统可以满足完成各种任务所需的长时间静默监视的需要。根据静默监视对能量的需求，任务可以延长到几小时，大大超过现有车辆的静默监视能力。同时，在一定的距离实现静默机动也成为可能，这样车辆可以出入敌方区域，而被探测到的概率却大为减少。然而，为了获得静默监视/机动能力，车载能源存储系统必须能够提供足够的功率和能量以满足军事需求。

（5）灵活性提高。电驱动系统是由电缆连接的各模块化组件构成的，所以给车辆设计者提供了更多的组配自由度，避免了传统的机械驱动系统要求发动机必须通过变速器和刚性轴与车轮相连的局限性。这意味着在车上可以对各组件进行布置和集成，以达到最优化利用可用空间。

（6）故障诊断和预测能力增强。在全电式车辆中，每步操作都由微处理器控制，有助于为其配备状况与使用状态监测系统（HUMS）。该系统能够在故障发生之前确定任何即将发生的故障，并能提供有关故障的数据，使得以可靠性为中心的维修得以实行。这会有助于减少车辆寿命周期内的使用与维修费用，有助于抵消购置成本，从而降低全电式车辆的寿命周期成本。然而，就目前的成熟度而言，其购置成本很可能要高于机械系统的购置成本。

1.4.2　特种车辆电驱化的军事应用趋势

随着军事技术的迭代变革，未来信息化战争形式多样，将是陆、海、空、天一体化联合作战。对于陆战装备而言，应具备精确的打击能力、快速的突击能力、高效的防护能力以及未来的无人战斗能力。面对新一轮军事变革的需求，集电驱动、电武器、电防护、综合信息作战能力于一体的全电化装甲车辆成为世界各国陆战装备研究的热点。作为全电化装甲车辆的核心，电驱动系统相较以往传统的机械传动机构，将动力通过驱动电机和减速器直接传递给履带或车轮，具有动态响应快、控制精度高、维修简便、高效等优点。

电动汽车有可能改变装甲车以及后勤和战术卡车的能力。它们在武装部队中的应用正在迅速成为现实，虽然在将电动汽车用于战斗环境之前需要解决技术障碍，但新技术已经在一些军营中得到应用。

（1）混合动力汽车是发展的第一阶段。在使用全电动汽车之前，目前的重点是开发用于武装部队的混合动力汽车，为此美国和英国军队已独立委托开发混合动力汽车。美国陆军授予威斯康星大学一份合同，研究如何将混合动力系统集成到车队中。此外，美国陆军正在探索的电动轻型侦察车（eLRV）可能会在转向完全电气化之前首先配备混合动力系统。英国

电驱动特种车辆技术

的受保护移动工程和技术支持（PMETS）计划也是如此，该计划旨在使西弗运输车（MAN SV）、"豺狼"轻型车辆（Jackal）和"猎狐犬"轻型车辆（Foxhound）电气化。BAE系统公司还重点生产混合动力汽车，包括重型卡车和公共汽车。在完全电气化之前开发混合动力汽车的原因是，这意味着可以在克服完全电气化的一些障碍之前获得电动汽车的一些好处。

（2）武装部队绿化战略。许多武装部队实施的绿化战略正在推动将电动汽车整合到当前车队中。与传统的内燃机相比，电动汽车的排放水平较低。英国、美国、北大西洋公约组织（NATO）和环境保护基金会（EDF）正在寻求减少其活动对环境的影响。此外，绿色战略的其他好处，例如降低成本和减少脆弱的供应链，也将鼓励军队减少对环境的影响。

（3）供应链整合。随着使用量的增加和元素流行度的下降，目前对锂的需求量很大。锂用于锂离子电池，对于为电动汽车供电至关重要。目前，我国主导着锂市场，因此西方电动汽车制造商可能会寻求整合锂供应链，以确保继续生产锂离子电动汽车的能力。

（4）便携式微型核反应堆。微型核反应堆的发展是重要的趋势之一，包括美国、英国、加拿大和中国在内的国家正在积极开发这些产品，试图找到解决该领域电动汽车充电问题的解决方案。在没有电网接入的情况下，或者在找到携带电池的轻量级解决方案之前，微型核反应堆可以提供替代能源。

第2章
电驱动特种车辆总体设计

2.1 电驱动特种车辆基本设计方法

汽车设计的内容包括整车总体设计、总成设计和零件设计。整车总体设计又称汽车的总布置设计，其任务是使所设计的产品达到设计任务书所规定的整车参数和性能指标的要求，并将这些整车参数和性能指标分解为有关总成的参数和功能。在进行电驱动特种车辆设计时，具体要求有以下几点。

（1）要求零件标准化、部件通用化和产品系列化。由于汽车出产量大，品种及型号多，设计中实行零件标准化、部件通用化和产品系列化，可简化生产，提高工效，保证产品质量，降低生产成本，减少配件品种，方便维修。

（2）考虑使用条件的复杂多变。为了使所设计的汽车产品具有竞争力，设计中就要充分考虑其对复杂多变的使用条件的适应性。特别应注意热带、寒带等不同的气候条件和高原、山区、丘陵、沼泽、沿海等不同的地理条件，以及燃料供应、维修能力等不同的使用条件对汽车结构、性能、材料、附件等的特殊要求。

（3）重视汽车使用中的安全、可靠、经济与环保。汽车良好的使用性能是设计者要追求的目标，不同的汽车的使用性能也是不同的（如动力性、汽车燃油经济性、制动性、操纵稳定性、平顺性、舒适性、通过性以及可靠性、耐久性、维修性和对环境保护的影响性能等），而且在某些性能之间有时是相互矛盾的。因此，要在给定的使用条件下协调各使用性能的要求，优选各使用性能指标，使汽车在该使用条件下的综合使用性能达到最优。特别要重视使用中的安全、可靠、经济与环保。

（4）车身设计既重视工程要求，更注重外观造型。汽车车身的外形、油漆及色彩是给人们的第一个外观印象，是人们评价汽车的最直接方面，也是轿车的重要市场竞争因素，是汽车设计非常重要的内容。车身造型既是工程设计，又是美工设计。从工程设计来看，它既要满足结构的强度要求、整车布置的匹配要求和冲压分块的工艺要求，又要适应车身的空气动力学要求，具有很小的空气阻力系数。从美工设计来看，它应当适应时代的特点和人们的爱好，要像对待工艺品那样进行美工设计，给人以高度美感，起到美化环境的作用。

（5）在保证可靠性的前提下尽量减小汽车的自身重量。和固定的机械设备不同，作为运输用的汽车，其自身重量直接影响其燃油经济性，和单件生产/小批量生产的产品不同。作为大批量生产的汽车，减小其自身重量可节约大量的制造材料，降低生产成本。合理地减小汽车的自身重量，会给汽车工业和汽车运输业带来巨大的经济效益。最优化设计方法可满足这方面的设计要求。

（6）设计要在有关标准和法规的指导下进行。除设计图纸的绘制与标注应按有关国家标准进行外，汽车设计还应遵守与汽车有关的一些标准与法规。我国汽车工业标准包括与国际基本通用的汽车标准和为宏观控制汽车产品性能和质量的标准，它包括国家标准、行业标准和企业标准。汽车标准又分为强制性标准和推荐性标准。强制性标准主要有：整车尺寸限制标准、汽车安全性标准、油耗限制标准、汽车排放物限制标准及噪声标准。为使我国汽车产品进入世界市场，设计时也应考虑到国际标准化组织汽车专业委员会（ISO/TC22）制定的一些标准和美国国家标准协会（ANSI）、美国汽车工程师学会标准（SAE）、日本工业标准（JIS）、日本汽车标准组织标准（JASO）、日本汽车车身工业协会标准（JABIA）、日本汽车轮胎标准（JATMA）、日本汽车用品工业协会标准（JARP）、日本蓄电池工业协会标准（SBA）以及联合国欧洲经济委员会（ECE）、欧洲经济共同体（EEC）所制定的汽车法规。

（7）汽车设计是考虑人机工程、交通工程、制造工程、运营工程、管理工程的系统工程。汽车是由人来驾驶和乘坐的，因此其设计必须考虑这种人车关系，即操纵要方便、乘坐要舒适。汽车是一种交通工具，其设计必须符合交通工程的要求。

根据上述设计要求，对于电驱动特种车辆设计内容主要有：车辆性能指标确定、车辆动力系统方案确定、车辆主要尺寸和质量参数确定、车辆轮胎参数确定、车辆总布置设计、车辆动力学校核、车辆整车安全性。

2.2 电驱动特种车辆性能指标确定

2.2.1 动力性

电驱动特种车辆作为一种特殊用途的高效率运输工具，运输效率的高低在很大程度上取决于汽车的动力性。所以，动力性是汽车各种性能中最基本和最重要的性能。汽车动力性又称"汽车牵引性"，是汽车克服行驶阻力的能力。汽车电机输出的有效功率除经传动系统消耗一部分外，全部输入驱动轮上，用以克服行驶阻力，称为驱动功率或牵引功率。常用比功率、后备功率、动力因数等作为汽车动力性的评价指标。在室内台架测试汽车动力性时，常用底盘输出最大功率、加速时间、最大扭矩等作为主要评价指标。在道路上测试时，常用最高车速、加速时间、最大爬坡度等作为主要评价指标。

2.2.1.1 最高车速

汽车的最高车速是体现汽车运输效率的一个重要指标，由于特种车辆的常用环境中道路不太平坦，且整车载重很大，所以电驱动特种车辆最高车速与其他类型的车辆相比差距很大，但也必须达到一定数值。对于电驱动特种车辆设计指标的最高车速 v_{max}，计算方法如式（2-1）所示。

$$v_{max} = 0.377 \frac{nr}{i_g i_0} \tag{2-1}$$

式中，n 为电机转速，r/min；r 为车轮滚动半径，m；i_g 为变速器速比；i_0 为差速器速比。

2.2.1.2　加速时间

加速时间可参考其他资料的计算方法获得。影响加速时间的因素很多，比如最大输出功率、最大输出转矩、启动模式等，对于电驱动特种车辆来说，最高车速比较低，加速时间对车辆的性能影响不是很大。

2.2.1.3　最大爬坡度

最大爬坡度是汽车爬坡能力的衡量指标，是指汽车满载时在良好路面能爬上的最大坡度。由于汽车的扭矩与车速成反比，所以最大爬坡度一般是在最低挡、最低速度时计算得到的。满载时，最大爬坡度由式（2-2）计算得到。

$$\alpha_{\max} = \arcsin\left(\frac{T_{tq} i_g i_0 \eta_d}{mgr} - f\right) \tag{2-2}$$

2.2.2　通过性

汽车的通过性参数主要包括：最小转弯半径、接近角、离去角、最小离地间隙、纵向通过角。

最小转弯半径：方向盘转到极限位置时，外侧前轮的轨迹圆半径。

接近角：满载静止时，汽车的前端突出点向前轮所引切线与地面的夹角。

离去角：满载静止时，汽车的后端突出点向后轮所引切线与地面的夹角。

最小离地间隙：地面与车辆刚性物体最低点之间的距离。

纵向通过角：满载静止时，在汽车侧视图上，分别通过前后轮外缘做切线交于车体下部最低位置所形成的最小锐角。

最小转弯半径是汽车绕过障碍物的标志，最小离地间隙和纵向通过性是汽车通过障碍物的标志。最小转弯半径 r 的计算如式（2-3）所示。

$$r = \frac{(L+C)^2 - \left(\sqrt{(L+C)^2 - R}\right)^2}{2\sqrt{(L+C)^2 + (R+d)^2} - 0.5} \tag{2-3}$$

式中，L 为车辆前后轴距；C 为前悬；D 为车宽；W 为道路宽度；r 为最小转弯半径；R 为外围转弯半径。

对于电驱动特种车辆来说，其活动地域广阔，不仅在公路或土路上行驶，还不可避免地行驶在泥泞、沙滩、雪地、耕地、小河流等无路地段。为适应这些苛刻的路面状况，特种车辆必须具备特殊的结构，才能达到较高的越野性能，顺利通过这些复杂路面。

越野性能是指汽车在复杂路面上的通过能力，这些复杂路面主要包括凹凸不平的路面、松软路面、光滑路面、坡度路面、狭窄路面、涉水路面及以上路面的混合型等。其中涉水性能是其中比较重要的一个方面，影响因素主要有：轮胎数量、规定花纹及气压、驱动形式、驱动轴数、整车的外形尺寸（长、宽、高）、接近角、离去角、轴距、轮距、最小离地间隙、纵向通过角、前悬、后悬等，这些参数直接或间接地影响到涉水深度这一越野车辆的性能参数。

最大涉水深度是指保证不因为水面浸没车辆某些部分而影响车辆正常运行时，所允许水面的最大高度，即汽车通过的最深水域，通常分无准备和有准备涉水深度。该指标的确定与涉水时水面所浸没而影响车辆正常运行部分的复杂位置有关。

国内重型越野车涉水深度通常在 1000mm 以上，如我国已大批量装备的重型越野汽车涉水深度为1200mm。5t级4×4、7t级6×6越野汽车涉水深度均大于1200mm。第三代重型高机动越野车要求在有准备或无准备状态下最大涉水深度均不小于1500mm。

2.2.3 平顺性

我国汽车平顺性的考核方法主要有国家标准《汽车平顺性脉冲输入行驶试验方法》（GB/T 5902—1986）、《汽车平顺性试验方法》（GB/T 4970—2009）以及《客车平顺性评价指标及限值》（QC/T 474—1999）。尤其是在《客车平顺性评价指标及限值》标准中规定了舒适性界限值，如加速度均方值小于0.315m/s²为舒适，大于1.25m/s²为不舒适等。

然而，《客车平顺性评价指标及限值》只是对在良好道路（B级道路）上长时间行驶的客车平顺性的限值，侧重点是对乘坐舒适性的提高，这对于电驱动特种汽车来说显然是不合适的。我国特种车辆的平顺性没有专门的标准，因此本书主要介绍某国军用汽车平顺性技术要求。

在考核指标方面，平顺性具体评价指标主要包括在随机地面上行驶平顺性以及在模拟脉冲输入下的行驶平顺性。

在大量试验的基础上，某国认为：对道路行驶的汽车，考虑长时间行驶的舒适性，成员可容忍的吸收功率上限值为0.2~0.3W，超过该值就会在一定时间后感到不舒适。对于越野汽车，追求高舒适性是不现实的，应更加侧重越野条件下的人体承受能力，所以可容忍的吸收功率上限值为6~10W。如果吸收功率为0.5~1W，则平顺性最佳。这些数值一般是指较短时间内可容忍的指标。对于较长时间的情况，人体所能容忍的数值的离散度较大。其中一个原因是人体在较长时间内保持一定的姿势时，即使没有振动发生也会疲劳或不舒适。因此，他们认为6W（相当于加速度均方值为2m/s²）是越野车在随机地面上行驶的界限值。

在脉冲激励下，人体在汽车行驶时所获得的加速度是造成人体生理损伤的重要因素。为了方便，常将该加速度表示为重力加速度g（$g=9.8$m/s²）的倍数。在静止情况下，人体重力为人体的质量乘以g，所以如果人体所受垂直加速度为n个g的话，也就相当于重量增加（或减少）了n倍。加速度对人体生理的影响还与作用的时间有关，作用时间越短，人体所能承受的加速度越高。作用时间很短，加速度值很高，相当于对人体作用了冲击载荷，这种情况在汽车高速过凸块、紧急加速或减速、悬架被"击穿"等的时候会发生。大量试验表明，人体在不同方向承受加速度的能力也是不同的，以下讨论最常见的垂直方向加速度。在短暂的加速时间内，人体组织将可能受到损伤或无法恢复的损坏。最常发生的损伤是挫伤、骨折、软组织破裂以及脑震荡等。在垂直加速度向上时血液将向下移动，脑部将缺血，加速度超过15g时，将会导致知觉丧失和视觉丧失，如果再持续3min以上将造成脑部不可恢复的损伤。在垂直加速度向下时，血液将向上移动，造成脑部血液和血压增加，从而引起慌乱、疼痛和出血现象。人体可以承受持续大约30s的（3~5）g的向下加速度，因此，他们用2.5g作为汽车过凸起时人体承受冲击的评价值。

2.2.4 安全性

2.2.4.1 安全性要求

（1）底盘安全性要求应符合《机动车运行安全技术条件》（GB 7258—2017）、《电动汽车安全要求》（GB 18384—2020）的有关规定。

（2）底盘功能安全应符合《汽车电子电气系统的功能安全标准》（ISO 26262—2011）的

有关规定，并结合分布式混合动力、分布式电驱动、系统复杂度高等特点，开展针对性设计。

（3）底盘具有行驶状态异常报警功能；底盘具备必要的主动安全性能，满足高速机动和山区道路行驶安全性要求。

（4）底盘电池安全应符合《电动汽车用动力蓄电池安全要求》（GB 38031—2020）的有关规定，并结合分布式动力系统采用多电池包、多智能动力单元、工作模式多的技术特点，以及电驱动特种车辆底盘对安全性的特殊要求，开展针对性设计，确保电池包在过充、过放、挤压、枪击等恶劣工况下不会出现热失控及燃烧爆炸等安全事故。

2.2.4.2　底盘安全性设计

针对《机动车运行安全技术条件》（GB 7258—2017），主要从整车、转向性能、制动性能、操纵稳定性和车身部件等方面进行安全性设计。

（1）转向性能设计。转向系统的设计方案采用一至六桥同步全轮转向技术，并辅以电子差矩转向系统作为补充，具有多种转向模式。

① 全轮转向瞬心的确定。根据阿克曼原理，将整车简化为两轴车辆考虑，如图 2-1 所示。由于车辆的一桥、六桥均参与转向，因此当且仅当 $L_1 = L_2$ 时车辆具有最小转弯半径，即转向瞬心位于一、六桥的中间。

② 转角关系协调。按照全轮转向模式确定瞬心位置及车轮转角，即按照图 2-2 所示，根据轴距确定各轮理论转角。

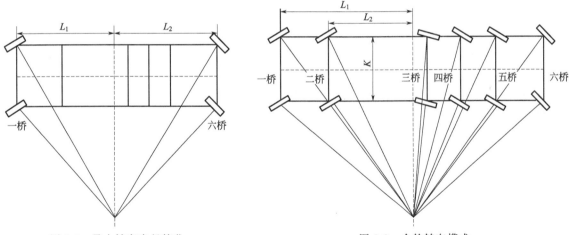

图 2-1　最小转弯半径简化　　　　　　　图 2-2　全轮转向模式

（2）制动性能设计。制动系统由行车制动、应急制动、驻车制动和辅助制动四部分组成，最大工作压力为 1.0MPa。可采用混合调速的加速踏板，加上基于速度的回馈制动转矩MAP 图，实现机电混合制动模式。

根据《机动车运行安全技术条件》（GB 7258—2017）的要求，计算整车的制动性能，所有指标均应满足该标准的要求。

（3）高压安全设计。高压配电系统具体的安全与防护措施如下。

① 零部件布置的安全防护。

② 高压零部件安全。高压系统均按 GB/T 18384—2020 标准设定有高压警告标识和高

压电线标识。所有在驾驶舱以外使用的插接器都使用汽车级密封防水插接件。车辆不含裸露的导线、接线端、连接单元。所有高压部件及线束的带电部件，均通过绝缘或使用防护盖、防护栏、金属网等措施防止人员直接接触，这些防护装置牢固可靠并耐机械冲击，在不使用工具或无意识的情况下不会被打开、分离或移开。

设计中驱动电机和电机控制器、发电机和发电机控制器、高压附件及其控制器（包括电动转向泵、电动空压机和空调压缩机等）等高压零部件的高压组件需承受 2500V 的工频耐压试验而无击穿现象。试验参考 GB 18488.1—2015。

高压电气设备的防护等级不低于 IP54。部分器件防护等级不低于 IP67，如与高压部件相连的连接器、裸露在外或安装面离地高度小于 500mm 不完全密封的高压电气设备等。

高压部件所用绝缘材料的阻燃性需符合 GB/T 2408—2021 规定的水平燃烧 HB 级，垂直燃烧 V-0 级。高压电缆防护用波纹管及热收缩双壁管的温度等级不低于 125℃，热收缩双壁管的性能应符合 QC/T 29106—2014 中附录 B 的要求，波纹管的性能应符合 QC/T 29106—2014 中附录 D 的要求。动力电池系统内应使用阻燃材料，阻燃材料的阻燃等级达到 GB/T 2408—2021 中表 1 规定的 V-0 级。

2.2.4.3 功能安全设计

关键器件及关键节点控制器主控芯片的选型，按照符合 ISO 26262 ASIL-D 的级别进行确定。

（1）单片机。单片机为英飞凌 AURIX 系列 TC234LP，可满足 ISO 26262 ASIL-D 要求，其具体功能安全相关设计如下。

① 带有 LockStep 锁步核设计，在 CPU 运行的同时，LockStep 锁步核同步进行指令运行，并与 CPU 运行结果进行校验，以保证核心运算结果无误。

② Flash 具备针对 ISO 26262 ASIL-D 级别优化的 ECC 校验算法。

③ 外设模块的关键寄存器，如配置寄存器等，必须通过 EndInit 机制进行解锁，并在指定时间内完成写操作，否则无法更改，有效避免了软件错误可能导致关键寄存器值发生变化的风险。

④ 具备 SMU 安全管理单元，可对 99％以上的 CPU 及外设潜在错误就近监测和报告，并可通过 FSP 故障标识协议与外部功能安全芯片通信，触发故障保护操作。

⑤ 该单片机所使用的开发环境 HighTec 是通过 ISO 26262 ASIL-D 级别认证的，代码编译过程具有很高的可靠性。

（2）电源芯片。电源芯片为 NXP 系统基础芯片 FS4500，其可满足 ISO 26262 ASIL-D 要求，其具体功能安全相关设计如下。

① 电源基本功能和故障安全监控采样 2 个独立状态机并行运行，故障安全监控状态机在初始化时可对模拟和数字电路进行全面自检，自检通过才能解锁正常电源输出。

② 带有"看门狗"功能，单片机通过 SPI 与电源芯片进行通信，单片机必须采用 Open-Close 窗口方式进行定时"喂狗"，否则将触发故障模式。

③ 支持 FSP 故意标识协议，与单片机的 SMU 模块进行联动。

④ 支持至少 1 路故障安全保护输出，可以监测到自身故障或单片机故障时，触发安全保护输出，将系统置于安全状态。

（3）控制器。电控系统主要控制器采用双备份机制，主控制器和备份控制器同时在线监控系统参数，互相通信。当主控制器出现故障无法正常工作时，备份控制器能迅速代替主控制器进行控制，不影响整车运行。此外，整车主控制器还有一个冷备份控制器，在主控制器及其热备份控制器都无法工作时，由人工干预进行替换，代替整车主控制进行控制。

控制器所选用的 MCU 是满足 ISO 26262 安全规范的 Aurix TC275，其安全性主要通过锁步核和冗余模块来保证。其核心有对应的锁步核，两个核同时运行相同的代码，互相校验，当校验结果不一致时，通过硬件中断触发安全操作，来保证软件运行安全。而冗余模块与锁步核类似，通过两个同样的模块执行同一个硬件操作，在一个模块出现故障的时候，还能保证相应的硬件操作被顺利完成。

（4）网络。电控系统的主要网络采用双网络冗余设计，同样的控制信息同时在两个网络中传输，如果主网络出现故障而无法进行信息传递时，控制信息还能通过备份网络进行传递。

转向及制动系统采用机电混合的方案。单纯的机械转向、机械制动，单纯的电动转向、电动制动，都能实现整车转向和制动控制。如果机械转向失效，电动控制的第四桥、第五桥转向也能实现整车转向功能；而如果电控转向失效，机械控制的第一桥、第二桥也能实现整车的转向功能。同样对于制动系统，电制动是通过分布式驱动系统来实现的，即使电制动完全失效，也能通过机械制动系统实现制动功能。而如果机械制动系统失效，电制动也能实现整车制动。

当整车控制网络因为故障都失效的时候，为了使整车能跛行，在进行系统设计时，各驱动桥除了能通过 CAN 通信实现控制外，还将油门信号直接接到了各驱动桥控制器以实现跛行功能。

（5）硬件设计采用多模块或通道冗余机制。

① 与系统安全相关的输入通道，如双油门、双刹车的 2 路输入信号，分别接入单片机的 2 个不同的 AD 转换模块，防止当其中 1 个 AD 转换模块失效时，无法检测到传感器信号错误。

② 主要整车零部件的控制输出，如 DC/DC 模块、油泵、气泵控制，采用 CAN 总线控制和实体线控制相结合的控制方式，在一种控制方式失效的情况下，也可正常控制。

2.2.4.4 主/被动安全性设计

（1）主动安全设计。针对整车动力驱动、转向和制动等各个系统的关键状态参数进行监控，出现异常状态时，通过声光电信号等方式进行报警，保证驾驶员得到实时反馈；同时根据电驱车辆特点，对电池、电机等关键部件进行了如下设计。

① 对电池的单体温度、单体电压、母线电压、母线电流、SOC 等进行监控，如果产生异常数据，即进行电池异常状态报警，并在仪表台上显示相应电池故障。

② 对电机的温度、转矩、转速等进行监控，如果产生异常数据，即进行电机异常状态报警，并在仪表台上显示相应电机故障。

③ 对整车主控制器、驱/制动协调主控制器、智能动力单元主控制器、电池管理系统、转向主控制器、ABS 制动主控制器及各子网络上控制器的故障状态和离线情况进行监控，如果产生故障信息或离线状态，即进行相应控制器故障报警，仪表显示相应故障。

主动安全措施主要包含 ABS（防抱死系统）、电子差矩转向、排气制动（下长坡安全）及应急制动。采取主动安全措施，可有效避免车辆运行过程中的方向失控及车轮侧滑，保证汽车的制动方向稳定性，提升了车辆的安全性和操控性，使汽车性能更好、更安全，实现了整车智能化、自动化和信息化的机电一体化。

（2）被动安全设计。

① 车门整体外置式设计。车门总成采用整体外置式设计（车门本体完全处于侧围之外），由三个带自润滑和自限位结构的铰链固定，作为驾乘人员的有效逃生通道，外置式设计可避免车门严重变形后与驾驶室本体卡死，而导致车门无法开启。

② 座椅强度及安全带约束系统设计。为保证驾驶室内乘员在行车过程中的安全性，采用成熟的空气悬挂座椅，并集成三点式安全带，提高了被动安全性能。

2.2.4.5 电池安全性设计

（1）机械安全性设计。主要考虑电池箱体在受到挤压、跌落、碰撞和底部球击等情况下，电池系统能够在满足基本功能需求的前提下，不发生起火爆炸现象。

① 电池箱体外部采用高强钢对电池包进行防护，电池模组外部采用高强度铝合金型材对内部电池单体进行防护，使得在电池箱体外部发生接触式受力碰撞时，防护结构的变形被外部铝型材吸收，控制铝型材内表面变形量，使模组内部电池单体受到的挤压力在安全范围之内。

② 电池单体宽度方向加入缓冲结构，保证外部受力变形量不会导致电池单体或者电气件压缩过量，从而造成电池单体或者电气件失效，甚至短路。

③ 模组内电连接使用软铝排柔性连接技术，确保模组的抗振性及连接可靠性，能够满足 GB 8031—2020 中的力学性能要求。

④ 多电池模组拼接箱体采用多个高强度螺栓连接，保证箱体在受到机械冲击等过载时，受力在其安全范围内，确保连接的安全可靠性。

（2）防爆安全设计。电池单体、模组和整包均设置了防爆安全装置，可以协同工作，确保在某些电池单体防爆阀打开的情况下，不会造成模组及整包的安全失控。

① 电池单体设置了防爆阀，避免单体内部气压累积过高；引入了气压翻转短路装置及电流熔断装置，多重防护动作可尽早切断危险来源，以避免单体剧烈排气和无预警爆破的风险。

② 通过优化模组结构和设置模组导气槽实现模组可控的排气防爆。

③ 通过设置平衡防爆透气阀来实现电池包内外的气压平衡和紧急情况下的快速排气，以达到整包的防爆安全。

由于电池系统是一个长期、频繁使用的产品，应用环境比较多样，不同的温度、湿度等因素对系统功能外部结构影响较大，外部机构一旦出现问题，便会导致防护失效、机械强度降低等问题。为了保证外部结构的力学性能，应对外部结构做防腐蚀处理，满足汽车行业规范的防腐蚀要求：中性盐雾时间 480h。

（3）热安全性设计和监控。如图 2-3 所示，车用锂离子动力电池系统的热安全管理问题包括设计和监控两个方面，通过热安全性设计和热安全性监控两方面说明热安全技术能够保证电池包的热安全性。

① 热安全性设计。根据热失控诱因的不同，电池系统设计了不同的热安全性：

a. 防范机械滥用而进行的电池系统防碰撞设计；

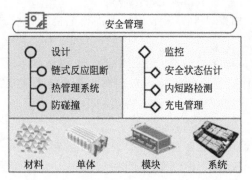

图 2-3 车用锂离子动力电池系统安全管理

b. 采用 CAE 仿真技术、复合材料联合设计和振动、挤压等试验手段，使得整车受到法规条件碰撞时，保证整个电池系统内部不形成由机械挤压导致的短路失控，避免引起热失控的风险；

c. 防范电滥用而进行的构型设计；

d. 通过可靠的继电器、熔断器、材料熔断等技术保证在电气滥用时及时终止滥用，避免因此发生热失控；

e. 防范热滥用而进行的电池热管理系统设计；

f. 在单体间热扩展问题上，通过最新开发的防火墙技术进行热失控扩展的阻断，在单体发生热失控时整个过程能够被抑制在一个单体之内，保证了整个系统的安全；

g. 在模块集成问题上，通过采用新的汇流设计方案、高效低阻抗的激光焊接技术，不同材料的焊接和连接技术，对螺接工艺阻抗进行优化，避免电池系统长期使用过程中产生热积累，排除整个系统有热滥用的隐患；

h. 同时在电池箱体外部防护方面，采用先进的绝缘材料、放热材料、防火材料保证外部的热侵蚀不会使得电池系统发生热失控。

② 热安全性监控。电池系统配备的电池管理系统对电池单体的电压采集精度可以达到 $\pm 2\mathrm{mV}$，并对每串单体电池电压进行动态监测，避免过充现象。

a. 在电池单体温度测量方面，电池管理系统采用了全温度监控与热管理技术，采用多传感器融合技术与温度探测自学习方案，同时电池管理系统（BMS）可支持上百个温度传感器，可以对每一串单体电池做到全温度测量，实现对每一串单体的温度闭环控制，单体电池温差采集精度可达到 2℃ 以内，可以在第一时间内监测起火并报警。

b. 在功能安全方面，设计满足需求的 BMS，在重要的功能点可以达到 ASIL-D 的水平。软件开发方面，严格遵循 ASPICE 的规范，对软件进行严格控制，确保软件的可靠性。电池系统热安全管理策略如图 2-4 所示。

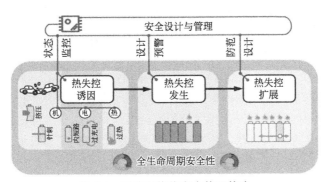

图 2-4　电池系统热安全管理策略

2.2.4.6　在安全性方面所采取的具体措施

（1）底盘安全性设计主要考虑了整车侧倾稳定性（>35°）、转向性能、制动性能和操纵稳定性等，以及驾驶室内饰、安全带、视镜与视野等方面，均符合 GB 7258 的要求，此外根据《电动汽车安全要求》（GB 18384—2020）进行了特殊设计。

（2）按照 ISO 26262 的有关规定和底盘运行情况、危害识别，对底盘系统进行车辆安全一体化等级（ASIL）划分，据安全级别进行 V 字形流程的硬件、软件和系统设计开发。

（3）可监测电机、电池、智能动力单元、转向和制动等关键系统零部件运行状况，如运行有异常，则进行状态异常报警。底盘匹配前桥液压助力转向、高功率排气制动维持37km/h+9%坡度（下长坡安全）、机械+ABS应急制动等主动安全性能，满足高速机动和山区道路行驶安全性。底盘配备红外夜视仪、微光夜视仪、倒车雷达、倒车辅助等辅助驾驶设备。

（4）电池单体和电池包设计符合 GB 38031—2020 的规定，按照该标准进行了相关过充、过放、挤压等试验，并进行了枪击试验，试验结果满足相关要求。电池针对底盘特殊要求进行了特殊设计：采用能量功率型电池，分布式布置，5 个电池包相对独立，600V 制式，布置在车架内部；电池包采用了独有的防火墙技术，防止热扩散，设计了故障电池自动抛落方案，保证整车安全。

2.2.5 通用质量特性

2.2.5.1 可靠性

（1）可靠性要求主要包括：底盘动力、驱动、控制等关键分系统应采取冗余设计；底盘应尽量简化整车和各分系统复杂程度；底盘能解除部分保护机制，容错能力强；底盘具有较强的"带故"工作能力，在非致命性故障情况下，底盘具备基本能力，允许部分性能降低。

（2）可靠性模型、预计与分配。

① 可靠性模型。电驱动特种车辆底盘可靠地进行工作的前提是必须保证各分系统处于正常工作状态，任一部分发生故障都将影响底盘的正常工作，因此各分系统构成底盘的基本串联式可靠性模型。

② 可靠性预计。方案阶段，针对分布式混合动力系统、分布式电驱动桥、底盘综合控制系统、机电混合制动系统、转向系统、车架总成和驾驶室等分系统的主要总成部件进行了可靠性预计。

③ 可靠性分配。可靠性定量指标确定后，需采用评分分配法进行可靠性分配，通常考虑复杂度、技术发展水平、重要度和使用环境条件 4 种因素。

（3）可靠性设计主要技术措施包括：采用成熟的技术；对底盘的核心系统进行冗余设计，主要包括动力、驱动和控制等关键系统。

① 底盘动力系统冗余设计。采用两组完全相同的智能动力单元，一组出现故障时，另一组可独立工作，为车辆提供动力和制动需求，保证了车辆的动力性和制动安全性。

动力电池系统的电池箱采用完全相同的标准化电池模块，整个电池系统由多个电池箱并联组成，单个电池箱体电压与母线电压相同，一组或几组（少于五组）出现故障时，可由其他电池组替代。

动力电池和智能动力单元互为冗余，两组智能动力单元同时出现故障，电池系统可单独为底盘提供功率；电池系统出现故障，智能动力单元可单独为底盘提供动力；两套系统还可同时为底盘提供功率。

② 驱动电机系统冗余设计。采用 5 组轮边驱动电机系统，每组带一个集成式电机控制器和 2 个轮边驱动电机。5 组轮边驱动单元可同时工作，亦可单独工作，即 5 组之间可以随意组合，一组或几组（少于 5 组）电机出现故障时，整车控制器会主动切断故障组，利用剩余电机组完成车辆的驱/制动。

③ 控制系统冗余设计。整车主控制器采用热备份和冷备份相结合的备份方式。整车主控制器与整车热备份主控制器同时在线，整车热备份主控制器实时监控整车主控制器的状

态，当整车主控制器出现故障，无法正常工作时，整车热备份主控制器接管整车控制功能，替代整车主控制器控制驱/制动控制系统及整车附件；当整车主控制器和整车热备份主控制器都无法正常工作时，驾驶员可手动接入整车冷备份主控制器，替代整车主控制器实现整车控制。

驱/制动协调主控制器和智能动力单元主控制器分别设一个热备份控制器，与各自的主控制器同时在线，实时监控主控制器的状态。当主控制器出现故障无法正常工作时，热备份控制器接管对应的主控制器控制功能，替代主控制器参与控制。

主要控制网络采用双网络备份。两个网络同时工作，故障模式下使用备份 CAN 能满足整车行驶要求，可用于故障跛行模式。

④ 其他系统冗余设计。该底盘其他系统也进行了冗余设计，比如转向系统采用了高可靠线控多模式全轮转向系统和基于分布式驱动系统的电子差矩助力转向系统，两套系统互相冗余，当线控多模式全轮转向系统出现故障而失效时，则单纯利用电子差矩辅助转向系统实现转向功能，提高了多轴车辆转向系统的可靠性，容错能力强。

⑤ 冗余设计的试验验证。在五轴混合动力分布式电驱动底盘上，针对冗余设计进行了实车试验验证，验证结果表明冗余设计可满足使用要求。

（4）简化设计。通过模块化、集成化和组合化，简化底盘和各系统的复杂程度，提高底盘的可靠性和维修性。

① 智能动力单元简化设计。智能动力单元将柴油机、发电机、散热系统、供油系统、排气系统、柴油机控制系统、发电机控制系统、控制器集成在方舱内，实现智能动力单元对整车电力输出和辅助制动的功能，满足集成化的要求。

两组智能动力单元分别安装在底盘左右两侧，通过电缆和燃油管路管线与底盘相关总成系统连接，可实现快速安装和连线，简化了整车的复杂程度，作为一个功能完备的动力和制动单元，智能动力单元体现了模块化设计。

两组智能动力单元完全相同，与底盘的连接方式也完全相同，因此两者之间可以进行互换，同时内部总成部件也可互换，实现了通用化要求。

② 桥驱动单元简化设计。桥驱动单元包含两个永磁同步轮边驱动电机、桥驱动控制器、桥单元冷却系统及制动系统，采用模块化、集成化设计。永磁同步轮边驱动电机采用多合一控制器，集成化控制器利于双电机实时协调控制，体积小、重量轻，利于总成布置和底盘轻量化。各桥驱动控制器、驱动电机散热器随驱动桥分布式布置，便于底盘扩展、总成维修和更换。

③ 电池系统简化设计。电池系统采用完全相同的标准化电池模块组装成标准电池箱体方案，减少了电池系统零部件种类，提高了零部件管理效率，有效简化了生产复杂程度，降低了生产要求。

④ 一体化高压配电简化设计。系统采用分布式总线结构，以每个轴单元系统为一个节点，分别挂在高压总线上，每个节点均是一个独立的系统，其工作状态均可受控制器控制及监控；每个轴单元系统均包括一组高压电池、左轮驱动电机、右轮驱动电机，保证了能源的合理分配。同时，每个轴单元的高压电池组均可在出现故障时和总线断开。每个轮边驱动电机均可单独受控制器控制，既能实现出现故障时的单独隔离，又能根据不同的运行工况，来实现不同的驱动形式，具有很好的灵活性。

⑤ 其他系统简化设计。在底盘的设计过程中，除动力、驱动和控制等系统外，其他系

统也采用了较多的简化设计，最大限度地压缩和控制原材料、元器件、零部件的种类、牌号和数量。

（5）"带故"工作设计。底盘具有较强的"带故"工作能力，在非致命性故障情况下，允许部分性能降低，具备基本能力；当致命故障发生时能够快速切断系统，由冗余系统补充。

① 智能动力单元。智能动力单元出现非致命故障情况时，通过降低输出功率和转速，避免致命故障的发生，同时保证任务完成；若某组智能动力单元发生致命故障，系统能够快速切断故障智能动力单元，其任务由另一组补充；若两组智能动力单元均发生致命故障，动力电池则进行功率补偿。

② 驱动电机系统。轮边驱动电机系统只有在出现较严重故障（如 IGBT 故障、过流等）时，才会进行停机动作，其他故障情况下只会降低功率；若驱动电机出现致命故障，系统将故障电机所在桥驱动单元切断，其工作任务由其冗余系统中的其他驱动电机提供。

③ 电池系统。电池管理系统以保证电池系统安全为第一优先级，根据故障情况对电池系统的功率进行限制；若对电池系统寿命及安全有不良影响，则切断故障回路，保证电池系统安全，由冗余电池系统或智能动力单元进行功率补充。

④ 转向系统。若转向系统出现液压油泄漏的情况，其助力作用会消失，电子差距助力转向将提供转向助力，协助转向。线控液压转向系统失效包括但不限于液压缸漏油、目标转角设定电机失效、转向电机失效、转向电机控制器失效等。为保证转向系统失效可以被检测到，转向系统中还会有相应的传感器及故障诊断电路。

（6）确定可靠性关键件和重要件。通过对各系统进行功能 FEMA 分析，研究设计过程中的缺陷与薄弱环节，确定底盘可靠性关键件和重要件，明确关键特性和重要特性。

根据 GJB 450A 和 GJB/Z 768，对潜在的典型故障进行故障树分析，其中包括整车驱动力矩不足和智能动力单元发电不足的故障树分析。综上，在底盘可靠性方面所采取的具体措施如下。

底盘两组智能动力单元间、5 个动力电池包间、5 个桥驱动单元间和动力电池与智能动力单元间互相冗余，整车控制器、协调控制器热备份，双 CAN 网络相互冗余，线控转向与差矩转向间冗余，有效提高了底盘动力、驱动、控制和转向等关键分系统的可靠性。

智能动力单元、桥驱动单元、电池系统和一体化高压配电系统等通过模块化、集成化和组合化的简化设计，大大降低了底盘和各分系统的复杂程度，提高了底盘和各分系统的可靠性和维修性。

底盘控制系统按故障等级设定系统的"带故"工作模式，部件系统发生一般故障时自动隔离，在部分性能降低的情况下，保证底盘具备基本能力，提升底盘的任务可靠性，当致命故障发生时，部分部件能够快速移除或替换，保证底盘的基本可靠性。

2.2.5.2 维修性

（1）维修性要求主要包括：开展维修可达性设计，保证具有足够的维修操作空间，并减少各部组件维修时交叉作业与干扰；减少零部件、元器件、紧固件和连接件种类，确保同类产品能够互换；提高易损零部件的通用性和互换性，以便于拆拼修理。

（2）可达性设计。

① 设计原则。

a. 应充分考虑分布式混合动力系统、分布式电驱动桥、底盘综合控制系统、机电混合制动系统、转向系统、车架总成和驾驶室等主要总成系统及相关零部件的可达性，应保证方便拆卸和维修。

b. 对于需要经常保养的总成部件，如机油滤清器、燃油滤清器、空气滤清器等，要易于随车进行检查、保养和拆装。

c. 需驾驶员经常检查、调整和保养的零部件，要保证驾驶员能方便地接触，便于检查、调整和保养。

d. 悬架系统等需要定期加注润滑油的部位，加油口要设置在方便观察和注油的位置，并有防堵塞的措施；油道的设计应保证新加注的润滑油能够到达摩擦副表面。

e. 制动系统管路及各种阀的布置应尽可能便于检查和更换。

f. 车内设备及组件尽可能单层排列，当检查或维修任一零部件时，不拆卸、不移动或少拆卸、少移动其他零部件。

② 保养、维修和日常检查可达性设计。在常规底盘保养和维修可达性设计基础上，针对智能动力单元、储能单元和轮边驱动电机及控制器的保养、维修和日常检查进行可达性设计。

2.2.5.3　模块化

（1）标准件和通用件的使用情况。底盘的紧固件采用现役装备或成熟重卡使用的标准件和通用件，并尽量减少标准件和通用件的规格及数量。

（2）随车工具。随车工具的选用和设计应满足驾驶员使用、检查、保养和自救的要求，并尽可能减少规格、数量、体积和重量，各工具应定位存放。

（3）模块化设计情况。底盘的模块化设计集中体现在智能动力单元、桥驱动单元、驾驶室总成和悬架系统等分系统；根据功能和布置需要，其他分系统的总成部件也进行了局部的模块化设计。

2.2.5.4　互换性

方案阶段，初步确定了各分系统的互换性总成部件，后期工程设计阶段将对各分系统开展详细的互换性设计。

2.2.5.5　测试性

（1）测试性要求。

① 重要系统、单机具有性能测试、状态监测、故障预警及快速定位能力。

② 依据不同级别的维修需求，通过合理划分产品单元和选择测试方法，实现检测诊断简便、迅速、准确。

③ 现场维修时，故障隔离定位到最小可更换单元，中继级或基地级维修时，要求故障隔离定位到部组件。

④ 系统的划分应使各模块易于进行故障检测和故障隔离，最小可更换单元之间交联最少，测试设备易于连接，便于故障隔离。

（2）单元划分。根据车辆不同维修级别和功能、结构的要求，合理地划分单元，设置测试点，选择测试方法，实现监测诊断的简便、迅速、准确。

按维修级别，系统分为一级维修（现场级维修）、二级维修（中继级维修）、三级维修（基地级维修）。根据以上单元划分，现场级维修时，故障隔离可以定位到最小可更换单元，中继级或基地级维修时故障隔离可定位到部组件。

按照需要完成的功能系统可划分为多个易于检测的基层可更换单元（LRU），每个基层可更换单元（LRU）也应按结构、功能、电气合理地划分为若干中继级可更换单元（SRU），以便进行故障检测和故障隔离。其中 LRU 和 SRU 的划分遵循以下原则：使最小可更换单元之间交联少，测试设备易于连接，便于故障隔离。

反馈环节尽量避免与可更换单元交叉；数字逻辑划分在单独可更换的单元；高压电路划分在单独可更换的单元；射频逻辑划分在单独可更换的单元。

根据以上划分单元的原则，将系统划分为不同的可替换单元类别。

（3）测试点设置。根据不同级别的维修需要，在车辆上设置必要而充分的内部和外部测试点，测试点应有标记；每个重要系统及其单机具有性能测试和状态监测点；每个监测点具备故障预警和故障快速定位的能力。

每一个整车控制器、桥驱控制器和智能动力单元控制器在相匹配的线束上有一个诊断接口，可连接专用诊断设备，对控制器状态及故障进行监控和诊断。

在控制器维护界面，安装有方舱控制器、发电机控制器和柴油机控制器诊断接口，见图 2-5。

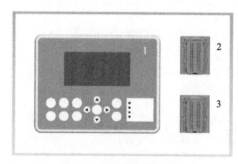

图 2-5　控制器维护界面
1—方舱控制器诊断接口；2—发电机控制器诊断口；3—柴油机控制器诊断口

（4）测试方式主要有机内测试和机外测试，并需要考虑兼容性和测试能力的完善性。

① 机内测试。对于影响车辆使用安全和关键任务的部件，应能进行性能监控和自动报警。

② 机外测试。无机内测试设备测试能力的系统，应考虑采用车载系统进行原位检测，以便发现和隔离故障。

2.2.5.6　保障性

（1）保障性要求主要包括：①开展保障性设计与分析，最大限度地减少备件种类和数量，系统设计选型尽量避免短寿命件，降低维护保障要求；②软、硬件及接口设计应考虑标准化、兼容性、可扩展性、可移植性及升级换代要求；③软件具有可维护性，硬件具有可维修性；④硬件资料和软件文档应完整、正确，满足使用和维修要求。

（2）保障性设计与分析。通过确定维修级别、开展通用化设计，对随车工具、易损易耗件和主/辅油料进行合理的选用和设计，完成保障性设计与分析。

维修级别分析是装备保障性分析的一个非常重要的前置环节，按照 GJB 2961 的要求，进行了初步的维修级别分析，确定车辆 90% 以上的故障能够在基层级予以排除。根据各主要总成的可达性、防差错、人机工程、特殊工具的使用和维修时间等情况，确定相对应的维修级别。

（3）通用化设计。

① 通用化设计原则。

a. 设计过程中应考虑单车部件间的通用化、车族间部件的通用化、与民用车辆间的通用化等。

b. 应尽可能选用技术成熟、货源可靠的总成、部件和材料。

c. 整车的紧固件应采用现役装备或成熟重卡使用的标准件和通用件。

d. 车辆的电、气等管线接口应尽可能采用通用的标准接口。

e. 应尽可能采用标准化和通用化维修工具，减少专用工具的品种及数量。

f. 车辆的整个开发过程中，应尽可能利用现有的保障设备和能够在市场上购置的通用设备，减少专用设备的品种及数量。

② 通用化设计情况。根据通用化设计原则，在设计方案阶段进行了初步的通用化设计，主要考虑单车部件间的通用化、与民用车辆部件间的通用化。

a. 单车部件间的通用化情况。为减少零部件种类，降低采购成本，基于通用化考虑，应尽可能提高单车用量多的部件间的通用化程度。

b. 与民用车辆现生产部件的通用化情况。底盘智能动力单元中的发动机与民用车辆基本通用，进气系统中的空气滤清器，制动系统中的空压机、储气筒及相关阀类，转向系统中的转向盘、转向器、助力泵和转向油罐等，车身电气系统中的各类电器、电磁阀等，均采用了通用部件。

（4）随车工具设计。随车工具的选用和设计应满足驾驶员使用、检查、保养和自救的要求，并尽可能减少规格、数量、体积和重量，各工具应定位存放。

（5）主/辅油料。方案阶段，各分系统的主要总成部件基本完成选型，将在满足基本性能的前提下，选用合理的主/辅油料。主/辅油料的选用应遵循：为减小保障难度，在满足基本性能的前提下，尽量减少所需油料品种、规格和数量，工艺要求相同的使用同一牌号。

（6）软/硬件接口设计。

① 整车主控制器软件和驱/制动协调主控制器软件等可在多个不同主芯片控制器上使用，移植性良好；软件注释齐全，便于后期升级维护；控制器可以刷写程序并覆盖原程序，进行软件的更新换代。

② 通信网络采用双 CAN 网络，可以在网络负载允许的范围内通过增加节点的方式增加网络中的硬件数量，扩充车辆控制系统的整体功能，可扩展空间巨大。

③ 整车主控制器、驱/制动协调主控制器等硬件提供了充足的接口资源，可以兼容不同的软件对硬件的需求。

（7）软件可维护及硬件可维修设计。

① 软件可维护性。

a. 更新维护。整车控制器、关键节点控制器及电机、发电机控制器软件采用 AUTO-SAR 架构，便于扩展和移植。整车控制器和协调控制器采用相同硬件，标准化好，便于统一升级换代。可统一进行软件程序的刷写操作，对控制器中的软件程序进行更新维护。软件采用 AUTOSAR 架构，可维护性强。硬件可采用模块化设计，系统连接接口和边界定义清楚，具有可拆卸性，更换、维修方便。

b. 改正性维护。在软件交付使用后，因开发时测试不彻底、不完全，必然会有部分隐藏的错误遗留到运行阶段。这些隐藏下来的错误在某些特定的使用环境下就会暴露出来。为了识别和纠正软件错误、改正软件性能上的缺陷、排除实施中的误使用，可以进行诊断并改正错误。

c. 适应性维护。随着外部设备和其他部件的修改及改进，在使用过程中，外部环境（控制器硬件更新换代）和数据环境（网络拓扑结构、通信协议、数据存储介质）可能发生变化。为使软件适应这种变化，可以对软件进行适应性维护。

d. 完善性维护。在软件的使用过程中，针对顾客提出的新功能与性能要求，可以修改或再开发软件，以扩充软件功能、增强软件性能、改进加工效率、提高软件的可维护性。

e. 预防性维护。为了适应未来的软硬件环境的变化，可增加新的预防性功能，以使应用系统适应各类变化而不被淘汰。

② 硬件可维修性。

a. 集成式电机控制器内部零部件设计布置合理且具有可拆卸性，维修方便；若控制板出现故障，随时可进行拆卸和更换。

b. 电池控制器内部零部件设计布置合理且具有可拆卸性，维修方便，若控制板出现故障，随时可进行拆卸和更换。

（8）技术资料编制。详细设计过程中，编制使用维护说明书、操作使用教程和电子交互式手册等硬件资料及软件文档，应完整、正确，满足使用和维修要求。其中，使用维护说明书应规定新车磨合、维护保养、使用操作和随车工具等内容：新车磨合时规定磨合里程及磨合期的行驶规范；维护保养时规定保养的项目和周期等；使用操作部分规定各分系统主要总成部件使用、维修和保养的操作方法。

在技术资料编制过程中，应充分考虑：确定人员要求时，应充分结合具体情况；针对车辆电子设备，应提供使用、维护和保养所需的硬件、软件及其说明性文件，并提出对人力的要求；提供的各项技术资料应充分、正确地反映该装备的技术状态，做到完整准确、术语标准、通俗易懂。

2.2.5.7 信息化

（1）信息化要求主要包括：①底盘重要状态信息应能自动采集、存储，并提供数据交换接口；②可对故障信息或维护保养信息进行预警和提示；③驾驶员位置应设置信息显示终端，集成显示底盘辅助驾驶信息、地理导航信息等。

（2）车辆信息化设计。车辆的信息化设计主要包括仪表与车辆信息综合管理系统两方面。

整车采用 CAN 全数字液晶显示仪表，其主要功能包括车辆故障信息或维护保养信息报警和提示、工作指示、网关和监控车身控制模块信号等。

车辆信息综合管理系统布置于仪表盘右侧，集成了通信、整车信息采集、数据存储、故障报警和辅助驾驶显示等模块，可实时获取车辆的各项运行数据，完成车辆信息显示存储、技术状态检测、故障报警、保养提示、地理位置导航等功能。

两者比较而言，仪表显示整车主要的信息和故障，更加细化的数据由车辆信息综合管理系统采集与显示。

① 车辆信息采集与交换。仪表和车辆信息综合管理系统均可以用于信息采集。仪表的信息采集模块支持 CAN 接口，车辆信息综合管理系统的信息采集模块支持 CAN 接口与以太网。CAN 接口用于采集底盘信息，以太网实现底盘信息与上装信息的数据交换。两者的车辆信息采集界面包含动力电池系统、驱动电机系统、智能动力单元系统、制动系统、转向系统、上装系统等界面。仪表的各界面实时显示底盘与上装各系统的重要状态信息，车辆信

息综合管理系统的界面显示信息比较细化，方便驾驶员或调试人员随时查看并了解车辆的状态，如图 2-6 和图 2-7 所示。

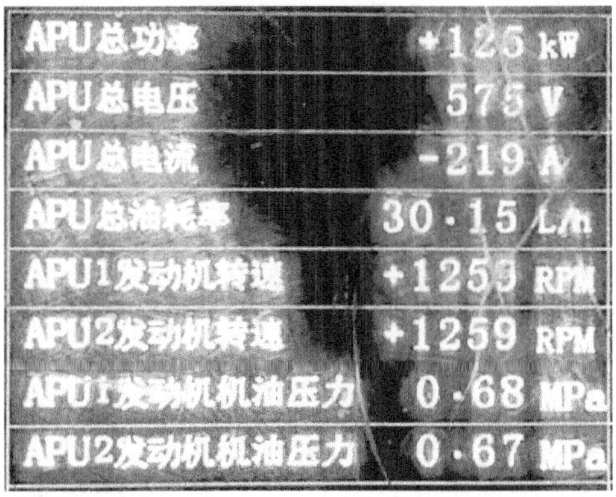

图 2-6　智能动力单元系统状态仪表显示界面 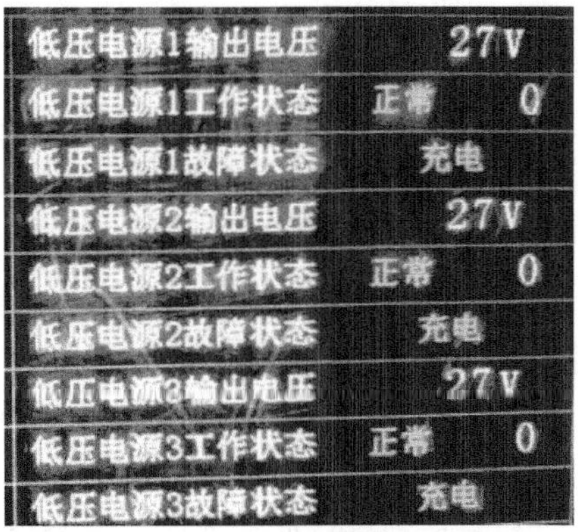　　　　图 2-7　低压 DC/DC 转换器状态仪表显示界面

② 数据存储。系统的数据存储由车辆信息综合管理系统完成，采用外插 SD 卡形式，最大支持 32G，标配 4G；可以存储解析后的总线参数，也可以存储原始 CAN 报文；支持故障触发式原始 CAN 报文存储，自动存储故障发生前后 30s 的数据；存储在 SD 卡中的数据可以进行加密。

③ 故障报警。仪表和车辆信息综合管理系统都可以用于故障报警。两者的故障报警界面基本都涵盖动力电池系统、驱动电机系统、智能动力单元系统、制动系统、转向系统、上装系统等。仪表显示主要故障，车辆信息综合管理系统显示全面故障。

在故障界面可以查看各电控系统的故障状态和故障码，再通过查阅相关系统的故障手册，即可了解对应故障可能产生的原因以及需要重点检查的项目，为车辆维修提供合理的指导，如图 2-8 和图 2-9 所示。

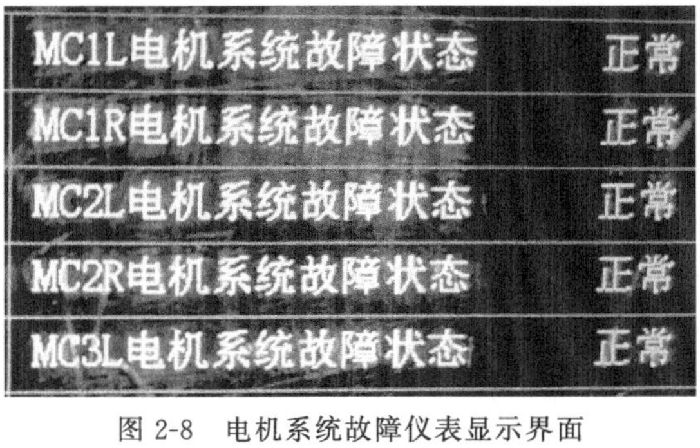

图 2-8　电机系统故障仪表显示界面　　　　图 2-9　油泵与气泵故障仪表显示界面

④ 车辆维护保养。车辆维护保养模块集成于车辆信息综合管理系统中，其通过统计分析里程、能耗、分系统运行状态等信息，适时提醒驾驶员对零部件或整车进行维护保养，确保行车安全。

⑤ 车辆位置导航。车辆信息综合管理系统采样频率为 5Hz，速度测量范围为 $0 \sim$ 500km/h，测量精度为 0.1km/h，速度分辨率为 0.01km/h，距离测量精度为 2.5m（CEP），距离分辨率小于 1cm，时钟触发精度为 100ns，可实现对车辆位置的实时监控和跟

踪，以及地理导航。

2.2.5.8 环境适应性

（1）环境适应性设计准则。根据底盘的环境适应性要求，有关规范、标准和手册中相关内容以及研制特点，初步制定了设计过程中的环境适应性设计准则，主要包括：采用成熟的环境适应性设计技术；采用耐环境余量设计（适当的设计余量）；选用耐环境能力强的零部件、元器件和材料（参照 GJB 3404）；采用改善环境或减缓环境影响的措施，如冷却、加温措施等；采取环境防护措施，如保护涂（镀）层和密封设计等。

（2）严寒地区适应性设计。通过对驾驶室采暖及除霜、低温启动及低温行驶等方面进行设计，满足底盘的严寒地区使用要求。

（3）热区适应性设计。底盘的热区适应性设计主要针对智能动力单元、桥驱动单元和动力电池等分系统及其零部件，对于干热和湿热地区还需进行特殊设计。

（4）高原地区适应性设计。智能动力单元选用的柴油机在产品设计之初就充分注重发动机高原适应能力，其发动机经过了大量的高原极端环境试验，其民用产品也大量在高原地区运营，产品经受了大量的高原实地运营考验，具备良好地区适应能力。

2.2.6 电磁兼容性

参考 GJB 151B—2013 规范要求进行电磁兼容性设计，具体执行项目和要求包括 CE102、CS101、CS114、CS115、RE102、RS103。

2.2.6.1 EMC 设计需求分析

复杂的电磁环境通过电气系统线缆将干扰引入电气系统，如图 2-10 所示。

对于电驱底盘，电磁环境对电驱底盘电气系统的影响包括电气各系统间的电磁干扰和车

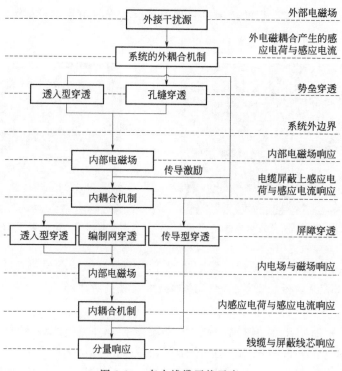

图 2-10　车内线缆干扰示意

辆与周边环境间的电磁干扰两部分。系统间的电磁干扰主要包括：车辆电气系统中功率半导体开关器件工作、机电开关的通断、电气系统中高频信号、高压系统的交变大功率电磁转换造成的电磁辐射等；车辆与周边环境间的电磁干扰主要是外来辐射。

例如对 6 轴混合动力电驱动底盘工作的电磁环境条件，进行 EMC 设计需求分析。针对整车和关键零部件、分系统进行了电磁兼容性设计，并通过仿真和试验验证了设计方案的可行性及有效性。GJB 151B—2013 的六项测试内容如表 2-1 所示。

表 2-1　GJB 151B—2013 的六项测试内容

序号	测试项目	测试内容
1	CE102	控制 EUT 工作时通过电源线以传导或耦合的方式对外造成干扰。在本项目频率范围的较低频段，控制 EUT 工作时通过电源线向公共电网注入传导干扰；在高频段，控制十扰通过电源线向外辐射，保护灵敏接收机
2	CS101	考核 EUT 承受电网低频连续波干扰的能力
3	CS114	考核 EUT 承受空间电磁场干扰的能力
4	CS115	考核 EUT 承受快速脉冲干扰的能力。这些快速脉冲由平台上的开关切换和外部瞬态干扰(例如雷电和电磁脉冲)引起
5	RE102	控制 EUT 工作时通过壳体、电缆向外辐射电场，防止对灵敏接收设备产生干扰
6	RS103	考核 EUT 承受空间电场干扰的能力

电磁兼容设计主要包括瞬态过电压的抑制、EMI 电源滤波器的应用、电磁屏蔽、隔离滤波、信号电缆的电气密封连接、电磁兼容接地等。车辆电磁兼容性采用分层设计思想，通过各部件或子系统的电磁兼容性设计来使整个系统达到电磁兼容性要求。

2.2.6.2　系统防护设计

目前，抗电磁干扰的主要技术措施包括：电磁屏蔽、接地、滤波等技术手段。电驱底盘综合控制系统主要从电路原理、元器件选择、印制板布线、结构设计等各方面考虑电磁兼容设计，综合考虑接地、滤波、屏蔽措施提高整机电磁兼容性。

电磁干扰源主要包括：功率半导体开关器件的通断、机电开关的通断、电气系统中高频信号、电机类大功率电磁转换以及线缆引入的外来辐射等。

主要耦合途径包括：公共阻抗耦合、电场耦合、磁场耦合、传导耦合、辐射耦合。

敏感设备包括：电池管理系统（BMS）、底盘控制器及其他弱电控制设备。

电驱底盘电磁兼容方案主要采用多途径抑制干扰源、电磁屏蔽切断耦合途径、敏感设备通过滤波及接地防护等方法开展系统电磁兼容设计。具体设计内容如下。

（1）电机控制器。其内部 IGBT 开关器件工作频率为 10kHz 左右，由于整车不存在其他此低频段的开关电路，故低频磁场干扰主要由它产生。依据以往测试数据可以发现，电机控制器低频干扰和高频干扰均有问题。高频干扰主要由内部控制电路产生，低频干扰主要由 IGBT 开关器件产生。需要对其高/低压供电、信号、高压直流输出等线路做好滤波。同时，对机壳做好屏蔽，并适当降低开关速率。

（2）高压配电控制单元。高压配电控制单元线缆本身不产生干扰，但箱内有智能电子设备，该电子设备在通电时即可产生干扰。且配电箱属于高压和低压线路交汇的地方，故在其内部进行了布线优化、滤波和低压线路的屏蔽等工作。

（3）DC/DC 转换器电源。该设备为重要干扰源。需要对其高/低压供电、信号、高压直流输出等线路做好滤波。同时，对机壳做好屏蔽。选择软开关电路拓扑，利用软开关技术，实现功率器件的零压/零流通断，降低开关电源的电磁干扰。

（4）电池组。电池组本身产生的干扰较小，但电池箱内有电池管理系统（BMS），该电子设备在通电时即可产生部分干扰。且电池箱属于高压和低压线路交汇的地方，故需要在内部做好布线、滤波和低压线路的屏蔽等工作。

（5）电缆网。本方案中的电缆网由高压功率电缆网、低压供电电缆网及总线/信号线电缆网组成。布线时高压电缆和低压供电电缆网及总线/信号线电缆网采取分区控制，控制边界不低于20cm。电缆网要求选用屏蔽电缆，屏蔽层制作应满足相关要求，保证屏蔽的完整性。高压线束沿着车身布置，优化整车电磁辐射的环路，同时利用车身形成封闭的屏蔽舱。布线设计时注意减小地线阻抗，同时减小地环路面积。

2.2.7　人机工程

2.2.7.1　军用车辆人机工程标准发展概况

（1）美军情况。目前，外军尤其是美军，特别注重军事装备研发中人的因素。在军事装备人机工程领域，美军一直走在前列，制定了较为全面的军事装备人机工程标准。其中，《美国国防部标准——人因工程》（MIL-STD-1472）和《美国国防部标准手册——人机工程设计指南》（MIL-HDBK-759C），提出了较为具体的军用车辆人机工程设计要求。

MIL-STD-1472更新过多个版本。美军在1989年的"D"版本中提出军用车辆人机工程标准，但是内容不够全面和完整。因此，美军在1995年颁布了MIL-HDBK-759C，作为MIL-STD-1472D的补充，两者相互配合使用。在1996年和1999年，美军又相继颁布了MIL-STD-1472的"E"和"F"版本，但没有更新有关军用车辆人机工程设计标准。直到2012年，美军将MIL-STD-1472与MIL-HDBK-759C进行合并更新，形成最新的《美国国防部标准——人因工程》（MIL-STD-1472G），相比之前的版本，内容更加全面和完善，是美军现行关于军用系统、装备和设施人机工程设计的最顶层标准。MIL-STD-1472G提出的军用车辆人机工程设计要求，主要包括座椅、控制操作系统、可视性、供暖和通风等方面。

（2）我军情况。我军军事装备人机工程标准主要包括《军事装备和设施的人机工程设计准则》（GJB 2873—1997）、《军事装备和设施的人机工程设计手册》（GJB/Z 131—2002）以及《装甲车辆人-机-环境系统总体设计要求》（GJB 1835—1993）。其中，GJB 2873—1997和GJB/Z 131—2002提出了军用轮式车辆人机工程标准。GJB 2873—1997提出的军用车辆人机工程标准，主要包括座椅、控制器、操作指令、可见性、供暖和通风等方面。随着军用车辆人机工程研究的深入，我军参考了美军的MIL-HDBK-759C，编制了GJB/Z 131—2002，对GJB 2873—1997中的车辆可见性、供暖与通风等方面内容进行了补充，两者相互配合使用。GJB 1835—1993是我军针对装甲车辆制定的人机工程标准，主要包括人体测量数据与应用、空间设计、控制器、显示器、人与计算机界面、维修性设计、内部环境控制、安全及总体布置应用要求等方面。

2.2.7.2　军用车辆人机工程标准对比分析

（1）座椅。座椅设计主要考虑尺寸结构、空间位置、安全性等要素。尺寸结构主要包括椅面、靠背两方面；空间位置主要考虑驾驶员腹部、前膝部、大腿、脚等；安全性设计主要包括头枕、安全带和坐垫。美军与我军座椅标准对比见表2-2。

表 2-2　美军与我军座椅标准对比

设计要素	设计指标	美军座椅	我军座椅
尺寸结构	椅面高度/mm	150～380	150～380
	椅面深度/mm	380～430	380～430
	椅面宽度/mm	460～510	460～510
	椅面倾角/(°)	5～8	5～8
	椅面垫料厚度/mm	≥38	≥38
	靠背高度(座椅基准点至靠背顶点的垂直距离)/mm	460～510	460～510
	靠背宽度/mm	460～510	460～510
	靠背倾角	水平为准,靠背倾角不得超过110°;若只要求腰部支撑,靠背倾角应为90°～100°	水平为准,靠背倾角不得超过110°;若只要求腰部支撑,靠背倾角应为90°～100°
	靠背垫料厚度/mm	≥38	≥38
空间位置	腹部(椅背至转向盘)/mm	410	410
	前膝部(椅背至仪表板显示/控制器)/mm	740	740
	大腿(转向盘下缘至椅面)/mm	240	240
	脚(椅面前缘至加速踏板底脚)/mm	360	360
	前后方向水平调整	至少可调整15cm	至少可调整15cm
	上下方向垂直调整	调整到高位时,应增加腿部空间和脚踏板角度	调整到高位时,应增加腿部空间和脚踏板角度
安全性	头枕	①应附于椅盆,起到支撑和保护头部的作用②轮廓应具备吸收能量的功能,最大程度减少挥鞭伤③缓冲材料应有弹性,耐用,舒适,不结块④不妨碍穿着背式降落伞乘员的出入	无要求
	安全带	所有非战斗后勤车辆均须有安全带,其他类型车辆应按操作要求安装安全带	所有行政车辆必须配备安全带,其他车辆只要不与操作要求相抵触,也应配备安全带
	坐垫	①保证腿部血液的流动②防止神经压迫③防擦伤④在预计负载情况下,具有足够弹性,防止乘员身体触及坐垫底部⑤防撞座椅应有防撞柔性垫,填充物应保持有效性	①尽量薄,但必须有足够弹性,在剧烈振动时,防止操作者身体触及坐垫底部②用泡沫塑料或同类材料制成的坐垫必须有良好的透气性

在尺寸结构和空间位置设计方面,两军要求是相同的,安全性要求存在差异。美军不仅

对头枕和坐垫提出了人体保护的设计要求，如头枕能支撑和保护头部、坐垫要保证血液流动和防擦伤，还对座椅材料提出了要求，如头枕材料应有弹性、耐用、舒适且不结块，坐垫应有足够弹性。但我军没有对头枕提出设计要求，对坐垫材料只有厚度、弹性和透气性3个要求。可见，美军更加重视军用车辆的安全性，我军要提高这方面标准的要求。

（2）操纵件。汽车操纵件主要包括转向盘、换挡手柄和脚踏板3部分。由于国内外尚未对军用车辆换挡手柄提出具体的设计标准，因此只对比分析脚踏板和转向盘标准（表2-3和表2-4）。在转向盘设计方面，美军和我军的设计标准是相同的。在脚踏板设计方面，两军对脚踏板的基本要求大致相同，但美军提出了更加具体的设计要求。美军对脚踏板的尺寸、间距、操作位移以及操作阻力提出了具体要求，如踏板宽度不小于75mm，正常操作的操作位移为13～65mm，脚搁在踏板上时的操作阻力为45～90N。我军在这方面缺少明确的规定，这表明美军研究比较深入系统。此外，两军都没有对换挡手柄提出设计要求，这一标准有待完善。

表2-3 脚踏板设计标准对比

设计指标	具体指标	美军脚踏板		我军脚踏板	
		最小值	最大值	最小值	最大值
尺寸	高度/mm	25	—		
	宽度/mm	75	—		
	水平夹角/(°)	—	60		
操作位移/mm	正常操作	13	65		
	穿大靴子操作	25	65		
	踝关节屈曲	25	65		
	整个腿运动	25	180		
操作阻力/N	脚不搁在踏板上	18	90		
	脚搁在踏板上	45	90		
	仅踝关节屈曲	—	45		
	整个腿运动	45	800		
脚踏板间距/mm	一只脚任意操作	100	150		
	一只脚按次序操作	50	100		
基本要求		脚踏板应承受驾驶员脚的重量而不触发控制		脚踏板应有一定强度，最小能够承受驾驶员脚的重量，并且不触发任何控制操作	

表2-4 转向盘设计标准对比

转向盘图示	设计指标	美军转向盘	我军转向盘
	直径 D/mm	有助力转向：355～400 无助力转向：400～510	有助力转向：355～400 无助力转向：400～510
	轮缘直径 R_d/mm	19～32	19～32
	倾斜角 S/(°)	轻型车：30 重型车：45	轻型车：30 重型车：45
	角位移	双手必须保持在转向盘上时最大角位移为120°	双手必须保持在转向盘上时最大角位移为120°
	间距	不适用	不适用
	应用准则	车辆的转向盘（汽车）无助力时，最大无助力为220N	车辆的转向盘（汽车）无助力时，最大无助力为220N

（3）视野。军用车辆视野关系到乘员的战场态势感知能力、生存能力和作战能力，是军用车辆人机工程设计的重要因素之一。根据方向不同，将视野分为前方视野、仰视视野、横向视野和后方视野，两军对比见表 2-5。

表 2-5　视野设计标准对比

设计指标	美军车辆视野	我军车辆视野
前方视野	①载重汽车驾驶员能看到车前至少 3m 以外的前方地面 ②如果作战要求允许，可使用车镜或视觉增强器来实现	①载重汽车驾驶员能看到距离车体 3m 以外的前方地面 ②如果作战要求允许，可以使用车镜来实现
仰视视野	仰视视野应至少达到水平线上 15°	仰视视野应至少达到水平线上 15°
横向视野	至少要有 180°，最好达到 220°	至少要有 180°，最好达到 222°
后方视野	①驾驶员能看到车辆后方（直接或使用后视镜或视觉增强器），以便观察路面，有利于拖挂和倒车作业 ②侦察后视镜应为细长、凸面状，能防眩光；应可调以提供最大的后方视野；应固定可靠以确保振动不影响后视效果，并防止后视镜作为上下车或维修操作的把手时，出现后视错位	①驾驶员能看到车辆后方，以便于观察路面，有利于拖挂和倒车作业 ②后视镜应防污、防眩光；固定可靠以确保振动不影响后视效果，并防止后视镜作为上下车或维修操作的把手时，出现后视错位 ③避免在战斗车辆上使用后视镜；若必须使用，应尽可能避免后视镜功能因树枝和飞溅的岩屑而失效

两军对视野要求差别不大。两军对前方视野和仰视视野的要求是相同的。差异主要在横向视野和后方视野方面。在横向视野方面，我军对最佳横向视野的要求更高，达到 222°，美军要求为 220°。在后方视野方面，美军要求后视镜应是防眩光、细长、凸面且可以调整的；我军认为后视镜应能防污、防眩光且战斗车辆应避免使用后视镜，若必须使用，应尽可能避免后视镜功能失效。

（4）小气候。军用车辆人机工程研究表明，实现小气候控制的车辆，能使乘员在极端气候条件下高效地作战，相比未实现小气候控制的车辆具有更好的战术优越性。车内小气候主要包括温度、湿度和通风 3 个指标，对比见表 2-6。

表 2-6　小气候标准对比

指标	美军车内小气候控制	我军车内小气候控制
温度	①温度高于 24℃ 时，若在车内超过 30min，温度应在 21～25℃，脚部和头部的温差不应超过 5.5℃，最好小于 3℃ ②供暖情况：未着防寒服且暴露超过 3h，驾驶室温度应保持 20℃ 以上；当着防寒服，车辆以最大速度的 2/3 行驶，除霜系统功率最大时，车内温度不低于 5℃ 的基准温度（基准温度在座椅基准点上方 61cm 处测得）。身体任一部位周围的温度变化不超过 ±5.0℃。供暖设备打开后，1h 内实现上述要求	供暖情况：未着防寒服且连续操作超过 3h，驾驶室应保持 20℃ 以上；当着防寒服，车辆以最大速度的 2/3 行驶，除霜系统功率最大时，车内温度不低于 5℃ 的基准温度（基准温度在座椅基准点上方 61cm 处测得）。身体任一部位周围的温度变化不超过 ±5.0℃。供暖设备打开后，1h 内实现上述要求
湿度	温度高于 24℃ 时，若在车内超过 30min，相对湿度应在 30%～70%，最好 40%～45%	在 21℃ 条件下，驾驶室内的相对湿度应保持 45% 左右。为防止眼睛、皮肤和呼吸道干燥脱水，相对湿度应保持 15% 以上
通风	①新鲜空气供应速度至少应为 0.57m³/(min·人) ②温度超过 32℃ 时，空气流量应保持在 4.2～5.7m³/(min·人)，除非有空调等冷却设备 ③头部周围的空气速度应连续可调或至少具有三级调速（关闭，低速，高速），调节范围从接近 0 到至少 120m/min	①新鲜空气供应速度至少应为 0.57m³/(min·人) ②温度超过 32℃ 时，空气流量应保持在 4.2～5.7m³/(min·人)，除非有空调等冷却设备 ③头部周围的空气速度应连续可调或至少具有三级调速（关闭，低速，高速），调节范围从接近 0 到至少 120m/min

两军对车辆通风要求是相同的，其差别主要在温度和湿度两方面。在温度方面，两者对供暖情况下的温度提出了相同的要求，但美军还提出温度高于 24℃ 时，若在车内超过 30min，车内温度应在 21～25℃，脚部和头部温差不超过 5.5℃，最好不超过 3℃。在湿度方面，美军认为温度高于 24℃ 时，若在车内超过 30min，相对湿度应在 30%～70%，最好在 40%～45%，而我军认为在 21℃ 条件下，车内相对湿度应保持在 45% 左右。可见，美军对温湿度要求更加全面。

通过对比发现，我军的《军事装备和设施的人机工程设计准则》和《军事装备和设施的人机工程设计手册》，很大程度上参照了美军的《美国国防部标准——人因工程》和《美国国防部标准手册——人机工程设计指南》，但美军相关研究更加深入和系统，标准更新速度也更快。

2.2.7.3　军用车辆人机工程标准发展趋势

（1）更加注重军用车辆防护后的乘员人体保护。美军在联合战术轻型车辆（JLTV）计划中，明确要求新车型能为使用者提供更好的防护和获得更加优异的生存能力，在实际研制过程中已经采取安装自动灭火系统、防爆炸座椅、防挤压变形车门、五点固定式安全带、易弯曲的浮动地板系统等措施增强乘员保护。在军用车辆人机工程标准方面，MIL-STD-1472G 增加了车辆座椅头枕和坐垫对人体保护的设计要求，但是并没有对乘员防护装置如防爆炸座椅提出设计标准。可见，军用车辆人机工程标准相对滞后，需要增加乘员人体保护装置的设计标准，这是军用车辆人机工程标准的重要发展趋势之一。

（2）更加注重车内环境的舒适性。车内环境的舒适性主要指车内小气候的宜人化。近年来，美军对新一代军用车辆提出更加舒适的设计要求，如 2014 年美军公布了一款正在研制的超级轻型战术车辆，该车不仅配备了自动空调，还增加了车内空气增压系统，既实现小气候宜人化控制，又有效保持车内空气的清洁，也使车辆具备一定的核生化防护能力。这一设计目标已超过美军军用车辆人机工程标准。可见，美军军用车辆人机工程标准落后于军用车辆发展的实际。车内环境的舒适性将是未来军用车辆人机工程重要的研究内容之一，也是制定军用车辆人机工程标准的重要因素之一。

（3）更加注重操纵系统的人机界面。目前，美国奥什科什公司为美军研制的联合轻型战术车，不仅配备先进的武器操作系统，以大幅提高作战能力，还装载了大量电子设备，旨在成为集指挥、控制、通信、情报、监视和侦察、电子战于一体的战术机动平台。相比"悍马"汽车，新型联合轻型战术车的打击能力更强，信息化程度更高。但是，这也导致了军用车辆操作系统的复杂化，对乘员的操作技能提出了更高的要求，也对乘员所能承受的作业负荷提出了更高的要求。美军军用车辆人机工程标准也没有对这些操纵系统提出详细的设计要求。如何规范操纵系统的人机设计，降低操作难度，减轻作业负荷，已成为未来军用车辆人机工程标准的重点研究内容之一。此外，防护型战术车辆的视野性设计和乘员舱空间优化配置，也将影响军用车辆人机工程标准的发展趋势。

2.3　电驱动特种车辆动力系统方案确定

动力系统参数匹配是整车设计的一个重要过程，主要是根据整车的基础参数以及性能指标要求选择合适的动力传动系统形式，并确定其关键特征参数，从而可以确定出整车的动力系统方案。

2.3.1　动力系统参数匹配任务和目标

2.3.1.1　匹配目标

根据电驱动特种汽车整车的基本性能要求以及用户和市场的接受度影响因素，综合确定电驱动特种汽车动力系统参数匹配目标如下。

（1）动力性约束。整车动力性是整车驾驶性能的基本保证，关系到驾驶员的直观操作感觉。因此，应考虑满足整车动力性指标要求，确保整车能够达到基本的动力性指标，如最高车速、加速时间以及爬坡度等。

（2）经济性提高。整车经济性体现了纯电动整车的能耗水平，是评价纯电动汽车技术水平的关键指标之一，尤其是纯电动汽车搭载能量有限，通过参数匹配的方式提高整车经济性潜力至关重要。

（3）降低成本。整车成本问题是制约动纯电动汽车产业化发展和市场推广的一个主要因素，尤其是纯电动汽车需要较多的电池以满足功率和能量的要求，从而导致电池数量增多、初始配置成本较高，而且动力电池循环使用次数受到使用制度的极大影响，往往先于整车而提前"报废"，从而不得不更换电池，导致维护和使用成本的大大增加。因此，应从初始配置成本和维护使用成本两方面予以考虑，在满足整车需求的情况下，通过合理匹配动力系统参数，达到降低成本的目的，提高市场及用户的接受度。

2.3.1.2　匹配任务

纯电动汽车动力系统参数匹配的主要任务是完成动力系统部件的选型和参数确定，即确定电机、电池以及变速器的形式及其关键特征参数。

（1）电机系统。永磁同步电机已基本成为纯电动汽车的主流电机形式，尤其是我国还兼具稀土资源丰富的资源优势。对电机系统的参数匹配关键在于对峰值功率、峰值转矩、基速、最高转速、额定转速、额定功率等主要特征参数的确定。

电机能把电能转换为电动汽车运行所需的机械能，因此电机性能的优劣直接影响到电动汽车的整体性能。为此，在实际应用中一方面应尽可能选用性能更好的电机；另一方面，在电机能量控制方式上，应使用电机控制器对电池组电能进行控制，让电机工作在最优工作状态，以满足电动汽车在各种工况下的运行要求。电机选型要求主要有如下三点：①加减速过程动态性能要高，能够适应频繁的启停；②转矩特性要好，在加速或爬坡运行时要求高转矩，高速行驶时要求低转矩；③调速范围要大，且在整个调速范围内要保持较高运行效率。

（2）电池系统。磷酸铁锂电池具有较好的热稳定性和安全性，且具有较大的资源和成本优势，因而仍将其作为动力电池的目标形式。而电池系统的参数匹配主要表现为对电池容量和节数的配置，另外还应根据容量和续航里程指标要求综合确定放电深度（DOD），并将其作为整车对电池的关键控制参数之一。

（3）变速器。根据两挡变速器的优势和应用趋势，选择两挡变速器作为变速器匹配的基本形式，而参数确定的关键则主要在于两挡速比的确定。

2.3.2　电机参数匹配设计

2.3.2.1　纯电动汽车电机的选择

电机负责为纯电动车提供动力输出，对动力性影响最大。纯电动汽车对电机的要求很高，需要满足几个主要特性：①低速时要有大扭矩来实现车辆起步，调速范围足够大以达到不同车速需求；②要有高效率，现在纯电动汽车推广难以扩大的主要限制条件就是续航里程短，所以电机要效率高、损耗小，并且配合制动能量回收机制来延长续航里程；③电机及控制器要小而轻，以减轻汽车总重量；④电机要耐高温、耐潮湿、耐冲击，稳定可靠。

永磁同步电机是一种高效电机。如果采用精密轴承，其转速每分钟可达几万到几十万转。而且由于结构上的优势，永磁同步电机能够高效散热、维修方便、运行稳定可靠。与其他种类电机相比，其还具有高能量密度和高效率的巨大优势，功率因数可达90～93，峰值效率可达95％～97％。除此之外，永磁同步电机可靠性强，控制操作性能优良，调速精度高，所以永磁同步电机作为驱动电机是现在电驱动汽车主流的方案之一。

2.3.2.2　永磁同步电机特性分析

永磁同步电机特性分析主要针对两个方面，即转矩特性和功率特性。以电机基速为分界，可以分为两个不同特性区，如图2-11所示。

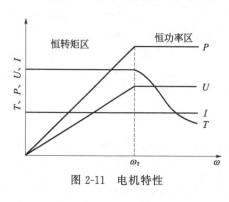

图 2-11　电机特性

图2-11中，ω_r为电机基速，P为电机功率，U为电机电压，I为电机电流，T为电机转矩，ω为电机转速。转速在$0\sim\omega_r$时转矩不变，功率和电压随转速增大而增大；转速高过ω_r时，电机功率和电压不再变化，转矩慢慢减小。恒转矩区可以提供大而且稳定的转矩输出，用于纯电动车的起步和爬坡。汽车行驶至高速水平时惯性很大，不再需要巨大转矩，所以转矩减小。

2.3.2.3　电机参数设计

（1）电机功率确定。电机峰值功率可以根据以下三个指标完成设定。

① 根据最高车速确定额定功率。汽车额定功率需要满足在最高车速下稳定行驶的要求，按照式(2-4)计算此时所需的功率P_1。

$$P_1 = \frac{1}{\eta_T}\left(\frac{mgf_g u_{\max}}{3600} + \frac{C_D A \rho_a u_{\max}^3}{7200}\right) \tag{2-4}$$

式中，η_T为机械效率；m为汽车质量；$u_{\max}$为最高车速；f_g为滚动阻力；A为迎风面积；C_D为空气阻力系数；ρ_a为空气密度。

② 根据最大爬坡度确定额定功率。汽车在爬坡时，没有加速运动。可按式(2-5)进行计算额定功率P_2。

$$P_2 = \frac{1}{\eta_T}\left[\frac{mgu_i(f_g\cos\alpha_{\max} + \sin\alpha_{\max})}{3600} + \frac{C_D A \rho_a u_{\max}^3}{7200}\right] \tag{2-5}$$

式中，$\alpha_{\max}$为最大坡度；u_i为上坡时车速。

电机额定功率与最高车速和最大爬坡度的关系如图2-12所示。

③ 根据加速时间确定峰值功率。汽车在行驶过程中，一般加速过程比较短暂，所需功率很大，所以可以根据加速时间来确定峰值功率$P_{\max}$，如式(2-6)所示。

$$P_{\max} = \frac{1}{\eta_T}\left\{\frac{mgu_i u_{\text{末}}}{3600} + \frac{C_D A \rho_a u_{\text{末}}^3}{7200} + \frac{\delta_i m u_{\text{末}}^2}{12960\Delta t}\left[1 - \left(\frac{t_m - \Delta t}{t_m}\right)^x\right]\right\} \tag{2-6}$$

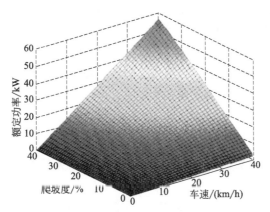

图 2-12　电机额定功率与最高车速和最大爬坡关系（彩图）

式中，$u_末$ 为加速末尾车速；t_m 为当前加速时间。

（2）电机峰值转矩 T_{max} 的确定。汽车在上坡时，所需要的转矩最大。此时忽略加速阻力可得式(2-7)。

$$T_{max} = \frac{\left[mg(f_g\cos\alpha_{max} + \sin\alpha_{max}) + \frac{C_D A\rho_a u_i^2}{2} \right] r_d}{i_g i_o \eta_T} \tag{2-7}$$

式中，α_{max} 为最大坡度；i_g 为变速器传动比；i_o 为主减速器传动比；η_T 为传动效率。

（3）电机转速确定。根据电机转动速度快慢可以分为高、中、低转速电机。转速高于 10000r/min 的电机称为高速电机；转速为 6000～10000r/min 的电机称为中速电机；转速为 3000～6000r/min 的称为低速电机。电机转速并非越高越好，转速越高，电机结构尺寸和重量就会越大，制造精度要求和生产成本都会随之增加。本书中介绍的电驱动特种车辆，采用的是高速电机。电机的峰值转速可以根据式（2-8）计算得出。

$$\eta_{max} = \frac{1000 i_g i_o u_{max}}{2\pi r_d \times 60} \tag{2-8}$$

式中，η_{max} 为峰值转速；u_{max} 为最高车速；r_d 为轮胎滚动半径。

2.3.3　电池参数匹配设计

2.3.3.1　电池种类选择

电池及其管理系统水平代表了一个纯电动车公司最核心的技术。特斯拉纯电动汽车就是因为在电池技术方面有了较大进展，部分车型续航里程可达 600 多千米，从而异军突起，引领了纯电动汽车行业。国内由做电池起家的比亚迪公司也是由于电池做得好而在国产电动汽车中独占鳌头。

电驱动特种车辆对电池有如下要求：①单位质量和单位体积电池所含能量要高，以满足续航里程要求；②单位质量和单位体积电池释放的功率要高，满足起步、加速、上坡等动力性要求；③能快速充电和深度放电，缩短充电时间、提高放电效率；④电池的安全性能要高，而且寿命长；⑤电池要效率高、成本低、易修理等。但目前市面上没有一款电池可以满足以上所有要求，所以电池要根据需求来进行选择。

纯电动汽车采用最多的是锂离子电池，锂离子电池有以下几个优点：①电压高，可达

3.2V，远高于铅酸电池和几种镍电池；②比能量高，可达150W·h/kg；③循环寿命长，低DOD下超过万次，高DOD也有两三千次；④自放电率低，仅为6%~8%；⑤无记忆性，无污染等。第一代锂离子电池是锰酸锂电池，有效降低了电池成本，而且加强了电池安全性，但锰酸锂电池的寿命相对较短。第二代是磷酸铁锂电池，其原材料对应的几种矿产既便宜又丰富，电池特性也很好，而且寿命大大加长。

2.3.3.2 电池参数设计

（1）电池能量。续航里程的长短主要受电池能量的影响。在参数设计阶段，先以等速续航来计算能量需求。匀速行驶时无加速阻力和上坡阻力，所需功率为

$$P_e = \frac{1}{\eta_T}\left(\frac{mgf_g u_{等速}}{3600} + \frac{C_D A \rho_a u_{等速}^3}{7200}\right) \tag{2-9}$$

式中，$u_{等速}$为匀速行驶时的车速。

从而可以计算得到行驶过程中所需电量为

$$W = P_e t = P_e \frac{S}{u_{等速}} \tag{2-10}$$

式中，W为所需电量；t为汽车行驶时间；S为行驶里程。

（2）电池容量。电池重量和成本会随着电池容量的增加而显著增加，所以在选择电池容量时不宜选择过大。单体电池容量可通过式（2-11）计算得出。

$$C_b = \frac{1000 S W_b}{U_b N \eta_b} \tag{2-11}$$

式中，C_b为单体电池容量；W_b为匀速行驶1km所需电量，S为等速续航里程；U_b为电池电压；η_b为放电效率；C_b与N为相互关联的两个参数。

电池等速续航里程与电池容量和电池数量之间的关系如图2-13所示。

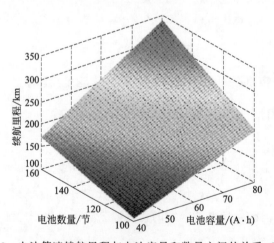

图2-13　电池等速续航里程与电池容量和数量之间的关系（彩图）

（3）总能量验证。有了电池容量和数量数据就可以计算电池总能量，检验是否满足续航要求。电池总能量计算如式（2-12）所示。

$$W = C_b U_b N \eta_b \tag{2-12}$$

式中，C_b为单个电池容量；U_b为单电池电压；N为电池组中电池总数量；η_b为放电深度，%。

2.3.4　传动系参数匹配设计

传统汽车的发动机调速范围很窄，而且在起步时转矩很小，所以需要多个挡位的变速器才能实现起步和高速行驶两个要求。而对于电机来说，起步时能够提供稳定的大扭矩，而且转速足够高可以满足汽车高速行驶，所以纯电动车不需要多个挡位，一个挡位即可满足所有行驶要求。

传动比不宜过大或者过小，过小会导致启动转矩不足、上坡吃力，过大则无法实现高车速行驶。传动比的选择还关系到电机是否可以工作在高效区间，并最终影响到续航里程。传动比计算如下所示。

传动比范围与最高车速和最大爬坡度有关，可分别由式（2-13）和式（2-14）计算得出。

$$i \leqslant \frac{2\pi n_{max} r_d \times 60}{1000 u_{max}} \tag{2-13}$$

式中，n_{max} 为峰值转速；r_d 为轮胎滚动半径；u_{max} 为最高车速。

$$i \geqslant \frac{\left[mg(f_g\cos\alpha_{max} + \sin\alpha_{max}) + \frac{C_D A \rho_a u^2}{2} \right] r_d}{T_{tq} \eta_T} \tag{2-14}$$

式中，T_{tq} 为最大转矩。

此外，最大传动比的选择还要满足附着条件的限制，如式（2-15）所示。

$$F_{t_{max}} = \frac{T_{max} i_{max} \eta_T}{r_d} \leqslant F_z \varphi \tag{2-15}$$

式中，$F_{t_{max}}$ 为最大驱动力；T_{max} 为最大转矩；φ 为附着系数 F_z 是地面对驱动轮的法向反力，如式（2-16）所示。

$$F_z = \frac{\varphi mgb}{L} \tag{2-16}$$

式中，b 为汽车质心到后轴距离；L 为轴距。

综上所述，即可得到传动比范围。

2.4　电驱动特种车辆主要尺寸及质量参数确定

2.4.1　主要质量参数的确定

总布置设计草图绘制之前，应对整车质量参数进行估算，为整车性能计算和总成设计提供依据。各总成质量，可通过样件实测得到，亦可参照同类车型样件实测值修正得到。

2.4.1.1　整车质量、载荷分配和质心高度的计算

空载时整车整备质量（自重）如式（2-17）所示。

$$m_0 = \sum_{i=1}^{N_0} m_i \tag{2-17}$$

式中，N_0 为估算整车整备质量的全部总成数量；m_0 为整车装备质量，kg。

空车后载荷 m_{0_r} 按式（2-18）计算。

$$m_{0_r} = \frac{\sum_{i=1}^{N_0} m_i x_i}{L} \qquad (2\text{-}18)$$

式中，L 为轴距，mm；m_{0_r} 为空车后载荷，kg。

空车质心高度 H_{g_0} 按式(2-19)计算。

$$H_{g_0} = \frac{\sum_{i=1}^{N_0} m_i Z_{e_i}}{m_0} \qquad (2\text{-}19)$$

满载时整车总质量 m_a 按式(2-20)计算。

$$m_a = \sum_{i=1}^{N_1} m_i \qquad (2\text{-}20)$$

式中，N_1 为用于估算整车最大总质量的全部总成和负载的数量。

满载后轴荷 m_{ar} 按式(2-21)计算。

$$m_{ar} = \frac{\sum_{i=1}^{N_1} m_i x_i}{L} \qquad (2\text{-}21)$$

满载前轴荷 m_{af} 按式(2-22)计算。

$$m_{af} = m_a - m_{ar} \qquad (2\text{-}22)$$

满载质心高度 H_{g_1} 按式(2-23)计算。

$$H_{g_1} = \frac{\sum_{i=1}^{N_1} m_i z_{1_i}}{m_a} \qquad (2\text{-}23)$$

2.4.1.2 质量利用系数

质量利用系数 η_{m_0} 是汽车的装载量 m_e 与整备质量 m_0 之比，如式(2-24)所示。

$$\eta_{m_0} = \frac{m_e}{m_0} \qquad (2\text{-}24)$$

它表明单位汽车整备质量所承受的汽车装载质量。显然，此系数越大表明该车型的材料利用率越高，设计与工艺水平也越高。因此，设计新车型时在保证汽车零部件的强度、刚度及可靠性与寿命的前提下，应力求减轻其质量，增大这一系数值。通过代入该车的质量参数和载重量参数得出该车的质量利用系数。

2.4.1.3 轴荷的分配

汽车的轴荷分配是汽车的重要质量参数，它对汽车的牵引性、通过性、制动性、操纵性和稳定性等主要使用性能以及轮胎的使用寿命都有很大的影响。因此，在总体设计时应根据汽车的布置形式、使用条件及性能要求合理地选定其轴荷分配。汽车的布置形式对轴荷分配影响较大，例如对载货汽车而言，长头车满载时的前轴负荷分配多在 28% 上下，而平头车多在 33%～35%。

在确定轴荷分配时也要考虑到汽车的使用条件。对于常在较差路面上行驶的载货汽车，为了保证其在泥泞路上的通过能力，常将满载前轴负荷控制在 26%～27%，以减小前轮的滚动阻力并增大后驱动轮的附着力。对于常在潮湿路面上行驶的后驱动轮装用单胎的 4×2 平头货车，空载时后轴负荷应不小于 41%，以免引起侧滑。

在确定轴荷分配时还要充分考虑汽车的结构特点及性能要求。例如矿用自卸汽车的轴距短、质心高，制动或下坡时质量转移会使前轴负荷过大，故在设计时可将其前轴负荷适当减小，使后轴负荷适当加大。为了提高越野汽车在松软路面和无路地区的通过性，其前轴负荷应适当减小以减小前轮的滚动阻力。

轴荷分配显然对前后轮胎的磨损有直接影响。为了使其磨损均匀，对后轮装单胎的双轴汽车，要求其满载时的前后轴荷分配均为 50%，而对后轮为双胎的双轴汽车，则前后轴荷可大致按 1/3 和 2/3 的比例处理。当然，在实际设计中由于许多因素的影响，上述要求只能近似地满足。

2.4.2　主要尺寸参数的确定

车辆主要尺寸参数包括轴距、前悬、后悬、轮距、总长、总高、接近角、离去角、最小离地间隙等。

2.4.2.1　轴距尺寸 L

轴距的选择对整车尺寸参数、质量参数和使用性能都产生影响。轴距短，汽车总长、质量、最小转弯半径和纵向通过半径就小一些。但轴距过短也会带来一些问题，如车厢长度不足或后悬过长，汽车行驶时其纵向角振动过大，汽车加速、制动或上坡时轴荷转移过大而导致其制动性和操纵稳定性变差、传动轴的夹角过大等。

对于电驱动特种车辆的轴距，在整车选型初期，可根据要求的货厢长度及驾驶室布置尺寸初步确定轴距 L，如式（2-25）所示。

$$L=L_H+L_J+S-L_R \tag{2-25}$$

式中，L_H 为货厢长度，可根据汽车的装载量、载货长度来确定，或参考同类型、同装载量特种车辆的货厢长度和装载面积来初步确定；L_J 为前轮中心至驾驶室后壁的距离，它与整车布置方案选择有关，在该布置方案选定后可通过对驾驶室、电机和前轴的初步布置或参考同型、同类布置的汽车的这一尺寸初步确定；S 为驾驶室与货厢之间的间隙；L_R 为后悬尺寸，可根据道路条件或参考同类型汽车初步确定。

轴距的最终确定应通过总布置和相应的计算来完成，其中包括检查最小转弯半径和万向节传动的夹角是否过大、轴荷分配是否合理、乘坐是否舒适以及能否满足整车总体设计的要求等。

2.4.2.2　前悬尺寸 L_F

前悬处要布置风扇、弹簧前支架、车身前部或驾驶室的前支点、保险杠、转向器等，要有足够的纵向布置空间。其长度与汽车的类型、驱动形式、电机的布置形式和驾驶室的形式及布置密切相关。汽车的前悬不宜过长，以免使汽车的接近角过小而影响通过性。

前悬选定的方法主要有：①同类车型对比，可得到一些借鉴；②总布置结构校核；③研究工程用车的接近角合理性。

2.4.2.3　后悬尺寸 L_R

汽车的后悬长度主要与货厢长度、轴距及轴荷分配有关。后悬也不宜过长，以免使汽车的离去角过小而引起上下坡时刮地，同时转弯也不灵活。

2.4.2.4 轮距尺寸

汽车轮距对汽车的总宽、总质量、横向稳定性和机动性都有较大的影响。轮距越大，则悬架的角刚度越大，汽车的横向稳定性越好。对重型车来说不是轮距越大就越好，否则会使汽车的总宽和总质量过大。轮距必须与汽车的总宽相适应。

前轮距主要取决于车架前部的宽度、前悬架的宽度、前轮最大转角和轮胎宽度、转向纵拉杆与转向轮以及与车架间的运动间隙等因素，因此要通过具体的布置确定。后轮距取决于车架后部宽度、螺旋弹簧直径、弹簧与车架及车轮之间的间隙以及轮胎宽度等因素。

2.5 电驱动特种车辆轮胎确定

2.5.1 特种车辆对轮胎的技术要求

特种车辆由于使用环境、行驶地域以及整车战术技术性能的特殊性，对轮胎有特殊的技术要求。主要表现在以下方面。

（1）在良好铺装路面及乡村（沙石）路面上快速行驶时，能适应路面变化而可靠地发挥驱动性和制动性，同时具有良好的操纵稳定性和较强的耐扎破及耐撕裂损伤性能，长时间连续工作后滚动阻力小、发热小、噪声小。

（2）在翻耕地、稻田地、沙（滩）地、灌木丛林地、泥泞地、坑洼地等软地面行驶时，应具有良好的自洁性，能有效传递牵引力，应具有包容诸如圆石、树干及树桩等的通过性能，应能在降低滚动阻力的同时增加有效牵引力，且不打滑、不陷车，具有足够的地面承载能力以保证可靠通过。

（3）在冰雪地（路）面上行驶时，应具有综合最佳的制动性能和操纵稳定性能，起步和加速时应尽可能地防止车轮空转引起的接地面内水膜的发生以改善附着性能，转回行驶时应防止超出侧向附着极限，保证良好的操纵稳定性能，在湿滑地（路）面上行驶时应具有良好的抗滑能力。

（4）能适应我国寒冷、炎热、高原和沿海等地区，要求轮胎散热性能良好，防止高温时橡胶的扯断强度、扯断伸长率及硬度降低，橡胶与钢丝间的附着强度下降，以及橡胶老化，进而防止爆胎发生。轮胎橡胶特性随温度变化应具有如下性能：低温条件下具有良好的柔软性，使轮胎与冰雪路面间保持直接、密切接触，从而增大牵引力，高温条件下具有一定的弹性。

（5）能按照环境温度、地面类型等确定最佳气压，调压范围应覆盖各种路（地）面情况。如在良好铺装路面上行驶时，应调高轮胎气压，以减小轮胎变形和滚动阻力；在坑洼不平的硬路面上以较低的气压行驶，以减轻车身和相关部件受到的冲击及振动，改善平顺性，延长使用寿命；在沙漠、沼泽、泥泞等松软地面上行驶时，应将轮胎气压降至更低，以提高通过性能。

（6）与悬架系统配合保证乘坐舒适性，以降低驾驶员的疲劳，应具有良好的吸震和包络能力；与转向机构和悬架系统配合，使车辆具有良好的转向和操纵稳定性能；在车辆行驶速度范围内，能支承整车重量，并安全使用。

（7）能适应恶劣的战场环境，具有较高的行驶可靠性和耐久性，防止行驶中发生泄气，泄气后仍能以一定的速度持续行驶一定距离。

综上所述，军用车辆对轮胎的总体技术要求是：较强的软、硬地面通行能力，较高的良好道路行驶速度，较强的调压和低压行驶能力，良好的减振性能和抗冲击能力，较强的泄气可行驶能力，良好的抗老化和耐久性能以及较高的可靠性和良好的维修性。

2.5.2　轮胎参数的确定

轮胎的性能除了与轮胎类型、材料、工艺有关外，还与轮胎的负荷能力、尺寸、充气气压等主要参数密切相关。而这些轮胎参数也是影响或决定特种车辆机动性的关键因素。因此，如何合理地确定轮胎的这些参数，在特种车辆方案论证和设计过程中就显得尤为重要。

2.5.2.1　负荷确定

支承负荷是轮胎最基本、最重要的功能之一。轮胎在静止和最高速度条件下的最大承载质量分别称为最大静负荷和额定负荷（最大动负荷），最大静负荷与额定负荷之比为负荷系数。确定车辆轮胎的负荷能力就是要计算出将要选配轮胎的额定负荷，即先根据车辆的最大总质量、轴荷分配、车轴上的轮胎数计算出单个轮胎最大静负荷，然后选取适当的负荷系数计算出轮胎的最大动负荷，如式（2-26）所示。

$$W_e = \frac{m_a \eta_g}{nk} \tag{2-26}$$

式中，W_e 为轮胎额定负荷，kg；m_a 为整车最大总质量，kg；η_g 为轴荷分配率；N 为每轴上的轮胎数量；k 为轮胎负荷系数。

为避免轮胎负荷超限，大多数车辆的轮胎负荷系数取 0.9～1.0。特种车辆，特别是战术车辆，常在条件苛刻的路（地）面使用且机动速度高，轮胎所受动负荷大，故轮胎负荷系数应取下限。

实事上，轮胎的负荷能力与其结构密切相关，结构不同，负荷计算公式也有相应变化。目前用于计算轮胎负荷的公式主要是美国轮胎轮辋协会（TRA）提出的推荐负荷计算公式，其基本形式如式（2-27）所示。

$$W = k \times 4.0 \times 10^{-4} \times \left(\frac{p}{100}\right)^{0.585} \times S_0^{1.39} \times (D_r + S_0) \tag{2-27}$$

式中，W 为轮胎负荷，kg；k 为轮胎负荷系数，根据轮胎所配车辆类型和行驶速度等条件确定；p 为气压，kPa；S_0 为轮胎断面宽度，mm；D_r 为轮辋直径，mm。

从式（2-27）可以看出，轮胎的负荷能力主要由几何尺寸和气压等两个主要因素决定，使用条件、材料、下沉变形和工艺水平等影响则以系数 k 来反映。随着轮胎技术的发展和使用条件变化，不同系列轮胎的系数值会有些变化，但公式形式基本上仍没变。此公式是根据大量轮胎的实际耐久性试验结果而得的经验公式，据此计算出的轮胎负荷用于实际时能保证轮胎具有足够的耐久性（疲劳寿命）。因此，我国制定轮胎系列国家标准时也采用 TRA的推荐公式。

2.5.2.2　尺寸确定

由式（2-27）知，如果气压确定，轮胎的负荷就主要取决于轮胎断面宽度和轮辋直径，其关系如式（2-28）所示。

$$W \sim S_0^{1.39} \times (D_r + S_0) \tag{2-28}$$

一般轮胎的 $D_r = 2S_0$，相应关系如式（2-29）和式（2-30）所示。

$$W \sim S_0^{2.39} \tag{2-29}$$

$$W \sim D_r^{2.39} \tag{2-30}$$

即轮胎负荷与断面宽度、轮辋直径之间是幂函数关系。此外，轮胎外直径与整车尺寸参数（比如总高、最小离地间隙）通过性等能力有关，轮胎滚动半径还与车辆动力传动参数的匹配密切相关，轮辋直径也会影响到制动器的尺寸和布置。因此，正确选取轮胎的尺寸参数非常重要。确定轮胎尺寸应包括轮胎断面宽度、轮辋直径和轮胎外直径的选取。

在进行新车型设计时，确定轮胎尺寸参数的通常方法是比照已有同类型车辆的轮胎尺寸来选取。所以统计分析已有车型的轮胎参数，找出其中的规律，对确定新车型的轮胎尺寸参数有重要的参考价值。特种车辆由于用途不同，不同车型之间的机动能力会有较大差异。在进行样本统计时如果将不同机动性等级的车型混同分析，就会使结果产生较大的偏差。科学的方法是对特种车辆进行机动性分级，按高机动性、标准机动性、有限机动性和低机动性进行分类后将相同机动性等级的车型放在一起进行统计分析，然后再拟合出轮胎断面宽度、轮辋直径和外直径随负荷变化的关系曲线。

由式（2-29）和式（2-30）可知其反函数也是幂函数，因此可得轮胎断面宽度、轮辋直径和外直径与负荷的关系，如式（2-31）～式（2-33）所示。

$$y_1 = a_1 x^{b1} \tag{2-31}$$

$$y_2 = a_2 x^{b2} \tag{2-32}$$

$$y_3 = a_3 x^{b3} \tag{2-33}$$

式中，y_1 为轮胎断面宽度，mm；y_2 为轮辋直径，mm；y_3 为轮胎外直径，mm；x 为轮胎负荷，kg；a_i 和 b_i（$i=1,2,3$）为待定系数。

通过对 453 个特种车型所配轮胎尺寸参数的回归统计确定出式（2-31）～式（2-33）中的系数，如表 2-7 所示。

表 2-7　不同机动性等级车辆的轮胎尺寸参数随负荷变化的系数

机动性等级	样本数/个	断面宽系数		轮辋直径系数		外直径系数	
		a_1	b_1	a_2	b_2	a_3	b_3
高机动	62	0.860	0.364	6.208	0.150	5.493	0.273
标准机动	260	0.951	0.333	7.074	0.130	7.892	0.222
有限机动	86	1.055	0.302	14.759	0.040	13.565	0.146
低机动	45	0.743	0.325	4.328	0.192	4.864	0.268

拟合出相应的关系曲线如图 2-14～图 2-16 所示。由于整车各轴的负荷率一般不同，为了数据处理方便，在统计时轮胎负荷实际采用的是单胎平均负荷。从图示结果可知，在相同负荷条件下，不同车型的轮胎断面宽度和外直径差异显著、轮辋直径差别较小。其中，高机动性车辆轮胎无论断面宽度还是外直径都更大，与标准机动性车辆轮胎相比，断面宽度一般要大 10.7%～17.9%，外直径最大可比标准车辆轮胎的大 7.5%。这一分析结果与我们通常的认识是一致的，即高机动性车辆的越野越障能力（最小离地间隙）和软地面通过能力均更强，这点反映在尺寸上就是轮胎断面更宽、外直径更大。

建立上述关系曲线，其作用是在新车型方案论证和设计之初，即可根据单胎的平均负荷，按照车型所属机动性等级，大致确定出轮胎主要尺寸参数值，然后根据相关轮胎系列标准进一步确定出具体的轮胎规格。这样避免了直接依据轮胎系列标准选取轮胎规格的盲目性，提高了轮胎尺寸确定的效率。

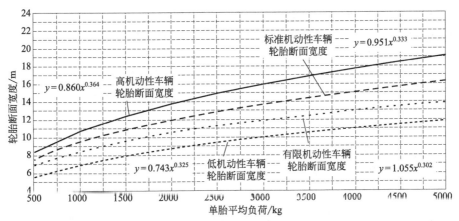

图 2-14　不同机动性等级车辆轮胎断面宽度与负荷的统计关系

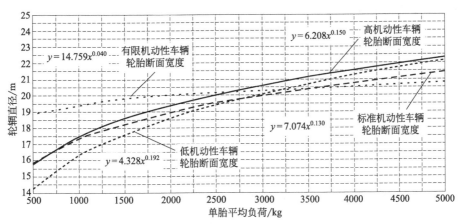

图 2-15　不同机动性等级车辆轮辋直径与负荷的统计关系

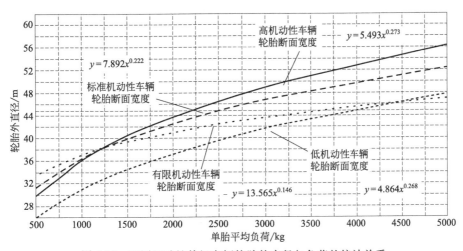

图 2-16　不同机动性等级车辆轮胎外直径与负荷的统计关系

2.5.2.3　气压确定

地面力学研究表明，轮胎的充气压力对车辆适应复杂路面的行驶具有十分重要的影响。通常，在铺装的硬路面，可提高行驶速度，保持良好的操纵稳定性和降低滚动阻力，要求轮胎气压高些；而在越野路面，特别是松软地面，为增大轮胎接地面积，减少沉陷，提高通过性，则要求轮胎气压低些。研究证明，不同坚实度的地面均有一个适合的轮胎充气压力，地面条件与最佳轮胎气压关系如表2-8所示。

表2-8 地面条件与最佳轮胎气压关系

地面特点	最佳轮胎气压/kPa
非常松软的沙地、翻新地、沼泽地	50～100
填土、没翻新的耕地	100～200
车轮压实的填土	200～300
自然形成的坚固层	300～400
压实过的道路	400～500

特种车辆，特别是战术用途车辆（主要指高机动性和标准机动性车辆）所要求行驶的路（地）面多种多样，要在各种路面都获得良好的机动能力，就必须采用轮胎调压的办法。为此，除了配备中央充放气系统外，轮胎气压应可调并适合低气压行驶。气压对轮胎的影响，不仅涉及负荷能力大小而且对轮胎力学特性、滚动阻力等均有重要影响。所以对不同车型的轮胎气压要求可调，应有一个合理的范围。这就涉及要如何确定轮胎的额定气压和最低气压的问题。

（1）轮胎额定气压。额定气压为轮胎在额定负荷状态下，在良好铺装路面上以最高速度行驶时的气压。通常根据轮胎的额定负荷，按《美国轮胎轮辋协会工程设计手册（TRAE-DI）》规定的相应的计算式求得，也可根据相关标准给出的轮胎气压-负荷对应表查表求得。但这种计算或查表方式确定的轮胎气压值，仅考虑了轮胎的负荷能力。车辆实际使用气压还应综合考虑整车的滚动阻力、燃油经济性、操纵稳定性、行驶平顺性以及噪声等因素，故还需要在计算出的额定气压基础上加以适当调整进行确定。

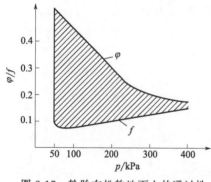

图2-17 轮胎在松软地面上的通过性

（2）轮胎最低气压。最低气压为轮胎在额定负荷状态下，低速通过松软地面时的应急气压。轮胎在松软地面上的通过性如图2-17所示。

图2-17中 φ 表示附着系数，f 表示滚动阻力系数，p 表示轮胎气压，φ-f 表示通过能力。由图2-17可知，轮胎附着系数随着气压的降低而增大，滚动阻力系数随着气压的降低而减小，因此通过能力（φ-f）随着轮胎气压的降低而增大。当轮胎气压降低到一定程度时（50～100kPa），通过能力（φ-f）达到最大范围。如果轮胎气压进一步降低，不但滚动阻力系数将变大，而且容易出现轮胎滑圈直至损坏等问题。综合考虑轮胎承受能力和通过性要求，轮胎最低调压值一般确定在50～100kPa更合理。从分析外军特种车辆轮胎的最低调压气压来看，轻型车大多为70～80kPa，中、重和超重型车一般为100kPa左右。

2.5.2.4 单位面积平均压力的确定

轮胎的胎面磨耗、侧偏特性、牵引特性以及软地面通过能力等都与路面接触区域内的压力密切相关。为方便计算和分析，常采用单位面积平均压力作为衡量特种车辆的越野能力，特别是软地面通过能力的指标。

按《轮胎静负荷性能测定方法》（HG/T 2443—2012），单位面积平均压力如式(2-34)所示。

$$P_g = \frac{W_g}{A} \qquad (2-34)$$

式中，P_g 为单位面积平均压力，kPa；W_e 为轮胎负荷，kN；A 为印痕面积即接地全面积，指静态轮胎在垂直负荷作用下，胎面行驶面压在刚性平面上的投影面积，m^2。

一般轮胎在负荷状态下的印痕面积可通过试验测量，但在不具备试验条件时也可采用一些计算方法进行估算。大量试验研究表明，当载荷一定，轮胎单位面积平均压力与充压有关，如式(2-35) 所示。

$$P_g = P_e + \Delta \times P \qquad (2-35)$$

式中，P_e 为胎体刚度，$P = 0$ 时通过轮胎传递的平均压力，kPa；Δ 为充气压力影响系数，通常等于 0.9～1.0。

研究表明，胎体刚度与轮胎负荷有关，如式(2-36) 所示。

$$P_e = \alpha W_g \qquad (2-36)$$

式中，α 为转换系数，m^{-2}。

于是，单位面积平均压力可以用式(2-37) 表示。

$$P_g = \alpha W_g + \Delta \times P \qquad (2-37)$$

转换系数 α 及充气压力影响系数 Δ 可由试验结果求得。在缺乏试验数据的情况下，P_e 可取 25kPa，Δ 可取 0.9 用于估算。在已知轮胎充压的条件下，利用此方法来估算单位面积平均压力最为简捷。该计算方法的计算结果虽有一定误差，但对一般工程分析还是具有一定意义的。

当轮胎主要参数确定后，为初步判断战术车辆所选配轮胎是否合适，可用整车在越野条件下、速度为 25km/h 左右时的轮胎单位面积平均压力来衡量。通常，高机动性车辆的 P_g 一般不大于 260kPa；标准机动性战术车辆的 P_g 一般不大于 320kPa。

2.5.3 轮胎总体要求

(1) 轮胎的负荷能力、尺寸、充气气压等主要参数对特种车辆轮胎性能有重大影响。

(2) 轮胎额定负荷应根据车辆的最大总质量、轴荷分配、车轴上的轮胎数以及负荷系数来确定，这样能确保轮胎有足够的负荷能力。

(3) 通过回归分析方法建立了不同机动性等级车型所配轮胎断面宽度、轮辋直径和外直径与负荷之间的关系曲线。为轮胎尺寸确定提供了实用、简捷的方法。

(4) 合理确定特种车辆轮胎气压的调压范围，有助于保证车辆在各种路面上都获得良好的机动能力和轮胎性能特性。

(5) 在不具备试验条件时，可以通过分析与充气压力的关系来估算轮胎单位面积平均压力，有助于判断所确定的轮胎主要参数是否选取合理。

2.6 电驱动特种车辆模块化通用构型设计

2.6.1 模块化设计的定义

所谓模块化设计就是将复杂和庞大的汽车产品进行简化和科学的重新组合，集成为一个个标准化的模块,产生模块效应,使装配汽车可以像拼积木那样"随心所欲"和方便,用一个一个埠通的模块即可总装成整车。模块化设计的第一阶段,是总装装配零件的模块化;第二阶段,要达到整车层面上的整体模块化设计。

采用模块化思想设计的汽车,当同一个模块中选用不同的零件或总成时,就可以得到这一模块的变型,选用不同的模块变型装配在一起就会得到不同的变型车。所以按照这种设计思想开发汽车能够满足消费者对于个性化的需求。

2.6.2 装配设计原则与非模块化设计的缺点

2.6.2.1 装配设计原则

装配设计DFA(Design For Assembly)是模块化设计思想提出的理论基础之一。装配设计的原则就是指出:第一要把零件数减到最少;第二要考虑零件装卸的简易性;第三要考虑最优的连接方式等。装配设计认为装配总成本是零件数、装配简易性及再定位数目的函数,如果能够降低装配的零件数,装配总成本相应会下降。模块化设计思想很好地体现了装配设计原则。在总装配时,没有数量众多的单件,它们都事先装配在各个模块中,模块之间连接设计简易可靠,装配简单方便,成本大大下降。

2.6.2.2 非模块化设计的缺点

按照传统非模块化设计思想设计汽车,当白车身运送到总装线后,几乎大部分零件都是以单件形式由工人在长长的流水线上一件一件装到车身上。这种装配方式,一方面造成工位很多,使得总装车间的流水线布置得相当长,占地面积大,成本升高;另一方面因为单件太多,在紧张的工作环境中容易错装或漏装零件,特别是在多种车型共线的情况下,更容易发生质量事故。而且生产的车型比较单一,不能满足现代人对汽车个性化的需求。传统非模块化设计,即使能很好地控制设计偏差和零件制造偏差,但由于整车装配零件多,装配过程偏差还是难以控制的,制约了整车装配质量的提高。

2.6.3 电驱动特种车辆模块化划分

2.6.3.1 按照电动车的空间布置来划分

如果将电动交通工具看作是一个移动的空间,那么我们可以自上而下,从外到里地将电动车进行空间上的划分。这样的划分不能是没有任何依据的划分,需要以功能分析为基础,通过对电动车结构进行解构重组和用户认知习惯相协调得出来。通过这种方式,我们可以将电动车划分为三个部分。

电动车=空间+移动部件=(外部界限+内部空间)+移动部件,按空间布置划分如图2-18所示。

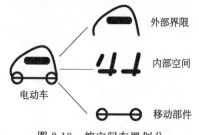

图2-18 按空间布置划分

(1)外部界限。电动车的外部界限,我们可以理解为电动车的外覆件,即传统意义上的外壳或汽车造型。在传统汽车制造工业里面,汽车外壳是设计制造一个较为完整独立的体系。汽车的造型比例(Proportion)代表了大多数用户对于一辆汽车的第一印象,所以对于汽车而言,汽车造型的重要性不言而喻。

(2)内部空间。电动车的内部空间,我们通常称为电动车的内室（Interiors）。汽车内室包括汽车内部空间的方方面面，比如方向盘、汽车座椅、汽车地垫等。汽车内室系统的设计工作量十分庞大，往往需要一个庞大的专业设计团队对其进行设计。内室系统可以划分为以下几个子系统：座椅系统、驾驶系统、辅助驾驶系统、结构支撑系统、内门系统等。通过对这些子系统继续划分还能划分成产品级或功能级的二、三级系统：方向盘、仪表板、安全气囊、安全带、座椅靠背等。

（3）移动部件。电动车的移动部件，在这指的是电动车的底盘系统。电动车底盘是以底盘底架为基础框架，在上面集合了如减振系统、转向系统、制动系统、车轮模块等功能系统。这些系统通过一定的装配方式与基础框架（底盘底架）相连接从而形成了整体的底盘系统，底盘系统再通过一些连接结构就可以使它与上层的使用空间相连接。底盘系统具有承载和移动的功能，通过对它的协调控制方能实现整车的平稳移动。

2.6.3.2　从功能实现的角度来划分

从电动车的定义来看，电动车是指以电能作为动力来源，用电机驱动车轮进行代步或运输的装置，它的构造如图 2-19 所示。

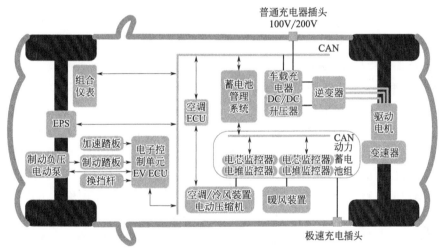

图 2-19　电动车系统构造

电动车是通过蓄电池放电将化学能转换为电能，再由电能转换为机械能，然后通过电控系统控制电机转速，驱动车轮转动。根据实现这个过程的各个部件功能的不同，可将电动车划分为五个部分：乘用系统、电力驱动系统、电源系统、整车控制系统、辅助系统，如图 2-20 所示。

（1）乘用系统：包括座椅、乘用空间支撑、产品覆盖件等，主要功能是满足人的乘坐、装载。

（2）电力驱动系统：包括电动机、车轮组、传动装置等，主要功用是将储存在电池中的电能转化为车轮转动的机械能。

（3）电源系统：包括电源、能源管理系统和充电机，主要功能是提供驱动电机运转电能，也包括自身的充放电功能和监测自身以保证其安全运转的管理功能。

（4）整车控制系统：包括发动机控制系统、方向控制系统、制动系统、方向盘、刹车、电门等，既包括软件，也包括硬件。主要功能是实现整车的启动、行驶、转向、制动等功能，是软硬件结合的一套系统。

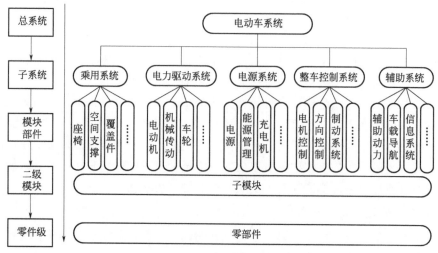

图 2-20　电动车系统层次

（5）辅助系统：包括辅助动力源、导航系统、信息系统、车载 CD 等，主要是通过这些辅助性设备来提升汽车的操作性和舒适度。

2.6.3.3　从信息化产品的角度来划分

随着汽车的电气化程度不断提升，汽车越来越像一个可以移动的电子设备。有一个很好的关于未来汽车的比喻：未来汽车将会是一款可以载人移动的智能手机。那么作为一个信息化的电子设备，它应该具备"硬件系统＋软件系统"的基本构成方式。汽车硬件系统指的是由电动车中所有的实体部件和设备组成的系统；软件系统指的是电动车中所有和操作有关的程序、规则及可能有的文件和数据。另外由于人这个主体因素的介入，所以我们这里可以加入一个面向用户的"特征"。在这里我们对特征的定义是：以软件或硬件作为载体向用户传达信息的方式。具体的内容包括：车的色彩、车的外部造型、操作界面、操作方式等。

基于以上的划分结果，我们可以了解到即使是同一产品也可以根据划分角度、划分方法的不同划分成不同的模块，没有哪一种划分方式是绝对正确的。所以在具体的设计实践中，应根据具体情况综合考量，灵活地运用各类划分方法，从而得出合理的最终划分方案。

2.6.4　电驱动特种车辆模块创建方法和流程

模块的创建也就是模块的设计，是在合理的模块划分之后根据产品的功能和需求设计出一系列模块的过程。对于模块创建而言，不仅是建立功能模块到结构模块的简单映射，而且是需要基于在标准化、规范化的基础之上，对设计知识和设计经验的运用，从而创建出符合实际需求的模块。

2.6.4.1　模块创建方法

模块创建（模块设计）是一个复杂的系统工程。总结出以下几种方法可供参考。

（1）在以最终方案为导向进行模块创建的时候，首先应该明确模块创建（模块设计）的最终目的和目标用户的潜在需求。力求满足最终产品的正常使用和满足用户的多样性需求。

（2）模块的典型化包含两方面的内容：首先是确定模块功能、模块组装、模块结构和模块间的连接方式；其次是确定模块的互换方式和构成系列化的模式，形成系列参数。这就要使得模块功能、模块结构、模块接口典型化。

（3）模块划分的目的在于把具有密切关联的子系统划分到一个模块中，所以在对模块内部进行设计改型的时候要注意不要改变内部的强耦合性。同理，模块之间也只能存在较弱的联系，即弱耦合性。这样才能在对整个产品进行系统分析的时候，把模块当作一个整体来考虑。

（4）通用模块是模块化产品中具有"共性"的功能单元，而专用模块是为了满足其产品的某些特殊化需求而设计出来的，但专用模块在产品中多次重复出现的时候，则变成了一种通用模块。所以在设计的时候，应该考虑到专用模块往通用模块的过渡。

（5）不同的模块根据功能和使用方式的不同，有着不同的产品生命周期。在进行模块设计的时候，要考虑到整个产品的使用周期和对模块使用的维护和回收。

2.6.4.2　模块创建的具体实施流程

由于电驱动特种车辆的模块创建是一个在现有具体产品上做模块化设计的过程，所以在进行模块创建的时候采取了调研归纳→提取特征→抽象化、标准化→模块接口设计→模块内部设计的模块创建流程。最后，还需要对创建好的模块建立模块数据库，以便组合的时候选择调用。

2.7　电驱动特种车辆动力学校核

通过仿真模型进行车辆动力学性能测试评价，能够有效缩短研发周期和测试成本，而对车辆动力学仿真模型进行有效验证是进行相关应用的基础。

仿真模型校核和验证（V&V）研究最早开始于 20 世纪 60 年代。1962 年，Biggs 和 Cawthorne 开始通过对"警犬"导弹建立数学模型，开展仿真研究。美国计算机仿真学会（SCS）于 70 年代中期成立了"模型可信性技术委员会（TCMC）"，其任务是建立与模型可信性相关的概念、术语和规范。Balci 和 Sargent（1984 年）对 1984 年以前有关的 308 篇文献做了综述，对仿真可信性研究的概念性和方法性研究做了概括。进入 20 世纪 90 年代后，许多政府、民间部门和学术机构都成立了相应的组织，以制定各自的建模和仿真及其 V&V 规范与标准。1996 年，美国国防部的国防建模与仿真办公室成立了特种仿真 V&V 工作技术支持小组，负责起草国防部 V&V 建议规范。之后，美国各军种制定了适合自己的规范。1997 年，IEEE 1278.4 由 IEEE 分布式交互仿真委员会发起，为分布式交互仿真建立 V&V 的指导章程。

国内针对这方面的研究，最早是在军事领域。1999 年，某学者总结了系统仿真精度和置信度评估方法，并将层次分析法引入鱼雷控制半实物仿真试验系统置信度评估研究。2017 年，中央军委装备发展部推出了《军用建模与仿真模型校核、验证与确认通用要求》，对模型 V&V 过程、基本要求、原则等方面进行了通用要求阐述。

车辆动力学模型的校核、验证与确认目前是车辆仿真领域需要解决的关键技术之一。汽车领域研究人员针对汽车领域不同应用方向的模型验证方法进行了研究。但还缺乏 V&V 系统性梳理和相关标准。

2.7.1　车辆动力学模型 V&V 流程

校核（Verification）是指确定仿真系统是否准确地代表了开发者的概念和设计意图，

是否正确地按开发者意图建立了仿真模型软件，实现人员是否正确地实现了开发者的设计。验证（Validation）是指确定仿真系统代表现实世界的正确性程度，关心的是仿真系统究竟在多大程度上反映了真实世界的情况。确认（Accreditation）是指在前述校核与验证的基础上，由仿真系统的主管部门和用户组成验收小组，对系统的可接受性和有效性做出正式的确认。

模型包含概念模型、数学逻辑模型、仿真程序模型。其中对于概念模型，根据应用需求，采用自然语言、表格、建模语言等方式对真实世界中的有关实体、任务、行动和相互关系等进行语义描述。对于数学逻辑模型，采用数学符号和数学关系、逻辑符号和逻辑关系对概念模型进行符号描述。仿真程序模型采用计算机可编译、可执行的语言，对数学逻辑模型进行描述。

模型在进行 V&V 时，需要特别明确车辆动力学模型的应用范围和应用目标，需要根据应用范围和应用目的调整 V&V 验证工况或场景。

2.7.1.1 校核过程

校核过程包含对概念模型、数学逻辑模型、仿真程序模型三方面的校核，同时包含模型调整。对概念模型的校核，是指对模型开发的目标、概念设计、对象特征、规律描述的合理性、有效性和正确性进行评估。检测所建立的模型是否符合物理规律，对于车辆动力学模型，需要核查质量和能量守恒，主要检查是否有未知来源的能量和质量。

对数学逻辑模型的校核，是指对模型所采用的方法、步骤、工具等要素的合理性、有效性和正确性进行评估。对仿真程序模型的校核，是指对检验程序的功能、性能是否满足用户需求，评估合理性、有效性、稳定性、正确性、可执行性、鲁棒性。稳定性是指检验模型在固定输入情况下，输出信号在一段时间后达到稳定，且不产生非预期的震荡。需求检测，要求模型能够仿真系统在应用的情况下各种输入以及各种系统的各种行为，即状态和输出。可执行性是指检查计算机模型是否可以在计算机上正确编译，仿真求解；编译时不能出现语法错误，程序启动和执行的时间需要保证在用户的要求范围内；仿真求解时模型结果独立于所选的求解器，同时仿真步长需要选择合适，保证合适的执行时间和足够的精度。鲁棒性是指检查模型在按需求定义的输入边界处，系统是否有正确的行为，以及检查在超出边界外，是否定义了系统行为。合理性是指检查在不同的输入情况下，系统行为是否合理，如踩制动踏板时车辆是否减速，踩加速踏板车辆是否加速。

2.7.1.2 验证过程

验证过程包含数据对比和模型调整。数据对比是指将仿真数据与参考数据进行对比。参数数据可以来自试验数据或其他已认证过的软件仿真数据。通过对比来判断模型的质量。

根据车辆模型的运行范围（如速度范围）、运行条件（如环境温度）、运行模式（初始条件）来设定验证场景或工况。对于验证场景和工况的选择，需要根据模型的特点、模型的预期应用以及所定义的模型要求进行确定。选择标准的场景或工况能够提供可比性，但不能覆盖所期望的运行范围、运行条件和运行模式，如图 2-21 所示。

2.7.2 车辆动力学模型验证工况或场景

为了对比参考试验数据和仿真数据，以判断模型质量，模型的验证需要设定模型输入和

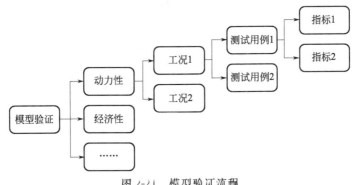

图 2-21　模型验证流程

环境，称为验证工况或验证场景，以实现在实车或台阶试验获得一样的输入和测试环境，从而进行比对。

车辆动力学模型验证按照被验证的对象分为整车级、系统级、部件级。按照车辆动力学动态响应频率范围，以时间为刻度，可分为稳态工况、动态工况、无法验证的工况、模型覆盖区域外的工况。也存在同时包含多个时间刻度的工况，如图 2-22 所示。

因此设定模型验证工况时，需根据模型应用要求和范围、所验证的对象处于所在系统的层级、时间刻度来进行工况或场景的设定。

车辆动力学模型整车级验证一般都要进行车辆动力性、经济性、制动性、操纵稳定性等方面验证，最常见的是采用国标试验工况或 ISO 试验工况作为仿

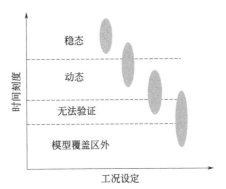

图 2-22　模型验证工况或场景

真模型的输入。车辆动力学模型根据应用需要设定场景和工况。最常见的工况是滑行试验、纵向加速试验、制动试验、操纵稳定性试验，试验条件和试验方案按照国家标准或国际标准进行。

2.7.3　车辆动力学模型 V&V 指标体系

模型的指标体系应用在模型验证过程中，用于评价模型与真实世界的一致性。由于模型在相同输入情况下，常包含多个输出，且这些输出可能不在一个层次上，因此需要建立指标体系。层次化的指标体系，包含的节点代表了模型的各层次关键输出量。建立模型的指标体系有利于定位影响模型可信性的缺陷环节，以便在模型验证的过程中有的放矢地调整模型。

车辆动力学模型验证指标的选取原则：①简约性，尽量选取较少的指标反映较全面的情况，指标之间的逻辑关联性要强；②可测性，选择的指标应尽可能通过数学公式、测试仪器或是试验统计等方法获得，具备可实施的收集渠道；③灵敏性，选取的指标应对结果敏感；独立性，选择的指标应尽可能地相互独立，指标之间应减少交叉；④可延续性，所设计的指标体系应在时间上可延续，内容上可拓展；⑤完备性，建立的指标体系应能全面反映出模型的各个方面特征，具备完备性。如表 2-9～表 2-13 所示分别为纯电动车动力性、经济性、制动性、操纵稳定性、平顺性的验证工况及指标。

表 2-9　动力性能验证工况及指标

车辆整车性能		常用指标
动力性	空挡滑行	纵向速度、纵向加速度、滑行距离与时间的关系
	最低稳定车速	纵向速度与时间的关系
	最高车速	纵向速度、纵向加速度、纵向距离与时间的关系
	全油门起步加速性能试验	纵向速度、纵向加速度、纵向距离与时间的关系
	全油门超越加速性能试验	纵向速度、纵向加速度、纵向距离与时间的关系
	加速性能试验(纯电动车)	纵向速度、纵向加速度、纵向距离与时间的关系
	爬坡试验	最大爬坡度、车速、发动机转速与时间的关系

表 2-10　经济性验证工况及指标

车辆整车性能			常用指标
经济性	能量消耗率与续航里程试验(纯电动车)	循环工况	续航里程、能量消耗率
		等速工况	

表 2-11　制动性验证工况及指标

车辆整车性能		常用指标
制动性	制动性能试验	车速、制动距离、减速度与时间的关系
	应急制动	车速、制动距离、减速度与时间的关系

表 2-12　操纵稳定性验证工况及指标

车辆整车性能			常用指标
操纵稳定性	蛇形试验		平均横摆角速度与车速的关系、平均转向盘转角与车速的关系、平均车身侧倾角与车速的关系、平均侧向加速度与车速的关系
	原地转向		中心范围转向盘力矩、最大转向盘力矩、中心范围转向力不均匀度、回转圈数
	转向顺态特性	角阶跃	横摆角速度响应时间、横摆角速度峰值响应时间、横摆角速度超调量、侧向加速度响应时间、横摆角速度总方差、侧向加速度总方差、"汽车因素"(TD);侧向加速度稳态响应、横摆角速度稳态响应分别与转向盘转角的关系,侧向加速度响应时间、横摆角速度响应时间、"汽车因素"、汽车侧偏角、横摆角速度总方差、侧向加速度总方差分别与稳态侧向加速度的关系
		角脉冲	谐振频率、相位滞后角、谐振峰水平
	转向回正性能试验		稳定时间、残余横摆角速度、横摆角速度超调量、横摆角速度总方差
	转向轻便性		转向盘最大作用力矩均值、转向盘最大作用力均值、转向盘作用力、转向盘平均摩擦力矩和平均摩擦力、转向盘平均摩擦力矩均值和平均摩擦力均值
	稳态回转试验		转弯半径比、汽车前后轴侧偏角差值、车身侧倾角分别与侧向加速度的关系
	转向盘中心区操纵稳定性试验		转向盘力矩、横摆角速度、侧向加速度分别与转向盘转角的关系;横摆角速度、侧向加速度分别与转向盘力矩的关系
	原地转向力试验		转向盘转角与力矩关系、中心范围转向盘力矩、最大转向盘力矩、中心范围转向力不均匀度

表 2-13　平顺性验证工况及指标

车辆整车性能		常用指标
平顺性	随机输入试验	单轴加权加速度均方根值
	脉冲输入试验	最大加速度响应与车速的关系

2.7.4 车辆动力学模型质量评估

模型质量主要由信号相关性和验证覆盖率来决定。信号相关性量化了模拟信号和参考信号之间的匹配程度。验证覆盖率取决于模型验证时，所用的验证场景覆盖的范围。

模型质量决定了模型是否满足其面向的应用，同时可以用于面向同一应用的不同版本的模型之间进行比较，如图 2-23 所示。

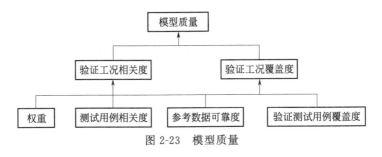

图 2-23　模型质量

（1）参考数据可靠性。在模型验证过程中，常涉及要用实车试验数据和台架试验数据作为参考数据，与仿真数据进行对比，来分析两者的信号相关性。但分析相关性之前，需要判断参考数据是否可用，如果可用，则 DR_{ij} 为 1；如果不可用，则 DR_{ij} 为 0。

（2）信号相关性。信号相关性指模型在验证时，在各种工况下（如动力性加速性能试验），每个工况又可以分解为多个测试用例（0～50km/h 加速性能试验，50～80km/h 加速性能试验等），每个测试用例可以分解为多个指标数据（如车速、纵向加速度等）与参考指标的信号数据进行对比，并进行量化表征相关度 CR_{ij}，其中 i 表示测试用例，j 表示指标数据。相关度 CR_{ij} 的计算方式有很多种，对此很多文献开展了相关研究，本书不再详细展开介绍。

（3）验证工况覆盖率。在进行模型验证时，根据应用的要求，只验证了一部分工况。比如车辆动力学模型根据模型应用需求只验证了动力性和制动性工况。验证覆盖率用于表征进行验证的工况和测试用例占所有工况和测试用例的比重。CP_i 表示某工况下，测试用例 i 是否用于进行验证。如果用于进行验证，则 CP_i 为 1；否则 CP_i 为 0。

通过车辆动力学模型校核和验证的发展历程及研究现状分析，主要阐述了车辆动力学模型校核和验证的流程，制定了车辆动力学模型验证中最常用的工况，建立了一套车辆动力学模型验证指标体系，并重点介绍了车辆动力学模型的模型质量评估方法。模型质量评估方法应用于模型验证过程中，与验证工况相关度以及验证工况覆盖度相关。

2.8 电驱动特种车辆整车安全性

特种汽车在高速行驶时，为避开障碍物实施紧急转向。转向过程中，其结构及质量特性使得其因转向半径过小而导致侧翻；同时在转向时，整车分布在各轮上的载荷也发生了变化，这也是特种汽车在高速行驶紧急转向时易发生侧翻的原因之一。

2.8.1 整车侧翻安全性

汽车侧翻，是指汽车在行驶过程中绕其纵轴线转动 90°或更大的角度，导致汽车一侧的车轮离开地面，整个汽车绕另一侧的车轮接地线发生不可恢复的转动，车身与地面相接触的一种极其危险的侧向运动。

2.8.1.1 汽车侧翻分类

（1）汽车受到羁绊而"绊倒"引起的侧翻（Tripped Rollover）。这种侧翻类型是指汽车在行驶的过程中由于发生了侧向的滑移，碰到路面凸起的障碍物或凹下的坑，或者是在汽车滑移后由于整个路面的附着系数不同导致汽车发生"绊倒"，最终引起汽车的侧翻。

（2）由于汽车曲线行驶而引起的侧翻（Maneuver Induced Rollover）。这种侧翻类型是指汽车在行驶时，特别是在侧向坡道上行驶时，由于发生了曲线运动，而导致汽车行驶时的侧向加速度超过了一定的极限值，使汽车曲线运动时内侧车轮垂直方向的作用力为零所引起的侧翻现象。

2.8.1.2 特种车辆的侧翻因素

（1）特种车辆车身高度较大，驾驶员位置较高，一些车辆的顶部还装有空调，因而整车质心位置高，侧面面积大。另外，特种车辆本身质量很大，因此，稍有侧向风的扰动或者在急弯高速行驶时，就会产生非常大的向心力，从而造成特种车辆的侧翻。

（2）在车轮与地面摩擦力较小的状态下高速行驶时，若发生紧急情况，驾驶员惊慌而猛打转向盘，矫正过量，导致特种车辆转弯半径过小，从而引起侧翻。

（3）特种车辆通常形式的路况为非铺装路面，由于路面不平等因素，导致车轮碰到路面凸起的障碍物或凹下的坑，发生不受控制的侧向滑移，当车辆高速撞上障碍物后，由于特种车辆质心较高，车辆产生以梁板上边沿为支点向外翻滚的趋势，从而发生倾覆。

2.8.1.3 影响车辆侧翻稳定性的运动学分析

研究特种车辆侧翻稳定性，需要定义侧翻稳定性指标。选取特种车辆的临界车速 v_0 作为指标，定义 $v_0 = \max\{v_1, v_2\}$，式中，v_1、v_2 分别为前、后桥转向侧翻的临界速度，计算公式如式(2-38)和式(2-39)所示。

$$v_1 = \sqrt{\frac{m_{u_1} g \dfrac{B}{2} L + m_s g b \left[\dfrac{B}{2} - (h_g - h_r)\tan\varphi\right]}{\left(\dfrac{m_s h_g b}{L} + m_{u_1} h_r\right)\sin\theta}} \tag{2-38}$$

$$v_2 = \sqrt{\frac{m_{u_2} g \dfrac{B}{2} L + m_s g a \left[\dfrac{B}{2} - (h_g - h_r)\tan\varphi\right]}{\left(\dfrac{m_s h_g a}{L} + m_{u_2} h_r\right)\sin\theta}} \tag{2-39}$$

式中，m_s 为车身的悬挂质量；m_{u_1} 和 m_{u_2} 分别为前、后桥的非悬挂质量；φ 为由于转向向心力引起车身的侧倾角；B 为轮距；L 为轴距；a 和 b 分别为质心到前、后桥的距离；h_g 为车辆质心高度；h_r 为车辆非悬挂质量的质心高度；θ 为转向轮转过的角度。

还可选取车辆横向载荷转移率 LTR 的绝对值作为侧翻稳定性指标，LTR 被定义为左、右侧轮胎垂直载荷之差与总的轮胎载荷比值，如式（2-40）所示。

$$LTR = \frac{F_{z_1} - F_{z_2}}{F_z} \tag{2-40}$$

式中，F_{z_1}、F_{z_2} 分别为内、外侧轮胎的垂直载荷；F_z 为总的轮胎载荷。

车辆侧倾时，左、右轮胎的垂直载荷发生转移。当一侧轮胎离地、F_{z_2} 为零时，认为车辆达到侧翻的临界状态，即将发生侧翻，此时，LTR 为 1；而当车辆没有侧翻趋势时，两侧车轮所受载荷应当一致，即 F_{z_1} 和 F_{z_2} 的大小相等，此时，LTR 为 0。可见，LTR 越小，车辆行驶时的侧翻稳定性越好；而 LTR 越大，越接近 1 时，稳定性越差，发生侧翻的可能性越大。

2.8.2　整车高压安全性

典型电动汽车高压电路系统布置结构如图 2-24 所示。

图 2-24　典型电动汽车高压电路系统布置结构

车载充电器将来自外部电网的电能传输给动力电池储存起来，DC/DC 转换器将电压降低后驱动车辆低压附件系统运行，逆变器将直流电转换成交流电驱动交流电机产生车辆行进的动力。通过对市场上几款主流电动汽车进行调查可知，高压系统在正常工作过程中的电压大多在 300V 左右，已远远超过了人体可承受安全阈值。

安装于电动汽车车身上的电池系统是车辆使用过程中造成人员触电伤害的源头。若人员与动力电池直接接触，将会对人体造成严重伤害。同时，电池漏电导致车身带有高压电也会对人员造成一定的触电伤害。

高压电路系统包含三条主要的高压电缆，分别为：充电器与电池之间的充电电缆、动力电池输出端高压母线、电机控制器与驱动电机之间的动力电缆。高压电缆具有电压高、电流强的特点，同时在车辆急加速、制动能量回收等大负荷工况时还要承受高强度脉冲电流的冲击，影响高压电缆绝缘防护性能。

高压部件通常会使用金属外壳防护以降低外部环境对内部部件的干扰，同时还可以避免人员与之发生接触。但作为移动的交通工具，电动汽车运行环境复杂，正常情况下不带电的可导电外壳可能会由于壳体变形等原因与内部高压部件接触从而成为危险带电体。电池外壳、逆变器外壳及电机外壳等都是潜在危险源。

高压触电对人体的伤害程度由接触时间和电流强度决定，同时，人体对不同特性电流的反应也有所差异。电动汽车高压电路中同时存在直流电路和交流电路，这就需要根据不同的电路特性确定相应的安全电流阈值。

因此，在设计特种电动汽车的高压电路系统时应考虑以下内容。

（1）采用分布式高压配电系统，且配有 8 个配电箱以及各附件控制器，其每路输入或输出都至少含有一个总的高压易熔保险，防止电路过流引发危险。每个桥的高压配电箱都含有一个主正继电器和一路预充电路，对后端电容进行预充，且含有手动检修开关，以便整车维护时用于切断动力电池的高压输出，保证人员安全。发电机高压配电箱内的充电电路含有一个高压充电继电器和易熔保险，用于保证充电时的安全。

高压电路通电时，会先接通低压，后接通高压。断电时，先断开高压，后断开低压。整车低压系统断电后，高压系统直流侧和交流侧电压 30s 内可降到 30V 以下。部分带主动放电功能的控制器，高压系统直流侧和交流侧电压 3s 内即可降到 30V 以下。

（2）车辆的充电插座带温度监控装置，该装置能根据温度变化传送相应信号给充电机和车辆，用于实现车辆接口的温度监测和过温保护功能。充电接口具备锁止机构，即充电过程中，充电枪在允许作用力范围内不会被断开。整车控制中亦设置相应保护，即只要充电枪处于连接状态，整车就不允许扭矩输出。

（3）高压直流系统在动力电池系统断开时的绝缘电阻不小于 $10k\Omega/V$，通电时不小于 $1k\Omega/V$。高压交流系统在动力电池系统断开时的绝缘电阻不小于 $20k\Omega/V$，通电时不小于 $5k\Omega/V$。整车控制器会根据绝缘阻值状态在仪表盘上进行故障报警，并当绝缘阻值（不论直流还是交流系统）小于 $1k\Omega/V$ 时进行功率限制，当绝缘阻值小于 $500\Omega/V$ 时，直接断开动力电池系统。

（4）整车仪表会通过声、光信号，对动力电池、驱动电机、IPU 系统、高压附件系统等设备的故障进行分级报警，达到警示作用。整车控制器会实时监测整车各高压零部件的故障，如电池包过压、欠压、过流、过温故障，单体过压、欠压、过温故障，预充故障，绝缘故障，驱动电机及电机控制器过温、IGBT 故障，发电机及发电机控制器过温、IGBT 故障，通信故障，电转向故障，电动空压机故障，DC/DC 转换器故障等，一旦出现上述问题，会进行降功率或停机处理。

第3章
电驱动特种车辆
智能动力驱动系统

3.1 电动车辆动力驱动系统概述

电动汽车与传统的燃油汽车的区别在于动力系统。电动汽车即为用电力驱动车轮行驶的车辆。电动汽车与传统内燃机汽车的动力传递路线大体是一致的，只是动力传递的元件有很大区别。电动汽车的动力系统主要由电池、电机、控制器、变速器、减速器和驱动轮等组成。

电动汽车动力系统的工作过程：控制器接收并整合来自挡位、刹车、油门（即加速踏板）的信号，然后传递给电机来控制电机的转速、转矩等从而满足汽车在不同的行驶路况下的要求。因此电动汽车的动力系统的组成部件的相互匹配和总体的布置方式将直接影响电动汽车的动力性能。电动车驱动系统如图 3-1 所示。

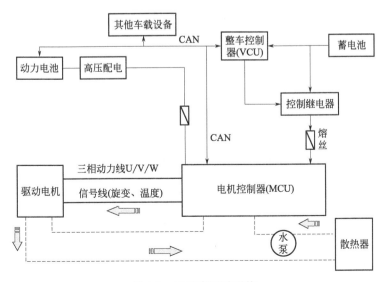

图 3-1　电动车驱动系统

对于特种电驱动车辆而言，传统超重载车辆底盘系统通常采用串联机械传动方案，越野能力与机动速度在技术上很难兼顾，导致现役特种车辆底盘高速行驶能力较差，也导致底盘系统复杂、可靠性不高。因此需要发展新型、多轴、超重载、电驱底盘，将传统超重载底盘的串联体制变为并联体制，动力系统由单一发动机变为分布式油电混合动力，传动系统由复杂的串联机械传动变为多冗余的分布式独立电驱动，实现底盘关键功能冗余备份、功率储备翻倍，确保在动力、驱动、转向、制动等关键分系统故障条件下，底盘仍然具备一定的机动行驶能力，进而使车辆持续行驶最高车速、加速性能、爬坡能力、高原行驶能力等指标得到大幅提升。

3.2　电驱动特种车辆动力系统方案分析与总体设计

按照电机的种类不同和布置形式的不同，电驱动车辆动力系统方案主要有四种：纯电动轮（轮毂内无减速器）、轮毂电机＋轮边减速器、轮边电机＋轮边减速器、轴驱电机＋驱动桥。

（1）方案一：纯电动轮（轮毂内无减速器）。在结构方面，轮毂内无减速器的纯电动轮采用基于外转子型的电机。该电机具有低转速范围高转矩的特性，由于转速范围符合车轮实际转速要求，通常可以无须匹配减速机构，由电机外转子直接驱动车轮。

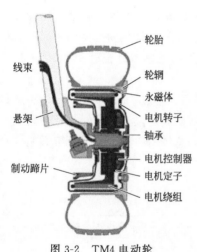

以法国 TM4 公司所设计的一体化电动轮（图 3-2）为例，该电动轮采用外转子式永磁电机，将电机转子外壳直接与轮辋相连，将电机外壳作为车轮的组成部分，并且电机转子外壳集成为鼓式制动器的制动鼓，制动蹄片直接作用在电机外壳上，省却了制动鼓的结构，减小了一体化电动轮系统的质量，集成化设计程度相当高。

该方案的优点：轮边采用电机驱动，没有轮边减速器，结构较为简单；车架纵梁之间没有齿轮箱和电机，整车布置较为方便灵活。

该方案的缺点：电机必须装到轮辋中间，受轮边结构约束条件大，因此这种方案一般适用于轮荷、扭矩相对较小的中小型车辆，或者直径比较大、结构约束较小的矿用车；电机属于簧下质量，工作热力环境较为恶劣，

图 3-2　TM4 电动轮

对电机系统设计提出更高要求，同时给整车动力学性能设计也带来很大变化。方案一布置方式如图 3-3 所示。

对于特种车辆，其底盘轮荷较重、扭矩要求较高，轮辋尺寸却不能太大，设计低速大扭矩电机基本没有可行性，所以特种车辆暂时无法使用此种方案。

（2）方案二：轮毂电机＋轮边减速器。在结构方面，这种方案与方案一的不同之处在于，在电动轮基础上再加上一级轮边减速器，即将电机和减速器集成在一起，安装于轮辋中间。一般采用具有高转速范围低转矩特性的基于内转子型电机的电动轮系统。方案二布置方式如图 3-4 所示。

该方案的优点如下。

① 减速器可以增大轮边扭矩，电机扭矩设计要求降低，电机可以采用中高速电机，由

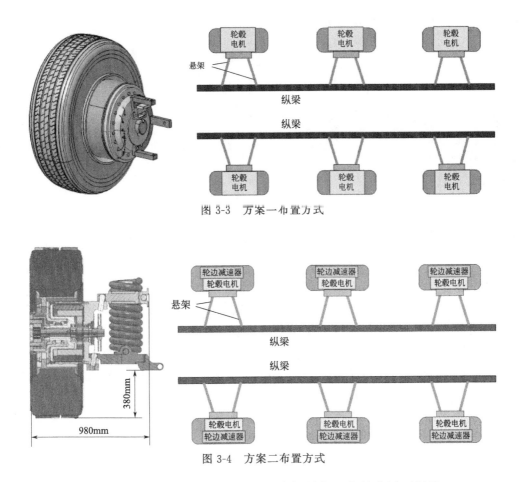

图 3-3　方案一布置方式

图 3-4　方案二布置方式

此该方案可适用于更大规模的车辆，对于超重型车辆具备一定的应用可行性。

② 车架纵梁之间没有齿轮箱和电机，整车布置较为方便灵活，对于结构尺寸规模较小的车辆，该方案具有一定的优势。

该方案的缺点如下。

① 轮边结构系统复杂，需要采用大速比轮边减速器，还需要对电机系统和轮边减速器进行全新匹配设计，同时还要求兼顾考虑承载、制动、转向、减振等系统的布置要求，集成设计难度巨大，需要结合整车需求开展全面系统的技术攻关。

② 将轮边减速器和电机两个发热系统集成到轮辋中间，同时还要求考虑轮胎和制动系统发热，热设计难度巨大，这也是该方案的主要技术风险点。一方面，大速比轮边减速器长期使用或爬坡过程中发热严重，会导致"跑冒滴漏"的问题发生，超重型车辆经过多型号研制和多轮可靠性提升，轮边减速器的可靠性问题才基本得以解决；另一方面，电机过热会导致退磁现象发生，由此会导致电机性能衰竭、寿命缩短，甚至功能丧失。

③ 电机安装于轮辋中间，占用轮边结构空间，会影响轮辋、轴系、轴承等其他结构尺寸，由此也有可能降低系统的设计裕度。

④ 电机属于簧下质量，工作热力环境较为恶劣，对电机系统设计提出更高要求，同时给整车动力学性能设计也带来很大变化。

（3）方案三：轮边电机＋轮边减速器。在结构方面，该方案采用两个轮边电机分别独立驱动一个轮胎，轮胎内部继续沿用传统的轮边减速器、轮辋、承载、制动、转向等成熟结构布局。方案三布置方式如图 3-5 所示。

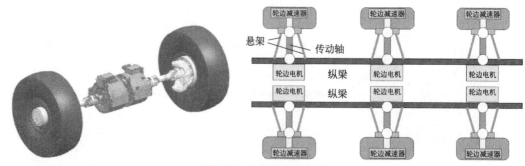

图 3-5　方案三布置方式

该方案的优点如下。

① 技术成熟度高。轮胎、轮边减速器、轮辋、承载、制动、转向等设备直接继承现有底盘，电机可直接选用民用领域中成熟的技术和产品，或对现有产品做改进设计，单机设备技术成熟度达到 7 级以上，轮边电驱动系统、驱动桥系统集成设计难度也大幅降低。

② 电机工作环境好。电机作为底盘簧上质量安装于大梁中间，轮胎冲击载荷通过悬架系统缓冲减振后作用在车架上，然后传递到电机安装支座，电机工作的振动力学环境大幅改善，与此同时也降低了悬架系统设计难度。此外，电机与轮胎不接触，轮胎发出的热量对电机没有影响，由此电机工作的热环境也大幅改善。

③ 总体方案通用性好。该方案采用模块化电驱动桥，轴距调整方便，便于实现底盘系列化发展；电机、控制器为独立的设备，随着技术进步，可以很容易更换电机和控制器，对整车总体布局、大梁结构、轮边结构等没有影响，有利于底盘技术升级；采用 600V 供电体制，与民用大客车技术体制相同，"大三电"（电机、电控、电池）、"小三电"（线控电动液压助力转向、制动用电动空压机、辅助直流变换装置）等诸多设备可以实现军民通用或民用技术转化应用。

该方案的缺点如下。

① 电机布置要求纵梁之间有足够的空间，由此该方案只合适用于特种车辆、大客车等车宽较宽的车辆，纵梁之间宽度过小无法使用该方案。

② 与方案二相比，每个轮边增加一根轮边传动轴，由此会增加一定的质量。

（4）方案四：轴驱电机＋驱动桥。在结构上，该方案采用轴驱电机直接驱动驱动桥上的主减速器，然后由主减速器驱动轮边减速器和车轮。方案四布置方式如图 3-6 所示。

该方案的优点如下。

① 方案较为简单，一个电机驱动一个车桥，轮间差速依靠主减速器的机械差速。

② 直接采用成熟的电机、主减速器和轮边减速器，方案技术继承性较好。

该方案的缺点如下。

① 与传统底盘相比，去掉了变速器、分动器，增加了 6 个电机，底盘质量控制难度大，整车超重。

② 主减速器和轮边减速器两级减速，传动系统较为复杂，维护保养要求高。

③ 电机和主减速器占用车架空间，轴距较短时整车不易布置，由此导致方案通用性不好。

④ 轮间采用机械差速、轴间采用电子差速，由此导致差速控制模型较为复杂。

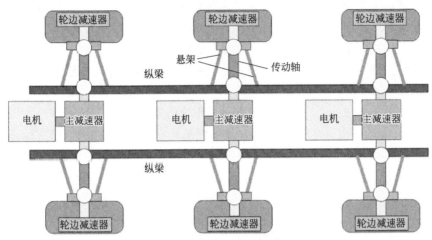

图 3-6　方案四布置方式

在选择方案时，需要综合考虑超重载特种底盘技术升级和能力提升的需求，长时间待机、长距离高速行驶、高可靠机动等作战使用需求。超重载底盘系统具有复杂度高、载重量大、动力性要求高、尺寸规模大等技术特点。

3.3　电机驱动系统

3.3.1　电动汽车电机分类及特点

按照电机的运行原理进行分类，当前研发的电机类型如下。

（1）感应电机。感应电机的结构如图 3-7，转子是可转动的导体，通常多呈鼠笼状。定子是电机中不转动的部分，主要任务是产生一个旋转磁场。旋转磁场并不是用机械方法来实现的，而是以交流电通于数对电磁铁中，使其磁极性质循环改变，故相当于一个旋转的磁场。这种电机并不像直流电机那样有电刷或集电环，依据所用交流电的种类可分为单相电机和三相电机，单相电机用于洗衣机、电风扇等；三相电机则作为工厂的动力设备。

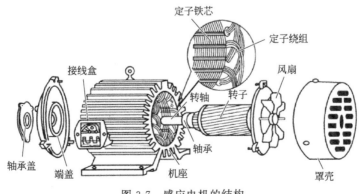

图 3-7　感应电机的结构

其工作原理为：通过定子产生的旋转磁场与转子绕组的相对运动，转子绕组切割磁感线产生感应电动势，从而使转子绕组中产生感应电流。转子绕组中的感应电流与磁场作用，产生电磁转矩，使转子旋转。由于当转子转速逐渐接近同步转速时，感应电流逐渐减小，所产生的电磁转矩也相应减小，当异步电机工作在电动机状态时，转子转速小于同步转速。

感应电机的优势在于运行噪声小、可靠性高、结构简单、运行和生产成本低，并且电机有很强的坚固性。这种电机的缺点在于传统的变频变压技术不能满足感应电机的运行要求。当前选用这类电机的车辆基本都应用矢量控制和直接转矩控制方式，后者在当前研究中成熟度更高，已经在很多电动汽车中应用，并取得了很好的效果。

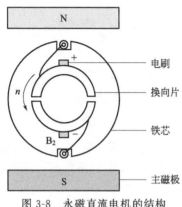

图 3-8　永磁直流电机的结构

（2）永磁电机。永磁电机包括多种类型，常见的有永磁直流电机、永磁同步电机和永磁无刷电机。这些电机的特点如下。

① 永磁直流电机。该种电机的结构如图 3-8 所示，其定子上安装有固定的主磁极和电刷，转子上安装有电枢绕组和换向器。

电机的工作原理：在电机的固定部分有磁铁，这里称作主磁极，固定部分还有电刷。转动部分有环形铁芯和绕在环形铁芯上的绕组。在旋转部分（转子）上装设电枢铁芯。定子与转子之间有一个气隙。在电枢铁芯上放置了由两根导体连成的电枢线圈，线圈的首端和末端分别连到两个圆弧形的铜片上，此铜片称为换向片。换向片之间互相绝缘，由换向片构成的整体称为换向器。换向器固定在转轴上，换向片与转轴之间亦互相绝缘。在换向片上放置着一对固定不动的电刷 B_1 和 B_2，当电枢旋转时，电枢线圈通过换向片和电刷与外电路接通。直流电源的电能通过电刷和换向器进入电枢绕组，产生电枢电流，电枢电流产生的磁场与主磁场相互作用产生电磁转矩，使电机旋转带动负载。

这种电机的优势在于功率密度和运行效率更高，电枢的反应时间下降，换向器能够更好地运行，但是也存在一定问题，最主要的为换向器会产生矩阵波动，同时电机中的电刷存在磨损现象，并且运行过程中存在射频干扰，这 2 个劣势无法通过技术弥补，所以这类电机当前的应用比例较低。

② 永磁同步电机。永磁同步电机（PMSM）主要由转子、端盖及定子等各部件组成。永磁同步电机的结构如图 3-9 所示，永磁同步电机的定子结构与普通的感应电机的结构非常相似，转子结构与异步电机的最大不同是在转子上放有高质量的永磁体磁极，根据在转子上安放永磁体的位置的不同，永磁同步电机通常被分为表面式转子结构和内置式转子结构。

工作原理：永磁同步电机的启动和运行是由定子绕组、转子鼠笼绕组和永磁体这三者产生的磁场的相互作用而形成的。电机静止时，给定子绕组通入三相对称电流，产生定子旋转磁场，定子

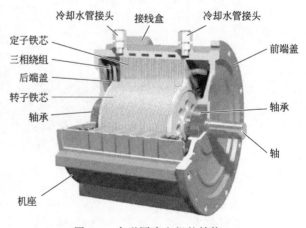

图 3-9　永磁同步电机的结构

旋转磁场相对于转子旋转在笼形绕组内产生电流，形成转子旋转磁场，定子旋转磁场与转子旋转磁场相互作用产生的异步转矩使转子由静止开始加速转动。在这个过程中，转子永磁磁场与定子旋转磁场转速不同，会产生交变转矩。当转子加速到速度接近同步转速的时候，转子永磁磁场与定子旋转磁场的转速接近相等，定子旋转磁场速度稍大于转子永磁磁场，它们相互作用产生转矩将转子牵入同步运行状态。在同步运行状态下，转子绕组内不再产生电流。此时转子上只有永磁体产生磁场，它与定子旋转磁场相互作用，产生驱动转矩。由此可知，永磁同步电机是靠转子绕组的异步转矩实现启动的。启动完成后，转子绕组不再起作用，由永磁体和定子绕组产生的磁场相互作用产生驱动转矩。

这种电机的优势在于电机转子的惯性更小，并且整个电机体积较小，功率密度很高。此外，这类电机调速更快，可以更好地响应驾驶员的操作，当前这种电机不存在明显的短板，已经在很多电动车辆中获得应用。

③ 永磁无刷电机。永磁无刷电机的结构如图 3-10 所示，该电机的转子为径向排列的永久磁铁，转子上的磁路各向均匀，转子上不设置励磁绕组、电刷和换向器。

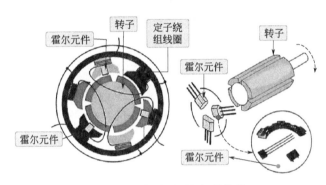

图 3-10　永磁无刷电机的结构

工作原理：电机的定子绕组多采用三相对称星形接法，与三相异步电机十分相似。电机的转子上粘有已充磁的永磁体，为了检测电机转子的极性，在电机内装有位置传感器。驱动器由功率电子器件和集成电路等构成，其功能是：接收电机的启动、停止、制动信号，以控制电机的启动、停止和制动；接收位置传感器信号和正反转信号，用来控制逆变桥各功率管的通断，产生连续转矩；接收速度指令和速度反馈信号，用来控制和调整转速；提供保护和显示等。

这种电机的优势在于具有更高的功率密度，并且电机的运转费用较低，电机本身具有很高的运行稳定性，使电机的维护成本下降。

④ 开关阻磁电机。开关磁阻电机是一种新型调速电机，其结构如图 3-11 所示，该电机不在转子中设置绕组、永磁体和滑环，而是在定子上安装简单的集中励磁绕组，磁场中的磁通量集中在磁极区域，通过定子电流励磁。

如图 3-12 所示为四相（8/6）结构 SR 电机原理。由于三相结构对称，为便于观察，图中只画出 A 相绕组及其供电电路。

SR 电机的运行原理遵循"磁阻最小原理"，即磁通

图 3-11　开关阻磁电机的结构

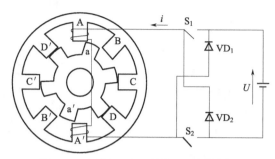

图 3-12　四相（8/6）结构 SR 电机原理

总要沿着磁阻最小的路径闭合，而具有一定形状的铁芯在移动到最小磁阻位置时，必使自己的主轴线与磁场的轴线重合。图 3-12 中，当定子 D-D′极励磁时，a—a′向定子轴线 D-D′重合的位置转动，并使 D 相励磁绕组的电感最大。若以图中定、转子所处的相对位置作为起始位置，则依次给 D→A→B→C 相绕组通电，转子即会逆着励磁顺序以逆时针方向连续旋转；反之，若依次给 B→A→D→C 相通电，则电机即会沿顺时针方向转动。可见，SR 电机的转向与相绕组的电流方向无关，仅取决于相绕组通电的顺序。另外，从图 3-12 可以看出，当主开关器件 S_1、S_2 导通时，A 相绕组从直流电源 U 吸收电能，而当 S_1、S_2 关断时，绕组电流经续流二极管 VD_1、VD_2 继续流通，并回馈给电源 U。因此，SR 电机传动的共性特点是具有再生作用。

这种电机的优势在于结构简单，运行效率高达 93％，运行功率很高，所需的启动功率很小。但是这种电机存在的问题为电机的转矩冲动过大，控制系统的结构复杂，工作噪声较高，在今后的发展中需要解决这些问题。

3.3.2　轮边电机驱动系统

轮边电机驱动是将驱动电机安装在副车架上的驱动轮旁边，通过或不通过减速器直接驱动对应侧车轮，如图 3-13 所示。带减速器的驱动方式是将电机与固定速比减速器连接，通过半轴实现对应侧车轮的驱动，其结构如图 3-14 所示。

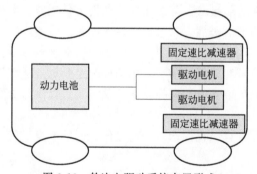

图 3-13　轮边电驱动系统布置形式

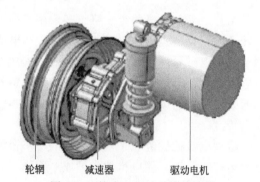

图 3-14　轮边电驱动系统的结构

轮边电机驱动通常是指每个驱动车轮由单独的电机驱动，但是电机不集成在车轮内，而是通过传动电机输出轴连接到车轮（这是与轮毂电机的差异点）。轮边电机是指电机装在车轮边上单独驱动该车轮，两侧分别是一台电机和减速器，取消了主减速器和差速器，综合电耗比较好，轮边电机驱动系统便于实现电子差速与转矩协调控制，可回收制动能量，具有能量利用率高的独特优势。

轮边驱动虽然优势突出，但是其存在的技术难题也不容忽视。目前轮边驱动系统主要问题集中在电机的控制上。车辆转弯时两侧车轮转动的速度不一致，分布式驱动取消差速器之后，需要电子差速控制器来完成转弯。轮边驱动系统的驱动精细程度很高，甚至能够精确到多少转矩和扭力，但是越精细，控制起来就会越复杂。在车辆行驶过程中，其核心零部件VMS（整车控制器）的计算量非常大，每增加一台电机或者一个节点，VMS 的数据处理量就会成倍增加。目前仍没有一个理想的方案完美解决轮边驱动的差速问题，尤其在高速转弯与路面颠簸上的差速控制。另外，由于轮边电机非簧载质量高，影响舒适性，因此目前只有部分客车企业采用轮边驱动技术。

3.3.3　轮毂电机驱动系统

轮毂电机驱动作为最先进的电动汽车驱动技术，是将 2 个、4 个或者多个电机安装在车轮内部，直接驱动车轮，特别适合于纯电动汽车。它的最大特点就是将动力、传动和制动装置都整合到轮毂内，因此将电动汽车的机械部分大大简化。其结构如图 3-15 所示。

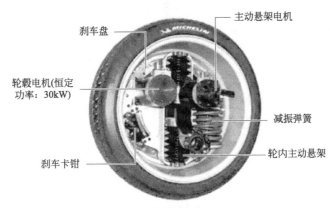

图 3-15　轮毂电机的结构

对于传统车辆来说，离合器、变速器、传动轴、差速器乃至分动器都是必不可少的，而这些部件不但重量不轻、让车辆的结构更为复杂，同时也存在需要定期维护和故障率的问题。但是轮毂电机则很好地解决了这个问题。如图 3-16 所示为传统汽车驱动与轮毂电机驱动的电动汽车底盘比较。由图 3-16 可见，轮毂电机驱动彻底取消了离合器、变速器、差速器和半轴等传动系统部件。使底盘结构简单，传动效率提高，车内获得更多空间，同时减少了整车质量且驱动布置合理，便于实现底盘智能化和电气化控制。

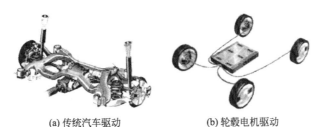

(a) 传统汽车驱动　　　　　　　　(b) 轮毂电机驱动

图 3-16　传统汽车驱动与轮毂电机驱动的电动汽车驱动底盘比较

由于轮毂电机具备单个车轮独立驱动的特性，因此无论是前驱、后驱还是四驱形式，它都可以比较轻松地实现，全时四驱在轮毂电机驱动的车辆上实现起来非常容易。同时轮毂电机可以通过左右车轮的不同转速甚至反转实现类似履带式车辆的差动转向，大大减小车辆的转弯半径，在特殊情况下几乎可以实现原地转向（不过此时对车辆转向机构和轮胎的磨损较大），对于特种车辆很有价值。

新能源车型不少都采用电驱动，因此轮毂电机驱动也就派上了大用场。无论是纯电动汽车还是燃料电池电动汽车，抑或是增程式电动汽车，都可以用轮毂电机作为主要驱动力；即便是对于混合动力车型，也可以采用轮毂电机作为起步或者急加速时的助力，可谓是一机多用。同时，新能源车的很多技术，比如制动能量回收（即再生制动）也可以很轻松地在轮毂电机驱动车型上得以实现。另外，电制动性能有限，维持制动系统运行需要消耗不少电能。此外，轮毂电机工作的环境恶劣，面临水、灰尘等多方面影响，在密封方面也有较高要求，同时在设计上也需要为轮毂电机单独考虑散热问题。

3.3.4 轴电机驱动系统

在结构方面，轴电机驱动与传统汽车接近，用电机代替内燃机，通过传动系统将电机的转矩传递到驱动轮上使汽车行驶，在传统汽车结构的基础上，稍加改动即可，具有操作技术成熟、安全可靠的优点。但其存在底盘结构相对复杂、车内空间狭小、体积较大、传动效率低、控制复杂等缺点。轴电机驱动常见传动方式有 3 种，如图 3-17 所示。

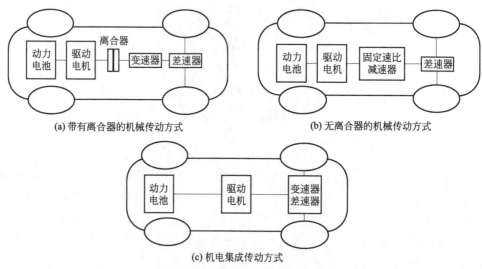

图 3-17　轴电机驱动常见传动方式

图 3-17（a）为带有离合器的机械传动方式，采用该方式的纯电动汽车变速器一般设有 2～3 个挡位，换挡中离合器起中断动力、降低换挡冲击的作用；图 3-17（b）的传动方式取消了离合器，将驱动电机通过传动轴与固定速比减速器相连，使传动系统质量和传动装置体积减小，利于增加车内空间；图 3-17（c）的传动方式则把驱动电机、变速器和差速器集成一体，通过左、右半轴分别驱动对应侧车轮，结构紧凑，适宜用在小型汽车上。

3.4　动力电池技术

3.4.1　铅酸蓄电池

铅酸蓄电池是指正极活性物质为二氧化铅（PbO_2），负极活性物质为海绵状纯铅

（Pb），并以一定浓度的硫酸溶液（$H_2SO_4 + H_2O$）为电解液的蓄电池。其结构如图 3-18 所示。

铅酸蓄电池的应用历史最长，也是技术最成熟、成本最低的蓄电池。它已实现大批量生产，但因比能量低，质量和体积大，且一次充电续航里程较短、自放电率高、循环寿命短、充电慢，不适用于现代纯电动汽车。但其结构简单、电压稳定（单体电池额定电压为 2V）、性价比高、安全可靠，广泛应用于低速纯电动汽车，如图 3-19 所示。

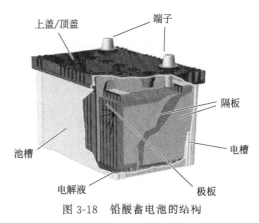

图 3-18　铅酸蓄电池的结构

图 3-19　低速纯电动汽车

铅酸蓄电池源于 1859 年，由 Gaston Plante 发明，是当前可大量生产供应的重要电池技术，广泛应用于电动汽车的制造，成为当下电动汽车的主要动力电池技术。铅酸蓄电池主要由电解液、正极板和负极板共同构成，其中电解液为稀硫酸，正极板为 PbO_2，负极板为 Pb，其正极、负极的反应原理如下：正极，$PbSO_4 + 2H_2O \longrightarrow PbO_2 + 3H^+ + HSO_4^- + 2e$；负极，$H^+ + PbSO_4 + 2e \longrightarrow Pb + HSO_4^-$。

铅酸蓄电池的工作原理：铅酸蓄电池主要利用 Pb 的不稳定性以产生电子迁移，从而形成电能供电。利用导体将电池的正极板和负极板进行连接，负极板上的 Pb 则会失去两个电子，与浸入其中的电解液的 SO_4^{2-} 发生反应，生成 $PbSO_4$，此时电子还会通过导体与正极板上的 Pb^{4+} 发生反应，生成 $PbSO_4$，从而为电器持续供电。当正极板和负极板上的活性物质逐步被消耗，放电反应则无法持续发生，也就无法持续供应电能，此时应进行充电。充电时，负极板上的 $PbSO_4$ 发生电解反应，Pb^{2+} 还原为 Pb；而正极板上的 Pb^{2+} 因失去电子而发生氧化反应，生成 PbO_2。待充电完成后，电池的正极板和负极板则恢复原始状态，又可持续为电器供电。

铅酸蓄电池的性能：铅酸蓄电池的材料来源非常丰富，制作成本相对较低，因此其价格相对便宜，而且比功率较高，制造工艺相对成熟，所以铅酸蓄电池至今仍被广泛应用于电动汽车的制造，成为电动汽车的重要动力电池技术之一。但铅酸蓄电池的缺陷较多，主要包括以下方面：①比能量较低，一次充电所能行驶的路程有限；②质量及体积较大，不便于携带，且对应用电池的汽车要求较高；③循环使用寿命较短，若长期使用，则要定期更换，加大了使用者的成本；④存在一定污染现象，铅为重金属，大量使用会造成环境污染。

铅酸蓄电池的发展前景：虽然铅酸蓄电池技术有待改进，尤其是比能量及比功率低、使用寿命短等问题，导致其当前仅能应用于行驶里程短且对充电要求不高的汽车，如景区观光车、工厂叉车、市区短途公交车等，甚至有人认为其不久之后将被镍氢电池或锂离子电池所取代，但其制造技术相对成熟且成本较低，可进行量化生产，若能改善其比能量与比功率、加强其充电性能，仍具有良好的应用空间。

3.4.2 锂离子电池

锂离子电池是 1990 年由日本索尼公司率先开发研制成功并迅速推向市场的新型高能蓄电池。与其他蓄电池相比，它具有电压高、比能量高、充放电寿命长、无污染、充电快速、自放电率低、工作温度范围宽和安全可靠等卓越性能，已成为电动汽车较理想的动力电源。锂离子电池的结构如图 3-20 所示。

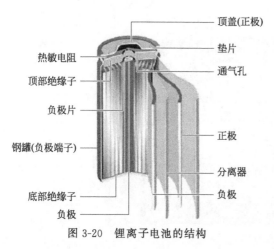

图 3-20　锂离子电池的结构

锂离子电池的工作原理：锂离子电池的性能明显优于传统的铅酸蓄电池和镍氢电池。当前市面上流通较多的锂离子电池主要是液体锂离子电池和聚合物锂离子电池。锂离子电池正极所使用的材料有很多，如 $Li\text{-}CoO_2$、$LiMnO_2$、$LiFePO_4$ 等；负极所使用的材料要求可嵌入锂，主要为碳类材料，如焦炭、石墨、混合碳等；电解液为溶有锂盐的有机溶液，以 $LiFePO_4$ 为例，其充、放电的反应原理如下。充电：$LiFePO_4 \longrightarrow Li_x^- FePO_4 + xLi + xe$；$6C + xLi^+ + xe \longrightarrow Li_xC_6$。放电：$Li_{1-x}FePO_4 + xLi + xe^- \longrightarrow LiFePO_4$；$Li_xC_6 \longrightarrow 6C + xLi^+ + xe$。在进行充电时，电池正极上的 Li 会失去电子，成为 Li^+，并进入电解液中，负极上的碳可吸收源于电解液的 Li^+ 和电子，从而为电器提供电能，所吸收的 Li^+ 越多，电池的容量就越高。在进行放电时，嵌入负极碳层结构的 Li^+ 会被电解，从碳层中脱离，变成 Li 再次进入电解液中，通过导体回到正极，并与正极上的金属氧化物发生反应，重新恢复成 $LiMnO_2$。

锂离子电池的性能：相比于其他电池，锂离子电池的能量密度及充放电性能明显更优，且其工作电压较高，通常处于 3.6～3.9V；比能量高，质量较轻，不存在记忆效应；无污染且使用寿命较长，在当前动力电池技术市场占主导地位。但锂离子电池技术自面市至今，已有 20 余年无较大技术突破，其电池功率密度有限，无法快速释放或接收大量的能量，且其安全性、成本、材料供应等也存在一定缺陷。

锂离子电池的发展前景：锂离子电池是当前被科学家们普遍看好的电动汽车的主要动力电池技术，被视作 21 世纪电动汽车发展的关键动力电池技术。现各大汽车生产厂商都非常重视锂离子电池技术的应用，并将其视为新能源汽车生产的关键技术。如图 3-21 为某公司生产的锂离子电池电动汽车。可见，锂离子电池的发展前景非常广阔。在未来一段时间内，锂离子电池的研究重点将着眼于降低锂离子电池的生产成本，同时提高其安全性，实现其快速充电。

图 3-21　某公司生产的某款锂离子电池电动汽车

3.4.3　镍氢电池

镍氢电池是正极活性物质主要由镍制成，负极活性物质主要由贮氢合金制成的一种碱性蓄电池。镍氢电池的结构如图 3-22 所示。它的主要优点是可以适应大电流放电，对于需要较大功率输出要求的场合比较适用；能量密度较大，增加了续航里程；放出的电比较平稳，发热量较小。它的主要的缺点是具有记忆效应，即电池在循环充放电过程中容量会出现衰减，而过度充电或放电，都可能加剧电池的容量损耗。

镍氢电池的工作原理：镍氢电池是基于镉镍电池发展而来的，相比于镉镍电池，同体积

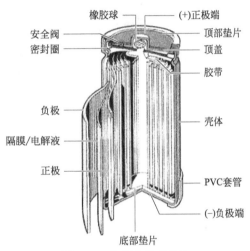

图 3-22　镍氢电池的结构

下镍氢电池的容量是其 2 倍，且其记忆效应明显减小。现在多数商业化的混合电动汽车的动力电池均采用镍氢电池技术。镍氢电池的电解液为 KOH，正极活性材料为碱式氧化镍（NiOOH），负极活性材料为吸氢合金（MH），其反应原理如下。正极：$Ni(OH)_2 + OH^- \longrightarrow NiOOH + H_2O + e$。负极：$M + xH_2O + xe \longrightarrow MH_x + xOH^-$。镍氢电池负极上所含的 MH 拥有大量 H 元素，其可与电解液中的 OH^- 发生反应，失去电子生成 H_2O，同时失去的电子通过导体的连接与正极上的 NiOOH 发生反应生成 $Ni(OH)_2$，从而为电器持续供电。当需要充电时，电池负极的 H_2O 被电解，H^+ 被还原为 H，并被合金 M 所吸收，再次成为 MH；而正极的 Ni^{2+} 因失去电子，再次与 H_2O 中的 OH^- 发生反应，从而还原成 NiOOH。

镍氢电池的性能：与铅酸蓄电池比较，镍氢电池的体积能量密度是其 4 倍，比功率是其 11 倍，其运行电压较高，充放电的耐受性较好，且具有较高热性能。但镍氢电池具有记忆效应，单体电池的电压较低，难以组合，形成大容量电池组，为达到电压等级及功率需求，需要利用大量串联电池，这在一定程度上会影响其一致性，从而限制其广泛应用。此外，镍

氢电池价格偏高，缺乏一定均匀性，电池空量及电压差与高速率或是深放电的情况下相差较大，其性能水平与实际要求存在较大偏差，这也限制了镍氢电池的广泛应用。

镍氢电池的发展前景：当前，纯电动汽车的技术条件尚未成熟，市场上出售的多为混合动力电动汽车。在这种情况下，虽然镍氢电池的能量密度不及锂离子电池，但其可靠性较高且成本较锂离子电池低，循环使用寿命较长，相信在未来一段时间内，镍氢电池仍会广泛应用于混合动力电动汽车，成为混合动力电动汽车的主流动力电流技术。如图 3-23 所示为某款镍氢电池混合动力汽车。

图 3-23　某款镍氢电池混合动力汽车

3.4.4　钠硫电池

钠硫电池的结构原理如图 3-24 所示，通常情况下，钠硫电池由正极、负极、电解质、隔膜和外壳组成，与一般二次电池（铅酸蓄电池、镍镉电池等）不同，钠硫电池由熔融电极和固体电解质组成，负极的活性物质为熔融金属钠，正极活性物质为液态硫和多硫化钠熔盐。

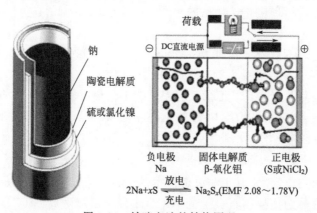

图 3-24　钠硫电池的结构原理

钠硫电池的工作原理：钠硫电池是一种基于固体电解质的高温二次电池，它以钠作为阳极，以渗入碳毡中的硫作为阴极，传导钠离子的 β-氧化铝陶瓷在中间同时起隔膜和电解质的双重作用。它的电池形式为 $(-)\mathrm{Na(l)}\,|\,\beta\text{-}Al_2O_3\,|\,S/Na_2S_x\,(l)\,|\,C(+)$，其中 $x = 3 \sim 5$，基本的电池反应是：$2\mathrm{Na} + x\mathrm{S} \Longleftrightarrow \mathrm{Na_2S_x}$。电池的工作温度控制在 $300 \sim 350℃$，此时钠与硫均呈液态，β-氧化铝具有高的离子电导率（约 $0.2\mathrm{S/cm}$），电池具有快速的充放电反应动力学。钠硫电池以 $\mathrm{Na_2S_3}$ 为最终产物的正极理论比容量约为 $558\mathrm{mA \cdot h/g}$，在 $350℃$ 的工作温度下

具有 2.08V 的开路电压。钠硫电池一般设计为中心负极的管式结构，即钠被装载在陶瓷电解质管中形成负极。电池由钠负极、钠极安全管、固体电解质（一般为β-氧化铝）及其封接件、硫（或多硫化钠）正极、硫极导电网络（一般为碳毡）、集流体和外壳等部分组成。通常固体电解质陶瓷管一端开口，一端封闭，其开口端通过熔融硼硅酸盐玻璃与绝缘陶瓷进行密封，正负极终端与绝缘陶瓷之间通过热压铝环进行密封。

钠硫电池的性能：①比能量高，目前，钠硫电池的实际能量密度已达到 240W·h/kg 和 390W·h/L 以上，与三元锂离子电池相当；②功率密度高，用于储能的钠硫单体电池功率可达 120W 以上，形成模块后，模块功率通常达到数十千瓦，可直接用于储能；③长寿命，电池可满充满放循环 4500 次以上，寿命为 10～15 年；④库仑效率高，由于采用固体电解质，电池几乎没有自放电，充放电效率约为 100%；⑤环境适应性好，由于电池通过保温箱恒温运行，因此环境温度适应范围广，通常为－40～60℃；⑥电池运行无污染，电池采用全密封结构，运行中无振动、无噪声，没有气体放出；⑦电池原料成本低廉，无资源争夺隐患，结构简单，维护方便。

钠硫电池的发展前景：硫钠电池可针对极端环境（如高热、高寒、高盐腐蚀等）下的风能、太阳能等可再生能源发电企业配套大容量、安全可靠的储能系统；为载人潜艇、陆军战车、水下平台等提供动力，服务国防科技事业；为第五代移动通信技术（5G）通信基站、数据中心等室内用电大户提供备用电源，为国家的节能减排事业及"碳中和"战略做出贡献。目前搭载钠硫电池的汽车还在试验阶段，如图 3-25 所示是汽车用钠硫电池的设想图。

图 3-25　汽车用钠硫电池的设想图

适用于重型车辆电传动系统的动力电池需要频繁充放电，在充电过程中，电压和电流会有较大变化，因此混合动力电传动系统中选取的动力电池要求具有以下特点：①具有较大的充放电功率和较高的比功率，具有在加速和爬坡时，满足车辆动力性需求的能力，同时还具有快速充电能力的高能量密度，在制动过程中，尽量回收更多的能量；②要求具有较高的充放电效率，电池组的充放电效率对电传动系统效率具有很大的影响；③要求电池在的快速充放电的过程中，仍然具有相对稳定的性能。

电驱动车在行驶过程中的能量来自动力电池组，动力电池组的容量越大，汽车的续航里程就越长，但是相应的电池组的体积和重量也就越大。因此，要根据设计目标和整车工况来选择合适的电池。目前车用蓄电池主要包括铅酸蓄电池、镍氢电池、锂离子电池（车用动力电池主要有磷酸铁锂电池、钛酸锂电池、三元锂离子电池）、燃料电池等，其中锂离子电池具有能量密度高、工作电压高、输出功率大、循环使用寿命长等特点。

3.5　智能动力单元技术

特种车辆智能动力系统的主要功能为：车辆正常行驶时，作为发电机组为车辆运行提供电力，并根据储能单元 SOC 水平为储能单元补充电能；车辆制动时，作为耗功单元，消耗部分制动能量，以减少机械制动热负荷，提高长坡制动安全性。智能动力系统主要由柴油发动机、永磁同步发电机、综合散热系统、发动机进气系统、发动机排气系统、发动机控制系统、发电机控制系统、燃油箱、方舱九个子系统组成。智能动力单元（IPU）控制架构如图 3-26 所示。

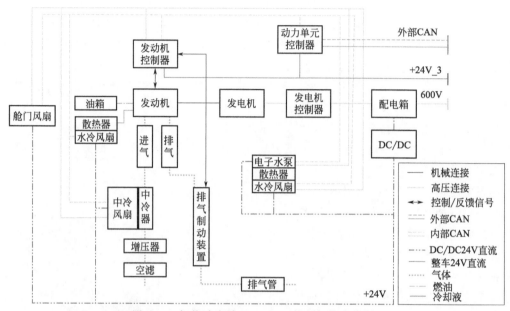

图 3-26　智能动力单元（IPU）控制架构（彩图）

动力电池与 IPU 并联在同一高压母线上，当 IPU 启动时，通过发电机控制器控制发电机，使其工作在电动模式，实现发动机启动控制；当 IPU 发电时，通过发电机控制器控制发电机，使其工作在发电模式，利用动力电池实现相对稳定的母线电压输出；通过 DC/DC 转换器实现散热系统（水泵和风扇）的供电。整车控制器通过外网段 CAN 总线与 IPU 控制器通信，控制 IPU 的工作模式和输出功率，IPU 控制器接到指令后，寻优计算得出发动机目标转速和发电机目标转矩，通过内网段 CAN 总线分别发送给发动机控制器（Engine Contorl Unit，ECU）和发电机控制器，再由它们控制发动机和发电机执行相应的动作。

通过对各种运行工况的分析，IPU 需要具备以下六种工作模式：待机模式、启动模式、怠速模式、发电模式、停机模式和排气制动模式。其中排气制动模式是为了满足车辆进行电缓行制动需求时而设计的一种特殊模式。IPU 控制模式流程如图 3-27 所示。

怠速模式为中间状态过渡模式，此时发动机怠速转动，发电机转矩为 0，动力单元不输出电功率，当接收到整车控制器指令后，进入后续模式。发电模式下收到排气制动指令会先进入怠速模式，再切换到排气制动模式，排气制动模式下接收到发电指令同样也会先进入怠速模式，再切换到发电模式。

发电模式下，发动机工作于转速模式，发电机工作于转矩模式，IPU 控制器基于整车控制器的目标功率指令，通过控制算法计算出所需的转速转矩值，然后动态规划出智能动力单元输出功率变化过程中所需的最优转矩和转速变化路径，分别发送给发电机控制器和发动机控制器，使发电机和发动机工作于预期的转矩转速状态，输出相应的目标功率。

停机模式可以在启动/怠速/发电/排气制动状态下，由整车控制器发送停机指令或 IPU

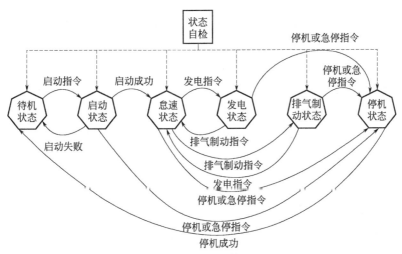

图 3-27　IPU 控制模式流程

发生停机故障触发进入。停机控制流程分为急停和正常停机两种，急停只有在动力单元一级故障（严重故障）时进入。正常停机是先由功率闭环控制使输出功率为零，然后怠速转动若干秒散去 IPU 系统中的余热，最后关闭发电机与发动机；急停则是直接控制发电机转矩为零，然后关闭发电机与发动机。显然直接将电机转矩降为零要比功率闭环降为零的时间要短，符合紧急停机的快速要求。

排气制动模式下，发电机进入电动状态，工作于转速模式，发动机进入排气制动状态，随后逐渐增加电机转速，电机拖动发动机转动进行耗功，使 IPU 消耗驱动系统制动产生的能量。

智能动力单元的控制策略（原理）如下。

（1）正常运行时，系统通过实时采集驾驶员操作和车辆状态信息，判断驾驶员的动力需求，然后根据车辆当前状态和动力系统能力进行整车能量分配，最后将动力单元输出的电能分配到驱动桥或对动力电池进行充电，实现对整车动力系统的控制。

（2）低温启动时，系统通过发电机控制器控制发电机反拖发动机启动，实现系统在低温状态下的正常启动。

（3）根据整车功率需求，在低功率模式下可只启动一个智能动力单元，当整车需要大功率输出时，两个智能动力单元同时启动，满足整车的各种功率要求。

（4）基于发动机万有特性与发电机效率特性，优化匹配发动机与发电机高效工作区，提高智能动力单元的发电效率，实现智能动力单元全工作域高效运行。

（5）基于发动机动态特性数据，优化功率调节路径，提高智能动力单元响应特性；实现输出功率的大范围快速调节，满足驱动功率的快速供给要求，提升整车动力性能。

（6）智能动力单元具有倒拖耗功功能，智能动力单元处于倒拖耗功模式时，发电机处于电动状态，发动机处于排气制动状态，通过协调控制，以满足底盘缓行制动功率需求。

（7）智能动力单元通过在线监测发动机进气温度、水温、机油压力和发电机电压、电流、水温等状态信号，基于不同状态信息组合，判断超速、短路、过流、过压、欠压、过温等故障状态，进行故障分级；根据故障等级、故障警示、降额运行或停机保护，提高智能动力单元运行安全性。

（8）当其中一路智能动力单元出现故障时，系统可控制切断故障智能动力单元，另一路智能动力单元正常工作，实现整车故障状态下的正常行驶。

智能动力单元方案设计需满足以下要求。

（1）采用成熟水冷增压高压共轨柴油发动机和永磁同步发电机，两者之间应可靠连接，平稳传动。

（2）发动机耗功制动能满足长下坡制动需求，选用 EVB（排气门制动）系统。

（3）采用发电机倒拖启动实现动力单元启动，满足整车低温快速机动的需求。

（4）设计动力单元时考虑发动机、发电机等不同部件工作环境差异，进行模块化分舱设计，并针对动力单元布置位置（如某车架外侧，第 2 轴和第 3 轴之间）和散热需求，合理设计系统流场及冷却系统。

（5）高低压接口布置时应考虑接线方便，低压额定工作电压为 24V。

（6）通信接口采用两路 CAN 通信接口，其中一路优先选用 CAN-FD。

（7）在系统结构集成、动力单元舱设计及零部件选型时，应充分考虑轻量化要求。

（8）系统应具备较强的"带故"工作能力，在非致命性故障情况下，允许部分性能降低（如发动机进气压力故障时系统可降功率运行）。

（9）智能动力系统功能安全符合《汽车电子电气系统的功能安全标准》（ISO 26262—2011）的有关规定，并结合多动力单元、多工作模式、系统复杂度高等特点，开展针对性设计。

（10）在总体布置时充分考虑维修性要求，油滤、空滤等布置在容易检查和更换的位置，方便维护保养。

3.6 分布式能量管理技术

分布式混合动力系统包括智能动力单元、储能单元及高低压电气网络。智能动力单元采用 2 台柴油发电机组，可根据需要启动 1 台或 2 台机组发电，2 台机组互为备份；储能单元由多个标准电池包组成，电池包内部集成动力电池和电池能量管理系统；分布式混合动力系统采用 600V 高压直流母线体制实现底盘与上装一体化供电，多种动力源混合使用、并行输出，制动/下坡过程中能够进行能量回收和倒拖耗功，静默机动时底盘能采用储能单元提供动力。分布式能量管理结构如图 3-28 所示。

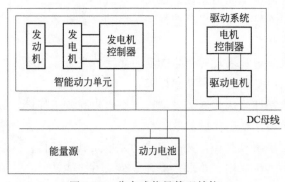

图 3-28 分布式能量管理结构

其中，智能动力单元和动力电池作为能量源，共同为整车提供能量，由整车控制器根据相应的能量管理策略，分配各自的输出功率，通过 DC 母线传递电能至驱动系统，满足整车在不同行驶工况下的使用需求。串联式混合动力汽车的工作模式如表 3-1 所示。

表 3-1　串联式混合动力汽车的工作模式

工作模式	行车工况
静默模式	整车驱动时,由动力电池单独为驱动系统提供能量
	整车制动时,由动力电池回收驱动系统产生的再生能量
混动模式	整车驱动时,由动力电池和智能动力单元共同为驱动系统提供能量,当电池 SOC 较低时,智能动力单元还会对其进行充电
	整车制动时,由动力电池吸收、智能动力单元消耗驱动系统产生的再生能量

由串联式混合动力电动汽车能源系统可知,整车控制器进行整车的能量管理时,当收到驱动系统的能量需求后,将功率指令分配给智能动力单元和动力电池,接下来由其各自的控制器进行控制,提供相应的功率,能量管理系统控制数据交互流程如图 3-29 所示。

由图 3-29 可知,分布式能量管理的控制策略和 IPU 的控制策略是紧密联系在一起的,合理的能量管理策略是设计 IPU 控制策略的前提。

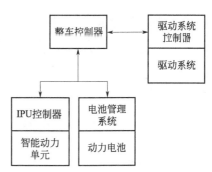

图 3-29　能量管理系统控制数据交互流程

串联式混合动力底盘能量管理分两个层次:一是如何分配 IPU 和动力电池之间的功率;二是两台 IPU 之间的功率如何分配。

在串联式混合动力系统中,动力电池的功率输出是被动的,由 IPU 和电机的功率差决定。因此在稳态工况下,设定电池目标功率为 0 并合理限制 IPU、电机功率即可实现电池不参与工作;而在动态过程中,由于电机功率响应速度明显快于 IPU,无法实现 IPU 输出功率与电机输入功率平衡。所以需要动力电池输出相应的功率以平衡动态过程中系统的输入和输出功率,并通过合理限制电机响应速度使其尽量与 IPU 同步提升或降低功率,以保护电池。根据电池 SOC、温度等可以得到当前状态下对电池使用最为有利的电池功率工作状态。在能量分配模块中充分考虑这个优化值,以最大限度延长动力电池寿命,然后根据总需求功率和电池最佳充放电功率确定 IPU 的需求输出功率。因此 IPU 的输出功率原则上是跟随整车需求功率变化的。

IPU 工作时应保证两台发动机工作点都在最佳油耗曲线上,它们的输出功率可以不同。当需求功率已知时,需对两台发动机功率进行合理分配,以满足总油耗速率最小的原则。方案以电池寿命和瞬时油耗为优化对象,采用遗传算法对动力电池和两台 IPU 的需求功率进行优化分配。此外,当发动机的功率较小时增加发动机滞回停机功能,在提升系统燃油经济性的同时,避免单台发动机在总功率需求较低时频繁启停。在车辆下长坡制动且电池 SOC 接近 100% 时,根据制动功率需求 IPU 主控制器启动发动机倒拖耗功功能并合理分配两台发动机的耗功功率。

第4章
电驱动特种车辆制动系统

4.1 电驱动特种车辆制动系统设计要求

电驱动特种车辆属于专用车辆系列，其产量有限，同时由于其用途相对比较特殊，因此整车的各个分系统需要特殊设计。随着电动化在车辆上的应用越来越广泛，同时为了实现某些电驱动特种车辆的隐蔽性，电驱动特种车辆的应用越来越广泛。汽车制动系统是指为了在技术上保证汽车的安全行驶，提高汽车的平均速度等，而在汽车上安装的用于制动的专门装置。汽车制动系统一般包括行车制动和驻车制动两套独立的装置。行车制动装置的功用是使正在行驶中的汽车减速或在最短的距离内停车。驻车制动装置的功用是使已经停在各种路面上的汽车保持不动。有时在紧急情况下，两种制动装置可同时使用而增加汽车制动的效果。有些特殊用途的汽车和经常在山区行驶的汽车，长期而又频繁地制动将导致行车制动装置过热，因此在这些汽车上往往增设各种不同形式的辅助制动装置，以便在下坡时稳定车速。内燃机车型制动减速过程通常全部通过轮端摩擦制动完成，而电动汽车制动减速过程由摩擦制动与电机制动共同完成，这是实现能量回收的基础。通过转换为发电机的驱动电机，回收由制动而消耗的热能，回收的这部分热能以电能的形式存入电池中，可以用于后续的车辆行驶中。相比内燃机车型，电动汽车摩擦制动的使用次数大幅度降低，大部分情况下仅仅依靠电机制动就能够满足减速要求，而且对摩擦制动所需提供的制动能量需求降低 90%，同时摩擦制动强度及产生的热量大幅降低。

制动系统的功能应该包括：①使汽车以适当的减速度降速行驶直至停车；②在下坡行驶时，使汽车保持适当的稳定车速；③使汽车可靠地停在原地或坡道上。制动系统的行车制动装置用来保证前两项功能，驻车制动装置用来保证第三项功能。除此之外，有些汽车还应该设有应急制动、自动制动和辅助制动装置。

应急制动装置利用机械力源进行制动。在某些采用动力制动或伺服制动的汽车上，一旦发生蓄压装置压力过低等故障时，可用应急制动装置实现汽车制动。同时，在人力装置下它还能兼做驻车制动。

自动制动装置可实现当挂车和牵引车连接的制动管路渗漏或断开时，使挂车自动制动。

辅助制动装置可实现汽车下长坡时，持续地减速或保持稳定的车速，并减轻或解除行车制动装置的负荷。

任何一套制动装置都由制动器和制动驱动机构两部分组成。设计制动器时应满足如下主要要求。

(1) 具有足够的制动效能。行车制动能力是用一定制动初速度下的制动减速度和制动距离两项指标来评定的。国外法规中规定：进行效能试验时的最低要求减速度，对乘用车为 $5.8 \sim 7 \text{m/s}^2$；对商用车为 $4.4 \sim 5.5 \text{m/s}^2$。相应的最大停车距离（包括制动距离和空驶距离）为

$$S_t = av + \frac{\left(\dfrac{v}{3.6}\right)^2}{2j} \tag{4-1}$$

式中，S_t 为制动距离，m；v 为制动初速度，km/h；j 为制动减速度，m/s^2，av 为空驶距离；a 为经验数值，对乘用车 $a=0.1$，对商用车 $a=0.06 \sim 0.15$。

驻坡能力是以汽车在良好路面上能可靠地停驻的最大坡度来评定的。

(2) 工作可靠。行车制动装置至少有两套独立的驱动制动器的管路，当其中一套管路失效时，另一套完好的管路应保证汽车制动能力不低于没有失效时规定值的 30%。行车和驻车制动装置可以有共同的制动器，而驱动机构应各自独立。行车制动装置都用脚操纵，其他制动装置多为手操纵。

(3) 在任何速度下制动时，汽车都不应丧失操纵性和方向稳定性。由汽车理论可知，前轮抱死时汽车丧失操纵性，后轮抱死时汽车丧失方向稳定性。只有在汽车前、后轮制动器的制动力有合理的分配比例，并且能随各轴间载荷转移情况而变化的情况下，才有可能比较满意地解决这个问题。采用 ABS 可以比较好地解决这个问题。另外，同一轴上左、右车轮制动力应该尽可能相同，它们的制动力差值最大不得超过 15%，以免发生制动跑偏。

(4) 要求制动能力的水稳定性好。防止水和污泥进入制动器工作表面，摩擦片浸水后恢复摩擦因数能力要好。制动能力的热稳定性良好。

(5) 操纵轻便，并具有良好的随动性。紧急制动次数只占制动总次数的 5% ~ 10%，所以最大制动踏板力允许比离合器踏板力大得多。各国法规规定的最大踏板力一般为 500N（乘用车）~ 700N（商用车）。设计时，乘用车的最大制动踏板力可以在 200 ~ 300N 的范围内选取，商用车的最大制动踏板力可以在 350 ~ 550N 范围内选取，采用伺服制动或动力制动时应该取其中较小值。手柄拉力，在应急制动时应不大于 500 ~ 700N，其中，乘用车取小值。

踏板行程，对乘用车应不大于 100 ~ 150mm，对商用车应不大于 150 ~ 200mm。制动手柄行程应不大于 160 ~ 200mm。

(6) 制动时，制动系统产生的噪声尽可能小，同时力求减少散发出对人体有害的石棉纤维等物质，以减少公害。

(7) 一旦牵引车和挂车之间的连接制动管路损坏，牵引车应有防止压缩空气进一步漏失的装置。在行驶过程中，若牵引连接机构脱开，列车之间的制动管路应立即断气，而且挂车应能自动停住。挂车一旦摘挂，也应使用驻车制动将其停住。

(8) 作用滞后性应尽可能好。作用滞后性是指制动反应时间，以制动踏板开始动作至达到给定的制动效能所需的时间来评价。气制动汽车的反应时间较长，要求不得超过 0.6s；对于汽车列车，不得超过 0.8s。

(9) 摩擦衬片应有足够的使用寿命。摩擦副磨损后，应有能消除因磨损而产生间隙的机

构，且调整间隙工作容易，最好设置自动调整间隙机构。

（10）当制动驱动装置的任何元件发生故障并使其基本功能遭到破坏时，汽车制动系统应有音响或光信号等报警提示。

4.2 机械制动系统

制动器主要有摩擦式、液力式和电磁式等几种形式。电磁式制动器虽有作用滞后性好、易于连接等优点，但因成本高，只在一部分总质量较大的商用车上用作车轮制动器或缓速器；液力式制动器一般只用作缓速器，目前广泛使用的是摩擦式制动器。

摩擦式制动器按摩擦副结构形式不同，可分为鼓式、盘式和带式三种。带式制动器只用作中央制动器。

4.2.1 制动器效能

制动器效能的含义是在单位输入压力或力的作用下所输出的力或力矩。它常用制动器效能因数来表示，定义为在制动鼓或制动盘的作用半径上所得到的摩擦力与输入力之比

$$K = \frac{\dfrac{M_\mu}{R}}{F_0} \tag{4-2}$$

式中，K 为制动器效能因数；M_μ 为制动器输出的制动力矩；R 为制动鼓或制动盘的作用半径；F_0 为输入力。

$$F_0 = \frac{F_{0_1} + F_{0_2}}{2} \tag{4-3}$$

式中，F_{0_1} 和 F_{0_2} 分别是使两制动蹄张开的力（对鼓式制动器），或者是加于两制动块的压紧力（对钳盘式制动器）。

制动器效能的稳定性主要取决于其效能因数 K 对摩擦因数的敏感性，即 $\mathrm{d}K/\mathrm{d}f$。$\mathrm{d}K/\mathrm{d}f$ 大，稳定性变差，即摩擦因数的改变，对效能因数影响较大；$\mathrm{d}K/\mathrm{d}f$ 小，稳定性较好，即摩擦因数的改变，对效能因数影响较小。

4.2.2 鼓式制动器

4.2.2.1 鼓式制动器的分类

鼓式制动器分为内张型和外束型两种形式。内张型鼓式制动器的摩擦元件是一对带有圆弧形摩擦蹄片的制动蹄，位于制动鼓内部的制动蹄在一端承受促动力时，可绕其一端的支点向外旋转，压靠到制动鼓内圆柱面上，产生制动力矩，故又称蹄式制动器。外束型鼓式制动器的固定摩擦元件是带有摩擦片且刚度较小的制动带，其旋转摩擦元件是制动鼓，并利用制动鼓的外圆柱表面与制动带摩擦片的内圆弧作为一对摩擦表面，产生摩擦力矩作用于制动鼓，故又称为带式制动器。在汽车制动系统中，带式制动器仅用作一些汽车的中央制动器，通常说的鼓式制动器就是指这种内张型鼓式制动器，各种结构形式的鼓式制动器的主要区别为：①蹄片固定支点的数量和位置不同；②张开装置的形式和数量不同；③制动时两块蹄片之间有无相互作用。

4.2.2.2　领从蹄式制动器

如图 4-1 所示，若图 4-1 上方的旋向箭头代表汽车前进时制动鼓的旋转方向（制动鼓正向旋转），则前制动蹄为领蹄，后制动蹄为从蹄。汽车倒车时制动鼓的旋转方向变为反向旋转，则相应的领蹄和从蹄也就互相对调了。这种当制动鼓正、反向旋转时总具有一个领蹄和一个从蹄的内张型鼓式制动器称为领从蹄式制动器。领蹄所受的摩擦力使蹄压得更紧，即摩擦力矩具有增势作用，故又称为增势蹄；而从蹄所受的摩擦力使蹄有离开制动鼓的趋势，即摩擦力矩具有减势作用，故

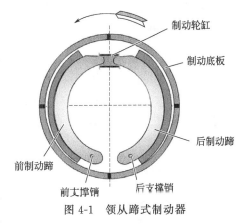

图 4-1　领从蹄式制动器

又称为减势蹄。增势作用使领蹄所受的法向反力增大，而减势作用使从蹄所受的法向反力减小。

领从蹄式制动器的效能及稳定性均处于中等水平，但由于其在汽车前进与倒车时的制动性能不变，且结构简单，造价较低，也便于安装驻车制动机构，故这种结构仍广泛用于中、重型载货汽车的前、后轮制动器及轿车的后轮制动器。

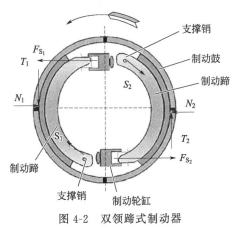

图 4-2　双领蹄式制动器

4.2.2.3　双领蹄式制动器

若在汽车前进时两制动路均为领蹄的制动器，则称为双领蹄式制动器（图 4-2）。显然，当汽车倒车时这种制动器的两制动蹄又都变为从蹄，故它又可称为双向领蹄式制动器。如图 4-2 所示，两制动蹄各用一个单活塞制动轮缸推动，两套制动蹄、制动轮缸等机件在制动底板上是以制动底板中心作对称布置的，因此，两蹄对制动鼓的作用的合力恰好相互平衡，故属于平面式制动器。

双领蹄式制动器有高的正向制动效能，但倒车时则变为双从蹄式，使制动效能下降，这种结构经常用于中级轿车的前轮制动器，这是因为这类汽车前进制动时，前轴的动轴荷及附着力大于后轴，而倒车时则相反。

4.2.2.4　双向双领蹄式制动器

当制动鼓正向和反向旋转时，两制动蹄均为领蹄的制动器则称为双向双领蹄式制动器（图 4-3）。

4.2.2.5　双从蹄式制动器

双从蹄式制动器的两蹄片各有一个固定支点，而且两固定支点位于两蹄片的不同端，并用各有一个活塞的两轮缸张开蹄片，如图 4-4 所示。

在汽车前行时，双从蹄式制动器的两

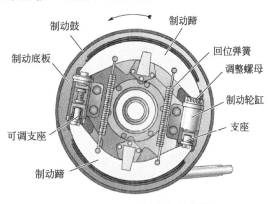

图 4-3　双向双领蹄式制动器

个蹄都是从蹄，故制动效能稳定性能最好，但因制动器效能最低，所以很少采用。

4.2.2.6　单向增力式制动器

单向增力式制动器如图 4-5 所示，两蹄下端以顶杆相连接，第二制动蹄支承在其上端制动底板上的支承销上，由于制动时两蹄的法向反力不能相互平衡，因此它是一种非平衡式的制动器。单向增力式制动器在汽车前进制动时的制动效能很高，且高于前述的各种制动器，但在倒车制动时，其制动效能却是最低的。因此，它用于少数轻、中型货车和轿车上作为前轮制动器。

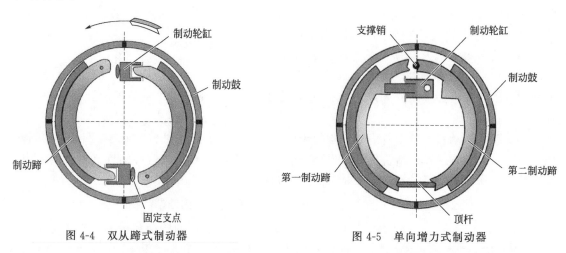

图 4-4　双从蹄式制动器　　　　　图 4-5　单向增力式制动器

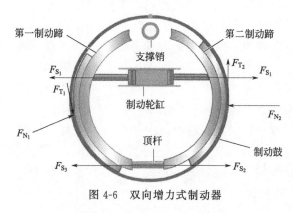

图 4-6　双向增力式制动器

4.2.2.7　双向增力式制动器

双向增力式制动器的两蹄片端部有一个制动时不同时使用的共同支点，如图 4-6 所示，支点下方有一个轮缸，内装两个活塞用来同时张开两蹄片，两蹄片下方经推杆连接成一体。与单向增力式不同的是，次领蹄上也作用有来自轮缸活塞推压的张开力，尽管这个张开力的作用效果较小，但次领蹄下端受到来自主领蹄经推杆作用的张开力很大，结果次领蹄上的制动力矩能大到主领蹄制动力矩的 2～3 倍。因此，采用这种制动

器后，即使制动驱动机构中不用伺服机构装置，也可以借助很小的踏板力得到很大的制动力矩。这种制动器，前进与倒车的制动效果不变。

双向增力式制动器因两蹄片均为领蹄，所以制动器效能稳定性比较差。除此之外，两蹄片上单位压力不等，故磨损不均匀，寿命不同。调整间隙工作与单向增力式一样比较困难。因为只有一个轮缸，故制动器不适合用于双回路驱动机构。

4.2.2.8　鼓式制动器的特点

鼓式制动器一般有两个制动蹄，通常先求出各蹄的效能因数，然后计算制动器效能因数，两制动器的效能因数分别为

$$K_{t_1} = \frac{M_{\mu t_1}}{F_{0_1} R} \tag{4-4}$$

$$K_{t_2} = \frac{M_{\mu t_2}}{F_{0_2} R} \tag{4-5}$$

式中，$M_{\mu t_1}$、$M_{\mu t_2}$ 为各蹄加于制动鼓上的摩擦力矩。

整个鼓式制动器的效能因数为

$$K = \frac{M_{\mu t_1} + M_{\mu t_2}}{\dfrac{F_{0_1} + F_{0_2}}{2} R} \tag{4-6}$$

如果 $F_{0_1} = F_{0_2} = F_0$，则

$$K = \frac{M_{\mu t_1} + M_{\mu t_2}}{\dfrac{F_{0_1} + F_{0_2}}{2} R} = \frac{M_{\mu t_1} + M_{\mu t_2}}{F_0 R} = K_{t_1} + K_{t_2} \tag{4-7}$$

鼓式制动器效能因数的计算比较复杂，我们以一个简化了的例子来粗略考察一下制动蹄效能因数与摩擦因数、蹄的类别以及几何尺寸的关系，如图 4-7 所示。

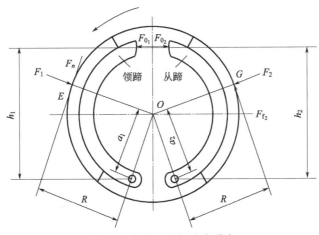

图 4-7　简化后的制动蹄受力

在 F_{0_1} 作用下，领蹄的转动方向与鼓转动方向相同；蹄 2 的转动方向与鼓转动方向相反。

假定领蹄合力作用点位于 E 点，把这个力分解成一个径向力 F_1 和一个切向力 F_2（摩擦力）。绕其铰接点分析力矩平衡，即得

$$F_{0_1} h_1 + F_{f_1} R - F_1 a_1 = 0 \tag{4-8}$$

设摩擦因数为 f，则 $F_{f_1} = f F_1$，于是

$$F_{f_1} = \frac{F_{0_1} h_1}{\dfrac{a_1}{f} - R} \tag{4-9}$$

式中，a_1 取决于蹄上力分布的规律。

领蹄的效能因数为

$$K_{t_1} = \frac{M_{\mu t_1}}{F_{0_1}R} = \frac{F_{f_1}R}{F_{0_1}R} = \frac{h_1}{\dfrac{a_1}{f} - R} = \frac{f\dfrac{h_1}{R}}{\dfrac{a_1}{R} - f} \tag{4-10}$$

$$\frac{\mathrm{d}K_{t_1}}{\mathrm{d}f} = \frac{\left(\dfrac{a_1}{R} - f\right)\dfrac{h_1}{R} + \dfrac{h_1}{R}f}{\left(\dfrac{a_1}{R} - f\right)^2} \tag{4-11}$$

对于从蹄，假定从蹄合力作用点位于 G 点，把这个力分解成一个径向力 F_2 和一个切向力 F_{f_2}。绕其铰接点分析力矩平衡，即得

$$F_{0_2}h_2 - F_{f_2}R - F_2a_2 = 0 \tag{4-12}$$

设摩擦因数为 f，则 $F_{f_2} = fF_2$，于是

$$F_{f_2} = \frac{F_{0_2}h_2}{\dfrac{a_2}{f} + R} \tag{4-13}$$

式中，a_2 取决于蹄上力分布的规律。

从蹄的效能因数为

$$K_{t_2} = \frac{M_{\mu t_2}}{F_{0_2}R} = \frac{F_{f_2}R}{F_{0_2}R} = \frac{h_2}{\dfrac{a_2}{f} + R} = \frac{\dfrac{h_2}{R}f}{\dfrac{a_2}{R} + f} \tag{4-14}$$

$$\frac{\mathrm{d}K_{t_2}}{\mathrm{d}f} = \frac{\left(\dfrac{a_2}{R} + f\right)\dfrac{h_2}{R} + \dfrac{h_2}{R}f}{\left(\dfrac{a_2}{R} + f\right)^2} \tag{4-15}$$

按这些公式计算的曲线如图 4-8 所示。

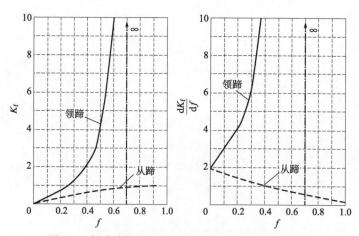

图 4-8　制动蹄效能因数及其导数与摩擦因数的关系

由图 4-8 所示曲线的变化趋势可以看出，领蹄的制动效能较高，且随 f 增大，K_{t_1} 及 $\mathrm{d}K_{t_1}/\mathrm{d}f$ 都急剧增大，称为自行增势作用，因而领蹄也叫增势蹄。特别是当 $f = a_1/R$ 时，

K_{t_1} 及 dK_{t_1}/df 都趋于无穷大。这意味着，只要施加一个极小的 F_{0_1}，制动力矩就会迅速增加到极大的数值，此时即使放开制动踏板，使 F_{0_1} 降为 0，领蹄也不能回位，而是与制动鼓一直保持接触，这种现象称为自锁。发生自锁后，只有使制动鼓倒转，才能撤出制动；反之，对于从蹄，当 f 增大时，效能因数 K_{t_2} 增大，但 dK_{t_2}/df 却减少。当 f 趋于无穷大时，K_{t_2} 趋于 h_2/R，dK_{t_2}/df 趋于 0。因此，从蹄具有自行减势作用，也称为减势蹄。

　　下面分析一下各种鼓式制动器的制动效能、制动效能稳定性和摩擦衬片磨损均匀程度。

　　几种鼓式制动器效能因数 K 与摩擦因数 f 的关系曲线如图 4-9 所示，这些制动器的基本尺寸比例相同。

　　由图 4-9 可以看出，从双从蹄式到双向增力式，制动器效能逐渐增大，即双向增力式制动器效能最高，双领蹄式次之，领从蹄式又次之，而双从蹄式制动器效能最低。但是，从双从蹄式到双向增力式，制动器效能稳定性逐渐减小，即双向增力式制动器效能稳定性最差，而双从蹄式制动器效能稳定性最好。可以看出，制动器效能与其稳定性是有矛盾的。另外应当指出，鼓式制动器的效能除与结构形式、参数和摩擦因数有关外，还受其他因素的影响。例如，蹄与鼓的接触情况就影响较大，而且制动器的效能因数越高，其效能受接触情况的影响也就越大。因此，正确的调整对高效能制动器尤其重要。应该指出，双领蹄式

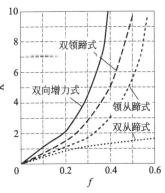

图 4-9　几种鼓式制动器效能因数 K 与摩擦因数 f 的关系

和双从蹄式制动器，由于结构的中心对称性，两蹄对制动鼓的法向压力和单位面积摩擦力的分布也是中心对称的，因而两蹄对鼓作用的合力恰好平衡，故这两种都属于平衡式制动器。其余各种鼓式制动器都不能保证这种平衡，因而是非平衡式的。非平衡式制动器将对轮毂轴承造成附加径向载荷，而且领蹄（或次领蹄）摩擦衬片表面单位压力大于从蹄（或主领蹄），磨损较严重。为使磨损均匀，可在设计上采取一些措施，使各蹄的单位压力趋于一致，从而使磨损趋于一致。

4.2.3　盘式制动器

4.2.3.1　盘式制动器的分类

　　按摩擦副中固定元件的结构不同，盘式制动器分为钳盘式和全盘式两类。

　　（1）钳盘式。钳盘式制动器按制动钳的结构形式不同可分为定钳盘式制动器和浮钳盘式制动器等。浮钳盘式又有滑动钳盘式和摆动钳盘式两种结构，如图 4-10 所示。

　　① 定钳盘式制动器。这种制动器的制动钳固定不动，制动盘与车轮相连并在制动钳体

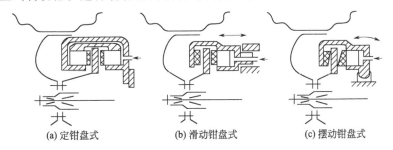

(a) 定钳盘式　　　　　(b) 滑动钳盘式　　　　　(c) 摆动钳盘式

图 4-10　几种不同的盘式制动器示意图

开口槽中旋转。这种形式也称为对置活塞式或浮动活塞式，其具有以下优点：除活塞和制动块外无其他滑动件，易于保证制动钳的刚度；结构及制造工艺与一般鼓式制动器相差不多，容易实现鼓式制动器到盘式制动器的革新，能很好地适应多回路制动系统的要求。这种布置的缺点有：至少有两个液压缸分置于制动盘两侧，因而必须用跨越制动盘的内部油道或外部油管来连通。这一方面使制动器的径向和轴向尺寸增大，增加了在汽车上的布置难度；另一方面增加了受热机会，使制动液温度过高而气化；固定钳盘式制动器要兼做驻车制动器，必须在主制动钳上另外附装一套供驻车制动使用的辅助制动钳，结构复杂，导致成本上升。

② 浮钳盘式制动器。浮钳盘式制动器的制动钳一般设计得可以相对制动盘轴向滑动或摆动。在制动盘的内侧设置制动缸，外侧的制动块附装在钳体上。制动时活塞在液压作用下使活动制动块压靠到制动盘上，而反作用力则推动制动钳体连同固定制动块压向制动盘的另一侧，直到两制动块受力均等为止。其具有以下优点：仅在盘的内侧有液压缸，故轴向尺寸小，制动器能更进一步靠近轮毂；没有跨越制动盘的油道或油管，液压缸冷却条件好，所以制动液气化的可能性小；成本低；浮动钳的制动块可兼用于驻车制动。

（2）全盘式。全盘式制动器中摩擦副的旋转元件及固定元件均为圆盘形，制动时各盘摩擦表面全部接触，作用原理如同离合器，故又称离合器式制动器。由于这种制动器散热条件较差，其应用远远没有钳盘式制动器广泛。

4.2.3.2　盘式制动器的特点

对于如图 4-11 所示的钳盘式制动器，其制动效能为

$$K = \frac{fF_{0_1}R + fF_{0_2}R}{\dfrac{F_{0_1} + F_{0_2}}{2}R} \tag{4-16}$$

式中，f 为制动衬块与制动盘之间的摩擦系数。

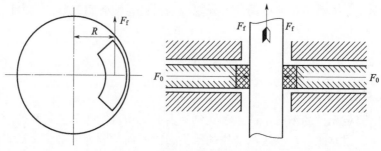

图 4-11　钳盘式制动器受力示意

因为 $F_{0_1} = F_{0_2} = F_0$，所以

$$K = 2f \tag{4-17}$$

与鼓式制动器相比，盘式制动器有如下优点。

（1）制动效能稳定性好。由于其没有自行增力作用，衬块表面压力分布较鼓式的衬片更均匀。此外，制动鼓在受热以后膨胀，工作半径增大，使其只能与蹄的中部接触，从而降低制动效能，这称为机械衰退。而制动盘在轴向的热膨胀极小，几乎没有机械衰退。因此，前路采用盘式制动器，汽车在制动时不易跑偏。

（2）易于构成双回路，有较高的可靠性和安全性。

（3）制动力矩与汽车运动方向无关。一些鼓式制动器的制动力矩与行驶方向有关，例如双领蹄式制动器，当汽车倒行时，其两个蹄都变成了从蹄，使制动力矩减小。

（4）水稳定性好。制动衬块对盘的单位压力高，易于把水挤出，因而浸水后性能降低不多。又由于离心力的作用，出水后只需经一两次制动即能恢复正常。而鼓式制动器则需要十余次制动才能恢复正常。

（5）制动衬块上压力均匀，衬块磨损均匀。

（6）更换衬块工作简单容易，一般保养作业比较简单。

（7）尺寸小、重量轻、散热好。

（8）易于实现间隙自动调整。

（9）衬块与制动盘间的间隙小，缩短了制动协调时间。

盘式制动器的缺点如下。

（1）难以完全防止尘污和锈蚀。

（2）在制动驱动机构中必须安装助力器。

（3）兼做驻车制动器时，所需要的手驱动机构较为复杂。

（4）因衬块工作面积小，所以磨损快，使用寿命低，需要高材质的衬块。

4.2.3.3　制动钳的安装和轮毂轴承载荷

制动钳的安装位置可以在车轴之前或之后，如图 4-12 所示。其中，F_Z 为路面法向反作用力，F_B 为制动力，F_1、F_1' 为 F_Z 与 F_B 的合力及相应的支反力，F_μ、F_μ' 为制动衬块对制动盘的摩擦力及相应的支反力，F 为轮毂轴承的合成载荷。若不计车轮惯性力，则 F_1' 和地面对车轮的合力 F_1 大小相等、方向相反；F_μ' 和制动衬块对制动盘的力大小相等、方向相反。

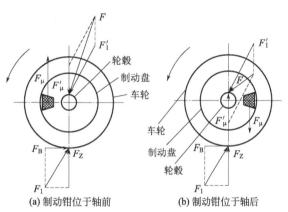

(a) 制动钳位于轴前　　(b) 制动钳位于轴后

图 4-12　制动钳安装位置对轮毂轴承载荷的影响

制动钳安装在轴前，如图 4-12（a）所示，制动时对轮毂轴承的作用合力 F 比较大；制动钳安装在轴后，如图 4-12（b）所示，制动时对轮毂轴承的作用合力 F 比较小。所以，在 F_Z、F_B、F_μ 一定的情况下，制动钳布置在轴后，可以减小制动时作用在轮毂轴承上的合力 F。但是，制动衬块布置在轴前也有优点，它能避免轮胎向制动钳甩溅泥污。

4.3　制动系统的总体设计

4.3.1　制动驱动机构形式选择

4.3.1.1　简单制动系统

简单制动系统即人力制动系统，是靠驾驶员作用于制动踏板上或手柄上的力作为制动力源。而传力方式有机械式和液压式两种。

机械式传递靠杆或钢丝绳传力，其结构简单，造价低廉，工作可靠，但机械效率低，因此仅用于中、小型汽车的驻车制动装置中。

液压式的简单制动系统通常称为液压制动系统，用于行车制动装置。其优点是作用滞后时间短（0.1～0.3s），工作压力大（可达10～12MPa），缸径尺寸小，可布置在制动器内部作为制动蹄的张开机构或制动块的压紧机构，使之结构简单、紧凑、质量小、造价低。但其有限的力传动比限制了它在汽车上的适用范围。另外，液压管路在过度受热时会形成气泡而影响传输，即产生所谓"气阻"使制动效能降低甚至失效；而当气温过低时（−25℃或更低时），由于制动液的黏度增大，使工作的可靠性降低，以及当有局部损坏时，使整个系统都不能继续工作，液压式简单制动系统曾广泛用于轿车、轻型及以下的货车和部分中型货车上。但由于操作较沉重，不能适应现代汽车提高操作轻便性的要求，故当前仅多用于微型汽车上，在轿车和轻型汽车中已经极少采用。

4.3.1.2　动力制动系统

动力制动系统是以发动机动力形成的气压或液压势能作为汽车制动的全部力源进行制动，而驾驶员作用于制动踏板或手柄上的力仅用于对制动回路中控制元件的操纵。在简单制动系统中的踏板力与其行程间的比例关系在动力制动系统中便不复存在。

动力制动系统有气压制动系统、气顶液式制动系统和全液压动力制动系统3种。

（1）气压制动系统。气压制动系统是动力制动系最常见的形式，由于可获得较大的制动驱动力，且主车与被拖的挂车以及汽车列车之间制动驱动系统的连接装置结构简单，连接和断开均很方便，因此被广用于总质量为8t以上尤其是15t以上的载货汽车、越野汽车和客车上，但气压制动系统必须采用空气压缩机、储气筒、制动阀等装置，使其结构复杂、笨重、轮廓尺寸大、造价高；管路中气压的产生和撤除均较慢，作用滞后时间较长（0.3～0.9s），因此，当制动阀到制动气室和储气罐的距离较远时，有必要加设启动的第二控制元件——继动阀（即加速阀）以及快放阀；管路工作压力较低（一般为0.5～0.9MPa）。因而制动器室的直径大，只能置于制动器之外，在通过杆件及凸轮或楔块驱动制动蹄时，使非簧载质量增大；另外制动气室排气时也有较大噪声。

（2）气顶液式制动系统。气顶液式制动系统是动力制动系统的另一种形式，即利用气压系统作为普通的液压制动系统主缸的驱动力源的一种制动驱动机构，它兼有液压制动和气压制动的主要优点。由于其气压系统的管路短，故作用滞后时间也较短。显然，其结构复杂、质量大、造价高，故主要用于重型汽车上，一部分总质量为9～11t的中型汽车上也有所采用。

（3）全液压动力制动系统。全液压动力制动系统除具有一般液压制动系统的优点外，还具有操作轻便、制动反应快、制动能力强、受气阻影响较小、易于采用制动力调节装置和防滑移装置，及可与动力转向、液压悬架、举升机构及其他辅助设备共用液压泵和储油等优点。其结构复杂、精密件多，对系统的密封性要求也较高，故并未得到广泛应用，目前仅用于某些高级轿车、大型客车以及极少数的重矿用自卸汽车。

4.3.1.3　伺服制动系统

伺服制动系统是在人力液压制动系统的基础上加设一套由其他能源提供的助力装置，使人力与其他动力可兼用，即兼用人力和发动机动力作为制动能源的制动系统。在正常情况下，其输出工作压力主要由动力伺服系统产生，而在动力伺服系统失效时，仍可全由人力驱动液压系统产生一定程度的制动力。因此，在中级以上的轿车及轻、中型客、货汽车上得到了广泛的应用。按伺服系统能源不同，又有真空伺服制动系统、气压伺服制动系统和液压伺服制动系统之分，其伺服能源分别为真空能（负气压能）、气压能和液压能。

4.3.1.4 压气制动主缸设计方案

为了提高汽车行驶的安全性，并根据相关设计的要求，现代汽车的行驶制动系统都采用了双回路制动系统。双回路制动系统的制动主缸为串联双缸制动主缸，单缸制动主缸已经被淘汰。

4.3.2 制动过程的动力学参数计算

4.3.2.1 同步附着系数分析

若 $\varphi < \varphi_0$，制动时总是前轮先抱死，这是一种稳定工况，但丧失了转向能力。

若 $\varphi > \varphi_0$，制动时总是后轮先抱死，容易发生后轴侧滑而使汽车丧失方向稳定性。

若 $\varphi = \varphi_0$，制动时汽车前后轮同时抱死，是一种稳定工况，但也丧失了转向能力。分析表明，汽车在同步系数为 φ 的路面上制动（前后轮同时抱死）时，其制动减速度为 $du/dt = qg = \varphi_0 g$，即 $q = \varphi_0$，q 为制动强度。而在其他附着系数的路面上制动时，达到前轮或者后轮即将抱死的制动强度 $q < \varphi_0$，这表明只有在当 $\varphi < \varphi_0$ 的路面上，地面的附着条件才可以得到充分利用。

4.3.2.2 制动过程车轮受力

汽车受到与行驶方向相反的外力时，才能从一定的速度制动到较小的车速或直至停车。这个外力只能由地面和空气提供。但由于空气阻力相对较小，所以实际外力主要是由地面提供的，称为地面制动力。地面制动力越大，制动距离也越短，所以地面制动力对汽车制动性具有决定性影响。下面分析一个车轮在制动时的受力情况。

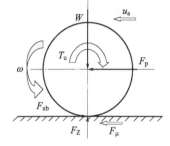

图 4-13 车轮在平直良好路面上制动时的受力情况

（1）地面制动力。假设滚动阻力偶矩、车轮惯性力和惯性力偶矩均可忽略图，则车轮在平直良好路面上制动时的受力情况如图 4-13 所示。

T_μ 是车轮制动器中摩擦片与制动鼓或盘相对滑动时的摩擦力矩，单位为 N·m；F_{xb} 是地面制动力，单位为 N；W 为车轮垂直载荷，F_p 为车轴对车轮的推力，F_Z 为地面对车轮的法向反作用力，它们的单位均为 N。

显然，从力矩平衡得到

$$F_{xb} = \frac{T_\mu}{r_e} \tag{4-18}$$

式中，r_e 为车轮的有效半径，m。

地面制动力是使汽车制动而减速行驶的外力，但地面制动力取决于两个摩擦副的摩擦力：一个是制动器内制动摩擦片与制动鼓或制动盘间的摩擦力；另一个是轮胎与地面间的摩擦力——附着力。

（2）制动器制动力。在轮胎周缘，为了克服制动器摩擦力矩所需的力称为制动器制动力，以符号 F_μ 表示，显然

$$F_\mu = \frac{T_\mu}{r_e} \tag{4-19}$$

式中，T_μ 是车轮制动器摩擦副的摩擦力矩。

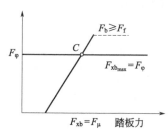

图 4-14　地面制动力、车轮制
动力及附着力之间的关系

制动器制动力 F_μ 是由制动器结构参数所决定的，它与制动器的形式、结构尺寸、摩擦副的摩擦系数和车轮半径以及踏板力有关。

图 4-14 给出了地面制动力、车轮制动力及附着力之间的关系。当踩下制动踏板时，首先消除制动系统间隙后，制动器制动力开始增加。开始时踏板力较小，制动器制动力 F_μ 也较小，地面制动力 F_{xb} 足以克服制动器制动力 F_μ，而使得车轮滚动。此时，$F_{xb}=F_\mu$，且随踏板力增加呈线性增加。

但是地面制动力是地面摩擦阻力的约束反力，其值不能大于地面附着力 F_φ 或最大地面制动力 $F_{xb_{max}}$，即

$$F_{xb} \leqslant F_\varphi = F_Z \varphi \tag{4-20}$$

$$F_{xb_{max}} = F_\varphi = F_Z \varphi \tag{4-21}$$

4.3.3　制动系统的结构及零部件设计

4.3.3.1　盘式制动系统主要参数设计

（1）制动盘直径 D。制动盘直径 D 应尽可能取大些，这时制动盘的有效半径得到增加，可以降低制动钳的夹紧力，减少衬块的单位压力和工作温度。受轮辋直径的限制，制动盘的直径通常选择为轮辋直径的 $70\%\sim79\%$。总质量大于 $2t$ 的汽车应取上限。这里取制动盘的直径 D 为轮辋直径的 70%。

（2）制动盘厚度 h 的选择。制动盘厚度对制动盘质量和工作时的温升有影响。为使质量小些，制动盘厚度不宜取得过大；为了降低温度，制动盘厚度又不宜取得过小。制动盘可以做成实心的，或者为了散热通风的需要在制动盘中间铸出通风孔道。一般实心制动盘厚度可取为 $10\sim20mm$，采用较多的是 $20\sim30mm$。在高速运动下紧急制动，制动盘会形成热变形，产生颤抖。为提高制动盘摩擦面的散热性能，大多把制动盘做成中间空洞的通风式，这样可使制动盘温度降低 $20\%\sim30\%$。

（3）摩擦衬块内半径 R_1、外半径 R_2 和厚度 b。摩擦衬块（图 4-15）是指钳夹活塞推动挤压在制动盘上的摩擦材料。摩擦衬块分为摩擦材料和底板，两者直接压嵌在一起。摩擦衬块外半径 R_2 与内半径 R_1 的比值不大于 1.5。若此比值偏大，工作时衬块的外缘与内侧圆周速度相差较多，磨损不均匀，接触面积减小，最终导致制动力矩变化大。

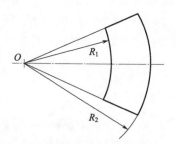

图 4-15　摩擦衬块

D 代表制动器直径，则 R_2 为摩擦块半径，选 $R_2/R_1=1.5$，由于摩擦衬块外半径 R_2 略小于制动盘半径 $R_2=D/2$，所以 $R_1=R_2/1.5$。

（4）摩擦衬块工作面积 A。对于盘式制动器衬块工作面积 A，由于制动衬块为扇形，选定其到圆心的夹角为 $60°$，故工作面积为

$$A=\frac{\pi(R_2^2-R_1^2)\times60}{360} \tag{4-22}$$

（5）摩擦衬块摩擦系数 f。选择摩擦片时不仅希望其摩擦系数要高些，更要求其热稳定性要好，受温度和压力的影响要小。不能单纯地追求摩擦材料的高摩擦系数，应提高对摩擦因数的稳定性和降低制动器对摩擦因数偏离正常值的敏感性的要求，后者对蹄式制动器是非常重要的。各种制动器摩擦材料的摩擦系数的稳定值约为 $0.3 \sim 0.5$，少数可达 0.7。一般来说，摩擦系数越高的材料，其耐磨性越差。所以在设计制动器时并非一定要追求高摩擦系数的材料。当前国产的制动摩擦片材料在温度低于 250℃ 时，保持摩擦系数 $f = 0.35 \sim 0.4$ 已无大问题。因此，在假设的理想条件下计算制动器的制动力矩。另外，在选择摩擦材料时应尽量采用减少污染和对人体无害的材料。

（6）盘式制动器制动力计算。假定衬块的摩擦表面全部与制动盘接触，且各处单位压力分布均匀，则制动器的制动力矩为

$$M_\mu = 2fF_0R \tag{4-23}$$

式中，f 为摩擦系数；F_0 为单侧制动块对制动盘的压紧力；R 为作用半径。

对于常见的具有扇形摩擦表面的衬块，若其径向宽度不是很大，则 R 等于平均半径或有效半径，在实际中已足够精确。

平均半径为

$$R_m = \frac{R_1 + R_2}{2} \tag{4-24}$$

式中，R_1 和 R_2 分别为摩擦衬块扇形表面的内径及外径。

有效半径 R_e 是扇形表面的面积中心至制动盘中心的距离，如下式所示。

$$R_e = \frac{2}{3} \times \frac{R_2^3 - R_1^3}{R_2^2 - R_1^2} \tag{4-25}$$

也可以写成

$$R_e = \frac{4}{3} \times \left[1 - \frac{R_1 R_2}{(R_1 + R_2)^2}\right] = \frac{4}{3} \times \left[1 - \frac{m}{(1+m)^2}\right] R_m \tag{4-26}$$

式中，$m = R_1/R_2$，R_e 和 R_m 相差不大，选择有效半径 R_e 用于计算。

由 $M_\mu = 2fF_0R$，得

$$F_0 = \frac{M_\mu}{2fR} \tag{4-27}$$

（7）衬片磨损特性的计算。汽车制动过程中，摩擦衬片（衬块）相对于制动鼓（制动盘）滑磨，其磨损程度受到许多因素的影响，例如温度、摩擦力、滑磨速度、制动鼓（制动盘）材质及其加工情况，以及摩擦衬片（衬块）本身材质等。从理论上精确计算磨损特性是很困难的，但是，试验表明，影响磨损的最重要因素是摩擦表面的温度和摩擦力。

从能量的观点看，汽车制动过程就是把汽车的一部分机械能（动能和势能）转变成热能而耗散的过程。在制动强度很大的紧急制动过程中，在很短的时间内，制动器几乎承担了汽车全部动能的耗散。此时，由于时间很短，热量来不及散到大气中去，都被制动器吸收，导致制动器温度升高。这就是所谓的制动器能量负荷。能量负荷越大，衬片（衬块）磨损越严重。紧急制动时摩擦力最大，温度升高最多，磨损最严重。

目前，各国常用"比能量耗散率"来评价各种制动器的能量负荷。比能量耗散率定义为，单位衬片（衬块）摩擦面积在单位时间内耗散的能量，常用单位是 W/mm^2。

双轴汽车的单个前轮、单个后轮制动器的比能量耗散率分别为

$$e_1 = \frac{1}{2} \times \frac{\delta m_a (v_1^2 - v_2^2)}{2tA_1} \beta \tag{4-28}$$

$$e_2 = \frac{1}{2} \times \frac{\delta m_a (v_1^2 - v_2^2)}{2tA_2} (1-\beta) \tag{4-29}$$

$$t = \frac{v_1 - v_2}{j} \tag{4-30}$$

式中，m_a 为汽车质量；δ 为汽车旋转质量换算系数；v_1、v_2 为制动的初速度、终速度；j 为制动减速度；t 为制动时间；A_1、A_2 为前、后制动器衬片的摩擦面积；β 为制动力分配系数。

另外一个摩擦特性指标是单位衬片摩擦面积的制动器摩擦力，称为比摩擦力 f_0。比摩擦力越大，则磨损越严重。单个车轮制动器的比摩擦力为

$$f_0 = \frac{M_\mu}{RA} \tag{4-31}$$

式中，M_μ 为单个制动器的制动力矩；R 为制动鼓半径；A 为单个制动器的衬片摩擦面积。

在 $j = 0.6g$ 时，鼓式制动器的比摩擦力 f_0 以不大于 $0.48MPa$ 为宜。设摩擦因数 $f = 0.3 \sim 0.5$，与之相应的衬片与制动鼓之间的平均单位压力为

$$p_m = \frac{f_0}{f} \tag{4-32}$$

4.3.3.2 主要零部件材料选择

（1）制动盘。制动盘一般用珠光体灰铸铁制成，或用添加 Cr 或 Ni 等合金铸铁制成。制动盘在工作时不仅承受着制动块作用的法向力和切向力，而且承受着热负荷。为了改善冷却效果，钳盘式制动器的制动盘有的铸成中间有径向通风槽的双层盘，这样可大大地增加散热面积，降低温升 $20\% \sim 30\%$，但盘的整体厚度较厚。

（2）制动钳。制动钳由可锻铸铁 KTH370-12 或球墨铸铁 QT400-18 制造，也有用轻合金制造的，例如用铝合金压铸。

（3）制动块。制动块由背板和摩擦衬块组成，两者直接牢固地压嵌或铆接或黏结在一起。

（4）摩擦材料。摩擦材料应具有稳定的摩擦系数，抗热衰退性要好，不应在温升到某一数值以后摩擦系数突然急剧下降，材料应有好的耐磨性，低的吸水（油、制动液）率、压缩率、热传导率和热膨胀率，高的抗压、抗剪切、抗弯曲性能和耐冲击性能，制动时应不产生噪声、不产生不良气味，应尽量采用污染小、对人体无害的摩擦材料。当前，制动器广泛采用模压材料。

（5）制动轮缸。制动轮缸采用单活塞式，其在制动器中布置方便。轮缸的缸体由灰铸铁 HT250 制成。其缸筒为通孔，需珩磨，活塞由铝合金制造。活塞外端压有钢制的开槽顶块，以支承插槽中的制动蹄，极端部或端部接头。轮缸的工作腔由装在活塞上的橡胶密封圈或靠在活塞内端面处的橡胶皮碗密封。

4.3.3.3 行车制动装置

行车制动装置由制动总阀、继动阀、防抱死制动系统（ABS）、制动气室、制动器和相

应管路构成。

制动总阀将双回路之间完全隔开，当其中一回路失效时，另一回路仍然能够可靠工作。行车制动配置 ABS，防止由于制动力过大造成的车轮抱死（尤其是在低附着路面上），防止车辆失去转向能力，此外 ABS 还可以缩短制动距离，减少轮胎磨损。

制动器选用气压钳盘式，制动器配置磨损报警装置，可根据报警信息及时更换摩擦衬块。制动器带有自动间隙调整机构，摩擦块安装后制动间隙无须人工调整，制动平稳、可靠性高。在各桥的行车制动管路中安装有测试接头，可连接外部测试仪器用于检测行车制动管路中的气压或用作轮胎充气。

4.3.3.4　驻车制动系统

驻车制动装置由手制动阀、差动式继动阀、快放阀、弹簧制动气室和制动管路等组成。

手制动阀连接在储气筒和差动式继动阀之间，用于操纵车辆的驻车制动和应急制动。差动式继动阀可以防止行车制动与驻车制动同时操作时膜片弹簧制动气室推力的叠加，从而避免制动气室的机械传递元件超负荷而损坏。驻车制动装置兼有应急制动功能，在行车制动功能失效的情况下，可以操纵驻车制动装置使车辆在一段距离内停住，保证行车安全。

4.3.3.5　气压制动驱动机构设计

制动系统采用机电混合制动方案，行车制动采用机械摩擦制动和电机反拖制动混合工作模式。机械制动采用双回路气压制动，配置盘式制动器与防抱死制动系统（ABS），作用在所有车轮上；电机反拖制动通过控制驱动电机处于发电模式，对车轮施加行驶阻力矩。通过增大传统制动踏板自由行程，将增加的自由行程分配给电机反拖制动，将机械气压制动与电机反拖制动进行并联，实现机械气压制动与电机反拖制动的复合制动过程。

驻车制动采用手操作、断气式储能弹簧作用方式，作用在二至五桥上，驻车制动兼做应急制动。

电缓行制动采用电机反拖制动和发动机倒拖耗功方式，满足下长坡持续制动要求。

机电混合制动系统由气压制动和电机反拖制动组成。机电混合制动系统原理（单轴为例）如图 4-16 所示。

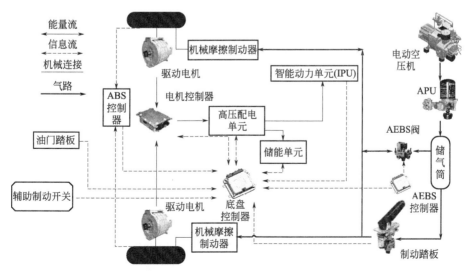

图 4-16　机电混合制动系统原理

4.3.3.6　系统方案

气压制动装置由供气装置、行车制动装置和驻车制动装置等组成，包括电动空气压缩机、空气处理单元、储气筒、气制动总阀、继动阀、膜片制动气室、气压盘式制动器、防抱死制动系统（ABS）、手制动阀、差动式继动阀及弹簧制动气室及管路等。

供气装置由电动空气压缩机、空气处理单元、应急接头及管路等组成。电动空压机由永磁同步电机驱动，在空气处理单元卸荷后完全停转，因此相较于传统机械式空压机能耗更低。电机防护等级为 IP67，按照国标、汽标等标准开展了可靠性等试验，包括振动、机械强度、温升、绝缘性能、耐电压性能、热态绝缘电阻性能、电压波动、接触电流、噪声、电磁兼容、耐久性以及基本性能指标等试验，试验全部满足相关标准中的技术要求。选用的电动空压机采用液冷方式，环境适应性好，整机防护等级为 IP67，满足整机浸水等条件的使用要求；依据国标、汽标以及 ISO、IEC 等标准开展了可靠性等试验，包括振动冲击、湿热交变、耐高低温、温度循环、盐雾、电磁兼容、低温启动、性能（包括高温性能）等试验，试验全部满足标准中的技术要求。电动空压机外形如图 4-17 所示。

图 4-17　电动空压机外形

空气处理单元包括卸荷阀、四回路气体保护阀、空气干燥器（带滤油功能）。空气干燥器可以有效去除高温高压空气中的水蒸气和机油，经过空气干燥器的过滤，可以有效降低压缩空气中的水蒸气和机油的含量；卸荷阀在压力过高的情况下，能自动调节制动系统的工作压力，保护管路和气动元件不受损坏；空气处理单元中的四回路气体保护阀，可以分别将前、后行车制动回路、驻车回路分离，当某一回路损坏时，能够保持其他回路的压力。空气处理单元带有电加热装置，在冬季低温时可以防止自身结冰。

4.3.4　应急制动和驻车制动所需的制动力矩

（1）应急制动。应急制动时，后轮一般都将抱死滑移，故后桥制动力为

$$F_{B_2} = F_2 \varphi = \frac{m_a g L_1}{L + \varphi h_g} \varphi \tag{4-33}$$

此时所需的后桥制动力矩为

$$F_{B_2} r_e = \frac{m_a g L_1}{L + \varphi h_g} \varphi r_e \tag{4-34}$$

式中，$m_a g$ 为汽车满载总质量与重力加速度的乘积；L 为轴距；L_1 为汽车质心到前轴的距离；h_g 为汽车质心高度；F_2 为路面对后桥的法向反力；φ 为附着系数；r_e 为车轮有效半径。

如用后轮制动器作为应急制动器，则单个后轮制动器的应急制动力矩为 $F_{B_2}/2$；如用中央制动器进行应急制动，则其应有的制动力矩为 $F_{B_2}/2$，i_0 为主减速比。

（2）驻车制动。汽车在上坡路上停驻时的受力情况如图 4-18 所示，此时后桥附着力为

$$F_2\varphi=m_ag\varphi\left(\frac{L_1}{L}\cos\alpha+\frac{h_g}{L}\sin\alpha\right) \tag{4-35}$$

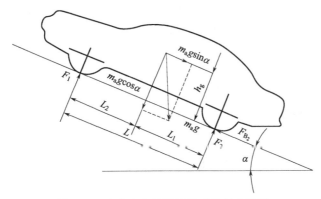

图 4-18　汽车在上坡路停驻时的受力情况

汽车在下坡路上停驻时的后桥附着力为

$$F_2'\varphi=m_ag\left(\frac{L_1}{L}\cos\alpha-\frac{h_g}{L}\sin\alpha\right) \tag{4-36}$$

汽车可能停驻的极限上坡路倾角 α_1 可根据后桥上的附着力与制动力相等的条件求得。

$$m_ag\varphi\left(\frac{L_1}{L}\cos\alpha_1+\frac{h_g}{L}\sin\alpha_1\right)=m_ag\sin\alpha_1 \tag{4-37}$$

得到

$$\alpha_1=\arctan\frac{\varphi L_1}{L-\varphi h_g} \tag{4-38}$$

式中，α_1 是保证汽车上坡行驶时的纵向稳定性的极限坡度倾角。

同理可推导出汽车可能停驻的极限下坡路倾角为

$$\alpha_1'=\arctan\frac{\varphi L_1}{L+\varphi h_g} \tag{4-39}$$

驻车制动器设计中应保证下坡路上能停驻的坡度不小于法规的规定值。

单个后轮驻车制动器的制动力矩上限为 $m_agr_e\sin\alpha_1/2$，中央制动器的制动力矩上限为 $m_agr_e\sin\alpha_1/i_0$。

4.4　电机反拖制动系统设计

4.4.1　系统控制策略

　　本方案采用并联方式，对制动总阀进行适当改造，即增加制动踏板自由行程，将增加的自由行程分配给电机制动，使制动踏板行程与电机反拖制动转矩联动，如图 4-19 所示。

　　电机反拖制动存在两种工作模式：一是制动能量用于储能单元充电的能量回馈模式；二是制动能量用

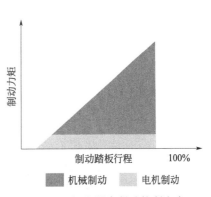

图 4-19　机电混合制动控制方案

107

于发动机倒拖耗功模式。电机反拖制动时，底盘控制器实时计算储能单元的可充电功率和制动能量回收功率，在电池充电模式和发动机倒拖耗功模式之间进行切换。

当电机反拖制动能量用于给储能单元充电时，在踩下制动踏板的同时，底盘控制器采集到相应的制动踏板信息，随即向电机控制器发送指令，使驱动电机工作在发电状态，车轮反拖驱动电机产生电能存储于储能单元中，实现制动能量回收，此模式下电机反拖制动过程原理如图 4-20 所示。

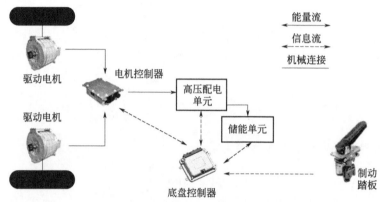

图 4-20　能量回馈模式下电机反拖制动原理

当电机反拖制动能量用于发动机倒拖耗功时，在踩下制动踏板的同时，底盘控制器采集到相应的制动踏板信息，随即向电机控制器和智能动力单元控制器发送指令，使驱动电机工作在发电状态，车轮反拖驱动电机产生电能驱动发电机，使发电机工作在电驱动状态，带动发动机转动，同时控制发动机工作在排气制动工作模式，实现制动能量耗散，此模式下电机反拖制动过程原理如图 4-21 所示。

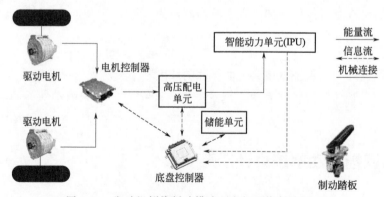

图 4-21　发动机倒拖耗功模式下电机反拖制动原理

4.4.2　机电混合制动控制策略

制动过程中，若电机反拖制动与气压制动相互独立，在某些工况下，会降低车辆的行车安全，所以需要动态协调电机反拖制动与气压制动。在此情况下，尽可能采用电机反拖制动，使驾驶员的制动感受尽量与纯气压制动感受保持一致。

对制动总阀工作特性进行匹配，机电混合制动力矩与踏板行程之间的特性关系如图 4-22 所示。

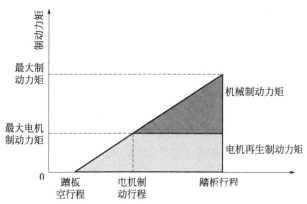

图 4-22　机电混合制动力矩与踏板行程之间的关系

动态协调电机反拖制动与气压制动时，需要考虑电机反拖制动与 ABS、电池 SOC、驾驶员意图等因素。本方案制定的机电混合制动控制策略如下。

（1）制动踏板设置电机反拖制动行程，当踏板行程较小（在踏板空行程与电机反拖制动行程之间）时，机械制动系统不工作，仅电机反拖制动系统工作。

（2）当制动踏板行程大于电机反拖制动行程时，制动力由电机反拖制动力与机械摩擦制动力共同提供。

（3）当车轮抱死时，撤出电机反拖制动。

（4）设置车速阈值，当车速低于阈值时电机反拖制动系统不工作。

（5）缓行制动时，为避免机械制动器过热、失效，仅电机反拖制动系统工作。

行车制动过程中，当储能单元具备充电条件时，开启能量回馈模式，使电机反拖制动为储能单元充电；当储能单元不具备充电条件时，开启发动机倒拖耗功模式用于消耗反拖制动能量。

4.5　防抱死制动系统设计

4.5.1　防抱死系统概述

随着汽车技术的不断进步，汽车防抱制动系统（Anti-lock Brake System，ABS）已成为汽车的标准配置。汽车常规制动系统在制动时，随着制动力的逐步加大，车轮可能出现抱死的情况，即失去转动而只在地面上滑动，从而使车辆失去方向操纵性，导致交通事故。同时，车轮的抱死也将降低制动性能，增长制动距离和制动时间。ABS 的作用是使汽车在制动时充分利用车轮的附着力，使车轮处于最佳的制动状态，以缩短制动距离，同时保证汽车制动方向的稳定，防止产生侧滑和跑偏。

汽车在制动过程中，滑移率在 20％左右时车轮与路面间的纵向附着系数最大，可获得最大地面制动力，能最大限度地缩短制动距离；同时车轮与路面间横向附着系数也比较大，使汽车制动时能较好地保持方向稳定性和转向控制能力。在 ABS 中，ECU 接收轮速传感器等输入的信号，分析判断后输出控制指令，控制制动压力调节器进行压力调节，实现增压、保压和减压控制过程，从而将滑移率控制在 20％左右。

4.5.2 ABS基本原理和理想的制动控制过程

对汽车制动性能的要求可概括如下。

（1）汽车在任意行驶速度下，均能以适当的制动减速度使汽车平稳减速至期望值。

（2）在应急制动（包括直线制动和转弯制动）工况下，均能以尽可能短的制动距离停车，且在制动过程中汽车不得发生侧滑甩尾，并具有转向能力。

（3）在正常的行车路面上（包括有一定坡度的路面上）能平稳驻车。

防抱死制动系统（ABS）正是为适应应急制动工况而开发的有效技术装置。它所依据的基本工作原理如下。

4.5.2.1 附着系数与滑移率特性

汽车制动时，随着制动强度的不断增加，车轮滚动的成分会越来越少，同时车轮滑动的成分将越来越多。一般用滑移率 λ 来说明制动过程中滑动成分的多少。滑移率的定义是

$$\lambda = \frac{v - \omega r}{v} \times 100\% \tag{4-40}$$

式中，v 为车轮中心的速度；r 为车轮的滚动半径；ω 为车轮的角速度。

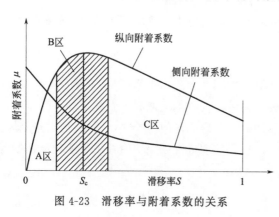

图4-23 滑移率与附着系数的关系

如图4-23所示为滑移率与附着系数的关系。由图4-23可知，随着车轮的滑移率 S 不断增加，纵向附着系数会达到1个峰值点，其对应的滑移率为 S_c；当滑移率 S 继续增加大于 S_c 时，纵向附着系数将开始减小，当 $S=100\%$，即车轮抱死拖滑，纵向附着系数降低到最小值，地面制动力极小，这将导致制动距离增加。由图4-23还可以看出，随着滑移率的增加，侧向附着系数也在不断减小；当 $S=100\%$ 时，汽车抗侧向干扰的能力接近于零。在传统制动下，汽车紧急制动时极易出现车轮抱死，即滑移率 $S=100\%$ 的情况，这样不但不能充分利用路面提供的纵向附着力，导致制动距离加长，而且更为严重的是，此时侧向附着系数将非常小，抗侧滑能力将非常低，即几乎丧失了转向能力。如果汽车此时受到很小的侧向干扰（如汽车重力的横向分力、路面不平整产生的横向力、横向风力等），就有可能使汽车发生侧向滑动、跑偏或者甩尾掉头等危险工况。另外，如果制动时车轮经常抱死，也会加剧轮胎的磨损，大大降低轮胎的使用寿命。

根据制动时附着系数与滑移率的关系曲线可知，当把车轮滑移率的值控制在最佳滑移率 S_c 附近时，汽车将能够获得最好的制动效能，同时拥有较好的方向稳定性。

4.5.2.2 汽车制动与车轮的旋转

汽车制动时，影响车轮旋转的主要因素是制动力矩及车轮转矩。所谓的车轮转矩就是作用于轮胎和地面间的地面摩擦力，即地面制动力使车轮向制动力矩相反方向旋转的力矩。显然，车轮滚动时的地面制动力就等于制动器制动力，且随踏板力的增加成正比地增长。但地面制动力是滑动摩擦的约束反力，其值不能超过附着力，或最大地面制动力 F_B 等于附着力

F_φ，即最大车轮转矩等于附着力矩 T_φ。

制动力矩与车轮转矩的大小决定了车轮的两种旋转状态。

(1) 当制动力矩大于车轮转矩时，轮速降低，车轮减速度与制动力矩和车轮转矩之差成正比。

(2) 当制动力矩小于车轮转矩时，轮速增高，车轮加速度与车轮转矩和制动力矩之差成正比。

如图 4-24 所示为汽车制动时的车轮动力学原理，该图所示的力学系统，可用下列方程式来表达参数间的关系。

$$T_\varphi = \varphi(\lambda) r_r Z \tag{4-41}$$

$$I \frac{d\omega}{dt} = T_\varphi - T_f(t) \tag{4-42}$$

$$\frac{dv}{dt} = -\varphi(\lambda) g \tag{4-43}$$

式中，T_φ 为路面附着力矩，亦即车轮转矩的最大值；$\varphi(\lambda)$ 为与滑移率相关的路面附着系数；r_r 为车轮滚动半径；$Z_{1(2)} = m_{1(2)} g$ 为汽车前轮或后轮静载荷；I 为车轮转动惯量；$d\omega/dt$ 为车轮角加速度；T_f 为制动力矩；g 为重力加速度；v 为汽车速度。

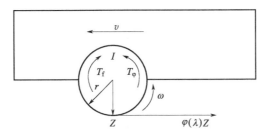

图 4-24　汽车制动时的车轮动力学原理

车轮圆周切向加速度与其角加速度 $d\omega/dt$ 之间的关系为

$$a = r_r \frac{d\omega}{dt} = r_r \frac{T_\varphi - T_f(t)}{I} = \frac{\varphi(\lambda) Z}{I} r_r^2 - \frac{T_f(t)}{I} r_r = \varphi(\lambda) g \frac{m_{1(2)}}{I} - \frac{T_f(t)}{I} r_r \tag{4-44}$$

由式(4-44)可见，车轮圆周切线加速度 a 与制动力或制动力矩 T_f 的变化有直接关系，也表明滑移率（直接影响 φ）、车轮加速度与制动压力存在着紧密的依赖关系，它不但能说明车轮是否将趋于抱死，而且具有比较灵敏的控制特性。

汽车进行应急制动时，车轮的运动状态和抱死特点如下。

(1) 在达到峰值 φ 下的滑移率 λ_{op} 以前，地面附着力矩或车轮转矩与制动力矩同步增长。此时，车轮减速度与制动力矩的增长速度成正比，车轮稳定旋转。

(2) 当继续增大制动力矩，使滑移率超过峰值 φ 下的滑移率 λ_{op} 后，因附着系数 φ 下降，地面附着力矩与制动力矩之差值急剧增大，轮速急速减小，车轮减速度以较大的斜率上升。由于此阶段的轮速对制动力矩很敏感，故控制的实时性和正确性将降低，车轮极易抱死。由此可知，车轮运动参数中的峰值 φ 下的滑移率 λ_{op} 和车轮圆周加速度 a（以下简称车轮加速度）比较明确、清晰地描述了车轮抱死的趋势和过程。

根据上述情况，可以得出如下结论。

(1) 在滑移率达到 λ_{op} 之前，能够通过制动力矩即通过制动压力来控制车轮稳定旋转。

当滑移率 $\lambda > \lambda_{op}$ 之后，车轮转速对制动力矩很敏感，不能通过制动压力控制车轮的旋转，车轮很容易抱死。

（2）若将制动过程的滑移率 λ 控制在 λ_{op} 处，则 φ 可保持最大值，制动距离可缩短。因为当汽车开始制动的初速度为 v_{a_0} 时，制动距离为

$$S_b = \frac{v_{a_0}}{2\varphi g} \tag{4-45}$$

式中，g 为重力加速度。

4.5.3 汽车 ABS 的数学模型

汽车 ABS 的数学模型主要包括汽车动力学模型、汽车轮胎模型和汽车制动器模型。

（1）汽车动力学模型。由于汽车动力学模型建立是一个复杂的过程，故采用单轮模型建立汽车动力学模型。简化的单轮模型如图 4-25 所示。

（2）汽车轮胎模型。汽车轮胎模型反映了车轮和地面附着系数与滑移率之间的关系。常用的轮胎模型有双线性模型、魔术公式模型等。本书采用双线性模型，把附着系数-滑移率曲线简化为两段直线，如图 4-26 所示。

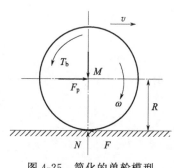

图 4-25 简化的单轮模型

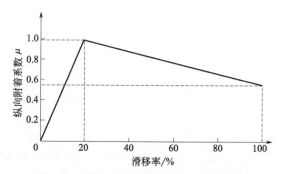

图 4-26 滑移率与附着系数的双线性模型

（3）汽车制动器模型。汽车制动器模型指制动器力矩与制动系统气液压力之间的关系模型。根据相关资料，制动系统压力的形成与液压回路、比例阀有关，建立模型如下。

$$T_b = K_f p \tag{4-46}$$

式中，T_b 为制动器制动力矩，$N \cdot m$；K_f 为制动器制动系统数，$N \cdot m/kPa$；p 为制动器气液压力，kPa。

由于制动器中各机械部件存在间隙和摩擦，导致了制动器滞后等强非线性动态特性，滞后系统模型如下。

$$G(s) = \frac{100}{T_b S + 1} \tag{4-47}$$

4.5.4 汽车 ABS 的 Simulink 模型

对于特种汽车而言，ABS 的作用是非常重要的，尤其是特种汽车的行驶工况恶劣，经常出现各种复杂的路面情况，这时通过 ABS 控制可以提高整车的操控性、稳定性、安全性及通过性。因此 ABS 的安装是十分必要的，下面通过一个实例对 ABS 的应用进行说明。

采用 Simulink 图形化建模工具建立计算机仿真模型，将建立起来的汽车动力学模型、

轮和车速模型以及制动器模型等连接成闭环仿真系统，最终得到的仿真模型如图 4-27 所示。

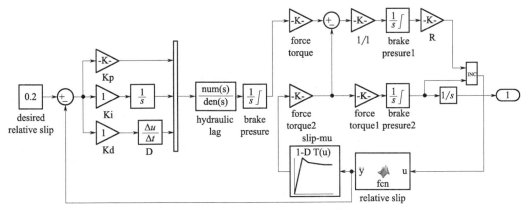

图 4-27　汽车 ABS 的 Simulink 模型

控制器根据最佳滑移率和实际滑移率控制输出制动器的制动力矩，最终输出车轮线速度。汽车车速计算模型以附着系数为输入，以车身速度和制动距离为输出。最后将车轮线速度、车速输入滑移率计算模块，计算获得实际滑移率。轮速仿真模型、车速仿真模型、滑移率模型分别如图 4-28～图 4-30 所示。

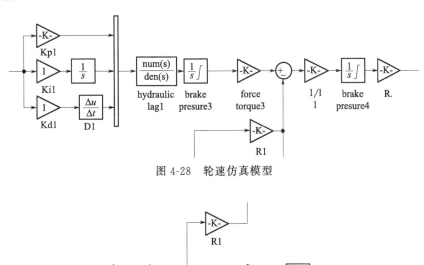

图 4-28　轮速仿真模型

图 4-29　车速仿真模型

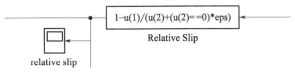

图 4-30　滑移率模型

通过本章的讲解，可以对电驱动特种汽车制动系统的设计有了一个宏观的把握，从制动系统的选型、制动器设计到一系列仿真，形成了一个完整的车辆设计闭环。

第5章
电驱动特种车辆转向系统

5.1 电动汽车转向系统概述

汽车在行驶过程中，为了适应各种道路情况和行驶条件，经常需要改变行驶方向或修正行驶方向，如转向、超车和避让等。因此，转向系统对汽车行驶的适应性、安全性都具有重要的意义，转向系统的性能直接影响着汽车的操纵稳定性。如何设计汽车的转向系统，使汽车具有良好的操纵性能，始终是各汽车厂家和科研机构的重要课题。特别是在车辆高速化、驾驶人员非职业化、车流密集化的今天，针对更多不同的驾驶人群，汽车的操纵性设计显得尤为重要。

对转向系统产品的需求随着汽车化的提高而发生着变化。最初驾驶员们只希望比较容易地操纵转向系统，之后则追求在高速行驶时的稳定性、舒适性和良好的操纵感。传统的汽车转向系统是机械系统，汽车的转向运动是由驾驶员操纵方向盘，通过转向器和一系列的杆件传递到转向车轮而实现的。普通的转向系统建立在机械转向的基础上，通常根据机械式转向器形式可以分为齿轮齿条式、循环球式、蜗杆滚轮式、蜗杆指销式。常用的有两种，即齿轮齿条式和循环球式（用于需要较大的转向力时）。这种转向系统是我们最常见的，目前大部分低端轿车采用的是齿轮齿条式机械转向系统。

从20世纪40年代起，为减轻驾驶员体力负担，在机械转向系统基础上增加了液压助力系统。它建立在机械转向器的基础之上，额外增加了一个液压系统，一般包括油泵、油管、供油装置、除噪装置和控制阀。由于其工作可靠、技术成熟，至今仍被广泛应用。现在液压助力转向系统在实际中应用得最多，根据控制阀形式不同有转阀式和滑阀式之分。这个助力转向系统最重要的新功能是液力支持转向的运动，因此可以减少驾驶员作用在方向盘上的力。

近年来，随着电子技术的不断发展，转向系统中越来越多地采用电子元件，相应地就出现了电液助力转向系统。电液助力转向可以分为两大类：电动液压助力转向系统和电控液压助力转向系统。电液助力转向系统是在液压助力系统基础上发展起来的，其特点是原来由发动机带动的液压助力泵改由电机驱动，取代了由发动机驱动的方式，节省了燃油消耗。电液助力转向系统在传统的液压助力转向系统的基础上增加了电控装置。电液助力转向系统的助力特性可根据转向速率、车速等参数设计为可变助力特性，使驾驶员能够更轻松地操纵汽车。现代电液动力转向系统主要通过车速传感器将车速传递给电子元件或微型计算机系统，控制电液转换装置改变动力转向的助力特性，使驾驶员的转向手力根据车速和行驶条件变化而改变，即在低速行驶或转急弯时能以很小的转向手力进行操作，在高速行驶时能以稍重的转向手力进行稳定操作，使操纵轻便和稳定性达到最合适的平稳状态。为了保证转向轻便性，要求增大转向器的传动比。增大传动比虽然可以减小方向盘上的手力，但也造成汽车对操纵的反应减慢，甚至有可能导致驾驶员没有能力来转动方向盘进行紧急避障等转向操作，即不够"灵"。电液动力转向系统比传统液压助转向系统降低了能源消耗，但存在液压油泄漏问题。

20 世纪 50 年代，通用汽车公司开发出循环球式液压动力转向系统。20 世纪 80 年代出现的电动转向系统为动力转向器增添了品种，欧洲汽车制造商研究配有电动转向系统的汽车比较早，日本的 KOYO、NSK、HONDA 及美国的 DELPHI 等公司也开发了多种类型的电动转向系统。现在人们更加关注具有节能、环保特点的产品，因此也可预测从液压转向系统到电动转向系统的转变过程会在将来很快地发生。

因现代汽车发动机功率在不断增大，行车速度也不断提高，对于两轮转向的汽车在高速行驶时将使其操纵稳定性变差。从 20 世纪 80 年代末四轮转向系统已进入实用阶段，不仅保证了汽车低速行驶的转向灵活性，也保证了汽车高速行驶的操纵稳定性。某重型汽车转向系统构造如图 5-1 所示。

图 5-1 某重型汽车转向系统构造

对转向系统的主要设计要求如下。

（1）汽车转弯行驶时，全部车轮应绕瞬时转向中心旋转，这项要求会加速轮胎磨损，并降低汽车的行驶稳定性。任何车轮都不应有侧滑。

（2）汽车转向行驶后，在驾驶员松开转向盘的条件下，转向轮能自动返回到直线行驶位置，并稳定行驶。

（3）汽车在任何行驶状态下，转向轮都不得产生自振，方向盘没有摆动。

（4）转向传动机构和悬架导向装置共同工作时，由于运动不协调使车轮产生的摆动应最小。

（5）保证汽车有较高的机动性。

（6）操纵轻便，具有迅速和小转弯行驶能力。

（7）转向轮碰撞到障碍物以后，传给方向盘的反冲力要尽可能小。

（8）转向器和转向传动机构的球头处，有消除因磨损而产生间隙的调整机构。

（9）在车祸中，当转向轴和方向盘由于车架或车身变形而共同后移时，转向系统应有能使驾驶员免遭或减轻伤害的防伤装置。

5.1.1 机械式转向系统

机械式转向系统以驾驶员的体力作为转向能源，其中所有传力件都是机械的，汽车的转向运动是由驾驶员操纵方向盘，通过转向器和一系列的杆件传递到转向车轮而实现的。机械转向系统如图 5-2 所示。

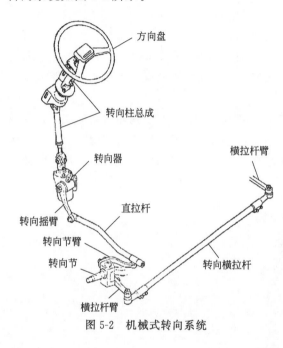

图 5-2　机械式转向系统

机械式转向器形式可以分为齿轮齿条式、循环球式、蜗杆滚轮式、蜗杆指销式。应用最广的两种是齿轮齿条式和循环球式（用于需要较大的转向力时）。在循环球式转向器中，输入转向圈与输出转向摇臂摆角是成正比的。在齿轮齿条式转向器中，输入转向圈数与输出齿条位移是成正比的。循环球式转向器由于是滚动摩擦形式，因而正传动效率很高，操作方便且使用寿命长，而且承载能力强，故广泛应用于载货汽车上。齿轮齿条式转向器和循环球式转向器相比，最大的特点是刚性大，结构紧凑，重量轻，且成本低。由于这种方式容易由车轮将反作用力传至方向盘，所以具有对路面状态反应灵敏的优点，但同时也容易产生打手和摆振等现象，且其承载效率相对较弱，故主要应用于小汽车及轻型货车上，目前大部分低端轿车采用的就是齿轮齿条式机械转向系统。

图中标注：方向盘、转向柱总成、转向器、横拉杆臂、直拉杆、转向摇臂、转向节臂、转向节、转向横拉杆、横拉杆臂

5.1.2 全液压转向系统

装配机械式转向系统的汽车，在停车和低速行驶时驾驶员的转向操纵负担过于沉重，为解决这个问题，美国通用公司在 20 世纪 50 年代率先在轿车上采用了全液压转向系统。该系统建立在机械系统的基础之上，额外增加了一个液压系统。全液压转向系统由液压和机械两部分组成，以液压油做动力传递介质，通过液压泵产生动力来推动机械转向器，从而实现转向。全液压转向系统如图 5-3 所示。

为确保系统安全，在液压泵上装有限压阀和溢流阀。其分配阀、转向器和动力缸为一个整体，分配阀和动齿轮轴装在一起，阀芯与齿轮轴垂直布置，阀芯上有控制槽，阀芯通过转向轴上的拨叉拨动。转向轴用销钉与阀中的弹性扭杆相接，该扭杆起到阀的中心定位作用。在齿条的一端装有活塞，并位于动力缸之中，齿条左端与转向横拉杆相接，方向盘转动时，转向轴连主动齿轮轴带动阀芯相对滑套运动，使油液通道发生变化，液压油从油泵排出，经控制阀流向动力缸的一侧，推动活塞带动齿条运动，通过拉杆使车轮偏转而转向。全液压转向系统是在驾驶员的控制下，借助汽车发动机带动液压泵产生的压力来实现车轮转向。由于

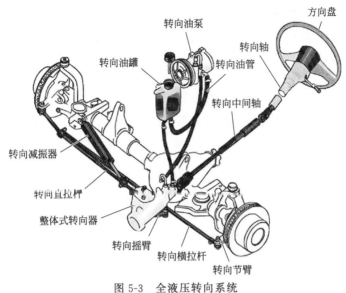

图 5-3　全液压转向系统

液压转向可以减少驾驶员手动转向力矩，从而改善了汽车的转向轻便性和操纵稳定性。

5.1.3　电控液压转向系统

为了克服液压转向系统的不足，人们在液压转向系统中增加电子控制和执行元件，将车速和转向盘转速引入系统中，实现车速感应型助力特性，这类系统称为电控液压转向系统（图 5-4）。现代电控液压转向系统主要通过车速传感器将车速传递给电子元件或微型计算机系统，控制电液转换装置改变动力转向的助力特性，助力将会随着车速的增加而减小，从而增加了高速行驶时的路感，较好地兼顾了低速转向时的轻便性和高速转向时的路感。

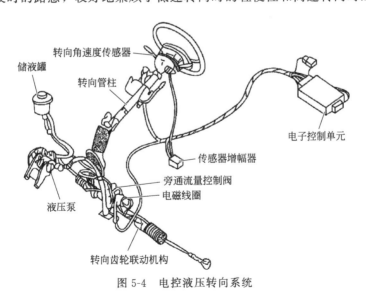

图 5-4　电控液压转向系统

电控液压转向系统的工作原理：在汽车直线行驶时，方向盘不转动，电动泵以很低的速度运转，部分工作油经过转向阀流回储油罐，少部分油液经液控阀后流回储油罐；当驾驶员开始转动方向盘时，电控单元根据检测到的转角、车速以及电动机转速的反馈信号等，判断汽车的转向状态，决定提供助力大小，并向驱动单元发出控制指令，使电动机产生相应的转速以驱动油泵，进而输出相应流量和压力的高压油。高压油经转向控制阀进入齿条上的动力缸，推动活塞以产生适当的助力，协助驾驶员进行转向操作，从而获得理想的转向效果。

5.1.4 电动助力转向系统

电动助力转向系统主要是在机械式转向系统的基础上增加了车速传感器、转矩传感器和小齿轮位置传感器、电子控制单元、助力电机、电磁离合器和减速机构而构成的，如图 5-5 所示。

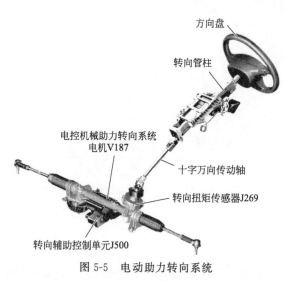

图 5-5 电动助力转向系统

其工作过程为扭矩传感器检测驾驶员转动方向盘的扭矩，然后根据这个扭矩给控制单元发送一个信号，同时控制单元也会收到来自方向盘位置传感器的信号，这个传感器一般是和扭矩传感器装在一起的，有些传感器已经将这个功能集成为一体。扭矩和方向盘位置信息经过控制单元处理，连同传入控制单元的车速信号，根据预先设计好的程序产生助力指令，该指令传到电机，由电机产生扭矩传到助力机构上去，这里的齿轮机构则起到增扭矩的作用。这样，助力扭矩就传到了转向柱并最终完成助力转向。

5.1.5 线控转向系统

随着电子技术和控制方法的进一步发展，有人提出了一个大胆的假设，即取消方向盘与方向轮之间的机械连接，完全由电能实现转向，即线控转向系统。线控转向系统中有两个电动机，其中一个电动机与汽车前轮转向机构相连接，作为转向执行机构，另一个电动机直接与转向传动轴相连接，为驾驶员提供反力矩。因此这种转向系统中的方向盘与转向轮之间没有机械连接，是断开的，故称线控转向系统。由于方向盘与转向轮之间是断开的，易造成驾驶员"心中没底"的感觉，不过该转向系统具有许多优点：①消除了机械约束和转向干涉的问题；②采用柔性连接，更方便布置；③提高了汽车的操作性；④改善驾驶员的"路感"。

5.2 转向系统的组成与主要性能参数

5.2.1 转向系统的组成

转向系统是通过对左、右转向车轮不同转角之间的合理匹配来保证汽车能沿着设想的轨迹运动的机构，它由转向操纵机构、转向器和转向传动机构组成。

5.2.1.1 转向系统组成

转向系统主要由转向操纵机构、前桥（一、二桥）转向助力系统、电控液压后桥（三至六桥）主动转向系统以及转向传动机构等组成，另外还有基于分布式驱动系统的电子差矩转向系统作为辅助转向系统，如图 5-6 所示。

图 5-6　转向系统的组成

底盘采用全轮转向系统，该系统具有三种转向模式，可实现常规汽车无法实现的蟹行转向功能，极大地提高了车辆的机动性。此外，基于分布式驱动系统的电子差矩助力转向功能，使底盘具有更快的转向响应特性，机械转向故障或助力不足时仍可保证底盘完成任务，基于整车动力学集成控制系统可确保车辆的每个轮胎都具有最大附着裕度，提高整车的操纵稳定性。

5.2.1.2　转向传动机构

转向传动机构包括转向臂、转向纵拉杆、转向节臂、转向梯形臂、转向横拉杆以及一桥与二桥之间的传递杆系。转向梯形布置如图 5-7 所示。

图 5-7　转向梯形布置

转向传动机构用于把转向器输出的力和运动传给左、右转向节并使左、右转向轮按一定关系进行偏转。

5.2.1.3　机械转向器

机械转向器是将驾驶员对方向盘的转动变为转向摇臂的摆动（或齿条沿转向车轴轴向的移动），并按一定的角传动比和力传动比进行传递的机构。

机械转向器与动力系统相结合，构成动力转向系统。为了使高级轿车和重型载货汽车转向轻便，多采用这种动力转向系统。采用液力式动力转向时，由于液体的阻尼作用，吸收了路面上的冲击载荷，故可采用可逆程度大、正效率高的转向器结构。为了避免汽车在撞车时驾驶员受到的方向盘的伤害，除了在方向盘中间可安装安全气囊外，还可在转向系统中设置防伤装置。为了缓和来自路面的冲击、衰减转向轮的摆振和转向机构的振动，有的还装有转向减振器。

多数两轴及三轴汽车仅用前轮转向（图 5-8）；为了提高操纵稳定性和机动性，某些现代轿车采用全四轮转向。多轴汽车根据对机动性的要求，有时要增加转向轮的数目，制止采

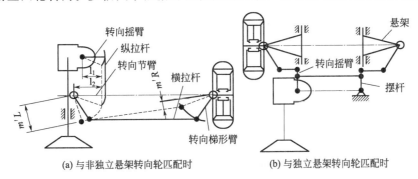

(a) 与非独立悬架转向轮匹配时　　　　(b) 与独立悬架转向轮匹配时

图 5-8　转向系统简图

用全轮转向。

5.2.1.4　转角及最小转弯半径

汽车的机动性，常用最小转弯半径来衡量，但汽车的高机动性则应由两个条件保证：首先应使左、右转向轮处于最大转角时前外轮的转弯值在汽车轴距的 2～2.5 倍范围内；其次，由方向盘处于中间的位置向左或右旋转至极限位置的总旋转圈数，对轿车应不超过 1.8 圈，对货车不应超过 3.0 圈。

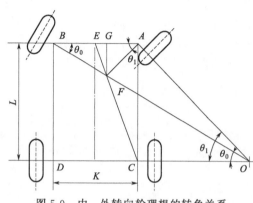

图 5-9　内、外转向轮理想的转角关系

两轴汽车在转向时，若不考虑轮胎的侧向偏离，则为了满足上述对转向系统的第（2）个条件，其内、外转向轮理想的转角关系如图 5-9 所示，由下式决定。

$$\cot\theta_o - \cot\theta_i = \frac{DO - CO}{BD} = \frac{K}{L} \quad (5\text{-}1)$$

式中，θ_o 为外转向轮转角；θ_i 为内转向轮转角；K 为两转向主销中心线与地面交点间的距离；L 为轴距。

内、外转向轮转角的合理匹配是由转向梯形来保证的。

汽车的最小转弯半径 R_{min} 与其内、外转向轮在最大转角 $\theta_{i_{max}}$ 与 $\theta_{o_{max}}$、轴距 L、主销距 K 及转向轮的转臂 a 等尺寸有关。在转向过程中，除内、外转向轮的转角外，其他参数是不变的。最小转弯半径是指汽车在转向轮处于最大转角的条件下以低速转弯时前外轮与地面接触点的轨迹构成圆周的半径，可按下式计算。

$$R_{min} = \frac{L}{\sin\theta_{o_{max}}} + a \quad (5\text{-}2)$$

通常 $\theta_{o_{max}}$ 为 35°～40°，为了减小 R_{min} 值，$\theta_{i_{max}}$ 值有时可达到 45°。

操纵轻便性的要求是通过合理地选择转向系统的角传动比、力传动比和传动效率来达到的。

对转向后方向盘或转向轮能自动回正的要求和对汽车直线行驶稳动性的要求则主要是通过合理选择主销后倾角和内倾角，消除转向器传动间隙以及选用可逆式转向器来达到的。但要使传递到方向盘上的反向冲击小，则转向器的逆效率又不宜太高。至于对转向系统的最后两条要求，则主要是通过合理地选择结构以及结构布置来解决。

转向器及其纵拉杆与紧固件的重量，为中级及以上轿车、载货汽车底盘干重的 1.0%～1.4%；小排量及以下轿车干重的 1.5%～2.0%。转向器的结构形式对汽车的自身重量影响较小。

5.2.2　转向系统的主要性能参数

5.2.2.1　转向系统的效率

功率 P_1 从转向轴输入，经转向摇臂轴输出所求得的效率称为转向器的正效率，用符号 η_+ 表示；反之称为逆效率，用符号 η_- 表示。

正效率 η_+ 的计算公式为

$$\eta_+ = \frac{P_1 - P_2}{P_1} \tag{5-3}$$

逆效率 η_- 的计算公式为

$$\eta_- = \frac{P_3 - P_2}{P_3} \tag{5-4}$$

式中，P_1 为作用在转向轴上的功率；P_2 为转向器中的摩擦功率；P_3 为作用在转向摇臂轴上的功率。

正效率高，转向轻便。转向器应具有一定逆效率，以保证转向轮和方向盘的自动返回能力。但为了减小传至方向盘上的路面冲击力，防止打手，又要求此逆效率尽可能低。

5.2.2.2　转向器的正效率

影响转向器正效率的因素有转向器的类型、结构特点、结构参数和制造质量等。

（1）转向器类型、结构特点与效率。在四种转向器中，齿轮齿条式、循环球式转向器的正效率比较高，而蜗杆指销式特别是固定销和蜗杆滚轮式转向器的正效率要明显低一些。

同一类型转向器，因结构不同，效率也不一样。如蜗杆滚轮式转向器的滚轮与支持轴之间的轴承可以选用滚针轴承、圆锥滚子轴承和球轴承。选用滚针轴承时，除滚轮与滚针之间有摩擦损失外，滚轮侧翼与垫片之间还存在滑动摩擦损失，故这种轴向器的正效率 η_+ 仅有 54%。另外两种结构的转向器正效率分别为 70% 和 75%。

转向摇臂轴的轴承采用滚针轴承比采用滑动轴承可使正或逆效率提高约 10%。

（2）转向器的结构参数与效率。如果忽略轴承和其经地方的摩擦损失，只考虑啮合副的摩擦损失，对于蜗杆类转向器，其效率可用下式计算。

$$\eta_+ = \frac{\tan\alpha_0}{\tan(\alpha_0 + \rho)} \tag{5-5}$$

式中，α_0 为螺杆的螺线导程角，为 $8° \sim 10°$；$\rho = \arctan f = \arctan 0.03 = 1.718$；$f$ 为摩擦因数，取 0.03。

5.2.2.3　转向器的逆效率

逆效率表示转向器的可逆性。根据逆效率不同，转向器有可逆式、极限可逆式和不可逆式之分。

路面作用在车轮上的力，经过转向系可大部分传递到方向盘，这种逆效率较高的转向器属于可逆式。它能保证转向轮和方向盘自动回正，既可以减轻驾驶员的疲劳，又可以提高行驶安全性。但是，在不平路面上行驶时，传至方向盘上的车轮冲击力，易使驾驶员疲劳，影响安全驾驶。属于可逆式的转向器有齿轮齿条式和循环球式转向器。

不可逆式转向器，是指车轮受到的冲击力不能传到方向盘的转向器。该冲击力由转向传动机构的零件承受，因而这些零件容易损坏。同时，它既不能保证车轮自动回正，又使驾驶员缺乏路面感觉，因此，现代汽车不采用这种转向器。

极限可逆式转向器介于可逆式与不可逆式转向器两者之间。在车轮受到冲击力作用时，此力只有较小一部分传至方向盘。

如果忽略轴承和其他地方的摩擦损失，只考虑啮合副的摩擦损失，则逆效率可用下式计算。

$$\eta_- = \frac{\tan(\alpha_0 - \rho)}{\tan\alpha_0} \tag{5-6}$$

式(5-5) 和式(5-6) 表明：增加导程角 α_0，正、逆效率均增大。受 η_- 增大的影响，α_0 不宜取得过大。当导程角小于或等于摩擦角时，逆效率为负值或者为零，此时表明该转向器是不可逆式转向器。为此，导程角必须大于摩擦角。通常螺线导程角选在 $8° \sim 10°$。

5.2.2.4　角传动比

方向盘转角的增量 $\Delta\varphi$ 与同侧转向节转角的相应增量 $\Delta\theta$ 之比，称为转向系统的角传动比 $i_{0\omega}$。方向盘转角的增量 $\Delta\varphi$ 与转向摇臂轴转角的相应增量 $\Delta\beta$ 之比，称为转向器的角传动比 i_ω。转向摇臂轴转角的增量 $\Delta\beta$ 与同侧转向节转角的相应增量 $\Delta\theta$ 之比，称为转向传动机构的角传动比 i'_ω。它们之间的关系为

$$i_{0\omega} = i_\omega i'_\omega = \frac{\Delta\varphi}{\Delta\beta} \times \frac{\Delta\beta}{\Delta\theta} = \frac{\Delta\varphi}{\Delta\theta} \tag{5-7}$$

$$i_\omega = \frac{\Delta\varphi}{\Delta\beta} \tag{5-8}$$

$$i'_\omega = \frac{\Delta\beta}{\Delta\theta} \tag{5-9}$$

式中，$i_{0\omega}$ 为转向系统的角传动比；i_ω 为转向器的角传动比；i'_ω 为转向传动机构的角传动比；$\Delta\varphi$ 为方向盘转角的增量；$\Delta\beta$ 为转向摇臂轴转角的增量；$\Delta\theta$ 为同侧转向节转角的相应增量。

转向传动机构的布置，通常取其在中间位置时使转向摇臂及转向节臂均垂直于其转向纵拉杆，而在向左和向右转到底的位置时，应使转向摇臂与转向节臂分别与转向纵拉杆的角度相等。这时，转向传动机构的角传动比亦可取为

$$i'_\omega = \frac{l_3}{l_1} \tag{5-10}$$

式中，l_1 为转向摇臂长；l_3 为转向节臂长。

现代汽车转向传动机构的角传动比多为 $0.85 \sim 1.1$，即近似为 1。故研究转向系统的角传动比时，为简化起见，往往只研究转向器的角传动比及其变化规律即可。

5.2.2.5　力传动比

转向传动机构的力传动比 i'_p 等于转向车轮的转向阻力矩 T_r 与转向摇臂的力矩 T 的比值。i'_p 与转向传动机构的结构布置形式及其杆件所处的转向位置有关。对于图 5-8 所示的非独立悬架汽车的转向传动机构来说，当转向轮由转向传动机构带动而转向且后者处于图示虚线位置时，其转向摇臂上的力矩为

$$T = 0.5T_r \frac{l_1}{l_3} + 0.5T_r \frac{l_1}{l_3} \times \frac{m'_L}{m'_R} \tag{5-11}$$

转向传动机构的力传动比为

$$i'_p = \frac{T_r}{T} = 2 \frac{l_1}{l_3} \times \frac{m'^2_R}{m'_L} \tag{5-12}$$

5.2.2.6　转向器传动副的传动间隙

传动间隙是指各种转向器中传动副之间的间隙。该间隙随方向盘转角的大小不同而改

变，并把这种变化关系称为转向器传动副传动间隙特性。研究该特性的意义在于它与直线行驶的稳定性和转向器的使用寿命有关。

传动副的传动间隙在方向盘处于中间及其附近位置时要极小，最好无间隙。若转向器传动副存在传动间隙，一旦转向轮受到侧向力作用，车轮将偏离原行驶位置，使汽车失去稳定。

传动副在中间及其附近位置因使用频繁，磨损速度要比两端快。在中间附近位置因磨损造成的间隙过大时，必须经调整消除该处间隙。为此，传动副传动间隙特性应当设计成图 5-10 所示的逐渐加大的形状。

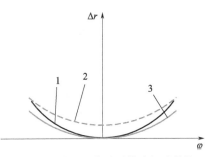

图 5-10 转向器传动副传动间隙特性

图 5-10 中曲线 1 表明转向器在磨损前的间隙变化特性；曲线 2 表明使用并磨损后的间隙变化特性，并且在中间位置处已出现较大间隙；曲线 3 表明调整后并消除中间位置处间隙的转向器传动间隙变化特性。

5.2.2.7 方向盘的总转动圈数

方向盘从一个极端位置转到另一个极端位置时所转过的圈数称为方向盘的总转动圈数。它与转向轮的最大转角及转向系统的角传动比有关，并影响转向的操纵轻便性和灵敏性。轿车方向盘的总转动圈数较少，一般约在 3.6 圈以内；货车一般不宜超过 6 圈。

5.3 机械转向系统的设计计算

5.3.1 机械转向器方案分析

机械式转向器应用比较多，根据它们的结构特点不同，可分为齿轮齿条式转向器、循环球式转向器、蜗杆滚轮式转向器和蜗杆指销式转向器。

5.3.1.1 齿轮齿条式转向器

齿轮齿条式转向器由与转向轴做成一体的转向齿轮和常与转向横拉杆做成一体的齿条组成。与其他形式转向器比较，齿轮齿条式转向器最主要的优点是：结构简单、紧凑；壳体采用铝合金或镁合金压铸而成，转向器的质量比较小；传动效率高达 90%；齿轮与齿条之间因磨损出现间隙后，利用装在齿条背部、靠近主动小齿轮处的压紧力可以调节的弹簧，可自动消除齿间间隙，如图 5-11 所示，这不仅可以提高转向系统的刚度，还可以防止工作时产生冲击和噪声；转向器占用的体积小；没有转向摇臂和直拉杆，所以转向轮转角可以增大；制造成本低。

齿轮齿条式转向器的主要缺点是：因逆效率高（60%～70%），汽车在不平路面上行驶时，发生在转向轮与路面之间的冲击力，

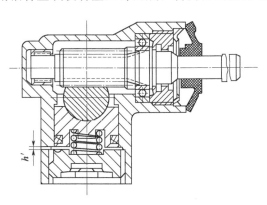

图 5-11 自动消除间隙装置

大部分能传至方向盘，称为反冲。反冲现象会使驾驶员精神紧张，并难以准确控制汽车行驶方向，方向盘突然转动又会造成打手，对驾驶员造成伤害。

根据输入齿轮位置和输出特点不同，齿轮齿条式转向器有四种形式：中间输入，两端输出[图 5-12(a)]；侧面输入，两端输出[图 5-12(b)]；侧面输入，中间输出[图 5-12(c)]；侧面输入，一端输出[图 5-12(d)]。

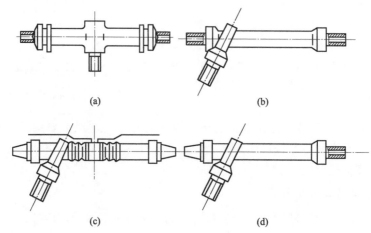

图 5-12　齿轮齿条转向器的四种形式

采用侧面输入、中间输出方案时，由图 5-13 可见，与齿条固连的左、右拉杆延伸到接近汽车纵向对称平面附近。由于拉杆长度增加，车轮上、下跳动时拉杆摆角减小，有利于减少车轮上、下跳动时转向系统与悬架系的运动干涉。拉杆与齿条用螺栓固定连接，因此两拉杆与齿条同时向左或右移动，为此在转向器壳体上开有轴向方向的长槽，从而降低了它的强度。

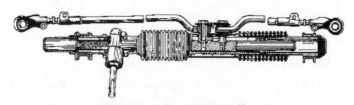

图 5-13　拉杆与齿条的连接

采用两端输出方案时，由于转向拉杆长度受到限制，容易与悬架系统导向机构产生运动干涉。侧面输入、一端输出的齿轮齿条式转向器，常用在平头微型货车上。

如果齿轮齿条式转向器采用直齿圆柱齿轮与直齿齿条啮合，则运转平稳性降低，冲击大，工作噪声增加。此外，齿轮轴线与齿条轴线之间的夹角只能是直角，为此因与总体布置不适应而遭淘汰。采用斜齿圆柱齿轮与斜齿齿条啮合的齿轮齿条式转向器，重合度增加，运转平稳，冲击与工作噪声均下降，而且齿轮轴线与齿条轴线之间的夹角易于满足总体设计的要求。

齿条断面形状有圆形（图 5-11）、V 形（图 5-14）和 Y 形（图 5-15）三种。圆形断面齿条制作工艺比较简单。V 形和 Y 形断面齿条与圆形断面齿条比较，消耗的材料少，约节省 20%，故质量小；位于齿下面的两斜面与齿条托座接触，可用来防止齿条绕轴线转动；Y 形断面齿条的齿宽可以做得宽些，因而强度得到增加；在齿条与托座之间通常装有用减摩材料

（如聚四氟乙烯）做的垫片用来减少滑动摩擦。

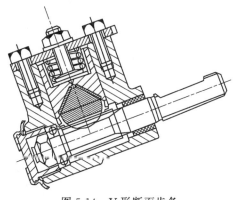

图 5-14　Ⅴ形断面齿条

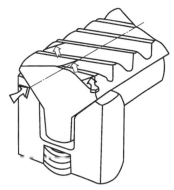

图 5-15　Ｙ形断面齿条

　　齿轮齿条式转向器广泛应用于微型、普通级、中级和中高级轿车上，甚至在高级轿车上也有采用的。装载量不大、前轮采用独立悬架的货车和客车有些也用齿轮齿条式转向器。

5.3.1.2　循环球式转向器

　　循环球式转向器由螺杆和螺母共同形成的螺旋槽内装有钢球构成的传动副，以及螺母上齿条与摇臂轴上齿扇构成的传动副组成，如图 5-16 所示。

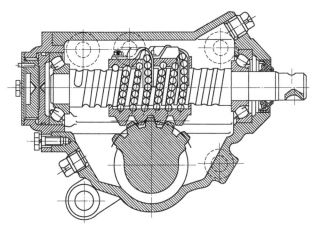

图 5-16　循环球式转向器

　　循环球式转向器的优点是：在螺杆和螺母之间因为有可以循环流动的钢球，将滑动摩擦变为滚动摩擦，因而传动效率可达到 $75\%\sim85\%$；在结构和工艺上采取措施，包括提高制造精度，改善工作表面的粗糙度和螺杆、螺母上的螺旋槽经淬火和磨削加工，使之有足够的硬度和耐磨损性能，可保证有足够的使用寿命；转向器的传动比可以变化；工作平稳可靠；齿条和齿扇之间的间隙调整工作容易进行（图 5-17）；适合用来做整体式动力转向器。

　　循环球式转向器的主要缺点是：逆效

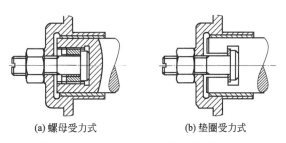

(a)螺母受力式　　　　(b)垫圈受力式

图 5-17　循环球式转向器的间隙调整机构

率高，结构复杂，制造困难，制造精度要求高。循环球式转向器主要用于货车和客车上。

5.3.1.3 蜗杆滚轮式转向器

蜗杆滚轮式转向器由蜗杆和滚轮啮合而构成。其主要优点是：结构简单；制造容易；因为滚轮的齿面和蜗杆上的螺纹呈面接触，所以有比较高的强度，工作可靠，磨损小，寿命长；逆效率低。

蜗杆滚轮式转向器的主要缺点是：正效率低；工作齿面磨损以后，调整啮合间隙比较困难；转向器的传动比不能变化。

5.3.1.4 蜗杆指销式转向器

蜗杆指销式转向器的销子若不能自转，称为固定销式蜗杆指销式转向器；销子除随同摇臂轴转动外，还能绕自身轴线转动的，称为旋转销式转向器。根据销子数量不同，又有单销和双销之分。

蜗杆指销式转向器的优点是：转向器的传动比可以做成不变的或者变化的；指销和蜗杆之间的工作面磨损后，调整间隙工作容易进行。

固定销蜗杆指销式转向器的结构简单、制造容易。但是因销子不能自转，销子的工作部位基本保持不变，所以磨损快、工作效率低。旋转销式转向器的效率高、磨损慢，但结构复杂。

要求摇臂轴有较大的转角时，应该采用双销式结构。在车辆直线行驶区域附近，双销式转向器的两个销子同时工作，可降低销子上的负荷，减少磨损。当一个销子脱离啮合状态时，另一个销子要承受全部作用力，而恰恰在此位置，作用力达到最大值，所以设计时要注意核算其强度。

双销与单销蜗杆指销式转向器比较，结构复杂、尺寸和质量大，并且对两主销间的位置精度、蜗杆上螺纹槽的形状及尺寸精度等要求高。此外，传动比的变化特性和传动间隙特性的变化受限制。蜗杆指销式转向器应用较少。

5.3.2 机械转向器设计方法

5.3.2.1 转向器参数选择

以循环球式转向器为例，介绍机械转向器的设计方法。循环球式转向器需要设计的主要参数有：钢球直径、螺距、工作圈数、螺杆外径、环流行数、螺母长度、齿扇齿数、齿扇压力角、切削角、齿扇宽等。

5.3.2.2 转向器零件参数设计

（1）钢球中心距 D、螺杆外径 D_1 和螺母内径 D_2。尺寸 D、D_1、D_2 如图5-18所示。选取 D 值的规律是随着扇齿模数的增大，钢球中心距 D 也相应增加，设计时先参考同类型汽车的参数进行初选，经强度验算后，再进行修正。

螺杆外径 D_1 通常在 $20\sim38\mathrm{mm}$ 范围内变化，设计时应根据转向轴负荷的不同来选定，螺母内径 D_2 应大于 D_1，一般要求

$$D_2 - D_1 = (5\%\sim10\%)D \tag{5-13}$$

（2）钢球直径 d 及数量 n。钢球直径应符合国家标准，一般常为 $6\sim9\mathrm{mm}$。每个环路中的钢球数可用下式计算。

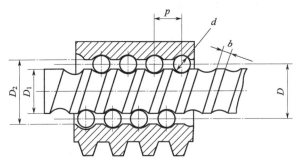

图 5-18　螺杆、钢球和螺母传动副

$$n=\frac{\pi DW}{d\cos\alpha_0}\approx\frac{\pi DW}{d} \tag{5-14}$$

式中，D 为钢球中心距；W 为一个环路中的钢球工作圈数；n 为不包括环流导管中的钢球数；α_0 为螺线导程角，常取 $\alpha_0=5°\sim8°$，则 $\cos\alpha_0\approx1$。

代入数值求每个环路钢球数 n 即可。

（3）滚道截面。当螺杆和螺母各由两条圆弧组成，形成四段圆弧滚道截面时，如图 5-19 所示，钢球和滚道有四点接触，传动时轴向间隙最小，可满足方向盘自由行程小的要求。滚道与钢球之间的间隙，除用来储存润滑油之外，还能储存磨损杂质。为了减小摩擦，螺杆和螺母沟槽的半径 R_2 应大于钢球半径 $d/2$，一般取 $R_2=(0.51\sim0.53)d$。

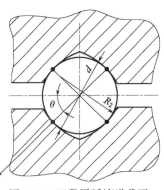

图 5-19　四段圆弧滚道截面

（4）接触角 θ。钢球与螺杆滚道接触点的正压力方向与螺杆滚道截面法向截面轴线间的夹角称为接触角 θ，如图 5-19 所示。θ 多取为 45°，以使轴向力和径向力分配均匀。

（5）螺距 p 和螺旋线导程角 α_0。方向盘转动 φ 角，对应螺母移动的距离 s 为

$$s=\frac{\varphi p}{2\pi} \tag{5-15}$$

式中，p 为螺纹螺距，螺距 p 一般在 $8\sim11\mathrm{mm}$ 范围内选取。

与此同时，齿扇节圆转过的弧长等于 s，相应摇臂轴转过 β_p 角，其间关系为

$$S=\beta_p r \tag{5-16}$$

式中，r 为齿扇节圆半径。

由式（5-12）和式（5-13）得 $\varphi=\dfrac{2\pi r}{P}\beta_p$，求导得循环球式转向器角传动比 i_ω 为

$$i_\omega=\frac{2\pi r}{P} \tag{5-17}$$

式中，$r=mz/2$。

（6）工作钢球圈数 W。多数情况下，转向器用两个环路，而每个环路的工作钢球圈数 W 又与接触强度有关：增加工作钢球圈数时，会使参加工作的钢球增多，可降低接触应力，提高了承载能力；但钢球受力不均匀、螺杆增长而使刚度降低。工作钢球有 1.5 圈和 2.5 圈两种。

（7）导管内径 d_1。容纳钢球而且钢球在其内部流动的导管内径 $d_1 = d + e$，式中，e 为钢球直径 d 与导管内径之间的间隙。e 不宜过大，否则钢球流经导管时球心偏离导管中心线的距离增大，并使流动阻力增大。推荐 e 取 $0.5 \sim 0.8$。导管壁厚取为 1mm。

（8）齿条、齿扇传动副设计。如图 5-20 所示，滚刀相对齿扇做斜向进给运动加工齿扇齿，得到变厚齿扇。变厚齿扇的齿顶和齿根的轮廓面是圆锥的一部分，其分度圆上的齿厚是变化的，故称为变厚齿扇。

图 5-21 中若 0—0 剖面的原始齿形变位系数 $\xi = 0$，且 Ⅰ—Ⅰ 剖面和 Ⅱ—Ⅱ 剖面分别位于 0—0 剖面两侧，则 Ⅰ—Ⅰ 剖面的齿轮是正变位齿轮，Ⅱ—Ⅱ 剖面的齿轮为负变位齿轮，故变厚齿扇在整个齿宽方向上，是由无数个原始齿形变位系数逐渐变化的圆柱齿轮所组成的。

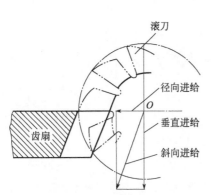

图 5-20 用滚刀加工变厚齿扇的进给运动

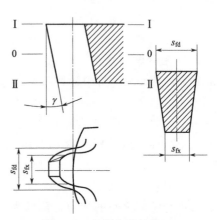

图 5-21 变厚齿扇的截面

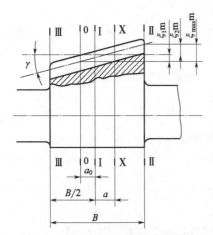

图 5-22 变厚齿扇齿形的计算简图

对齿轮来说，因为在不同位置的剖面中，其模数 m 不变，所以它的分度圆半径 r 和基圆半径 r_b 相同。因此，变厚齿扇的分度圆和基圆均为一个圆柱，它在不同剖面位置上的渐开线齿形，都是在同一个基圆柱上所展出的渐开线，只是其轮齿的渐开线齿形相对基圆的位置不同而已，所以应将其归入圆柱齿轮的范畴。

变厚齿扇齿形的计算简图如图 5-22 所示。一般将中间剖面 Ⅰ—Ⅰ 规定为基准剖面。由 Ⅰ—Ⅰ 剖面向右时，变位系数 ξ 为正，向左则由正变为零（0—0 剖面），再变为负。若 0—0 剖面距 Ⅰ—Ⅰ 剖面的距离为 a_0，则其值为

$$a_0 = \frac{\xi_1 m}{\tan\gamma} \tag{5-18}$$

式中，γ 是切削角，常见的有 6°30′ 和 7°30′ 两种。

在切削角 γ 一定的条件下，各剖面的变位系数 ξ 取决于距基准剖面 Ⅰ—Ⅰ 的距离 a。

进行变厚齿扇齿形计算之前，必须确定的参数有：模数 m，法向压力角 a_0，一般为 $20° \sim 30°$；齿顶高系数 x_1，一般取 0.8 或 1.0；径向间隙系数，取 0.2；整圆齿数 z，在 $12 \sim 15$ 之间选取；齿扇宽度 B，一般为 $22 \sim 38$mm。

5.3.3　转向器零件强度计算

（1）钢球与滚道之间的接触应力 σ。钢球与滚道之间的接触应力 σ 为

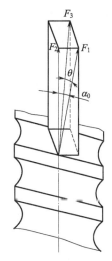

$$\sigma = k\sqrt[3]{\frac{F_3 E^2 (R_2 - r)^2}{(R_2 r)^2}} \tag{5-19}$$

式中，k 为系数，根据 A/B 值从表 5-1 中查出，$A = [(1/r) - (1/R_2)]/2$，$A = [(1/r) + (1/R_1)]/2$；R_2 为滚道截面半径；r 为钢球半径；E 为材料弹性模量，等于 $2.1 \times 10^5 \mathrm{MPa}$；$F_3$ 为钢球与螺杆之间的正压力。

$$F_3 = \frac{F_2}{n \cos\alpha_0 \cos\theta} \tag{5-20}$$

式中，α_0 为螺杆螺线的导程角；θ 为接触角；n 为参加工作的钢球数；F_2 为作用在螺杆上的轴向力，如图 5-23 所示。

图 5-23　螺杆受力简图

当接触表面硬度为 58～64HRC 时，许用接触应力 $[\sigma] = 2500\mathrm{MPa}$。

表 5-1　系数 k 与 A/B 的关系

A/B	0.8	0.7	0.6	0.5	0.4	0.3	0.2
k	0.410	0.440	0.468	0.490	0.536	0.600	0.716
A/B	0.15	0.1	0.05	0.02	0.01	0.007	
k	0.800	0.970	1.280	1.8	2.271	3.202	

（2）齿扇齿的弯曲应力。齿扇齿的弯曲应力为

$$\sigma_{\mathrm{w}} = \frac{6Fh}{Bs^2} \tag{5-21}$$

式中，F 为作用在齿扇上的圆周力；h 为齿扇高；B 为齿扇的齿宽；s 为基圆齿厚。

许用弯曲应力 $[\sigma_{\mathrm{w}}] = 540\mathrm{MPa}$。

螺杆和螺母建议用 20CrMnTi 钢制造，表面渗碳。渗碳层深度取 1.05～1.45mm，表面硬度为 58～63HRC。

（3）转向摇臂轴直径的确定。转向摇臂轴直径 d 为

$$d = \sqrt[3]{\frac{KM_{\mathrm{R}}}{0.2\tau_0}} \tag{5-22}$$

式中，K 为安全系数，根据汽车使用条件不同可取 2.5～3.5；M_{R} 为转向阻力矩；τ_0 为扭转强度极限。

摇臂轴建议用 20CrMnTi 钢制造，表面渗碳。渗碳层深度取 1.05～1.45mm，表面硬度为 58～63HRC。

5.4　液压式动力转向机构设计计算

5.4.1　动力转向机构布置方案

由分配阀、转向器、动力缸、液压泵、储油罐和油管等组成液压式动力转向机构。根据

分配阀、转向器和动力缸三者相互位置的不同，液压式动力转向机构可分为整体式[图 5-24 (a)]和分置式两类。后者按分配阀所在位置不同又分为：分配阀装在动力缸上的称为联阀式，如图 5-24（b）所示；分配阀装在转向器和动力缸之间的拉杆上，称为连杆式，如图 5-24（c）所示；分配阀装在转向器上的称为半分置式，如图 5-24（d）所示。

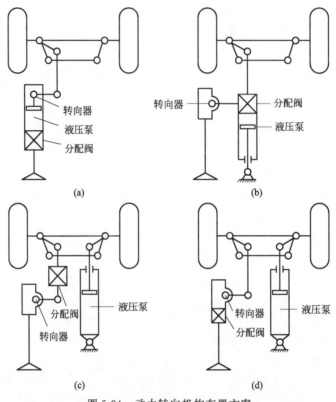

图 5-24　动力转向机构布置方案

在分析比较上述几种不同动力转向机构布置方案时，常从结构上是否紧凑、转向器主要零件是否承受由动力缸建立起来的载荷、拆装转向器是否容易、管路特别是软管的管路长短、转向轮在侧向力作用下是否容易引起转向轮摆振、能不能采用典型转向器等方面来做比较。例如，整体式动力转向器，由于其分配阀、转向器、动力缸三者装在一起，因而结构紧凑，管路也短。由于转向轮受到的侧向力作用或发动机的振动都不会影响分配阀的振动，因而不能引起转向轮摆振。其缺点是转向摇臂轴、摇臂等转向器主要零件，都要承受由动力缸所建立起来的载荷，因此必须加大它们的尺寸和质量，给布置带来不利的影响；同时还不能采用典型转向器，拆装转向器时要比分置式的困难。除此之外，由于对转向器的密封性能要求高，这给转向器的设计带来困难。整体式动力转向器多用于乘用车和总质量在 6.0t 以上的货车。

5.4.2　前桥转向助力系统方案

前桥转向助力系统采用由带角传动的转向器加随动转向器结构形式。随动转向器与转向器的区别是没有转向控制阀、螺杆及输入轴，只保留了转向器的缸体、活塞及齿扇部分，本质上相当于助力缸只起助力作用，但输出的是转向力矩。该系统布置简图如图 5-25 所示。

5.4.3　电控后桥主动转向系统方案

三至六桥采用电液主动转向系统，通过转向控制器与方向盘控制的前桥相联系，形成了具有六种转向模式的全轮转向系统。后四桥采用电液主动转向控制，根据一桥的转向角度，在既定的转向模式下，通过 ECU 控制器控制后四桥独立主动转向。每个桥独立安装转角传感器，通过转角的反馈，实现各桥转向的电液闭环控制，保证转向快速平稳至目标位。

根据车辆路况、车速、负载等条件不同，电控后桥主动转向可以设计成两种必要模式和多种可扩展模式。

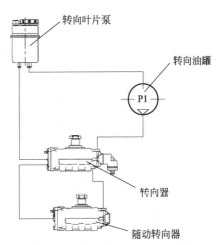

图 5-25　动力转向系统布置简图

（1）全轮转向模式。如图 5-26 所示，为了满足车辆最小转弯半径，可以使后四桥与一、二桥满足阿克曼转角关系，后四桥转角与一、二桥实现逆相位转向，实现全轮转向。

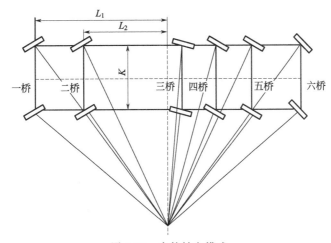

图 5-26　全轮转向模式

（2）后桥锁止模式。如图 5-27 所示，为了满足车辆在高速行驶状态下操纵稳定性及安全性，需要将后桥锁止，仅双前桥转向。

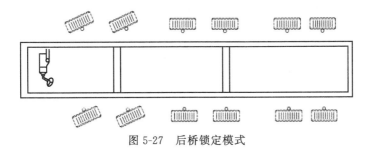

图 5-27　后桥锁定模式

（3）蟹行转向模式。如图 5-28 所示，在特殊路况下，需要车辆侧移，后四桥对中全部解锁，与一、二桥实现同相位同转角。

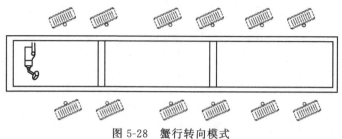

图 5-28　蟹行转向模式

5.4.4　液压式动力转向机构计算

5.4.4.1　动力缸尺寸计算

动力杠的主要几何尺寸，包括动力缸的内径 D、活塞杆直径 d 和动力缸行程 s 等。

（1）动力缸内径 D 和活塞杆直径 d 的计算。动力缸的计算主要依据所需的最大作用力 F_n 以及最大工作行程来确定的。根据液压系统中动力缸的工作特点，则

$$F_{max} \leqslant p \frac{\pi d^2}{4} \eta \Rightarrow d \geqslant \sqrt{\frac{4 F_{max}}{\pi p \eta}} \tag{5-23}$$

式中，η 为系统效率，通常取 $\eta = 0.8$；p 为液压系统额定工作压力，MPa。

液压系统受力公式如式（5-24）所示。

$$F_{max} = \frac{\pi}{4}(D^2 - d^2) p \eta \tag{5-24}$$

由式（5-24）可得出动力缸内径 D 如式（5-25）所示。

$$D = \sqrt{\frac{4 F_{max}}{p \eta \pi} + d^2} \tag{5-25}$$

动力缸内径 D 参照相关国际（GB/T 2348—1993）进行圆整。

根据液压设计手册，将动力缸内径圆整为标准系列直径；活塞杆直径 $d = 0.55D$；将活塞杆直径圆整为标准系列直径。对有低速运动要求的系统，需对动力缸有效工作面积进行验算，即应保证

$$A \geqslant \frac{q_{min}}{V_{min}} \tag{5-26}$$

式中，A 为动力缸工作腔的有效工作面积；q_{min} 为控制动力缸速度的流量阀最小稳定流量，从液压阀产品样本上查得；V_{min} 为动力缸要求达到的最低工作速度。

动力缸工作腔的有效工作面积为

$$A = \frac{\pi}{4}(D^2 - d^2) \tag{5-27}$$

（2）动力缸行程 s 和活塞宽度 B 的计算。根据液压元件选用手册和转向器工作情况计算选择活塞最大行程 L。

活塞宽度为

$$B = (0 \sim 1.0)D \tag{5-28}$$

则动力缸行程为

$$s = 10 + (0 \sim 0.6)D + B + L \tag{5-29}$$

s 取标准值。

（3）动力缸工作时所需流量 q 的计算。

$$q = Av = \frac{\pi}{4} D^2 v \tag{5-30}$$

（4）动力缸的选型。根据上述计算的 L 和 d 值，参照液压元件及选用手册，选用合适的型号。

5.4.4.2　动力缸结构参数计算选型

（1）缸筒壁厚 δ 的计算及外径强度的校核。

$$\delta > \frac{p_y D}{2[\sigma]} \tag{5-31}$$

式中，δ 为动力缸缸筒壁厚，m；p_y 为试验压力，MPa；D 为动力缸内径，m；$[\sigma]$ 为缸体材料的许用应力，MPa。

$$[\sigma] = \frac{\sigma_b}{n} \tag{5-32}$$

式中，σ_b 为缸体材料抗拉强度，MPa；n 为安全系数，一般取 $n=5$；铸铁 $[\sigma] = 60\text{MPa}$。

由式（5-32）计算得动力缸壁厚 δ，当 $\delta/D = 0.08 \sim 0.3$ 时，按下式校验强度，即

$$\delta \geqslant \frac{p_y D}{2[\sigma] - 3p_{max}} \tag{5-33}$$

式中，$[\sigma]$ 为缸体材料的许用应力，MPa，取 $[\sigma] = 60\text{MPa}$；p_{max} 为最高工作压力，MPa；p_y 为试验压力，MPa，工作压力 $\leqslant 16\text{MPa}$ 时，$p_y = 0.5p_L$，$p_L = 1\text{MPa}$；δ 为动力缸缸筒厚度，m；D 为动力缸内径，m。

（2）缸体外径 D_1 的计算。

$$D_1 = D + 2\delta \tag{5-34}$$

式中，D_1 为缸体外径，m。

5.4.4.3　动力缸性能参数计算

主要包括动力缸的推力、油口直径、缸底厚度等。

（1）动力缸的输出力。双杆活塞式动力缸的推（或拉）力 F 为

$$F = pA \times 10^3 \tag{5-35}$$

式中，F 为双杆活塞式动力推力，kN；p 为工作压力，MPa；A 为动力缸的作用面积，m^2。

（2）动力缸的输出速度。双杆活塞式动力缸的输出速度为

$$v = 60\frac{q_y}{A} \tag{5-36}$$

式中，v 为双活塞式动力缸的输出速度；q_y 为进入动力缸的流量；A 为活塞作用面积。

（3）动力缸油口直径 d_0 的计算。

$$d_0 = 0.13D\sqrt{\frac{v_{max}}{v_0}} \tag{5-37}$$

式中，v_{max} 为动力缸最大输出速度，m/min；v_0 为油口液流速度，m/s。

（4）缸底厚度 h 的计算。

$$h = 0.443D \sqrt{\frac{p_y}{[\sigma]}} \tag{5-38}$$

式中，p_y 为试验压力；$[\sigma]$ 为缸底材料的许用应力，MPa。

（5）活塞杆直径的强度校核。

$$d \geqslant \sqrt{\frac{4F}{\pi[\sigma]} + d_1^2} \tag{5-39}$$

式中，F 为动力缸负载，kN；$[\sigma]$ 为活塞杆材料许用压力，铸铁 $[\sigma] = 60$MPa；d_1 为空心活塞杆孔径，对实心杆 $d_1 = 0$。

5.4.5　油泵的计算与选型

（1）油泵的最高供油压力 p_p 的计算。

$$p_p = p_1 + \sum \Delta p \tag{5-40}$$

式中，p_p 为油泵的最高供油压力；p_1 为执行元件最大工作压力；$\sum \Delta p$ 为进油管路中的压力损失，初算时可取 0.2～0.5MPa。

泵的额定压力 p_n 应满足

$$p_n \geqslant (1.25 \sim 1.6) p_p \tag{5-41}$$

（2）油泵的最大供油量 q_p 的计算。

$$q_p = K_L (\sum q)_{\max} \tag{5-42}$$

式中，q_p 为油泵的最大供油量；$(\sum q)_{\max}$ 为同时工作的各执行元件所需流量之和的最大值；K_L 为系统泄漏系数，一般取 $K_L = 1.1 \sim 1.3$。

（3）油泵的选型。根据上述计算 p_p 和 q_p 的值，查阅液压元件及选用手册，选择对应型号的叶片泵。

（4）与油泵匹配的电动机的计算选择。整个工作循环中，泵的压力和流量在较多时间内皆达到最大工作值时，驱动泵的电机功率为

$$P = \frac{p_p q_p}{\eta_p} \tag{5-43}$$

式中，η_p 为油泵的总效率，η_p 取 0.8。

根据电机选型及应用手册和电机功率选择电机。

5.4.6　油箱与油管的计算与选型

（1）油箱容积 V 的计算。油箱容量与系统的流量有关，一般容量可取最大流量的 3～5 倍，取

$$V = 5q_p \tag{5-44}$$

根据液压设计手册，油箱容积取标准值 V。

（2）油管内径 d 的计算。

$$\frac{q_p \times 10^3}{60} = \frac{\pi d^2}{4} v \times 10^3 \tag{5-45}$$

即

$$d \geqslant 3\sqrt{\frac{q_p}{v} \times 10^3} \tag{5-46}$$

式中，q_p 为油泵理论流量，L/min；v 为管路中油的流速，低压管路中油的流速 $v \geqslant$ 1m/s。

根据管路计算结果选用对应的油管、机械油。

5.4.7 阀类元件的设计及选型

5.4.7.1 分配阀方案分析

分配阀是利用阀芯和阀体间相对位置的不同来变换不同管路间的通断关系，实现接通、切断，或改变液流的方向的阀类。它的用途很广，种类也很多。

对分配阀性能的主要要求是：油液流经分配阀时的压力损失要小（一般为 0.3MPa）；互不相通的油口间的泄漏小；换向可靠、迅速且平稳无冲击。

分配阀按阀的结构形式、操纵方式、工作位置数和控制的通道数的不同，可分为各种不同的类型。

按阀的结构形式有：滑阀式、转阀式、球阀式、锥阀式。

按阀的操纵方式有：手动式、机动式、电磁式、液动式、电液动式、气动式。

按阀的工作位置数和控制的通道数有：二位二通阀、二位三通阀、二位四通阀、三位四通阀、三位五通阀等。

（1）滑阀式分配阀。阀的结构：阀体为有多级沉割槽的圆柱孔；阀芯为有多段环形槽的圆柱体。

此种分配阀具有工作可靠、压力损失小、内泄漏小、换向时间与复位时间短、使用寿命长等优点，并且在本次设计中要求分配阀的换向时间短，压力损失小，从而使转向轻便、灵敏，所以按阀的结构形式选择滑阀式分配阀。其满足在不同工况下转向灵敏、迅速的工作要求。

按控制方式不同，分配阀分为电磁分配阀、液动分配阀、电液分配阀、机动分配阀、手动分配阀。其中电磁分配阀可以使操作轻便，容易实现自动化操作，应用广泛，并且阀灵敏度高，满足转向迅速的要求。

电磁分配阀是利用电磁铁推力，推动阀芯运动以控制液流方向的，它由阀体、阀芯、弹簧、电磁铁等组成。电磁分配阀只是采用电磁铁来操纵滑阀阀芯运动，而阀芯的结构及形式可以是各种各样的，所以电磁滑阀可以是二位二通、二位三通、二位四通、三位四通和三位五通等多种形式。

（2）转阀式分配阀。转阀式分配阀在液压系统中的作用是通过旋转圆柱形阀芯改变与阀体的相对位置，接通或关闭油路实现液压执行元件的换向。由于操作阀时要使阀芯旋转，所以这种阀一般采用手动或机动操纵控制方式。与滑阀式分配阀类同，转阀式分配阀也有二位阀（二通、四通、五通）、三位阀（四通、五通）等常见类型。

5.4.7.2 分配阀参数选择

分配阀的主要参数有：滑阀直径 d、预开隙 e_1、密封长度 e_2 和滑阀总移动量 e 等。上述参数影响分配阀的泄漏量、液流速度和转向灵敏度。设计时可根据下列关系式来确定上述参数。

（1）预开隙 e_1。预开隙 e_1（图 5-29）为滑阀处于中间位置时分配阀内各环形油路沿滑阀轴向的开启量，也是为使分配阀内某油路关闭所需的滑阀最小移动量。e_1 值过小，会使油液常流时局部阻力过大；e_1 值过大，则方向盘需转过一个大的角度才能使动力缸工作，转向灵敏度低。一般要求方向盘转角 $\varphi = 2° \sim 5°$ 时滑阀就移动 e_1 的距离。

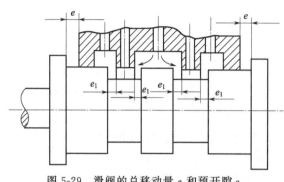

图 5-29　滑阀的总移动量 e 和预开隙 e_1

整体式动力转向系统分配阀的预开隙 e_1 为

$$e_1 = \frac{\varphi}{360°} P \qquad (5-47)$$

式中，P 为转向螺杆的螺距；φ 为相应的方向盘转角。

e_1 值通常为 0.15～0.5mm。

（2）滑阀总移动量 e。滑阀总移动量 e 过大时，会使方向盘停止转动后滑阀回到中间位置的行程长，致使转向车轮停止偏转的时刻也相应"滞后"，从而使灵敏度降低；如 e 值过小，则使密封长度 $e_2 = e - e_1$ 过小，导致密封不严，这就容易产生油液泄漏，致使进、回油路不能完全隔断，从而使工作油液压力降低和流量减少。通常，当滑阀总移动量为 e 时，方向盘允许转动的角度约为 20°。据此可参照式(5-47)，并取 $\varphi = 20°$ 来计算 e 值。

动力转向系统的滑阀总移动量为

$$e = \frac{20°}{360°} P \qquad (5-48)$$

（3）分配阀的泄漏量 ΔQ。要求 ΔQ 不大于溢流阀限制下最大排量的 5%～10%，计算方法如下所示。

$$\Delta Q = \frac{\pi d (\Delta r)^3 \Delta p}{12 \mu e_2} \qquad (5-49)$$

式中，ΔQ 为分配阀的泄漏量，cm^2/s；Δr 为滑阀和阀体在半径方向的间隙，cm，一般 $\Delta r = 0.00050 \sim 0.00125cm$，计算时取最大间隙；$\Delta p$ 为滑阀进、出口油压差，又称局部压力降，MPa；d 为滑阀外径，cm；e_2 为密封长度，cm，$e_2 = e - e_1$；μ 为液体动力黏度，Pa·s。

（4）局部压力降 Δp。汽车直线行驶时，液流流经分配阀后流回油箱。液流流经分配阀时，产生的局部压力降 Δp 为

$$\Delta p = 1.38 \times 10^{-3} v^2 \qquad (5-50)$$

式中，v 为中立位置的液流流速，m/s。

$$v = \frac{Q}{37.6 d e_1} \qquad (5-51)$$

式中，Q 为溢流阀限制下的最大排量，L/min，一般约等于发动机怠速时液压泵排量的 1.5 倍；d 为滑阀直径，cm；e_1 为预开隙，cm。

Δp 的允许值为 $3 \times 10^{-2} \sim 4 \times 10^{-2}$MPa。

分析式(5-50)和式(5-51)可知：若滑阀直径 d 和预开隙 e_1 取得过小，将使中立位置

的液流流速增大，并导致 Δp 超过允许值。

（5）油液流速的允许值 $[v]$。将 Δp 的允许值 $[\Delta p]$ 代入式（5-50）可得油液流速的允许值为

$$[v] = \sqrt{\frac{2[\Delta p]}{\rho \xi}} \qquad (5\text{-}52)$$

（6）滑阀直径 d。

$$d = \frac{Q_{max}}{2\pi e_1 v} \times \frac{1}{6} = \frac{Q_{max}}{37.7 e_1 v} \qquad (5\text{-}53)$$

式中，Q_{max} 为溢流阀限制下的油液最大排量，一般为发动机怠速时油泵排量的 1.5 倍。

（7）滑阀在中间位置时的液流流速 v。

$$v = \frac{Q_{max}}{2\pi e_1 d} \times \frac{1}{6} = \frac{Q_{max}}{37.7 e_1 d} \qquad (5\text{-}54)$$

5.4.8　回位弹簧的预紧力和反作用阀直径的确定

与分配阀的反作用力矩相平衡的方向盘力矩为

$$F_h r_h = z\left(F_P^0 + \frac{\pi d_r^2}{4} p + c\Delta s\right)\frac{d_s}{2}\tan(\alpha + \rho_k') \qquad (5\text{-}55)$$

式中，z 为反作用阀的对数，在现有车上 $z = 1 \sim 4$；F_P^0 为回位弹簧预紧力；d_r 为反作用阀直径；c 为回位弹簧的刚度，$c = 122\text{N/mm}$；Δs 为反作用阀的行程；d_s 为转向螺杆直径，通常取其平均值；α 为转向螺杆螺旋滚道的导程角；ρ_k' 为换算摩擦角。

回位弹簧预紧力 F_P^0 的选择条件为：动力转向开始起作用时作用在方向盘上的切向力 F^0 应达到预定值。根据不同的车型，它的取值范围为 $F_P^0 = 20 \sim 100\text{N}$，取 $F_P^0 = 80\text{N}$。

当动力转向开始起作用时，$\Delta s = 0$ 及 $p = 0$，代入式（5-55）就可求得回位弹簧的预紧力 F_P^0 为

$$F_P^0 = \frac{2F_h^0 r_h}{z d_x \tan(\alpha_0 + \rho_k')} \qquad (5\text{-}56)$$

由式（5-55）可知，加在方向盘上的切向力 F_h 与作用于动力缸活塞上的液压 p 成比例关系，而 p 又与转向车轮的转向阻力矩有关，由此就保证了使驾驶员有"路感"。

反作用阀直径 d 的选择是根据在动力缸的最大液压下作用于方向盘上的切向力不应超过 $F_{h_{max}} = 100 \sim 150\text{N}$ 的条件，并按式（5-55）来计算，即

$$d_r = \sqrt{\frac{4}{\pi P_{max}}\left[\frac{2F_{h_{max}} r_h}{z d_s \tan(\alpha_0 + \rho_k')} - F_P^0 - c\Delta s\right]} \qquad (5\text{-}57)$$

式中，P_{max} 为动力缸内液压的最大值；r_h 为方向盘半径。

5.4.9　电控动力转向系统所用传感器的选择

（1）车速传感器。车速传感器的作用是通过检测变速器输出轴转速，向电子控制器提供汽车行驶速度电信号。常用的车速传感器有磁感应式、光电式、霍尔效应式、磁阻式等多种类型。其中霍尔效应式车速传感器应用广泛。

（2）转角传感器。转角传感器的作用是检测方向盘转动的角度和方向。常用转角传感器

有光电式和磁电式两种。前者的成本低，但受温度与磨损影响易发生漂移、使用寿命较低，需要对制造精度和扭杆刚度进行折中。后者的体积小，精度高，抗干扰能力强，刚度相对较高，易实现绝对转角和角速度的测量。但价格昂贵，制造维修复杂。

5.5　转向角匹配

转向系统一、二轴采用机械液压助力，三至六轴采用电动液压转向。转向管柱的输入轴和输出轴通过扭矩传感器中的扭杆相连。驾驶员转动方向盘时，扭杆发生变形，扭矩传感器转向输入轴和输出轴之间的相对转角转换为电压信号传递给整车控制器，整车控制器将信号传递给转向控制器，转向控制器首先根据当前的方向盘转角、转矩和车速等信号计算各桥需求车轮转角，根据阿克曼转向关系或近似阿克曼转向关系，得到各个车轮的目标转角，由目标转角设置电机相应转角，通过控制转向泵电机带动转向泵，利用液压推动转向杆系，实现车辆转向。车轮转角传感器可以反馈车轮转角传感器信号到转向控制器，形成闭环控制。

线控转向判断逻辑如下：方向盘转角信号为正时，若方向盘力矩信号也为正，则说明驾驶员仍要继续增大转向角，可以控制转向电机增大转向泵供油量，便于实现转向角增大；若方向盘转角信号为正，但方向盘力矩信号为负，则说明驾驶员要减小转向角，此时应控制转向电机减小转向泵供油量以致向另一侧泵油，帮助车轮回正，保证转向系统有较快的响应时间。

电控转向器总成接收车速与扭矩信号，计算并提供适当的转向助力，达到低速转向轻便、高速转向稳定的转向特性；并在转向过程中平滑、无卡滞、无明显振动和噪声，在任意角度停止转向时无惯性延时现象。转向助力特性曲线如图 5-30 所示。

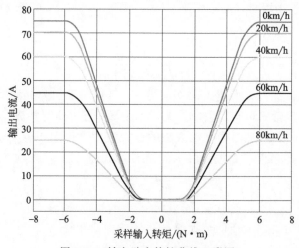

图 5-30　转向助力特性曲线（彩图）

静止或低速状态下，一桥转向角由机械转向系统的传动比和方向盘转角输入决定；其他各桥转向角由转向几何关系和一桥的转向角确定，如图 5-31 所示。

随着车速提高，一、二两桥保持转向功能，其他各桥转向角逐步减小；当车速高于一定值时，后四桥锁止，禁止转向。后四桥最大转角与车速关系如图 5-32 所示。

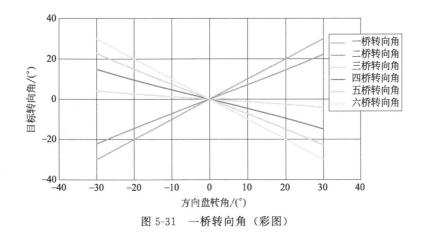

图 5-31　一桥转向角（彩图）

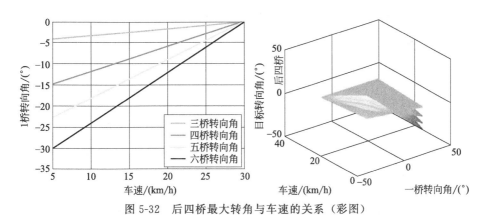

图 5-32　后四桥最大转角与车速的关系（彩图）

5.6　电机差矩转向系统

　　车辆行驶过程中，整车控制器采集方向盘转角、转矩、车速等信息，根据转向盘力矩与助力力矩关系计算出作用在车轮上的力矩差。作用在轮胎上的驱动电机转矩产生的纵向力 F_x 与主销轴线和地面接地点之间有轮胎拖距 R_x，因此电机在施加纵向力时会产生一个使轮胎向车辆内侧旋转的转矩，转矩大小与施加在轮胎上的纵向力成正相关。当左右两轮纵向力相等时，左右两个使车轮向内转动的力矩大小相等，方向相反，因此通过转向机构抵消掉对车轮的影响。当左右两轮纵向力不相等时，两个使车轮向内旋转的转矩无法抵消，汇合成一个向纵向力较小的一侧转动的转矩，这个转矩就是电子差矩助力转向通过控制左右两个驱动电机转矩而产生的助力力矩。前两轴电子差矩助力转向原理如图 5-33 所示。

　　后四轴电子差矩助力转向采用双层闭环控制策略，根据各轴与前两轴转向角关系，跟随前两轴转角进行差矩转向。通过方向盘转角传感器采集方向盘转角，输入控制系统当中，根据方向盘转矩和车速等信号计算各桥需求车轮转角 α_i^*（$i=1,2,3,\cdots$），通过与车轮实际转向角 α 进行第一层 PI 调节，得出目标车轮转向角速度 ω_i^*。将车轮实际转角进行微分，得出车轮实际转向角速度，与目标转向角速度进行第二层 PI 调节，得出目标差矩力矩 T_i^*，并输入转向系统和分布式电驱动车桥，由分布式电驱动桥驱动控制器决策左右两轮具体分配力矩。电子差矩助力转向双层闭环控制如图 5-34 所示。

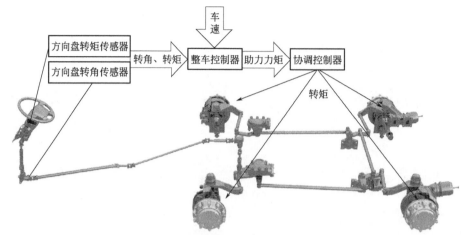

图 5-33　前两轴电子差矩助力转向原理

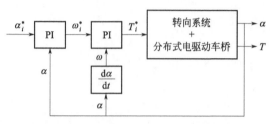

图 5-34　电子差矩助力转向双层闭环控制

电子差矩助力转向助力大小随车速上升而减小，为保证车辆转向安全性，车辆三至六轴锁止，不再进行差矩助力转向。

若线控液压转向系统失效，则单纯利用电子差矩辅助转向实现转向功能，这种功能提高了多轴车辆转向系统的可靠性。线控液压转向系统失效包括但不限于液压缸漏油，目标转角设定电机失效、转向电机失效、转向电机控制器失效等。为保证转向系统失效可以被检测到，转向系统中还会有相应的传感器及故障诊断电路。后四轿电子差矩助力转向原理如图 5-35 所示。

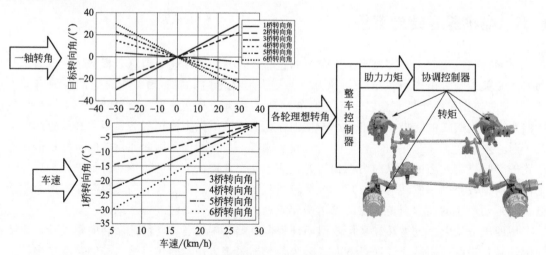

图 5-35　后四桥电子差矩助力转向原理

另外，整车控制器具有失效稳定算法，在失效突然发生时，整车控制器收到转向失效信号后进入失效控制模式，根据当前的车辆行驶速度、纵向、横向加速度、横摆角速度、车身俯仰角、车身侧倾角及各轴载荷等情况，按照失效稳定算法得到此时保持转向能力的转矩分配算法，维持车辆按照驾驶员行驶意图转向的能力，保证车辆的操纵稳定性。

第6章
电驱动特种车辆
车架及悬架系统

6.1 特种车辆车架及悬架系统概述

悬架是车架与车桥之间一切传力连接装置的总称，是保障车辆平顺性与操纵稳定性的重要总成，悬架一般都由弹性元件、减振器、导向机构、缓冲块和横向稳定器等部分组成。悬架的主要作用是传递作用在车轮与车架之间的一切力和力矩，从而缓和路面不平带来的冲击载荷，衰减振动，保证行驶平顺性与操稳性。

电驱动特种车辆车重与载重比较大，并且电驱动特种车辆为多轴的结构，轴荷分配与乘用车相比有着较大的区别，因此，电驱动特种车辆的悬架设计要求与乘用车悬架设计要求也有所差异，电驱动特种车辆的悬架应当保证车辆有良好的行驶平顺性、操纵稳定性。除此之外，在车辆制动或加速时，车身的俯仰角要合适，以减少车身纵倾现象。

6.1.1 车架方案分析

电驱动特种车辆属于军用载重多轴汽车（图6-1），而多轴汽车的出现也符合未来高科技战争的需求，未来战场上武器的重型化、复杂化，都要求运输车辆具有极强的承载能力以及运输能力。车架是横贯车辆的最为基本的部分，车辆上的大部分附件设备都要通过车架来进行定位或直接与车架相连，比如发动机、传动系统、悬架、转向系统、驾驶室等。车架的功用是为汽车上的零部件提供支撑以及定位，并且承受整车上的各种载荷。总体来说，车架的形式主要分为三种：边梁式车架、脊骨式车架和综合式车架。

图6-1　军用多轴车辆

（1）边梁式车架。边梁式车架由分居两侧的两根纵梁以及若干根将它们相连的横梁所组成（图 6-2）。边梁式车架的这种结构具有比较大的刚度，横梁不仅可以保证整个车架的扭转刚度，还能为各种附件设备提供可靠的定位以及支撑。一般在边梁式车架的两端各有一根横梁，一般叫前后保险杠，前后保险杠主要起缓冲的作用，汽车在纵向遭受到撞击时，它们可以保护驾驶室以及尾部附件设备。由上述可以得出边梁式车架的优点是：承载能力强，抗扭转刚度大，因此适合作为多轴大型载货及载重车的车架。

图 6-2　边梁式车架

（2）脊骨式车架。脊骨式车架又称为中梁式车架，顾名思义，中梁式车架由一根中梁以及多根通过中梁的横梁所组成（图 6-3）。中梁一般为空心管形或者是空心箱形，这种方式便于布置独立悬架，可以使独立悬架有足够的动挠度，这有利于提升车辆的舒适性、操稳性、通过性。太脱拉越野车大多数采用中梁式车架，将变速器、驱动桥、差速器等部件全部整合到中间空心管内，这样的设计形式虽然比较紧凑，同时又能起到防尘作用，但是制造以及维修成本高昂。

（3）综合式车架。综合式车架兼具了边梁式车架和脊骨式车架的特点（图 6-4），根据设计要求的不同，综合式车架也有不同的结构，有前部是边梁式，后部是中梁式的综合式车架，这样设计便于发动机的定位和支撑；也有一部分直接将车架与车身的一部分整合在一起，冲压形成承载式车身，又称为半车架。除此之外，还有一些客车、赛车和特种车采用桁架结构作为车架，同时兼起车身的作用。

图 6-3　脊骨式车架

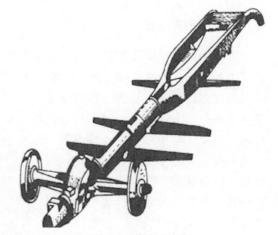

图 6-4　综合式车架

本次设计的电驱动特种车辆车架总成是车辆的骨架，支承连接车辆的各总成、系统及零部件，并承受各种载荷。车架总成由纵梁、驱动电机横梁组、前横梁、前后调平支腿横梁等组成。其中车架前端纵梁斜切设计，满足结构强度并兼顾接近角大于14°的技术指标。其总体结构如图6-5所示。

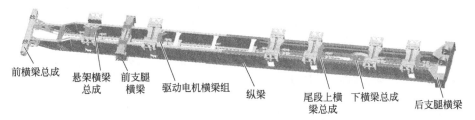

图 6-5 某电驱动特种车辆车架总成

6.1.2 悬架方案分析

悬架组成如图6-6所示，悬架是保证乘客舒适性最为重要的零部件，它可以衰减振动。对于一辆没有悬架的汽车，乘客会感到特别颠簸，同时对操纵稳定性也有影响，尤其是高速行驶时对汽车的行驶稳定性的影响。按照同轴两侧悬架是否相连可以将悬架分为两种，分别是独立悬架和非独立悬架。非独立悬架的两侧车轮由一整根车桥所连接，而独立悬架的两侧车轮是不直接由车桥相连的，所以在同样的工况下，独立悬架的适应性要强于非独立悬架。近年来，主动悬架技术的相关研究也逐渐取得进展，主动悬架的阻尼和刚度可以随着行驶工况的不同而适时调节，从而使车辆处于最佳行驶状态。

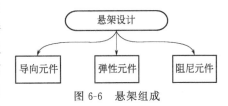

图 6-6 悬架组成

（1）独立悬架。独立悬架采用断开式车桥，采用独立悬架车辆的同轴两侧车轮单独与车架相连接，每个车轮的运动互不影响，这样可以减少车辆的振动与侧倾。此外，独立悬架方案中的弹性元件不承受纵向力，只承受垂直力的作用，因此可以采用刚度比较小的弹簧，改善汽车的舒适性。独立悬架的断开式车桥可以充分降低发动机布置高度，同时整车质心高度也得到降低，这样可以提高汽车的行驶稳定性。但是独立悬架的结构比较复杂，也有着设计制造成本高、维修不便的缺点。

独立悬架可以分为双横臂式、单横臂式、双纵臂式、单纵臂式、单斜臂式、麦弗逊式和扭力梁式等多种类型。双叉臂式独立悬架如图6-7所示。

（2）非独立悬架。非独立悬架（图6-8）采用整体式车桥。非独立悬架的同轴两侧车轮与一根整体轴相连接，然后经过悬架与车架相连接。

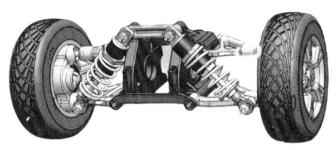

图 6-7 双叉臂式独立悬架

图 6-8 非独立悬架

非独立悬架中大多采用钢板弹簧作为弹性元件，同时钢板弹簧兼作导向装置，这样的设计结构简单、工作可靠、维修简便。由于非独立悬架刚性地将两侧车轮相连，因此非独立悬架的舒适性、操稳性不如独立悬架优秀。所以在乘用车的悬架布置中，一般前桥（转向桥）采用独立悬架，后桥采用非独立悬架，这样不仅可以保证车辆的操稳性和平顺性，也可以降低成本。

6.1.3 悬架对汽车主要性能影响的分析

悬架形式、导向杆系的布置以及悬架参数的选择等对汽车性能的影响并不是孤立的，而是存在着一定的内在联系。为此从不同角度分析其对汽车各种性能的影响。

6.1.3.1 悬架对汽车行驶平顺性的影响

良好的汽车行驶平顺性不仅能保证乘员的舒适与所运货物的完整无损，而且可以提高汽车的运输生产率、降低燃油消耗、延长零件的使用寿命及提高零件的工作可靠性等。

目前主要参照国际标准 ISO 2631 来评价汽车行驶平顺性，它把乘员承受的疲劳-降低工效界限表示为振动加速度均方根值随频率变化的函数。对垂直振动而言，人体对 $4\sim8\,\mathrm{Hz}$ 的振动最敏感，所以这一频带的界限值最低。为使人体承受的振动不超过规定的界限值，主要靠悬架来降低车身振动加速度均方根值。在一定随机路面不平度的输入下，车身加速度的均方根值的大小，取决于车身加速度对路面不平度的幅频特性，与车身在悬架上振动的固有频率、非周期性系数及非簧载质量的大小有关。从图 6-9 可以看出，车身固有频率越低，曲线斜率越小，车身加速度均方根值越小。

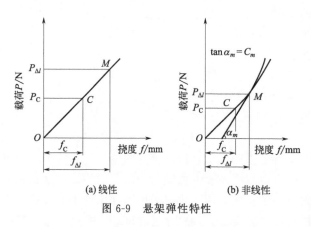

图 6-9 悬架弹性特性

（1）悬架弹性特性对汽车行驶平顺性的影响。若不考虑轮胎和减振器的影响，则车身固有频率为

$$n_0 = \frac{w_0}{2\pi} = \frac{1}{2\pi}\sqrt{\frac{C}{m}} \tag{6-1}$$

式中，w_0 为固有角振动频率，$\mathrm{rad/s}$；C 为悬架刚度，$\mathrm{N/m}$；m 为簧载质量，kg。

在静载荷作用下悬架的静挠度为

$$f_c = \frac{mg}{C} \tag{6-2}$$

$$n_0 = \frac{1}{2\pi}\sqrt{\frac{g}{f_c}} \tag{6-3}$$

当以每秒振动次数表示时有

$$n_0 = \frac{300}{\sqrt{f_c}} \tag{6-4}$$

式中，f_c 为静挠度，cm，是指汽车满载静止时悬架上的载荷 F_w 与此时的悬架刚度 C 之比。

从上述公式中可见，车身振动的固有频率 n_0 由簧载质量 m、悬架刚度 C 或悬架静挠度 f_c 决定。

由试验得知，为了保持汽车具有良好的平顺性，车身振动的固有频率应接近人体所习惯的步行时的身体上、下运动的频率 $1\sim1.4\,\mathrm{Hz}$（$60\sim85$ 次/min），振动的加速度的极限允许值为 $(0.3\sim0.4)g$。

从保持所运货物完整性的观点出发，车身振动加速度也不能过大，如果车身加速度达到 $1g$，则未经固定的货物可能离开车厢底板。因此为保证所运货物完整无损，振动加速度的极限值不应超过 $(0.6\sim0.7)g$。

悬架的动挠度 f_d 是指从满载静平衡位置开始，悬架压缩到结构允许的最大变形（通常指缓冲块压缩到其自由高度的 1/2 或 2/3）时，车轮中心相对车架（或车身）的垂直位移。当车身固有频率 n_0 低于 $3\,\mathrm{Hz}$ 就可以保证人体最敏感的 $4\sim8\,\mathrm{Hz}$ 处于减振区。n_0 值越低，车身加速度的均方根值越小。但在悬架设计时，n_0 值不能选得太低，主要原因是 n_0 值降低，悬架的动挠度 f_d 就增大，在布置上若不能保证足够大小的限位行程，就会使限位块撞击的概率增加。另外，n_0 值选得过低，悬架设计不选取一定措施，就会增大制动"点头"角和转弯侧倾角，使空、满载时车身高度的变化过大。各种车型车身固有频率 n_0 的适用范围为：货车 $1.5\sim2\,\mathrm{Hz}$；旅行客车 $1.2\sim1.8\,\mathrm{Hz}$；高级轿车 $1\sim1.3\,\mathrm{Hz}$。

在悬架设计中，通常把力和变形的关系曲线，即车轮受到的垂直外力与由此所引起的车轮中心相对于车身位移的关系曲线，称为悬架的弹性特性曲线，曲线的斜率为悬架的刚度。

线性弹性特性，即悬架变形与所受载荷成比例地变化，其刚度 C 是常数，一般钢板弹簧悬架即属此类。

具有线性弹性特性的汽车，在使用中其车身振动的固有频率将随装载的多少而改变，尤其是后悬架载荷变化很大的货车和大客车，这种变化会使汽车前后悬架的频率相差过大，结果导致汽车车身的猛烈颠簸（纵向角振动），因而使汽车行驶平顺性变差。

非线性弹性特性的悬架，即悬架的刚度可随载荷的改变而变化，也称变刚度悬架。由于刚度 C 随载荷而改变，可以使得在载荷变化时，保持车身振动的固有频率不变，从而获得良好的汽车行驶平顺性。这时，在曲线上任意点 M 必须满足

$$\frac{P}{C_m}=f=f_c \tag{6-5}$$

式中，P 为特性曲线上任意点 M 的载荷；C_m 为任意点 M 的悬架刚度；f 为悬架的折算静挠度；f_c 为在静载荷 P_c 时，汽车获得较为良好平顺性所要求的悬架静挠度。

因为

$$C_m=\frac{\mathrm{d}P}{\mathrm{d}f} \tag{6-6}$$

可将上式改写成

$$\frac{\mathrm{d}P}{P}=\frac{\mathrm{d}f}{f} \tag{6-7}$$

积分得

$$\ln P=\frac{f}{f_c}+A \tag{6-8}$$

因为当 $f=f_c$ 时

$$P = P_c e^{\frac{f}{f_c - 1}}$$ (6-9)

所以

$$A = \ln P_c - 1$$ (6-10)

因此 $P = P_c$，这就是说，不管载荷如何变，为保持车身固有频率不变，当载荷 P 等于大于 P_c 时，悬架的特性应该按指数函数的规律变化。然而，这种较为理想的弹性特性的悬架是难以实现的。

目前，在悬架设计中，只不过是力求减小固有频率随载荷而变化的幅度（或范围），从而不同程度地改善汽车行驶平顺性。

非线性的悬架弹性特性可以采用适当的悬架结构（导向机构）或弹性元件（如加辅助弹簧、调节弹簧、空气弹簧等）来实现。

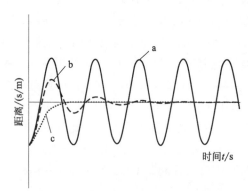

图 6-10　减振器阻尼对车身振动衰减的曲线

（2）悬架系统中的阻尼对汽车行驶平顺性的影响。减振器起衰减振动的作用，对汽车行驶平顺性有影响，其主要参数为阻尼系数，阻尼系数要根据具体汽车的型号来选取。如图 6-10 所示是减振器阻尼对车身振动衰减的曲线。

曲线 a 表示振动完全没有衰减的情况，车身按悬架的固有振动频率不断振动。曲线 b 表示有衰减的情况，车身振动的振幅逐渐减小。曲线 c 表示减振器的衰减能力很强的情况，车身没有振动，车身的位移很快恢复到原位。

为了衰减车身由路面反馈来的自由振动和抑制车身、车轮、车架等的共振，以减小车身的垂直振动所引起的加速度和车轮垂直方向振动的振动（减小车轮对地面压力的变化，防止车轮过于跳离地面），悬架系统中应具有适当的阻尼。

当 g 增大时，动挠度的幅频特性 $|f_d/q|$ 在高、低两个共振区幅值均显著下降，在两个共振区幅值之间变化很小。

随阻尼比 ξ 增大，在低频共振区幅频特性峰值下降，车身加速度均方根值就小，从而提高汽车行驶的平顺性。

弹簧行程曲线是随阻尼比单调变化的，阻尼比越大，所要求的弹簧行程越小；相反，对于车身加速度和车轮动载而言，可找到一个最佳阻尼比值。

然而对车身加速度和车轮动载的最佳阻尼比值也是不同的，前者为 0.18，后者为 0.4 以上，故设计人员只能从中采取折中方案。

（3）非簧载质量对汽车行驶平顺性的影响。由悬架支承的部件、总成等称为簧载质量（或悬挂质量），不是由悬架支承的部分称为非簧载质量（或非悬挂质量）。减小非悬挂质量，使悬挂质量与非悬挂质量的比值较大，可以减小高频共振区车身振动加速度和减少车轮离开地面的概率。因此，在汽车设计中，为提高汽车行驶平顺性，采用非簧载质量较小的独立悬架更为有利。

（4）改善平顺性的主要措施。增大悬架静挠度（降低固有频率），使其频率接近人体所习惯的步行时的身体上、下运动的频率。

尽量减少非簧载质量。由频率公式可知，减少非簧载质量，或增大了簧载质量，同样有降低汽车固有频率的效果，从而也可使频率接近人体习惯的运动频率。

配合适当的阻尼和限位行程。通过减振器来吸收路面传到车上的振动能量，使汽车振动得到衰减。

6.1.3.2　悬架与汽车操纵稳定性

所谓的汽车操纵稳定性，是指汽车能正确地按照驾驶员通过操纵转向系所确定的方向行驶，且在外力干扰下，能保持稳定或经过干扰后在一定时间内恢复稳态工况的性能。影响操纵稳定性的主要参数是车轮偏离角、前轮定位角、导向杆系与转向杆系的运动协调性。

当汽车曲线行驶时，在离心力的作用下，由于轮胎的横向弹性和前、后悬架导向机构特性，一般会使转弯半径发生变化。在离心力的作用下，使转弯半径变大的特性称为不足转向；反之，称为过度转向。

（1）汽车的侧倾。

① 车身侧倾轴线。车身相对地面转动时的瞬时轴线称为车身侧倾轴线。该轴线通过车身在前、后轴处横断面上的瞬时转动中心，这两个瞬时中心称为侧倾中心。

侧倾中心到地面的距离称为侧倾中心高度。侧倾中心位置高，它到车身质心的距离缩短，可使侧向力臂及侧倾力矩小些，车身的侧倾角也会减小。但侧倾中心过高会使车身倾斜时轮距变化大，加速轮胎的磨损。

② 悬架的侧倾角刚度。若令 T 为悬架系统作用于车身的总弹性恢复力偶矩，Φ 为车身转角，则悬架的侧倾角刚度为

$$K\Phi = \frac{\mathrm{d}T}{\mathrm{d}\Phi_{\mathrm{r}}} \tag{6-11}$$

可以通过悬架的线刚度来计算侧倾角刚度。悬架的线刚度指的是车轮保持在地面上，车身做垂直运动时，产生单位车身位移时悬架系统给车身的总弹性恢复力。

（2）悬架的线刚度。悬架的线刚度指的是车轮保持在地面上，车身做垂直运动时，产生单位车身位移时，悬架系统给车身的总弹性恢复力。

对于非独立悬架（图 6-11），具有非独立悬架的汽车车身做垂直位移时所受到的弹性恢复力，就是弹簧直接作用于车身的弹性力。

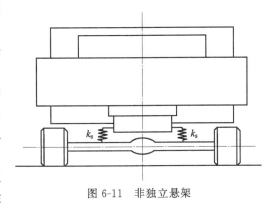

图 6-11　非独立悬架

所以，悬架的线刚度就等于两个弹簧线刚度之和。若一个弹簧的线刚度为 k_{s}，则悬架的线刚度为

$$K = 2k_{\mathrm{s}} \tag{6-12}$$

对于独立悬架，具有独立悬架的汽车车身做垂直位移时，在垂直方向上车身受到的随位移而变的力包括两部分：弹簧直接作用于车身的弹性力在垂直方向的分量和导向杆系约束反力在垂直方向的分量。

若能求出车身做垂直位移 Δs 时地面作用于轮胎的反作用力 ΔF_{z}，就可以求出悬架的线刚度，即

$$K = \frac{\Delta F_z}{\Delta s} \tag{6-13}$$

（3）悬架的侧倾角刚度。车身侧倾时受到悬架的弹性恢复力偶矩，可以用等效弹簧的概念来进行分析。车身上一侧受到的弹性恢复力，相当于一个上端固定于车身，下端固定于轮胎接地点且垂直于地面，具有悬架线刚度的螺旋弹簧施加于车身的弹性力。这个相当的弹簧称为等效弹簧。

当车厢发生小侧倾角 $d\Phi_r$ 时，等效弹簧的变形量为 $\pm \frac{B}{2} d\Phi_r$，故车厢受到的弹性恢复力偶矩为 $dT = d\Phi_r$，悬架侧倾角刚度为

$$K\Phi = 0.5 k_1 B^2 \tag{6-14}$$

式中，k_1 为侧悬架的线刚度；B 为轮距。

若已知悬架的线刚度，即可算出该悬架的侧倾角刚度。例如，单横臂独立悬架的侧倾角刚度为

$$K\Phi = 0.5 ks \left(\frac{Bm}{n} \right)^2 \tag{6-15}$$

但是上面的计算只适用于小倾角，而且在分析中没有考虑导向杆系中铰接点处弹性衬套的影响。

（4）侧倾时垂直载荷对稳态响应的影响。在正常工作状态下，汽车左、右车轮的垂直载荷大体上是相等的。但曲线行驶时，由于侧倾力矩的作用，作用在前、后轴左、右车轮上的垂直反力，将是静止状态下的垂直反力及由侧倾引起的垂直反力变动量之和。这将使车轮垂直载荷在左、右车轮上是不相等的（外侧车轮是增加垂直反力的，而在内侧车轮则是减少垂直反力的），将影响轮胎的侧偏特性，导致汽车稳态响应发生变化。有的汽车甚至会从不足转向变为过多转向。

垂直载荷的变化对轮胎侧偏特性有显著影响。垂直载荷增大后，侧偏刚度随垂直载荷的增加而加大；但垂直载荷过大时，轮胎与地面接触区的压力变得极不均匀，反而使轮胎侧偏刚度有所减小。

无侧向力作用时，令 W_0 为车轴左、右车轮的垂直载荷，k_0 为每个车轮的侧偏刚度。

有侧向力作用时，设左、右车轮垂直载荷没有发生变化，则相应的侧偏角 α_0 为

$$\alpha_0 = \frac{F_r}{2 k_0} \tag{6-16}$$

式中，F_r 为侧偏力；k_0 为车轮的侧偏刚度。

实际上，在侧向力作用下，左、右车轮垂直载荷均发生变化。内侧车轮减少 ΔW，外侧车轮增加 ΔW，两个车轮的侧偏刚度随之变为 k_0。由于左、右车轮的侧偏角相等，故有

$$F_r = k_1 \alpha + k_r \alpha \tag{6-17}$$

式中，k_1、k_r 为两车轮的侧偏刚度；α 为车轮侧偏角。

由图 6-12 可知，平均侧偏刚度 k_0 即为梯形 $abcd$ 中线 ef 的高度。虽然 $k_0 > k_0'$，即 $\alpha > \alpha_0$，但进一步分析可知，左、右车轮垂直载荷差别越大，平均侧偏刚度越小。

由此可知，在侧向力作用下，若汽车前轴左、右车轮垂直载荷变动量较大，汽车趋向于增加不足转向量；若后轴左、右车轮垂直载荷变动量较大，汽车趋于减少不足转向量，一般应使汽车有适度的不足转向特性。

汽车前轴及后轴左、右车轮载荷变动量决定于：前、后悬架的侧倾角刚度、悬挂质量、非悬挂质量、质心位置、后悬架侧倾中心位置等一系列参数的数值。

本部分主要介绍了影响汽车行驶平顺性和操纵稳定性的一些主要因素，如影响汽车行驶稳定性的有钢板弹簧的弹性特性、减振器的阻尼系数、非簧载质量等。架型式、导向杆系的布置以及悬架参数的选择等对汽车性能的影响，并不是孤立的，而是存在着一定的内在联系。

通过本部分内容，可以了解影响汽车

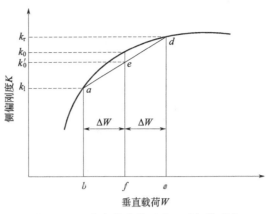

图 6-12　左右车轮载荷再分配时侧偏刚度

行驶平顺性和操纵稳定性的几个因素，知道在设计悬架时，应该着重考虑这些因素，通过对这些因素的分析和研究，了解这些因素是如何影响汽车行驶平顺性和操纵稳定性的，从而在设计时综合各个方面的知识，设计出使汽车同时具有适当的行驶平顺性和操纵稳定性的悬架。

6.2　电驱动特种车辆车架设计技术

6.2.1　车架结构设计

6.1.2.1　车架结构设计要求

（1）电驱动特种车辆行驶工况复杂，因此电驱动特种车辆的车架应该有足够的强度和疲劳强度，以满足车辆的各种行驶工况和耐久性。

（2）电驱动特种车辆车架需有足够的弯曲刚度，保证车辆在复杂行驶工况下车架不会发生弯曲变形，以免影响各附件设备的定位和避免各部件之间发生干涉。

（3）电驱动特种车辆车架需有足够的扭转刚度，当车辆在凹凸路面上行驶时，车架受到弯曲载荷以及扭矩作用，为了提高车辆的平顺性和通过性，车架需有足够的扭转刚度。

（4）电驱动特种车辆的车架应采取轻量化措施，由于车架较重，且该车辆载重量要求高，因此在满足强度的要求下，应尽可能使车架重量低一些。

6.1.2.2　车架结构设计步骤

（1）总体结构方案。电驱动特种车辆车架形式选择边梁式车架，由车架方案分析已知边梁式车架由两根纵梁和多根横梁所组成，这种结构便于特种车的设备安装和固定，并且具有足够的强度和刚度。车架的两根纵梁采用槽形截面，且两根纵梁前后等宽，这样可以提高车架纵梁内外部的空间利用率。

边梁式车架中纵梁与横梁的固定方法主要有焊接法和铆接法，铆接法成本低、车架变形小，适于大批量生产，焊接法能保证足够的弯曲刚度且连接牢固，但是焊接会造成结构内部产生内应力。本设计采用铆接法将纵梁与横梁刚性连接在一起，横梁的布置可以使车架具有足够的扭转刚度，但是横梁的布置应该综合考虑车辆各部分的受载状况和轻量化需求。电驱动特种车辆车架的横梁主要包括前后横梁、悬架横梁、前后支腿横梁等部分。

（2）车架参数计算。

① 车架宽度的确定。车架宽度是左、右两纵梁腹板外侧面之间的宽度，车架宽度一般在 1000mm 左右，具体宽度根据整车上各附件设备的布置情况以及受载状况确定，由于该设计车型要求采用槽形纵梁等宽结构，因此车架宽度应选取较大尺寸。

② 车架长度的确定。一般来说，车架长度取决于整车的前悬长度、后悬长度以及各轴轴距之和，由于所设计车型为电驱动特种车辆，因此前悬长度主要取决于驾驶室的前后围距离以及前悬架的布置情况，前悬长度还要充分考虑车辆接近角的要求。后悬长度主要考虑车辆的离去角的要求。轴距的选择必须充分考虑整车设备布置情况和载荷分布。

③ 纵梁、横梁材料确定。考虑车辆为电驱动特种车辆，车架纵横梁采用冷冲压工艺，在大型压力机上将钢板冲压成形，车架材料也应该具备足够的屈服极限和疲劳极限，同时具

图 6-13　C 形钢

有较低的应力集中敏感性、良好的冲压性能以及焊接性能。考虑上述要求，选用 8mm厚 610L 钢板作为冲压原材料，在汽车大梁热轧钢板标准中，610 代表抗拉强度，L 代表汽车梁。纵横梁生产用钢板一般含锰元素，这样可以提高钢板的淬透性，其中610L 钢板就是 65Mn 钢板。纵梁与横梁采用 C 形断面（图 6-13），为了提高空间利用率，槽形纵梁的开口朝内。

6.2.2　车架纵梁设计

　　C 形梁是车架总成中尺寸最大的加工件（图 6-14），C 形梁的特点是宽而窄，为了降低车架材料成本，在能够满足最大载荷要求的条件下，C 形梁的基本结构力求简单。对于 C 形梁，可按如下公式计算弯曲应力。

$$\sigma = \frac{M_{d_{max}}}{W_x} \tag{6-18}$$

式中，$M_{d_{max}}$ 为纵梁所受最大弯矩，N·m；W_x 为弯曲截面模量，cm^3。

根据 C 形梁截面尺寸，可以得出其抗弯截面模量大小。

$$W_x = (h + 6b)\frac{ht}{6} \tag{6-19}$$

式中，h 为纵梁高度，mm；b 为纵梁翼面宽度，mm；t 为纵梁钢板厚度，mm。

所计算得出的弯曲应力不应当超过所选纵梁冲压钢板材料的屈服极限 σ_s，其中所选纵梁材料 610L 钢板的屈服强度大于 500MPa，抗拉强度为 610～750MPa。

由于受载时纵梁会产生变形，纵梁的上翼面和下翼面会受到拉伸和压缩应力，容易在交变载荷下形成疲劳裂纹，形成危险工况。因此应当按照薄板理论进行载荷校核。纵梁的临界弯曲应力为

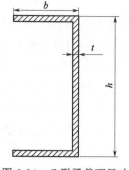

图 6-14　C 形梁截面尺寸

$$\sigma_{cr} = 0.4 \frac{E}{1 - \mu^2} \left(\frac{t}{b} \right)^2 \tag{6-20}$$

式中，E 为弹性模量系数，$E = 2.1 \times 10^5 \text{MPa}$；$\mu$ 为泊松比，一般取 $\mu = 0.3$。

当钢板厚为 t 时，纵梁翼缘的最大宽度应满足如下条件。

$$b \leqslant t \sqrt{\frac{0.4E}{(1 - \mu^2)\sigma}} \tag{6-21}$$

式中，E 为弹性模量系数，$E = 2.1 \times 10^5 \text{MPa}$；$\mu$ 为泊松比，一般取 $\mu = 0.3$；σ 为材料屈服强度，$\sigma = 500\text{MPa}$。

当车架纵梁剪力大小超过允许极限值时，车架纵梁腹板部分也往往会出现局部应力集中失效，因此一般要求纵梁截面高度为

$$h \leqslant \frac{\pi^2 E t^3}{15 Q_{d_{max}}} \approx \frac{E t^3}{1.5 Q_{d_{max}}} \tag{6-22}$$

式中，E 为弹性模量系数，$E = 2.1 \times 10^5 \text{MPa}$；$t$ 为纵梁钢板厚度，mm；$Q_{d_{max}}$ 为纵梁所受最大剪力，N。

按照车辆最大载荷及六轴布置方式计算最大剪力 $Q_{d_{max}}$，在以下各剪力与弯矩计算过程中，均只考虑极限状况下的剪力和弯矩。

前支反力为 F_1，后支反力为 F_2，则

$$F_1 = F_2 = \frac{1}{2} q l \left(1 + 2 \frac{a}{l} \right) \tag{6-23}$$

式中，q 为均布载荷，N/mm；l 为第三、第四轴轴距，mm；a 为前（后）悬长度，mm。

车架前端至前轴、车架后端至后轴的弯矩分别为

$$M_1 = M_2 = \frac{1}{2} q a^2 \tag{6-24}$$

由六根车桥的布置位置可知静载状态下，车架全长上的最大弯矩出现在第三轴与第四轴之间。

$$M_{max} = \frac{q l^2}{8} \left(1 - 4 \frac{x^2}{l^2} \right) \tag{6-25}$$

前、后轴处的剪力由如下公式计算

$$\tau_{1左} = \tau_{6右} = q a \tag{6-26}$$

轴距最大的第三、第四轴处的剪力由如下公式计算

$$\tau_{3右} = \tau_{4左} = \frac{q l}{2} \tag{6-27}$$

经计算，最大剪力绝对值出现在第三轴与第四轴支撑处。经验表明，汽车在动载荷工况的作用下，最大弯矩值和最大剪力值大概是静载荷工况下的 1.55 倍，车架纵梁疲劳系数可取 1.4。因此动载荷工况下的最大弯矩为 $M_{d_{max}} = 1.55 M_{max}$。综上所述可以得出纵梁尺寸参数。

6.2.3　车架结构载荷校核

（1）车架强度校核。纵梁抗弯截面模量计算公式如下。

$$W_x = (h + 6b)\frac{th}{6} \tag{6-28}$$

由计算得出 C 形梁截面尺寸，可得到纵梁抗弯截面模量为 298133mm³，C 形纵梁的屈服极限计算公式如下。

$$\sigma = \frac{M_{d_{max}}}{W_x} \tag{6-29}$$

式中，$M_{d_{max}}$ 为动载荷下最大弯矩，N·mm；W_x 为抗弯截面模量，mm³。

经计算得出其屈服极限为 315MPa，小于 610L 材料的屈服强度 500MPa，满足强度条件，纵梁强度校核完成。

为了尽可能确保整车发动机、传动系统和其他装备附件的正常可靠工作，需要首先对车架纵梁的弯曲变形进行必要的计算。采用与强度计算相同的模型，即只考虑相邻两支撑简支梁模型。

可知均布载荷下的简支梁最大挠度在第三轴与第四轴之间。

第三轴与第四轴之间最大挠度为

$$W_{max} = \frac{ql^4}{384EI}\left(5 - 24\frac{x^2}{l^2}\right) \tag{6-30}$$

式中，E 为弹性模量系数，$E = 2.1 \times 10^5$ MPa；q 为均布载荷，N/mm；l 为第三、第四轴轴距，mm；I 为惯性矩 $\left(I = \frac{BH^3 - bh^3}{12}\right)$。

计算惯性矩所需参数：$B = 100$mm，$H = 260$mm，$b = 92$mm，$h = 244$mm。

计算得：$I = 35094656$mm⁴。

代入得最大挠度 $W_{max} = 12.4$mm，满足电驱动特种车辆车架刚度要求。

（2）车架仿真分析。仿真分析，即将载荷均匀施加在两边纵梁上，虽然在优化设计中添加了一根横梁，但是其不起承重的作用，因此在受力点约束时依然是对原有的六根横梁进行受力约束。按照上述方案进行方案分析，分析结果如图 6-15 与图 6-16 所示。

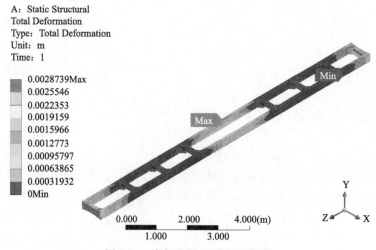

图 6-15　车架有限元形变（彩图）

根据图 5-15 和图 5-16 可以看到中间横梁对强度的提升有着明显的作用，由设计后的分析结果中的安全系数可知，最低安全系数发生在两边的横梁受力处，但是也已经达到了要求

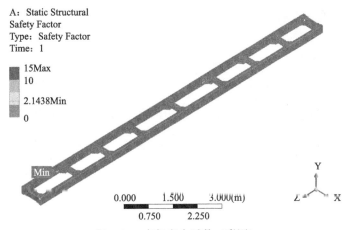

图 6-16　车架安全系数（彩图）

标准，因此车架结构载荷设计完成。

6.3　电驱动特种车辆悬架弹性元件设计

6.3.1　悬架系统

悬架系统采用双横臂螺旋弹簧独立悬架结构（图 6-17），主要包括螺旋弹簧减振器总成、上摆臂总成、下摆臂总成和限位装置。上、下摆臂一端通过旋转副连接到车架上，另一端通过主销总成连接至轮边总成，实现轮胎的定位和上下跳动，减振器内置于螺旋弹簧中，形成螺旋弹簧减振器总成。

双横臂独立悬架在整车平顺性、操纵稳定性、路面适应性等方面具有明显优势。合理的双横臂独立悬架硬点布置方案、优化的刚度与阻尼匹配方案可以满足整车对平顺性和操纵稳定性的要求。

双横臂独立悬架车型能够短距离低速通过泥泞路面、急造土路和越野路面。双横臂独立悬架布置如图 6-18 所示，包括螺栓弹簧与减振器总成、上横臂、下横臂、球铰、限位块等。

悬架系统由导向机构（上横臂、下横臂）、弹性阻尼元件（螺旋弹簧、减振器）、连接件（球铰、销轴等）、限位装置组成。

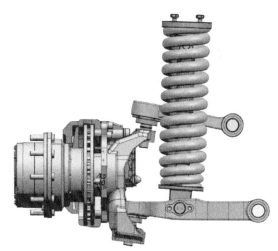

图 6-17　悬架系统示意

（1）螺旋弹簧与减振总成。减振器内置于螺旋弹簧中间形成总成，使整个系统结构简单，布置紧凑。如图 6-19 所示为螺旋弹簧与减振器总成结构。

螺旋弹簧具有变刚度特性。减振器拉伸阻尼力和压缩阻尼力值具有非线性特征，随着速度增加，拉伸阻尼力值会趋于不变，避免了恶劣路况下减振器的损坏和寿命降低。如图 6-20 所示为上下横臂总成布置示意。

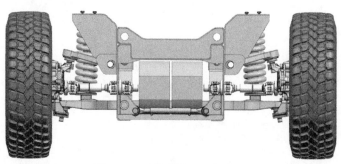

图6-18 双横臂独立悬架布置

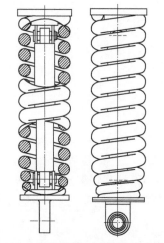

图6-19 螺旋弹簧与减振器总成结构

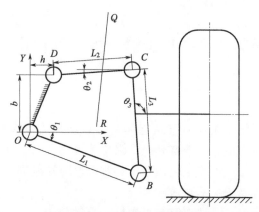

图6-20 上下横臂总成布置示意

（2）上、下横臂总成。悬架系统导向机构主要包括上、下横臂，通过上、下横臂对轮边总成进行定位，并且传递作用在轮胎上的力和力矩。

6.3.2 油气弹簧悬架设计

油气悬架由导向元件、弹性元件、阻尼元件所组成（图6-21），它将传统的弹性元件和阻尼元件组合在一起，利用气体的可压缩性来吸收和释放能量，因此油气弹簧的精密程度要求较高，成本也高。

油气悬架有多种形式，按照单缸蓄能器的形式，分为单气室、双气室、两级压力室等。油气弹簧根据蓄能器与工作缸的布置形式不同可以分为蓄能器-工作缸一体式和蓄能器-工作缸分离式。本书所设计的油气弹簧悬架形式为双叉臂式独立悬架，油气弹簧形式为单气室，单气室油气弹簧主要包括

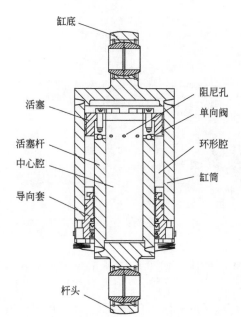

图6-21 油气弹簧总体结构

缸底

活塞
活塞杆
中心腔
导向套

阻尼孔
单向阀
环形腔
缸筒

杆头

活塞杆、缸套、导向套、缸底、防尘圈以及密封件等。

各部件具体尺寸设计如下。

(1) 活塞杆设计。当油气弹簧处于车辆满载静平衡状态时，油气弹簧的输出力为弹性力，根据受力情况可知活塞杆的直径为

$$D_h = \sqrt{\frac{4F}{\pi p}} \tag{6-31}$$

式中，D_h 为活塞杆直径，m；F 为满载油气弹簧的承受载荷，N；p 为满载油气弹簧的压力，MPa。

(2) 缸筒设计。油气弹簧无杆腔与有杆腔的面积比为

$$\varphi = \frac{A_1}{A_2} = \frac{D_g^0}{D_g^2 - D_h^2} \tag{6-32}$$

式中，A_1 为缸筒面积，m^2；A_2 为环形腔面积，m^2；D_g 为缸筒内径，m；D_h 为活塞杆直径，m。

缸筒的壁厚 σ 设计如下。

$$\sigma \geqslant \frac{D_g}{2} \left(\sqrt{\frac{[\sigma]}{[\sigma] - 1.73 \times 1.25 p_m}} - 1 \right) \tag{6-33}$$

式中，$[\sigma]$ 为材料许用强度，MPa；p_m 为油气弹簧内部最大压力，MPa。

(3) 活塞设计。活塞在油气弹簧内沿着缸筒做往复运动，两者之间有微小的间隙，这样既可以防止内泄漏，又可以降低磨损程度，因此选择间隙配合公差为 H8/f7。

活塞材料选择 45 号钢，调质处理后硬度为 $220 \sim 260HB$。为了便于拆装活塞与活塞杆，采用内六角螺钉连接。选取活塞宽度为活塞杆直径的 0.5 倍。

(4) 导向套设计。导向套的作用主要是支撑活塞杆以及对活塞杆进行导向，当活塞杆全部伸出时，导向套与活塞中心点之间的距离为最小导向长度，最小导向长度应该选取适当。导向套的最小导向宽度 H 计算如下。

$$H \geqslant \frac{L}{20} + \frac{D_g}{2} \tag{6-34}$$

式中，L 为工作行程，m；D_g 为缸筒内径，mm。

当 $D_g > 80mm$ 时，取值为 $(0.6 \sim 1)$ 倍缸筒内径。导向套材料选取 45 号钢。

(5) 缸底设计。缸底与缸筒之间采用焊接的方式连接，设计缸底材料为合金钢 27SiMn。

6.3.3　螺旋弹簧悬架设计

螺旋弹簧悬架（双横臂）单轴可实现 15000kg 的承载能力，悬架上跳 150mm，下跳 100mm，即悬架动行程应达到 250mm。

6.3.3.1　螺旋弹簧设计

螺旋弹簧材料选择硅锰弹簧钢，即 60Si2Mn，由于添加了硅元素，因此显著提高了弹性极限，并提高了回火稳定性，经热处理后的硬度为 $42 \sim 48HRC$，得到良好的力学性能。

(1) 材料直径的计算。由如下公式计算螺旋弹簧材料的直径。

$$d \geqslant 1.6 \sqrt{\frac{F_{max} KC}{\tau_p}} \tag{6-35}$$

式中，τ_p 为材料许用切应力；C 为螺旋弹簧旋绕比 D/d，一般初定为 $5\sim8$；F_{max} 为满载时弹簧工作载荷；K 为弹簧系数 $\left(K=\dfrac{4C-1}{4C-4}+\dfrac{0.615}{C}\right)$。

根据计算得出的弹簧材料直径，并结合推荐标准选择 d 的具体尺寸。

（2）弹簧中径的计算。螺旋弹簧中径 D 由如下公式计算。

$$C=\frac{D}{d} \tag{6-36}$$

式中，d 为材料直径。

（3）弹簧内径的计算。螺旋弹簧内径由如下公式计算。

$$D_n=D-d \tag{6-37}$$

（4）弹簧外径的计算。螺旋弹簧外径由如下公式计算。

$$D_w=D+d \tag{6-38}$$

（5）弹簧有效圈数的计算。螺旋弹簧有效圈数由如下公式计算。

$$n=\frac{Gd^4 f_n}{8FD^3} \tag{6-39}$$

式中，f_n 为最大工作载荷下的变形量；G 为单轴载荷；d 为弹簧材料直径；F 为螺旋弹簧最大载荷。

（6）弹簧节距的计算。螺旋弹簧的节距由如下公式计算。

$$p=(0.28\sim0.5)D \tag{6-40}$$

（7）弹簧的自由高度计算。对于两端对紧磨平的弹簧来说，螺旋弹簧的高度由如下公式计算。

$$H=pn+(3\sim3.5)d \tag{6-41}$$

（8）弹簧的稳定性计算。弹簧的稳定性计算主要是计算弹簧的长细比，若长细比过大，则容易失去稳定性。即螺旋弹簧的长细比 b 应该小于一定值，一般取 $b\leqslant5.3$。

长细比计算公式如下。

$$b=\frac{H}{D} \tag{6-42}$$

代入得 $b=4.5<5.3$，满足稳定性要求。

（9）弹簧的刚度计算。弹簧的刚度计算主要是应力校核，在动挠度下螺旋弹簧的扭转应力计算公式如下。

$$\tau_d=\frac{GdK' f_n}{\pi D^2 n} \tag{6-43}$$

式中，f_n 为最大工作载荷下的变形量；G 为单轴载荷；K' 为弹簧材料直径。

经计算，螺旋弹簧最大应力应满足 $\tau_m=\tau_c+\tau_d<[\tau_m]$，对于碳钢，查阅资料可得许用 $[\tau_m]=800\sim1000\mathrm{N/mm}$，符合刚度要求。

6.3.3.2 减振器的选择和计算

（1）减振器的选择。减振器是与螺旋弹簧并联使用的阻尼元件，作用是迅速减少螺旋弹簧的振动次数，提高平顺性与舒适性。其参数布置如图 6-22 所示。

电驱动特种车辆的减振器应该满足以下使用要求：减振器的压缩阻尼应该小于伸张阻尼，以充分利用弹性元件的弹性来缓和冲击，并迅速减振；减振器的安全阀应该有良好的卸荷能力；减振器应该有宽的工作温度范围。

（2）减振器的参数设计。

① 相对阻尼系数的计算。相对阻尼系数的计算公式如下。

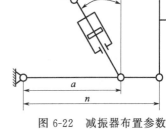

图 6-22　减振器布置参数

$$\varPhi = \frac{\delta}{2\sqrt{Cm_s}} \qquad (6\text{-}44)$$

式中，m_s 为簧载质量；C 为悬架刚度；δ 为阻尼系数。

② 阻尼系数的计算。减振器在卸荷阀打开之前，其中的阻力 F 和减振器振动时的速度 v 有以下的关系：$F = v\delta$，其中 δ 为阻尼系数。

由式（6-44）可以得出阻尼系数的基本计算公式。

$$\delta = 2\varPhi m_s w \qquad (6\text{-}45)$$

斜置减振器的阻尼系数计算公式为

$$\delta = \frac{2\varPhi m_s w n^2}{a^2 \cos\alpha^2} \qquad (6\text{-}46)$$

式中，m_s 为簧载质量；C 为悬架刚度；$\varPhi$ 为相对阻尼系数；w 为悬架固有频率，一般为 $1 \sim 1.6 \text{Hz}$。

③ 最大卸荷力的确定。最大卸荷力为 $F = v\delta_s$，其中 δ_s 为悬架减振器在伸张行程中的阻尼系数；v 为卸荷速度，一般为 $0.15 \sim 0.3 \text{mm/s}$，取 0.2mm/s。

④ 双向筒式减振器工作缸直径的确定。双向筒式减振器工作缸直径可以由如下公式计算。

$$D_H = \sqrt{\frac{4F}{\pi\,[p]\,(1 - \lambda^2)}} \qquad (6\text{-}47)$$

其中，$[p]$ 为工作缸最大允许压力，一般取 $3 \sim 4 \text{MPa}$；λ 为减振器连杆直径与缸筒直径之比，一般单筒式取 $0.3 \sim 0.35$，双筒式取 $0.4 \sim 0.5$。

⑤ 双向筒式减振器外缸筒直径的确定。双向筒式减振器工作缸直径可以由如下公式计算。

$$D_c = \lambda_c D_H \qquad (6\text{-}48)$$

式中，λ_c 一般取 $1.35 \sim 1.5$；内缸筒壁厚通常取 $2 \sim 2.5 \text{mm}$，材料一般选择 20 号钢。

⑥ 减振器活塞杆设计。减振器活塞杆直径与内缸筒直径有关，可知活塞杆的直径为

$$d = \lambda_d D_H \qquad (6\text{-}49)$$

式中，λ_d 为减振器的活塞杆直径与内缸筒的直径的比值，一般取 $0.3 \sim 0.65$。

6.3.4　空气弹簧悬架设计

6.3.4.1　空气弹簧概述

空气弹簧是在柔性密闭容器中充入压力空气，利用空气的可压缩性实现弹性作用的一种弹簧。它具有优良的弹性特性，可以显著改善车辆的舒适性和增加稳定性，在汽车和铁路机车车辆上得到了广泛的应用。空气弹簧现在也应用于压力机、剪切机、压缩机、离心机、振

动输送机、振动空气锤，在铸造域和纺织机械等中作为隔振元件；用作电子显微镜、激光仪器、集成电路及其他物理化学分析精密仪器的弹性支撑，以隔离地基的振动。在车辆悬架中采用空气弹簧具有以下优点。

(1) 通过高度控制阀，可使空气弹簧的工作高度在任何载荷下保持恒定。也可使弹簧在同一载荷下具有不同的高度，以便于实现车辆的高度调节和对车重变化的自适应。

(2) 空气弹簧特性曲线可设计性强，可以设计成不同的非线性弹性曲线。

(3) 空气弹簧的刚度随载荷而变，使系统的自振频率不随载荷变化。

(4) 主副气室的空气弹簧可以通过调节主副气室连接管路的开口度，实现半主动刚度调节。

(5) 空气弹簧质量小，固有频率高，可以有效隔离高频振动。

6.3.4.2 空气弹簧设计计算

在空气弹簧的设计计算中，其主要参数是有效面积 A。空气弹簧上所受的载荷为

$$F = Ap = p\pi R^2 \tag{6-50}$$

式中，R 是空气弹簧的有效半径；p 是空气弹簧的内压力。

空气弹簧在工作位置时，垂直刚度 F 的计算公式为

$$F = \frac{x(p+p_a)A^2}{V} + \frac{p\,\mathrm{d}A}{\mathrm{d}x} \tag{6-51}$$

式中，p 是空气弹簧的内压力；p_a 是大气压力；V 是空气弹簧的有效体积；x 是多变指数，在等温过程（如计算静刚度时）中 $x=1$，在绝热过程中 $x=1.4$，在一般动态过程中 $1 < x < 1.4$。

(1) 空气弹簧的体积越大，其垂直刚度越低，所以连接附加空气室可以减小空气弹簧的垂直刚度。

(2) 空气弹簧的垂直刚度和它在变形时有效面积的变化规律有关。如果 $\mathrm{d}A/\mathrm{d}x < 0$，即空气弹簧在压缩时其有效面积减小，则 $p\,\mathrm{d}A/\mathrm{d}x$ 为负值，所以也可用这种方法减小空气弹簧的垂直刚度。

计算空气弹簧垂直刚度的关键是确定与空气弹簧几何形状有关的 $\mathrm{d}A/\mathrm{d}x$。设 $\mathrm{d}A/\mathrm{d}x = Aa$，于是可改写为

$$F = \frac{x(p+p_a)A^2}{V} + Apa \tag{6-52}$$

此处没有考虑空气弹簧由于变形而引起容积变化的影响，但对于车辆等实际应用的空气弹簧来说是足够精确了。若必须考虑这一影响，则空气弹簧的垂直刚度可由下式计算。

$$F = \frac{x(1+t)(p+p_a)A^2}{V} + Apa \tag{6-53}$$

式中，a 和 t 是决定于空气弹簧几何形状的系数，称为垂直特性形状系数。计算空气弹簧垂直刚度的主要问题是确定形状系数 a 和 t。

6.3.5 扭杆弹簧悬架设计

6.3.5.1 扭杆弹簧概述

扭杆弹簧，即一端固定而另一端与工作部件连接的杆形弹簧，主要作用是靠扭转弹力来

吸收振动能量。扭杆弹簧主要用于装甲履带式车辆的悬挂装置（图 6-23）。从截断面上看，扭杆弹簧有圆形、管形、矩形、叠片及组合式等，使用最多的是圆形扭杆，它呈长杆状，两端可加工成花键、六角形等，以便将一端固定在车架而另一端通过控制臂固定在车轮上。

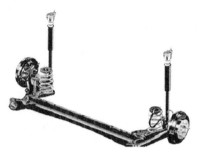

图 6-23　扭力梁式悬架

扭杆用合金弹簧钢制成，具有高的强度极限。在车辆行驶过程中，车轮受路面不平度的影响上下运动，控制臂随之上下摆动，使扭杆弹簧扭转变形，吸收冲击能量。

扭杆弹簧有较大的能量与质量比，比相同应力的螺旋弹簧和钢板弹簧大得多，且占用的空间小，易于布置，还可适度调整车身的高度，工艺成熟，产品质量稳定，成本低，它已成为 20 世纪 50 年代以后履带式装甲车辆悬挂中首选的金属弹性元件。扭杆刚度随直径的增大和长度的缩短而增大。中国各代主战坦克均采用扭杆弹簧作为弹性元件。

20 世纪 60 年代，发达国家采取了两项重要技术措施来制造扭杆弹簧：一是将热处理工艺中的中温回火改为低温回火，在保持材料具有良好塑、韧性的情况下，提高了材料的扭转屈服点；二是增加强扭预应力处理工序，在表层产生负残余应力，提高扭杆弹簧承载能力和扭杆弹簧在单向脉动载荷下的疲劳强度。强扭预应力处理工序使扭杆弹簧的名义许用剪应力增加了约 50%，超过了屈服点。扭杆弹簧单位体积吸收的弹性势能增加了约 1.3 倍，大幅度提高了悬挂系统的越野缓冲能力，这样生产的扭杆弹簧称为高强度扭杆弹簧。

6.3.5.2　扭杆弹簧设计

扭杆断面面积 A 的确定是根据扭杆的扭转变形能 U 等于悬架的变形功这一原理来进行的，所得扭杆断面面积的计算公式如下。

对于圆管断面扭杆

$$D = \frac{1.59f}{\tau\sqrt{\dfrac{C_pG}{(1-r^4)L}}} \tag{6-54}$$

式中，D 是扭杆外径；$r=d/D$ 是内、外径之比；$f=f_c+f_a$ 是悬架总挠度；C_p 是扭杆悬架平均刚度；τ 是扭杆的允许扭转应力；L 是扭杆长度；G 是材料剪切弹性模量。

对于片形扭杆（厚度为 h，宽度为 b）

$$h = \frac{1.41f}{\tau\sqrt{\dfrac{C_pG}{\lambda mnL}}} \tag{6-55}$$

式中，h 是扭杆片的厚度；$m=b/h$ 是片宽与片厚之比；n 是片数；λ 是材料利用系数，与 m 有关。

杆长 L 和摆臂长 R 可根据静挠度 f_c 和动挠度 f_d 以及允许的最大转角 θ_{max} 来确定，最大允许转角 θ_{max} 取决于最大允许应力 $[\tau]$，即

$$[\theta_{max}] = \frac{[\tau]LW_p}{GJp} \tag{6-56}$$

式中，W_p 为抗扭截面系数。当扭杆为管形或圆形截面时，有 $J_p/W_p=D/2$。

扭杆的材料除了要符合对弹簧钢的一般要求以外，还需要热处理时的淬透性好，对材料

化学成分及力学性能进行严格控制。扭杆的材料可采用 50CrV、60CrA、60Si2Mn 等弹簧钢，重要的扭杆可以采用 45CrNiMoVA 优质合金弹簧钢。为了提高疲劳强度，应该进行喷丸处理和预扭。预扭应该连续进行 4～5 次，最后残余变形不得大于 0.2°。扭杆的许用应力 $[r]$ 取 1000～1250MPa（淬火后经喷丸和预扭的弹簧钢），未喷丸或未预扭的允许应力仅为 800MPa。

6.4 电驱动特种车辆悬架导向机构设计

6.4.1 前轮独立悬架导向机构设计要求

（1）形成恰当的侧倾中心和侧倾轴线，以使当车轮跳动（悬架压缩、伸张）时，轮廓变化不致过大，以免造成轮胎早期磨损；悬上质量改变时侧倾中心位置的变化要小；有利于减小转向时车身的侧倾角。

（2）当车轮跳动（悬架压缩、伸张）时，车轮外倾角应该随着车轮向上跳动减小，随着车轮向下跳动增大，以使汽车转向行驶、车身侧倾时外侧车轮的外倾角最好保持为负值，以提高侧向附着力。而在需要利用车轮外倾角增强汽车的不足转向时，应该使转向行驶时外侧前轮的外倾角增大。

（3）使由导向机构与转向杆系的运动干涉所引起的前束角变化尽可能小。如果有变化的话，应该使外轮的前束角减小，使内轮的前束角增大，以利于侧倾不足转向。

（4）悬架压缩、伸张时，前轮的后倾角不要变化过大，以免侧向力对主销的力矩增大过多，使驾驶员的手受到方向盘的明显冲击。

（5）制动时，应该使车身有抗"点头"作用；加速时，有抗"后仰"作用。

6.4.2 后轮独立悬架导向机构设计要求

（1）形成恰当的侧倾中心和侧倾轴线，以使当车轮跳动（悬架压缩、伸张）时，轮距变化不致过大，以免造成轮胎早期磨损；悬上质量改变时侧倾中心位置的变化要小；有利于减小转向时车身的侧倾角。

（2）当车轮跳动（悬架压缩、伸张）时，车轮外倾角应该随着车轮向上跳动减小，随着车轮向下跳动增大，以使汽车转向行驶、车身侧倾时外侧车轮的外倾角最好保持为负值，以提高侧向附着力。而在需要利用车轮外倾角增强汽车的不足转向时，应该使转向行驶时外侧后轮的外倾角减小。

（3）使由导向机构与转向杆系的运动干涉所引起的前束角变化尽可能小。如果需要利用这种干涉前束角变化来增强汽车的不足转向，应该使外轮的前束角增大，使内轮的前束角减小。应该指出，在需要利用前束角的变化来调节汽车的不足转向时，应该尽量在后悬架上进行这种调节，而尽量减小前悬架的前束角变化。

（4）制动时，应该对车身有抗"点头"作用；加速时，有抗"仰头"作用。此外，导向机构还应具有足够强度、刚度，以可靠地传递各种力和力矩。

6.4.3 纵向平面内上下横臂轴布置方案

上、下横臂轴抗前俯角的匹配对主销后倾角的变化有较大的影响，为了提高车辆的制动稳定性与乘坐舒适性，一般希望主销后倾角的变化规律为：在悬架弹簧压缩时，后倾角增大；在弹簧拉伸时后倾角减小，用以造成制动时因主销后倾角变大而在控制臂支架上产生防止制动前俯的力矩，图 6-24 中给出了六种上下横臂轴匹配布置方案的主销后倾角 γ 值随车轮跳动的变化曲线。图 6-24 中横坐标为 γ 值，纵坐标为车轮接地中心的垂直位移量 Z。各匹配方案中，上、下横臂轴与水平面的夹角分别为 β_1、β_2，其角度取值如图 6-24 所示，其正负号按右手定则确定。

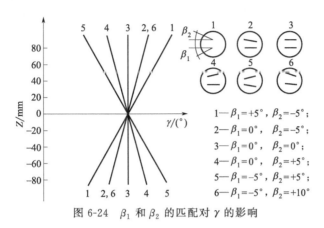

图 6-24　β_1 和 β_2 的匹配对 γ 的影响

由此可知在 1、2、6 三种方案中，车轮在跳动过程中主销后倾角的变化规律满足设计要求。但为使设计过程简单，在初始设计时选择第 3 种方案。当前后悬架的纵倾中心位于前后两根车轴之间时，抗制动纵倾性才可以实现。

6.4.4　横向平面内上下横臂的布置方案

上下横臂布置不同（图 6-25），所得侧倾中心的位置也不同，这样就可以根据对侧倾中心位置的要求来设计上下横臂在横向平面内的布置方案。侧倾中心的高度变化不改变由悬挂质量离心力以及侧倾后质心偏移所带来的轮荷转移量，它改变的是在轮荷转移过程中侧倾力矩的大小和由弹性元件、传力杆系所分担的力的比例。侧倾中心越高，则侧倾力矩越小，在一定侧倾角刚度下车身的侧倾角越小，弹簧及横向稳定杆所传递的力越小，而由传力杆系传递的力也就越大。对独立悬架而言，侧倾中心过高会导致在车轮跳动时过大的轮距变化，加剧轮胎的磨损。侧倾中心高度一般为 $0\sim150\mathrm{mm}$，它决定了横向平面内上下横臂的布置方案。

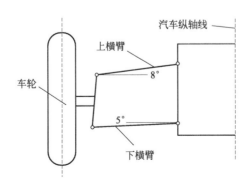

图 6-25　横向平面内上下横臂布置方案

6.4.5 上下横臂长度的确定

双横臂式悬架上下横臂的长度对车轮上下跳动时的定位参数影响很大。双横臂式悬架一般设计成上横臂短、下横臂长。之所以这样设计，是因为考虑了布置其他设备时方便，同时也为了得到理想的悬架运动特性。同时制动时，悬架导向机构应当起到使车身有抗"点头"的作用，加速时使车身有抗"后仰"的作用。

上下横臂设计时，为保证轮距变化小，减少轮胎磨损，提高轮胎的使用寿命，应当选择下横臂长度/上横臂长度为 0.6 附近。为保证汽车具有良好的操纵稳定性，希望前轮定位角度的变化要小，此时应当选择下横臂长度/上横臂长度为 1.0 附近。综上所述，选择下横臂长度/上横臂长度在 0.6~1.0 范围内为最佳。

第7章
电驱动特种车辆驾驶室

7.1 驾驶室总体设计概述

特种车辆作为用于执行特殊任务的车辆，驾驶室内部装有多种专业设备，由于车辆类型较为特殊，其专业设备包括消防领域、医疗领域、监测领域、工程领域等。特种车辆作为经过改装的特殊种类车辆，其在操作和驾驶中与民用车辆有很大的不同，驾驶室不仅承载着操作车辆行驶的功能，同时也承担着如设备控制、武器运作、火力支援、电子设备管理等相关功能。对驾驶室空间进行研究，可以更好地从人、机器和功能方面进行相关设计，满足特种驾驶室室内空间的需求。如图7-1所示为某特种车辆的驾驶室。

特种车辆驾驶室作为成员操纵各设备的工作空间，需同时满足室内各人员的使用需求。驾驶员在有限的活动空间内需保持固定坐姿，驾驶时双手需要控制方向盘及挡位操纵杆进行方向和速度的控制，双脚需要控制离合器、油门、刹车等装置，在遇到道路指示标志时还需要进行灯光等功能上的调节。因此，对驾驶室各功能合理的空间布局设计，将对驾驶员的操作效率、空间舒适度有直接性的影响，同时合理的空间环境布局能够在紧急情况下保证用户的心理舒适性及操作的最高准确率。

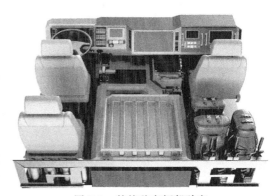

图 7-1　某特种车辆驾驶室

7.1.1 座椅位置设计

特种车辆因其用途的不同，为满足行驶及功能需求，其驾驶室人员分布会进行适当调整，特种车辆驾驶室内部空间设备密集，乘员活动空间相对较小。目前驾驶室内人员分布主要为单排两座、单排三座、两排三座和两排四座型，如图7-2所示为俯视状态下驾驶室室内人员分布。

（1）单排两座。单排两座型人员分布的特种驾驶室一般存在于机动性高、注重灵活性的

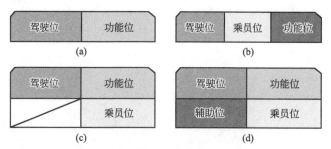

驾驶位	功能位

(a)

驾驶位	乘员位	功能位

(b)

驾驶位	功能位
	乘员位

(c)

驾驶位	功能位
辅助位	乘员位

(d)

图 7-2　俯视状态下驾驶室室内人员分布

轻型特种车辆中，如图 7-3 所示。室内位置包括驾驶位和功能位，驾驶位是驾驶员的作业空间，其空间中具备座椅、方向盘、仪表、控制按键、操纵杆、控制踏板等；功能位因不同的任务需要，所搭乘人员会有所不同。在执行发射任务的特种车辆中，功能位是炮长搭乘位置，其作业空间中包含座椅、武器控制终端、显示面板等；在执行后勤补给任务的特种车辆中，功能位是通信员或同乘人员所在位置。单排两座型特种驾驶室因车内设备众多，所以空间相对狭小，室内人员距离较近。

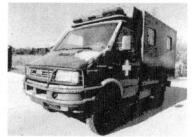

(a) 火炮类军用特种车辆　　　　(b) 后勤类军用特种车辆

图 7-3　单排两座型驾驶室

（2）单排三座。单排三座型特种驾驶室一般存在于重型及少量中型特种车辆中，其室内包括驾驶位、乘员位、功能位。驾驶位和功能位的人员职能与单排两座型一致，乘员位会因特种车辆所执行的任务的不同而变化。在承载发射功能的特种车辆中，乘员位是操瞄手或通信员的工作位置，操瞄手前部空间具有操控遥感、键盘等，通信员面前有通信装置。

由于驾驶室动力系统位置的限制，单排三座的布局中乘员位被放置在发动机上盖部分，座椅略高于驾驶位和功能位。

（3）两排三座及两排四座。两排三座和两排四座型特种驾驶室存在于中型及少量重型特种车辆中，驾驶室内部空间如图 7-4 所示。两排三座和两排四座型与上述两种排列形式有所

图 7-4　两排三座驾驶室空间

不同，其内部乘员人员较多，所执行的任务较为复杂，人员间需协同作业。驾驶位与单排两座型无异，但因驾驶室前后尺寸的增加，其工作空间较大。

7.1.2　驾驶空间

特种车辆驾驶室内部空间因需要放置众多操作设备，造成了室内空间的狭小。相对尺度是人与物之间相互的尺寸比例，在相对狭小的空间内，乘员对尺度的感知从身体尺寸及身体与驾驶室空间的比例中获得。

人体尺寸是人体躯干肢体各部分在空间中占有的体量，其从长度、宽度、厚度、高度四个方面去测量人体的尺寸数据。设备的操作与使用者之间要呈现整体上的相容性。在具体的设计中，与人体相关的尺寸限定值应包括我国军人第 5 百分位数至第 95 百分位数的范围。在驾驶室室内空间中，使用者常需在坐姿状态下进行车辆驾驶、设备操作、通信等相关任务。表 7-1 是基于 GJB 2873—1997 军用标准所列出的部分坐姿位身体尺寸数据，其列出了身体尺寸中的坐高、上肢、下肢、头部、肩部等数据。

表 7-1　坐姿位身体尺寸数据　　　　　　　　　　　　　　单位：cm

项目	第 5 百分位数	第 95 百分位数
上肢上举高	128.6	147.8
挺直时坐高	83.5	96.9
松弛时坐高	81.5	94.8
挺直时眼高	72.0	84.6
松弛时眼高	70.0	82.5
颈椎点高	56.6	67.7
肩高	54.2	65.4
肩肘距	33.3	40.2
前臂（含手）功能前伸长	31.7	38.3
前臂（含手）前伸长	43.8	52.0
坐姿肘高	17.5	28.0
坐姿膝高	49.7	60.2
小腿加足高	39.7	50.0
臀膝距	54.9	65.8
坐深	45.8	54.5
下肢功能长	110.6	127.7

如图 7-5 所示为驾驶室内坐姿状态乘员对空间相对尺度的感知。因特种车辆底盘的不同造成了驾驶室空间大小的异同。同时驾驶室的空间大小与特种车辆所执行的任务繁重程度有关，繁重的任务常需要多人进行协作以完成当前任务，在此种情况下，为了满足多人的乘坐要求，驾驶室会进行内部空间的优化调整。

特种车辆驾驶室内乘员在工作时为坐姿状态，乘员头顶至驾驶室顶部的空间尺寸会影响到人对整个空间的心理感知。距离较短时，乘员在心理上常会感到压抑，造成紧迫感，在乘员不够镇静的情况下，对任务的完成效率会造成影响；距离适中时，乘员的压迫感会渐渐消失，在心理上会较为舒适，生理上会慢慢放松肌肉，变得更轻松；距离较长时，生理上及心

(a) 感到压抑　　　　　　(b) 感到舒适　　　　　　(c) 感到空旷

图 7-5　驾驶室内坐姿状态乘员对空间相对尺度的感知

理上都会较为舒适，但心理上的感知会因距离的不断增加而变得空旷。

7.1.3　驾驶室的功能

特种车辆驾驶室因不同的使用场景需要，造成了其内部空间功能构成的异同。作为驾驶室，驾驶功能是必不可少的因素。此外，座椅部分同样是不可或缺的。特种车辆驾驶室内部功能部分示例如图 7-6 所示。

图 7-6　特种车辆驾驶室内部功能部分示例

在特种车辆驾驶室中，基于功能需要的因素包括驾驶功能、通信功能、特种设备控制功能、乘坐功能及其他功能五种。驾驶功能是为驾驶员提供操纵车辆行驶的功能，在驾驶室中，驾驶功能起到控制车辆速度、方向、安全等作用。与驾驶相关的设备包括灯光控制、雨刷控制、仪表盘、方向盘、手刹、加速踏板、制动踏板、离合踏板、手柄等；与通信功能相关的设备包括通信雷达、对讲设备等；特种设备控制功能包括显示屏幕及控制手柄；乘坐功能包括座椅；其他功能包括武器收纳、储物空间等。

7.1.4　驾驶室两种总体设计方案

（1）方案一。在某型特种车辆驾驶室内部空间的布局基础上进行优化，从整体的设计出发，自驾驶位至炮长位采用直线型设计，如图 7-7 所示。

同时某型驾驶位的遮光板，因角度的问题会挡住部分驾驶视线，因此方案一采用倾斜的方式，从中控台上部突出来作为整个的遮光板。三座位的中间座位高于两边，因此中控台的中间部分采用凸起的方式，以照顾到中间人员的使用舒适性。

方案一中在对驾驶室内部空间的设计中，对驾驶室后上部及左右两侧的空间进行了利

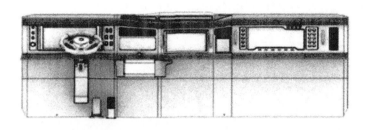

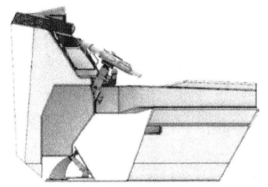

图 7-7　中控台前视图

用，如图 7-8 和图 7-9 所示。储物空间设在人员背后上侧，以减小人员在执行任务的过程中，对执行效率的影响。驾驶室内部整体设计风格采用较圆润的切线造型，以满足驾驶室较为舒适的视觉效果。驾驶位左侧设置可以推拉的折叠门，以减少对空间的占用。

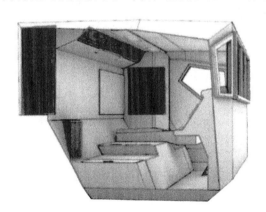

图 7-8　驾驶室内部空间侧视图

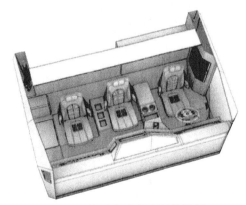

图 7-9　驾驶室内部空间俯视图

如图 7-10 所示，在方案一的中控台的色彩选择中，选用了中性色的色调，以深灰色及亮灰色进行搭配，灰色是最不引人注意的颜色，在使用中可以降低对人员视觉上的干扰，同时灰色没有色相，在特种车辆驾驶室内外部的环境中不会有过多的色彩冲突。方案一中控台

R:112　G:108　B:107

R:164　G:169　B:174

R:67　G:67　B:67

图 7-10　方案一色彩选用

效果如图 7-11 所示。方案一驾驶室效果如图 7-12 所示。

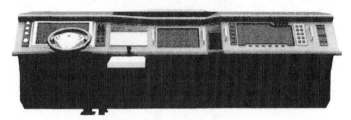

图 7-11　方案一中控台效果

（2）方案二。方案二内部优化设计同样遵循着特种车辆驾驶室的空间设计原则，在对驾驶室中控台的优化中采取针对不同人员进行不同权重的方式。驾驶员在驾驶中需要良好的视野，因此中控台的驾驶位使用较低的高度满足其对视野的需求；中间位针对于发动机位置的限制，提高了中控台高度；炮长位在执行任务时需要操作火控终端，因此对其前部面板进行了提高，以满足便捷的操作使用需求，如图 7-13 所示。

图 7-12　方案一驾驶室效果

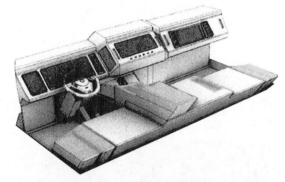

图 7-13　中控台整体模型

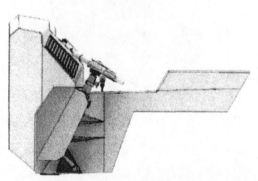

图 7-14　中控台侧视图

依据整体化设计，中控台与操纵杆及储物部分之间采用一体化设计，从驾驶室前部一直延伸到后部，使驾驶人员能够有较单独的空间，满足驾驶时的使用舒适性，如图 7-14 所示。同时为了满足下肢的操作行为，将中控台与挡位之间进行造型上的切合，以适应使用环境。

方案二在对驾驶室内部空间的设计时，同样对驾驶室上后部的空间进行有效利用，如图 7-15 所示。驾驶室两侧上下分为枪械放置区及常用工具存储区，与方案一不同的是将枪械或工具直接放置在室内人员能够随手拿到的位置，这是依据使用便携性的设计原则来放置的，在突遇危险时能够以最快的速度拿出武器与工具。同时在中间位置增加脚垫，以满足通信员的下肢舒适度。

在对特种驾驶室室内舒适度的优化设计中，对座椅进行了改良设计，人员在室内时身着装备，常会因为外部环境的影响而出汗，因此在座椅部分增加了透气网格，以满足透气的需求。在座椅靠背处增加肘部的支撑垫，满足人员在室内休憩时的舒适度，具体改进如图 7-16 所示。

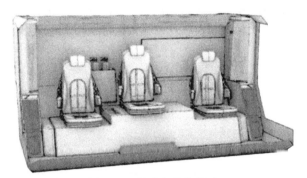
图 7-15 驾驶室整体模型

图 7-16 座椅模型

　　方案二驾驶室的色彩选用依旧采用与方案一相同的冷色调色系，中控台较大面积地使用深灰色及少量金属银进行适当的点缀，一深一浅有较好的对比效果。中控台整体效果如图 7-17 所示。驾驶室整体效果如图 7-18 所示。

图 7-17 中控台整体效果

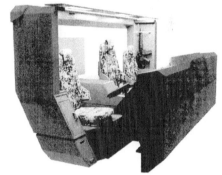
图 7-18 驾驶室整体效果

7.2 人机工程设计

　　特种车辆人机工程设计主要包括座椅设计、乘员操作方便性、车辆视野等方面内容。

7.2.1 座椅设计

　　（1）尺寸结构。椅面高度 150～380mm，椅面深度 380～430mm，椅面宽度 460～510mm，椅面垫料厚度应大于 38mm，椅面倾角 5°～8°。座椅基准点至靠背顶点垂直距离 460～510mm。

　　（2）空间位置。椅背至方向盘为 410mm 左右，椅背至仪表板显示/控制器为 740mm 左右，方向盘下缘至椅面为 240mm 左右，椅面前缘至加速踏板底脚为 360mm 左右。

7.2.2 乘员操作方便性

　　（1）开关操作。对于身高 1750mm 的三维人体模型，大部分开关应不需前倾身体即可进行操作，对开关面板上的部分按钮可能需要前倾身体进行操作，考虑到其使用频率较低，可以接受。

（2）踏板操作。脚踏板应有一定强度，最小能够承受驾驶员脚的重量，并且不触发任何控制操作。

（3）换挡操作。特种电驱车辆采用自动变速器，相比手动换挡操作更轻便，换挡行程也小得多，应能够保证人以舒适的姿态操作换挡杆。

（4）中间两乘员座位互换性。车型座椅扶手可折叠，折叠以后中间两座椅之间的间距应能保证中间两乘员在交换位置时，具有足够的空间。

7.2.3　车辆视野

（1）前部视野。载重汽车驾驶员应能看到距离车体 3m 以外的前方地面。如果作战要求允许，可以使用车镜来实现。

（2）仰视视野。仰视视野应至少达到水平线上 15°。

（3）横向视野。至少要有 180°，最好达到 222°。

（4）后方视野。驾驶员能看到车辆后方，以便于观察路面，有利于拖挂和倒车作业；后视镜应防污、防眩光；后视镜应固定可靠，以确保振动不影响后视效果，并防止后视镜作为上下车或维修操作的把手时，出现后视错位；避免在战斗车辆上使用后视镜。若必须使用，应尽可能避免后视镜功能因树枝和飞溅的岩屑失效。

（5）A 柱视野。国家标准中没有关于 A 立柱盲区的做法和盲区大小要求，考虑到该盲区对驾乘安全性的重要影响，参照《汽车驾驶员前方视野要求及测量方法》（GB 11562—2014）将左右两侧的立柱盲区做出。应保证 A 柱盲区的两眼障碍角度不超过 6°。

7.3　环境控制设计

7.3.1　车内气候控制系统

装载空调系统，用于调节驾驶室内温度，温度调节范围 16～32℃，具有制冷、吹风模式、内外循环、强制除霜功能。

电动车使用电池作为驱动动力，使得它的空调系统也不同于燃油汽车；由于作为驱动动力的电池容量有限，空调系统的能耗对电动车充电一次后的行程有很大的影响。同燃油汽车相比，对电动车空调系统的能耗提出了更高的要求。如图 7-19 所示是格力公司研发的某种电动车用热泵空调。

燃油汽车和电动车空调系统的对比如图 7-20 所示，它们的区别在于：电动车没有用来采暖的发动机余热，不能提供作为汽车空调冬天采暖用的热源，必须自身具有供暖的功能，即要求采用热泵型空调系统；压缩机需要采用电机直接驱动，结构上与现有的压缩机形式不完全相同。用来给热泵空调系统提供动力的电池主要用来驱动汽车，空调系统的能量消耗对汽车每充一次电的行程的影响很大。如果电动汽车仍采用现有能效比较低的空调系统，这就意味着增加电池的制造成本或是降低电动汽车的驱动性能指标。

热泵空调系统如图 7-21 所示。该系统与普通的热泵空调系统并无区别，由于在电动车上使用，压缩机等主要部件有其特殊性。

图 7-19　格力公司研发的某种电动车用热泵空调

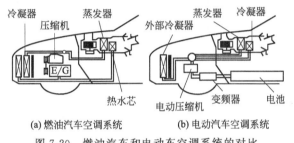

(a) 燃油汽车空调系统　　(b) 电动汽车空调系统

图 7-20　燃油汽车和电动车空调系统的对比

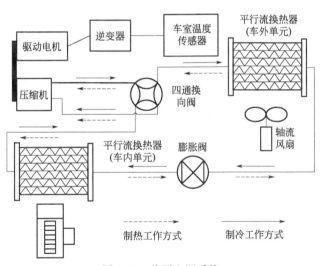

图 7-21　热泵空调系统

　　采用普通热泵空调系统的结构，需要开发允许双向流动的膨胀阀，并且在热泵工况下，系统从融霜模式转为制热模式时，风道内换热器上的冷凝水将迅速蒸发，在挡风玻璃上结霜，会影响驾驶的安全性。日本电装（DENSO）公司开发出的一套 R134a 电动车热泵空调系统（图 7-22），在风道中使用 2 个换热器。当系统以除霜/除湿模式运行时，制冷剂将经过所有 3 个换热器。空气通过内部蒸发器来除湿，将空气冷却到除霜所需的温度，再通过内部冷凝器加热，然后将它送到车室，解决了汽车安全驾驶的问题，在融霜时还能同时控制出风口空气的温度。

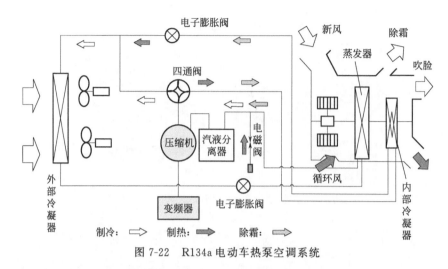

图 7-22　R134a 电动车热泵空调系统

如图 7-23 所示是专门为电动车开发的滑片式空气压缩机，它具有加工简单、启动冲击小、高转速下的振动和噪声小等优点。

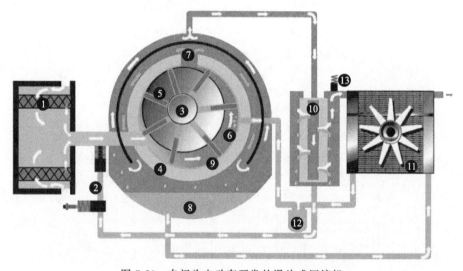

图 7-23　专门为电动车开发的滑片式压缩机

1—空气过滤器；2—吸气调节器；3—转子；4—定子；5—滑片；6—压缩腔；7—压缩空气；
8—油系统；9—油膜；10—油/气分离芯；11—冷却器；12—油滤清器；13—最小压力阀

开发适合我国国情的高效节能的电动车热泵空调系统时以下几点值得注意。

（1）通过改善车身的密封和隔热性能，减少新风循环带来的热量损失，减少了热泵空调系统的能耗。

（2）开发在各种转速条件下都能保持高效率的电动压缩机。我国现在压缩机生产技术已经比较成熟，掌握了型线加工比较复杂的涡旋压缩机的生产技术，可以为电动车热泵空调系统提供配套的全封闭电动压缩机。

（3）在风道中采用 2 个换热器的方案，这样既能减少对传统汽车空调系统的改动，又能避免热泵融霜时对行驶安全性的影响。

（4）为电动车热泵空调系统开发全自动控制系统，满足系统在各种工况下高效率运行的要求，达到节能的目标。

7.3.2　座椅自动记忆调节系统

座椅结构原理如图 7-24 所示。座椅由 4 个直流电机牵引，其中高度调节电机 2 个，水平调节和靠背调节电机各 1 个；直流电机电枢电压为 12V，电源从汽车蓄电池上获得。汽车座椅自动控制系统由内部带有非易失性数据存储器的 C8051F311 单片机、驱动模块、传动机构及操作手柄构成。电机的转速和座椅的位置信息由安装在电机上的霍尔传感器检测，经整形和放大后送入单片机，构成系统的速度反馈。

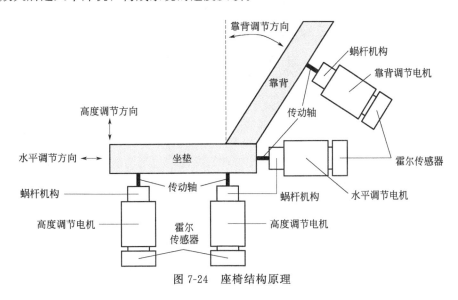

图 7-24　座椅结构原理

在传统的汽车座椅上安装直流电动机、蜗轮结构、传动轴，一起组成传动机构，牵引座椅移动；在汽车座椅的下面垂直安装两个直流电机，以支撑驾驶者在垂直方向做上下移动；在座椅的靠背方向安装一个直流电机，用来控制座椅靠背的角度变化；在座椅的水平方向安装一个直流电机，用来控制汽车座椅在水平方向前后移动。操作手柄上设有多个手动调节按键，通过手动调节控制直流电动机，改动传动轴的行程和方向，从而调节汽车座椅的位置，如座椅上下位置、前后位置及靠背的角度变化；并设有多个存储按键，用来记忆或恢复座椅的位置信息。在控制系统上安装有一个自学习按键，用来自动测量座椅在汽车内部所能移动极限位置，防止座椅在到达极限位置后使电动机长时间工作在堵转状态而烧毁。

在高端汽车上配置的电动座椅可以向八个方向往复调节，如图 7-25 所示。

汽车座椅记忆功能的原理是：通过手动调节按键手动控制座椅各方向的电机，使座椅到达感觉最舒适的位置，同时计算各电机上霍尔传感器所产生的脉冲数（即座椅的位置信息），然后按下存储按键时间超过 3s，系统将此时座椅各电机的位置信息存入 FLASHROM 的指定单元中，则完成座椅位置的记忆。当需要恢复所记忆的座椅位置时，按下相应的存储按键时间不超过 3s，系统将记忆的座椅各电机位置信息从 FLASHROM 中读出，并和当前的座椅位置信息比较，控制电机移动至所记忆的位置；系统设有多个存储按键，用来记忆多个座椅位置。

记忆功能座椅具有以下座椅调节功能：①座椅倾向度调节 SNV；②座椅纵向调节 SLV

（座椅至方向盘的距离）；③头枕高度调节 KHV；④靠背倾斜度调节；⑤座椅高度调节。

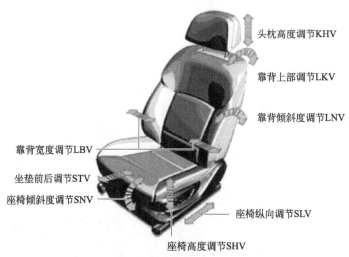

图 7-25　座椅往复调节图

以图 7-26 为例介绍电动座椅的座椅记忆功能。电阻设码的座椅调节开关信号由座椅模块直接读取。座椅功能仅由座椅模块负责。带腰部支撑的记忆功能座椅装备了腰部支撑时座椅调节开关与 LIN 总线连接。座椅模块通过 LIN 总线请求提供座椅调节开关的状态信号。座椅模块根据座椅调节开关的状态控制调节电机。即通过座椅模块内的继电器控制调节电机。松开座椅调节开关时座椅模块停止控制。调节电机卡死或到达限位位置时座椅模块也会停止控制。调节电机带有用于执行座椅记忆功能的霍尔传感器。座椅模块探测电机转动期间的霍尔传感器脉冲。座椅模块根据霍尔传感器脉冲计算出座椅当前位置。除此之外座椅位置还用于存储记忆位置系统通过集成在座椅模块内的电流测量功能以及霍尔传感器脉冲消失来识别电机卡死情况。此时不再控制继电器，因此也会关闭电机。存储记忆位置时座椅模块不选择这些调节电机调节的位置。这些电机不再卡死时，即可以用于记忆功能。对于座椅模块存储功能性故障，维修时可以通过诊断系统读取故障码存储器记录。

从总线端 30B 接通起即可启用记忆功能。记忆功能集成在座椅模块内。此功能仅由相关座椅的座椅模块负责。可存储两个记忆位置和当前座椅位置。记忆按钮集成在车门扶手内并通过 LIN 总线连接在脚部空间模块上。LIN 总线通过驾驶员车门开关组件"形成环路"。这意味着 LIN 总线导线从脚部空间模块铺设到驾驶员车门开关组件。LIN 总线从驾驶员车门开关组件继续铺设到记忆按钮以及车外后视镜。脚部空间模块分析按钮状态并将信息发送到 K-CAN2 上。

脚部空间模块将按钮状态信息通过 K-CAN2 发送至中央网关模块。中央网关模块接收该信号并将其发送到 K-CAN 上。座椅模块分析该信号并在有相应请求按压记忆按钮时即为存储记忆位置做好了准备。座椅模块发出接通功能指示灯的请求信息。客户可以通过功能指示灯识别出记忆功能已为存储准备就绪。通过按压按钮将座椅当前位置分配给此按钮。不同按钮上可分别存储一个记忆位置。在个性化配置范围内，存储记忆位置时会将数据分配给当前识别发射器。前乘客辅助功能按钮集成在驾驶员侧的扶手内。在带有记忆功能的座椅配置中提供这项功能。

脚部空间模块发送总线端 58g 的状态信息。座椅模块通过 K-CAN 得到总线端 58g 的状

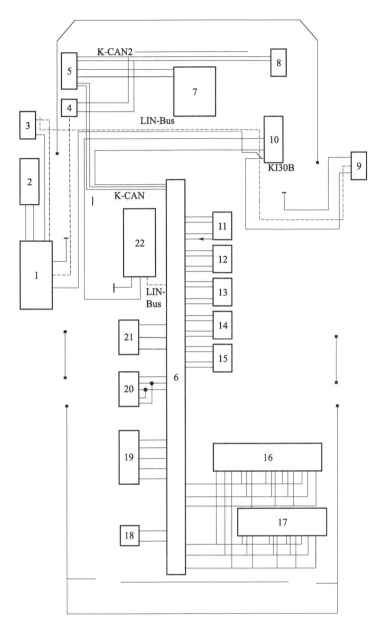

图 7-26　某种带记忆功能电动座椅电路

1—驾驶员车门开关组件；2—驾驶员侧扶手内的按钮组件；3—驾驶员侧后视镜调节电机；4—脚部空间模块 FRM；
5—中央网关模块 ZGM；6—驾驶员座椅模块 SMFA；7—自动恒温空调 IHKA；8—接线盒电子装置 JB；9—前乘客
侧后视镜调节电机；10—前部配电盒；11—座椅纵向调节（SLV）电机；12—座椅倾斜度调节（SNV）电机；13—座
椅调度调节（SHV）电机；14—靠背倾斜度调节（LNV）电机；15—头枕高度调节（KHV）电机；16—座椅表面
主动式座椅通风装置风扇；17—靠背表面主动式座椅通风装置风扇；18—腰部支撑泵；19—腰部支撑电磁阀；
20—靠背表面的座椅加热垫；21—座椅表面的座椅加热垫；22—驾驶员座椅功能按钮；K-CAN2—车身 CAN2；
K-CAN—车身 CAN；LIN-Bus—局域互联网总线；KI30B—总线端 30 基本运行

态信号。座椅模块将总线端 58g 的状态信息通过 LIN 总线继续发送给记忆按钮，由此来实现汽车座椅的记忆调节。

7.3.3 驾驶员视觉系统

重型车辆驾驶员视觉设计也就是仪表板和观察视野的设计。

7.3.1.1 仪表板设计

重型车辆驾驶室的仪表板是车辆驾驶室的重要组成部分，它不仅能够支撑指示灯、开关按钮和仪表等部件，还可以在发生交通事故时保护驾驶员。所以在仪表板的设计时，除了考虑它的设计合理性外，还要考虑它的变形能力，以便更好地保护驾驶员的安全。重型车辆驾驶室的仪表板还可以让驾驶员读取到车辆的行驶参数，如速度、油量、电量、温度以及车门是否关好等，这有助于驾驶员更好地安全行驶，及时调整车况，以防事故的发生。

重型车辆驾驶室的仪表板的设计，就是通过人机工程学的知识来对它进行分析，主要是从驾驶室仪表板的位置、仪表的排列来分析。

重型车辆驾驶室仪表板设计的目的，就是要保证驾驶员在最短的时间内，有效地读取仪表板上的数据、信息，这样就可以减少驾驶员的疲劳，提高驾驶的安全性。

由图 7-27 可以看出重型车辆驾驶员竖直方向的视线范围，仪表板所在的位置不能妨碍驾驶员的视野观察。仪表板与人眼的最佳距离为 710mm，人眼看仪表板的视线范围为：上视线与水平面的夹角不大于 10°，下视线与水平视线的夹角不大于 45°，重型车辆驾驶室仪表板理论上最理想的高度应与眼睛的高度齐平，而这样布置会影响对前视野的观察，所以应布置在下方。

如图 7-28 所示为重型车辆驾驶员正确读数时间与视野角度的关系。可以看出，当驾驶员的视野超过 30°时，驾驶员的正确认读时间开始剧增；最理想的读数时间是 1s，所以重型车辆较理想的布置是将仪表板设置在视野 25°的范围内，这样才能保证驾驶员迅速、准确地获取仪表板信息，快速做出决定，从而进行安全的驾驶操作。

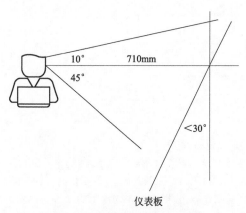

图 7-27　驾驶员竖直方向视野

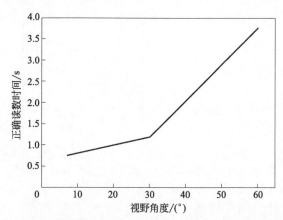

图 7-28　重型车辆驾驶员正确读数时间与视野角度的关系

如图 7-29 所示为 CATIA 软件仿真的重型车辆驾驶员驾驶操作的视区。红色的部分表示看不到的区域，暗红色的区域加中间黑色的区域表示重型车辆驾驶员能看到的区域，中间黑色的部分表示两只眼睛都能看到的区域。为了不影响重型车辆驾驶员的前视野，就会把仪表板放置在透过方向盘的投影区域。

重型车辆驾驶室的仪表板分为两部分设计：左置仪表板和右置仪表板。左置仪表板即透过方向盘的区域，可以设置观察类的仪表和指示灯（即油量、车速等），右置仪表板可以装一些次要的仪表和按钮，如倒车显示器以及音乐设备等。

重型车辆仪表板上的各种仪表排列的顺序与认读的顺序相一致。重型车辆驾驶室仪表板上的仪表和指示灯的位置还应与各操纵装置的位置相一致；各表盘读数的进级系统应该一致；各仪表要按照相应的功能划分。在进行仪表板布局设计时，相互联系多的仪表板要靠近布局，它们之间的排列顺序还要考虑到仪表和指示灯之间的逻辑联系。重型车辆

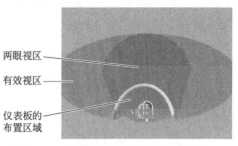

图 7-29　CATIA 软件仿真的重型车辆驾驶员驾驶操作的视区（彩图）

驾驶室仪表板上常见的各种仪表和信号指示灯用可视化的文字、数值、符号、标志、图形、曲线以及声波等将信息传给驾驶员，仪表和指示灯要符合人机工程学的观点，更要适合驾驶员的生理和心理特征，这样才能使驾驶员一目了然，准确、高速地读出驾驶车辆车况的数值。

7.3.1.2　视野设计

重型车辆的视野设计目的是减少盲区，尽量扩大视野范围，而重型车辆在行驶时，驾驶员必须准确地获取前后左右的路况，所以重型车辆的视野设计可以分为三部分：前视野、后视野和侧视野。

前视野：车辆在行驶过程中，驾驶员通过观察前方来确定驾驶的路面状况。视角最基本的要求是看清车辆前方 12m 的路况和 5m 高的红绿灯，如图 7-30 所示为重型车辆驾驶员观察前方垂直视野的最小视角 δ 的示意，l 为眼睛与车前端的距离，h 为眼睛与地面的高度。

由图 7-30 可知，最小上视角为

$$\angle DFG = \arctan \frac{5-h}{l+12} \tag{7-1}$$

最小下视角为

$$\angle HFG = \arctan \frac{h}{12+l} \tag{7-2}$$

对于重型车辆而言，h 的值比较大，上视角的最小角度会减小，下视角的最小角度会增大。如图 7-31 所示，以 A 点为观测点，椭圆是指重型车辆驾驶员的眼椭圆，A 点分别向椭圆两侧作切线，即切点。

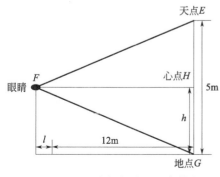

图 7-30　重型车辆驾驶员观察前方
垂直视野的最小视角 δ 的示意

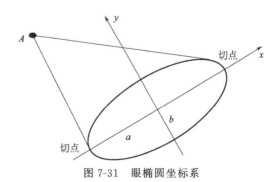

图 7-31　眼椭圆坐标系

建立视野坐标系，眼椭圆的长轴所在的直线方向建立 x 轴，眼椭圆的短轴所在的直线方向建立 y 轴，$2a$ 为长轴长，$2b$ 为短轴长，由其位置关系可以得出，眼椭圆的方程式为

$$\frac{x^2}{a^2}+\frac{y^2}{b^2}=1 \tag{7-3}$$

通过 A 点对眼椭圆的切线为

$$kx-y+q-kp=0 \tag{7-4}$$

由以上两个公式，可以得出视线的仰角（或者俯角）斜率 k 为

$$k=\frac{pq\pm\sqrt{a^2q^2+b^2p^2-a^2b^2}}{p^2-a^2} \tag{7-5}$$

通过计算 A 点在重型车辆驾驶员的左侧、右侧、上方和下方，可以求出驾驶员的前视野的视区范围。前视野的视野范围还会受到仪表板以及 A 柱盲区的影响。

至于视区具体的大小，就需要选择合适的 a、b、p 和 q 值，代入式(7-5)，可求得。一般来说，头部不动，眼睛水平平视前方，驾驶员的一只眼睛观测到的视野范围为150°，也就是单眼水平视区，即一只眼睛的前方视野范围90°和另一只眼睛的前方视野范围60°可以被观察到；两单眼重叠的部分的视区即为双眼视区，视野范围120°，两单眼视区为180°。

在设计中，上视角的问题好解决，可以把重型车辆的顶部前端长度减少；而下视角主要受到仪表板盲区的影响，左、右两侧视角受到两边柱的影响，即立柱盲区。

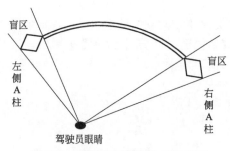

图 7-32　重型车辆驾驶室立柱盲区

对于仪表板盲区，可以通过降低仪表板的高度或者减少仪表板的宽度来增加视野。如图 7-32 为重型车辆驾驶室立柱盲区，立柱在重型车辆驾驶室中，起到支撑驾驶室顶部、保护驾驶室的作用，是必不可少的。立柱盲区的大小主要与立柱的截面大小和重型车辆驾驶员眼睛距立柱的距离有关系，距离越近盲区越大，距离越远盲区越小。

对于立柱盲区问题，是不能消除的，只能尽量减小，这就需要合理地布置立柱的截面大小和重型车辆驾驶员眼睛的距离，以保证立柱盲区的两眼障碍角度不超过6°。

后视野主要是通过后视镜间接观察到的视野范围。目的是使重型车辆的驾驶员能充分了解后方、侧方车辆的情况以及重型车辆前下方的路况。后视野范围的大小主要与后视镜的镜面面积、镜面曲率、布置位置有关。在设计中，镜面曲率与面积越大，后视野就越大。但是面积过大就会造成物像畸变失真；曲率过大则难以判断后方车辆的距离，易产生眩目感，易导致安全事故。所以要达到视野和物像都好的效果，就必须在面积与曲率之间找到一个平衡点。

侧视野是指重型车辆的驾驶员通过侧面门的玻璃所看到的视野范围。对于重型车辆，由于视点比较高，所以侧方视野的大小很重要。可以采用增大玻璃窗的面积或者增设下窥窗的方法来增加侧方视野。

7.4　电磁屏蔽设计

电磁屏蔽是指以某种导电材料或导磁材料制成的屏蔽壳体实体或非实体将需要屏蔽的区

域封闭起来，形成电磁隔离，即其内部的电磁场不能泄漏出去，外来的辐射电磁场不能进入这个区域，或者进出该区域的电磁能量将受到很大的衰减。

电磁屏蔽的作用原理是利用屏蔽体对电磁能量的反射、吸收和引导作用。电磁屏蔽不仅对辐射干扰有良好的抑制效果，而且对静电干扰和耦合干扰的电容性耦合、电感性耦合均有明显的抑制作用。

广义的电磁屏蔽可以分为电场屏蔽、磁场屏蔽、电磁场屏蔽三类。

（1）电场屏蔽。以电导率较高的材料作为屏蔽体并良好接地，将电场终止在屏蔽体表面，并通过接地泄放表面上的感应电荷以防止电场耦合。完整的屏蔽体和良好的接地是实现电场屏蔽必须具备的两个条件。

（2）磁场屏蔽。磁场屏蔽的机理与磁场频率有关。对于低频的屏蔽，屏蔽体必须采用高磁导率材料，从而使磁力线主要集中在由屏蔽体构成的低磁阻电路内，以防止磁场进入屏蔽空间。因此要在低频磁场时获得良好的屏蔽效果，屏蔽体不仅要选用较高磁导率的材料，而且屏蔽材料在被屏蔽磁场内不应处于饱和状态。这就要求屏蔽体具有一定的厚度。对于高频磁场的屏蔽原理则有所不同，主要利用金属屏蔽体上感生的涡流产生反磁场起排斥原磁场的作用。因此，在同一外场条件下，屏蔽体表面的感生涡流越大，则屏蔽效果越好。所以高频磁场的屏蔽体应选用电导率高的金属材料。对同一屏蔽体材料，感生涡流随外场频率的提高而增大，屏蔽效果随之提高。由于高频的趋肤效应，涡流只限于屏蔽体表面流动，因此对于高频磁场的屏蔽，只需要采用很薄的金属材料就可收到满意的屏蔽效果。

（3）电磁场屏蔽。电磁波在穿透导体时会急剧衰减并在导体面上发生反射，利用由导体制成的屏蔽体的这一特性，便可有效地隔离时变电磁场的相互耦合。对于电磁场，电场分量和磁场分量总是同时存在，只是当频率较低而且在离干扰源不远的地方即近场条件，随着不同特性的干扰源，其电场分量和磁场分量有很大差别。对于高电压、小电流的干扰源，近场以电场为主，其磁场分量可以忽略；而对于低电压、大电流的干扰源，近场以磁场为主，其电场分量可以忽略。因此，对上述这两种特殊情况，可以分别按电场屏蔽和磁场屏蔽来考虑。当频率较高，或在离干扰源较远的地方即远场条件，无论干扰源本身特性如何，均可看作平面波电磁场，此时电场和磁场都不可以忽略，因此就需要将电场与磁场同时屏蔽，即电磁屏蔽。高频电磁屏蔽的原理主要依据电磁波到达金属屏蔽体时产生的反射及吸收作用。

电磁波到达屏蔽体表面时产生的能量反射主要是由于介质空气与金属的波阻抗不一致引起的，两者相差越大，由反射引起的损耗越大，而反射和频率有关，频率越低，反射越严重。电磁波在穿透屏蔽体时的能量吸收损耗主要是由于涡流引起的。涡流一方面产生反磁场来抵消原干扰磁场，另一方面产生热损耗。因此，频率越高，屏蔽体越厚，涡流损耗也越大。

交变电场屏蔽的原理采用电路理论加以解释较为直观。设干扰源上有一个交变电压 U_A，在其周围存在交变电场，电场中有一个敏感电路 B，Z_B 是电路 B 对地的阻抗。干扰源 A 对电路 B 的电场感应作用可以等效为分布电容 C_e 的耦合，于是构成耦合回路，如图 7-33（a）所示。

在电路上产生的干扰电压为

$$U_B = \frac{j\omega C_e Z_B}{1+j\omega C_e Z_B} U_A \tag{7-6}$$

可见，干扰电压 U_B 的大小与耦合电容 C_e 的大小有关。在 A 和 B 之间加入屏蔽体 S，使原来的耦合电容分割成 C_1、C_2 和 C_3，如图 7-33（b）所示。由于 C_3 较小，可以忽略不计。

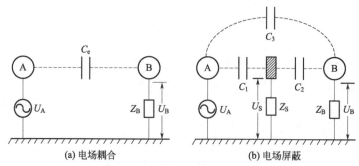

(a) 电场耦合　　　　　　　　　　　　(b) 电场屏蔽

图 7-33　交变电磁场屏蔽原理

设金属屏蔽体对地阻抗为 Z_S，则屏蔽体上感应的电压为

$$U_S = \frac{j\omega C_1 Z_S}{1 + j\omega C_1 Z_S} U_A \tag{7-7}$$

电路上的干扰电压为

$$U_B = \frac{j\omega C_2 Z_B}{1 + j\omega C_2 Z_B} U_S \tag{7-8}$$

由此可见，欲使 U_B 减小，必须使 C_1、C_2 和 Z_S 减小。因为电容 C_1 和 C_2 的极板距离分别小于 C_e 的极板距离，因此 $C_1 > C_e$、$C_2 > C_e$。只有 $Z_S = 0$，才能使 $U_S = 0$，进而 $U_B = 0$。也就是说，屏蔽体必须良好接地，才能真正将干扰源的电场传播阻断，保护电路 B 免受干扰。如果屏蔽体不接地或接地不良，由式（7-6）和式（7-8）可知，干扰电压比不加屏蔽时更严重。

交变磁场的屏蔽有高频磁屏蔽和低频磁屏蔽之分。低频磁屏蔽的原理和静磁屏蔽相同，利用高导磁率的材料构成磁力线的低磁阻通路，使大部分磁场"包封"在屏蔽体内，起到了磁隔离作用。例如继电器的封装壳，电源变压器的外套盒等。

高频磁屏蔽是利用屏蔽体内产生的反磁场，抵消干扰磁场，来实现屏蔽的。因此，高频磁屏蔽采用高导电率的良导电材料，如铜、铝等。由于高频涡流的趋肤效应，它只在屏蔽壳的表面上产生，因此屏蔽材料可以很薄，甚至金属银的镀层就可以取得很好的效果。

7.5　结构防护设计

对于国内的特种车辆而言，一般采用防弹装甲覆盖车身外部蒙皮作为主要的防护手段。其中传统的装甲钢应用最为广泛，但是如果只通过增加装甲钢厚度的方式来提高抗弹性，这样虽然降低了生产和制造成本，但是会大大增加车身重量，严重影响车辆的动力性能。如图 7-34 所示为装有防弹钢板的东风猛士装甲车。

结构防护设计始终要研究两个基本问题：一是防弹材料和防弹结构如何满足防弹功能的要求；二是增加防弹结构和必要的装备以后如何满足汽车行驶安全和汽车技术条件的要求。因此，防弹设计要考虑的问题主要有：①依据防弹车的最大时速要求和汽车总重量选择适当的发动机；②研究确定满足防弹功能的防弹结构；③防弹材料所增加的重量应在汽车总重量

图 7-34　装有防弹钢板的东风猛士装甲车

允许的范围内；④选择必须配备的电子装置和专用设备；⑤确定平面固定安装位置；⑥要考虑车厢刚性和配载后汽车重心位置的合理性；⑦加工制造工艺对防弹结构和防弹材料的不利影响；⑧行驶中可能出现的异常声响和结构性的松动。

在防弹设计前期对防弹布置大致分为 3 个板块：车门板块、侧围板块和车身板块。车门板块包括前门、后门、后背门等；侧围板块包括左侧围、右侧围以及车身顶盖；车身板块为防弹侧围、防弹顶盖和地板焊装总拼后对其前挡板、前轮罩、后轮罩以及左右侧围防弹、车门防弹无法直接防弹覆盖的部位等。

对于车门板块，要考虑防弹钢板对门护板的装配，对门把手和门锁的装配等是否会产生影响；还要考虑到防弹玻璃加厚后是否有足够空间进行升降，防弹玻璃升降器加装防弹玻璃后原安装孔的承载强度是否能够满足，防弹玻璃是否会影响到泥槽以及内外挡水条的安装等。

对于侧围板块，要考虑到内护板装配孔是否能做出避让，侧围内外钣金内腔间是否能够电泳透彻，侧围边缘加装防弹材料后是否影响焊装总拼等。

对于车身板块，要考虑到车身前挡板加装防弹钢板或防弹纤维布后由于装配面的移动是否影响发动机舱以及驾驶舱零部件的装配，前挡板与侧围以及与地板处的防弹布置是否会影响涂装车间涂密封胶，前后轮罩加装防弹钢板后是否会影响车轮转动，车轮前后上下攒动时轮胎是否与防弹钢板干涉等。

目前，防弹材料多选用复合材料，而其中最重要的是陶瓷材料，陶瓷装甲的弹道防护效果比普通的装甲钢更为优越。如今，美国、俄罗斯等国家已经使用陶瓷和复合材料研究出重量效率更好的装甲系统。如图 7-35 所示为俄罗斯某款陶瓷装甲坦克。

陶瓷装甲的防弹机理：当子弹高速撞击复合陶瓷防弹板时，利用作用力与反作用力的原理，使其高速进入防弹板后在内部又以相反的力高速反弹出去，在表面就形成一个近似圆形的弹孔，从而达到只破坏防弹板表面的目的，而对

图 7-35　俄罗斯某款陶瓷装甲坦克

整体复合防弹板没有致命损伤，从而实现防弹。

常见的陶瓷材料有高纯度铝、碳化硅、二硼化钛和碳化硼，它们的特性分别如表 7-2 所示。

表 7-2　陶瓷材料特性

特性	高纯度铝	碳化硅	二硼化钛	碳化硼
体积密度/(g/cm³)	3.81～3.92	3.09～3.22	4.45～4.52	2.50～2.52
杨氏系数/GPa	350～390	380～430	520～550	420～460
泊松比	0.22～0.26	0.14～0.18	0.05～0.15	0.14～0.19
韦氏硬度值	1500～1900	1800～2800	2100～2600	2800～3400
断裂韧性/(MPa·m¹ᐟ²)	3～5	3～5	5～7	2～3

陶瓷材料具有高比刚度、高比强度和在许多环境下的化学惰性，同时其相对于金属的低密度、高硬度和高抗压强度使其应用更加广泛。高纯度铝的密度较高，硬度和断裂韧性较低，所以其抗弹性能较低；碳化硅陶瓷的结构使其具有高强度、高硬度、耐磨损、耐腐蚀、高热导率等性能；二硼化钛的弹性模量较高；碳化硼具有较高的熔点，硬度和力学性能比较优异，其密度在几种常用陶瓷材料中最低，加上弹性模量较高，使其成为军事装甲和空间领域材料方面的良好选择。氮化硼陶瓷装甲如图 7-36 所示。

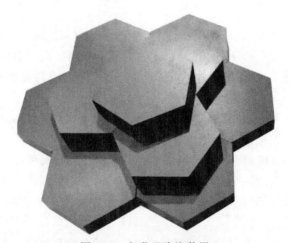

图 7-36　氮化硼陶瓷装甲

新型复合陶瓷防弹板具有传统防弹板不可比拟的优点，具体对比见表 7-3。

表 7-3　新型复合陶瓷防弹板与传统防弹板对比

对比项目	传统防弹板	新型复合陶瓷防弹板
使用性	一次使用，不可修复	修复后可重复使用
结构可设计性	基本上不具有可设计性	可自由设计成曲面等形式
破坏方式	裂纹	近似圆孔
材料成本来源	成本较高	原材料成本低，材料可再生

新型复合陶瓷防弹板的特点如下。

（1）可承受多发弹打击性能。该材料在同一面上可以同时承受多发弹连续打击，而不会出现整体破碎的情况，只会在表面形成一个个近似圆形的弹孔，而不影响材料其他部位的防弹效果。

（2）具有良好的结构可设计性。该材料可以产生相应角度的弯曲变形，变形后可恢复到原来的形状，可以设计成平面、曲面和斜面等多种形状的复合陶瓷防弹材料。

（3）可修复，重复使用。当遭受弹击后，表面的圆形弹孔可以用陶瓷防弹体填入，使用防弹胶液重新复合成型，就可以重新达到初始材料的性能。

（4）使用可靠性高。该材料综合使用高性能陶瓷板、UHWMPE 板及 TC4 板的防弹特性，使得防弹性能优于单体材料，能有效阻击各种规格手枪及相关中小型口径穿燃弹。

（5）技术成熟度高，具有很强的可设计性。该材料已经具备了相当成熟的生产工艺，能够根据实际需要，进行个性化需求设计，以满足不同的防弹需要。

第8章
电驱动特种车辆电气系统

电驱动特种车辆的电气系统包括高压配电系统和低压配电系统。

8.1 电驱动特种车辆高压配电系统

底盘高压配电系统采用模块化、分布式结构，如图 8-1 所示。

5 个驱动轴各配一个高压配电盒，高压系统以每个轴单元为一个节点，各个节点并联在高压总线上。每个驱动轴都匹配一个动力电池箱，智能动力系统通过配电盒与总线连接，两者通过高压配电盒，给驱动电机供电。5 个高压配电盒采用相同的硬件设备和接口定义，可完全互换。每个配电盒都带有高压附件接口，如低压 DC/DC 转换器、气泵和油泵 DC/AC 转换器、空调、充电接口等附件，并在高压配电盒上为装用电设备预留了高压直流接口。

8.1.1 电池管理系统

电池系统主要由动力电池模组、电池管理系统、动力电池箱及辅助元器件四部分组成。其中，电池管理系统（Battery Management System，BMS）处于核心位置，是电池保护和管理的核心部件，它不仅要保证电池安全可靠地使用，还要充分发挥电池的能力和延长其使用寿命，作为电池和整车控制器以及驾驶者之间沟通的桥梁，控制电池组的充放电，并向整车控制器上报动力电池系统的基本参数及故障信息。

电池管理系统是用来对蓄电池组进行安全监控及有效管理，提高蓄电池使用效率的装置，对于电动汽车辆而言，通过该系统对电池组充放电的有效控制，可以达到增加续航里程、延长使用寿命、降低运行成本的目的，并保证动力电池组的安全性和可靠性。电池管理系统已经成为电动汽车不可缺少的核心部件之一。

8.1.1.1 BMS 的基本原理、结构与功能

电池管理系统的主要工作原理可简单归纳为：数据采集电路采集电池状态信息数据后，电子控制单元（ECU）进行数据处理和分析，然后电池管理系统根据分析结果对系统内的相关功能模块发出控制指令，并向外界传递参数信息。

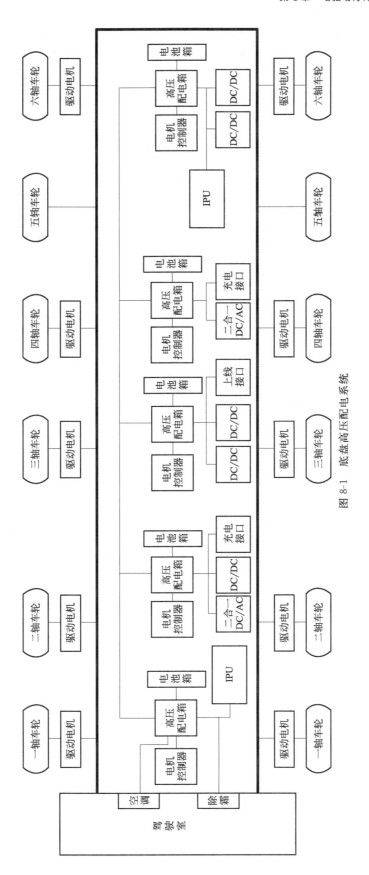

图 8-1 底盘高压配电系统

结构上，电池管理系统一般由一些传感器（用于测量电压、电流和温度等）、一个带微处理器的控制单元和一些输入/输出接口组成。BMS 最基本的作用是监控电池的工作状态（电池的电压、电流和温度），预测动力电池的荷电状态（SOC）和相应的剩余行驶里程，管理电池的工作情况（避免出现过放电、过充电、温度过高和单体电池之间电压严重不平衡现象），以便最大限度地利用电池的存储能力和循环寿命。电池管理系统的核心数据处理和计算功能一般是由单片机来完成的，其构成原理如图 8-2 所示。

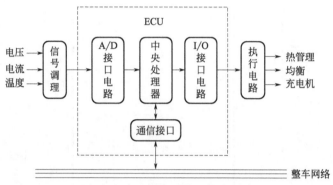

图 8-2 电池管理系统的构成原理

功能上，电池管理系统主要包括数据采集、电池状态估计、能量管理、安全管理、热管理、均衡控制、通信功能和人机接口。如图 8-3 所示为电池管理系统的功能示意。

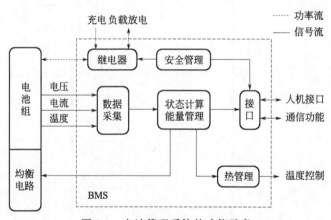

图 8-3 电池管理系统的功能示意

（1）数据采集。电池管理系统的所有算法都是以采集的动力电池数据作为输入，采样速率、精度和前置滤波特性是影响电池系统性能的重要指标。电动汽车电池管理系统的采样速率一般要求大于 200Hz。

（2）电池状态计算。电池状态计算包括电池组荷电状态（SOC）和电池组健康状态（SOH）两方面。SOC 用来提示动力电池组剩余电量，是计算和估计电动汽车续航里程的基础。SOH 用来提示电池技术状态，是预计可用寿命等健康状态的参数。

（3）能量管理。能量管理主要包括以电流、电压、温度、SOC 和 SOH 为输入进行充电过程控制，以 SOC、SOH 和温度等参数为条件进行放电功率控制两个部分。

（4）安全管理。监视电池电压、电流、温度是否超过正常范围，防止电池组过充过放。

现在在对电池组进行整组监控的同时，多数电池管理系统已经发展到对极端单体电池进行过充、过放、过温等安全状态管理。

（5）热管理。在电池工作温度超高时进行冷却，低于适宜工作温度下限时进行加热，使电池处于适宜的工作温度范围内，并在电池工作过程中保持电池单体间温度均衡。对于大功率放电和高温条件下使用的电池，电池的热管理尤为必要。

（6）均衡控制。由于电池存在一致性差异，电池组的工作状态是由最差电池单体决定的。在电池组各个电池之间设置均衡电路，实施均衡控制是为了使各单体电池充放电的工作情况尽量一致，提高整体电池组的工作性能。

（7）通信功能。通过电池管理系统实现电池参数和信息与车载设备或非车载设备的通信，为充放电控制、整车控制提供数据依据是电池管理系统的重要功能之一，根据应用需要，数据交换可采用不同的通信接口，如模拟信号、PWM 信号、CAN 总线或 I2C 串行接口。

（8）人机接口。根据设计的需要设置显示信息以及控制按键等。

8.1.1.2　BMS 的设计原则

（1）电池管理系统设置主控、从控两个模块，从控模块受主控模块统一协调管理。

（2）电池管理系统具备状态检测功能，能够对单体电压、电池总电压、充放电电流、电池温度、绝缘电阻等信息进行实时在线检测。

（3）电池管理系统具备系统管理功能，能够实现电池充放电功率管理、均衡等。

（4）电池管理系统具备安全保护功能，实现系统故障诊断及处理、充放电互锁、高压连接状态检测等。

（5）保证电池管理系统具有安全性和容错能力，实现储能系统的高可靠高安全。

（6）系统应具备较强的"带故"工作能力，在非致命性故障情况下，允许部分性能降低（如电流传感器故障时电池输出功能不丧失等）并可进行自动隔离。

8.1.1.3　BMS 的总体方案设计

对于混合动力汽车及电动汽车 BMS 来说，系统方案设计的主要依据来自 BMS 的功能需求、汽车的使用条件、可靠性和成本的考虑等。

电动汽车动力电池组通常由数十至数百个单体电池串、并联组合而成，而目前商业化的电池监控 IC（集成电路）受限于工作电压（最多为几十伏），一般只能处理数个电池串联的电池组。这就需要很多个从控模块通过隔离的总线进行级联而构成一个完整的电池组监测系统，因此一般将 BMS 设计为一个主控模块加若干个相同的从控模块和其他功能模块的分布式结构。

电池管理系统总体架构如图 8-4 所示。系统由多个功能模块组成，各个模块的功能如下。

（1）主控制器模块。简称主控模块，由 32 位嵌入式处理器构成的最小系统和信号采集及隔离、通信接口、数据存储等部分组成。其主要作用是对各子功能模块的信号进行处理，估算电池组的 SOC、SOH 状态，对电池组的绝缘、电流、电压进行监测，根据这些数据信息进行电池组的电量均衡控制、故障诊断，以及与整车控制器进行信息交互等。

（2）电流信号检测模块。即霍尔电池传感器，用于对电池组的充放电电流进行检测，以便主控模块进行电池组的状态估算和充放电控制。

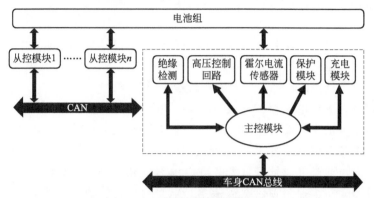

图 8-4　电池管理系统总体架构

（3）绝缘检测。由于电动汽车动力电池组的电压通常在数百伏，出于安全考虑，需要对电池组进行绝缘检测，防止电池漏电对驾乘人员造成伤害。

（4）高压控制回路。用于控制电池组的预充电、高压回路的接通和断开。

（5）保护模块。对电池的温度进行监测，并综合单体电池及电池组的电压、电流、SOC值等信息对电池组进行热管理和过充电、过放电保护。

（6）充电模块。对电池组的充电状态进行监控。

（7）从控制器模块。简称从控模块，主要负责采集电池单体的电压、温度等信号并通过CAN总线发送至主控模块，以及根据主控模块的指令对电池组进行均衡控制等。

8.1.1.4　BMS的故障诊断及功能安全管理

电池组在运行过程中，BMS必须对电池的电压、电流、温度、绝缘等参数进行实时监控，对于使用中可能存在的过载、短路、浪涌、漏电、过充电、过放电等故障进行诊断及保护。BMS故障诊断和功能安全措施见表8-1。

表 8-1　BMS故障诊断和功能安全措施

安全目标	诊断要求	安全措施
监测电池电压和电流	电池组电压监测	检测到故障时，需断开高压供电回路
	单体电池电压监测	
	电池组电流监测	
	接触器检测	
监测电池温度计热管理状态	电池温度监测	检测到电池组热失效时，需限制电流输出或断开高压供电回路
	电池冷却水泵状态监测	
	电池组冷却水温监测	
	加热器状态监测	
通信线路	通信状态监测	检测到故障时，需切断相应从控模块电源
电池单体测量	电池连接线路监测	检测到故障时，需切断相应从控模块电源
电池组线束	电池组内阻检测	检测到故障时，需限制电流输出或断开高压供电回路
水泵、风扇驱动电路	驱动电路及线圈检测	检测到故障时，需限制电流输出或断开高压供电回路

安全目标	诊断要求	安全措施
供电系统状态	监测 BMS 供电	检测到故障时,需切断相应从控模块电源
接触器状态	接触器驱动线圈及电路控制检测	检测到故障时,需关闭接触器驱动线圈
高压检测回路	高压测量回路监测	检测到故障时,需断开高压供电回路

为实现对电池组的诊断和保护,BMS 除了要设计可靠的电池状态及信号监测电路外,还需要设计相应的保护电路硬件及故障诊断保护软件系统。除此之外,对于电池组系统的可靠性风险进行评估,对于故障模式的分析和潜在的可靠性风险保护措施的处理也是非常必要的。

8.1.2　电机控制器

8.1.2.1　驱动电机与控制器系统方案设计原则

驱动电机与控制器系统方案设计须满足以下原则。

(1) 驱动电机优先采用水冷永磁同步电机,能够实现正反旋转且性能无差别。

(2) 针对驱动电机高扭矩密度要求,开展电磁方案、散热性能、结构轻量化分析及设计。

(3) 针对 1 台电机控制器控制 2 台驱动电机的要求,开展控制器拓扑结构优化、机电热集成设计及电磁兼容设计。

(4) 针对超重型底盘特点,开展系统驱动效率、驱动电机振动(NVH)特性及耐久性等分析并进行针对性设计。

(5) 针对底盘安全性要求,开展系统高压安全及防护设计,能够满足涉水工作的要求。

(6) 驱动电机及控制器应具备较强的"带故"工作能力,在非致命性故障情况下,允许部分性能降低(如驱动电机位置传感器故障时,电机控制器可实现开环控制)。

(7) 驱动电机及控制器功能安全应符合《汽车电子电气系统的功能安全标准》(ISO 26262—2011)的有关规定,并结合一拖二控制器集成等特点,开展针对性设计。

8.1.2.2　永磁同步电机结构概述

在各种能用于电动汽车驱动系统的电机中,永磁同步电机(PMSM)具有重量轻、体积小、噪声低、耗材少、控制精度高、转矩密度高、功率因数高、调速范围宽等诸多优点,十分适合电动汽车驱动系统的应用环境。尤其是内置式永磁同步电机(IPMSM),其永磁体磁路能够获得很好的弱磁性能,具有优异的调速性能,获得业界的普遍认同,已经广泛应用于电动汽车驱动系统。

永磁同步电机主要由定子、转子及一些相关附件组成,其结构如图 8-5 所示。根据永磁体在转子上的安装位置不同,转子结构又分为表面式和内置式,常见内置式转子类型如图 8-6 所示。

为了充分发挥永磁同步电机的优异性能,需要一套先进的驱动控制技术,改善和提高电机驱动系统的控制性能对电动汽车的发展具有重要意义。

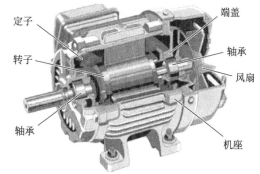

图 8-5　永磁同步电机结构

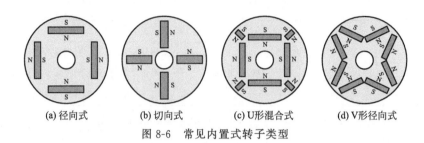

| (a) 径向式 | (b) 切向式 | (c) U形混合式 | (d) V形径向式 |

图 8-6　常见内置式转子类型

8.1.2.3　永磁同步电机控制策略

永磁同步电机属于交流电机，其控制技术的
理论基础是矢量控制。矢量控制的核心是对定子电流矢量的幅值、频率和相位的控制。针对永磁同步电机的电流控制策略主要有 $i_d=0$ 控制、$\cos\varphi=1$ 控制、最大转矩电流比（MTPA）控制、恒磁链控制和弱磁控制等。永磁同步电机电流控制策略及其优缺点如表 8-2 所示。

表 8-2　永磁同步电机电流控制策略及其优缺点

控制策略	控制方法	优点	缺点
$i_d=0$	直轴（d 轴）电流恒为零，即定子电流中只有交轴（q 轴）分量，输出转矩中只有永磁转矩分量	简单，计算量小；没有直轴分量，电枢反应不会产生去磁效应，电机不易退磁，能保证电机的电磁转矩和电流成正比	功率因数低，要求驱动器的输出电压高、容量大；对于内置式永磁同步电机而言，由于输出转矩中磁阻反应转矩分量为零，转矩输出能力没有充分利用，效率较低
$\cos\varphi=1$	使电机的功率因数恒为 1	驱动器的容量得到充分利用	转子励磁不能调节，在负载变化时，转矩绕组的总磁链无法保持恒定，所以电枢电流和转矩之间不能保持线性关系，且最大输出转矩小，退磁系数较大
MTPA	转矩曲线与电流圆的切点组成的一条轨迹	充分利用了磁阻转矩，提高了单位电流的转矩输出能力，在输出相同转矩时，减小了定子电流，将电机的铜损和驱动器的损耗降至最小，提高了驱动器的额定容量，使系统整机成本下降	电流轨迹方程比较复杂，计算量大，实现比较困难，功率因数随转矩的增大下降较快
恒磁链	控制电机定子电流，使气隙磁链与定子交联磁链的幅值相等	在功率因素较高的条件下，能提高电机的最大输出转矩	存在最大输出转矩的限制
弱磁	在电机达到驱动器直流侧最大值后，减弱电机磁场，使电机转速升高	可以使电机运行在额定转速以上，从而满足恒功率控制和宽调速范围运行	对于永磁体而言，存在着如何避免不可退磁的问题

永磁同步电机的另一种重要控制理论是直接转矩控制，与矢量控制中以定子电流为控制对象不同，直接转矩控制通过定子磁链定向，实现对定子磁链和转矩的直接控制。其实现方法是：观测磁链和转矩的实际值与给定值的偏差，通过滞环比较及定子磁链空间矢量的位置确定控制信号，从一个离线计算的开关表中选择合适的定子电压空间矢量，进而控制驱动器的功率开关状态。直接转矩控制省去了矢量控制中的坐标变换，对电机模型进行简化处理，控制结构简单，受电机参数变换影响小。但它也存在着一些不足：如转矩、电流波动大；实

现数字控制需要较高的采样频率等。

根据电机的运行特点，一般将电机的运行区域分为恒转矩区和恒功率区。为了有效利用内置式永磁同步电机的凸极效应，使得电机能充分发挥其固有特性，提高电机效率，在恒转矩区采用最大转矩电流比（MTPA）控制策略，在恒功率区则采用弱磁控制策略。

8.1.2.4 控制器硬件设计方案

驱动控制器主要包括电源电路、主控电路、信号采集电路（包括模拟信号和数字信号）、隔离驱动电路、功率开关器件和保护电路等。

（1）主要器件选型。

① 主控电路芯片：常用的微处理器和微控制器主要有单片机、ARM、DSP（数字信号处理器）、FPGA（现场可编程门阵列）等。单片机一般用于低端或者控制较为简单的应用场合，不能进行较为复杂的数学计算；ARM 主要应用于嵌入式系统平台，在操作系统中做多任务调度，但数学计算也不是它的强项；FPGA 运算速度快，计算能力强，但芯片外设较少，而且价格比较昂贵；DSP 在数学计算方面有着优异的表现，外设丰富，价格适中。主控电路采用 DSP 芯片实现内置式永磁同步电机全数字化控制系统。

② 功率开关器件：对于电动汽车驱动系统的高功率要求，MOSFET（金属氧化物半导体场效应晶体管）很难在电流和电压等级方面同时满足要求，若采用多个 MOSFET 并联方式，虽然可以达到所需的功率等级，但对 MOSFET 的参数一致性提出了极为苛刻的要求，也对 MOSFET 的预驱动电路提出了挑战，系统可靠性不高。IGBT（绝缘栅双极型晶体管）是由 BJT（双极结型晶体管）和 MOSFET 组成的复合全控型电压驱动式功率半导体器件，既有 BJT 的耐压高、电流处理能力强、功率密度大、饱和压降低的优点，又有 MOSFET 的输入阻抗高、预驱动电路简单、预驱动功耗小、开关速度高的优点，是电力电子领域非常理想的功率开关器件。功率开关选用适用于高功率应用场合的 IGBT。

③ 转子位置传感器：电机转子位置传感器常用的器件有光电编码器和旋转变压器。光电编码器的优点是精密、分辨率高、动态响应特性好、结构简单、体积小、性价比高，但缺点是对防尘、防油和防敲击等恶劣环境下的实用性不理想，而且因为 Z 相是一个脉冲信号，容易受到干扰而导致出现定位不准的情况。旋转变压器虽然在精度、分辨率等参数指标上逊于光电编码器，但它的优点是抗震性强、可靠性高、稳定性好、寿命长、耐腐蚀、耐高温、抗电气和机械干扰能力强，特别适合工况条件恶劣的应用场合。旋转变压器输出的角度信息是正余弦信号，为了将其变换为处理器能直接读取的数字信号，以往需要结构复杂的转换处理电路，稳定性和可靠性差。目前较为常用的设计方案是采用旋转变压器-数字转换器（RDC），也称作旋变解码芯片，使得电路结构大为简化，处理器运算量减少。电机转子位置传感器选用旋转变压器。

（2）硬件方案框图。内置式永磁同步电机驱动控制器的硬件方案如图 8-7 所示。系统硬件的印制电路板（PCB）包括两块：主控板和驱动板。

主控板是系统的控制核心，主控芯片 DSP 可实现信号采集、数据处理、算法实现、控制输出、对外通信等功能，由于都是低压弱电电路，所以需要单独作为一块线路板，并要求与其他高压强电电路或器件有效隔离，防止受到干扰，影响系统可靠性和稳定性。

主控板电路主要包含的功能模块及其功能如下。

① DSP 最小系统：包含时钟、程序下载、数据存储等辅助电路，负责算法实现和数据处理，是系统的控制核心。

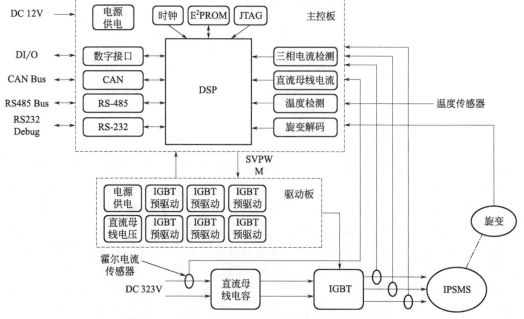

图 8-7　内置式永磁同步电机驱动控制器的硬件方案

② 数字输入/输出接（DI/O）电路：对输入和输出低频数字开关信号进行预处理，如隔离和电平转换，以适应 DSP 的端口作采集和控制，或作为干/湿接点预留。

③ CAN 总线接口电路：与整车 CAN 总线相连，接收整车控制器的指令信号，或上传系统工况信息。

④ RS-485 总线接口电路：预留通信接口。

⑤ RS-232 接口电路：系统调试接口。

⑥ 母线电压采集电路：采用专用磁耦隔离型运算放大器，输出接 DSP 的模拟/数字转换器（ADC）端口，用于矢量计算值的修正参考和软件过欠压保护。

⑦ 电流采集电路：由运算放大器和外置的霍尔电流传感器组成，包括相电流和母线电流，输出接 DSP 的 ADC 端口，用于矢量算法和电流保护。

⑧ 温度采集电路：由运算放大器和外置 NTC（负温度系数）热敏电阻组成，采集电机和环境温度，实现系统高低温保护。

⑨ 旋转变压器解码电路：对与电机转子同轴安装的旋转变压器输出的正弦/余弦模拟信号进行解码，转换成数字信号，获取电机转子实时电角度信息，参与坐标变换和计算电机转速。

⑩ 电源电路：为主控板提供所需的电压源，电源采用隔离方式，提高系统抗干扰性能。

驱动板电路的主要功能为接收主控板发来的控制信号，对 SVPWM 信号进行功率放大，控制 IGBT 打开/关断，实现对电机的控制。另外，IGBT 的故障信息返回给主控板 DSP，做相应的数据处理。驱动板电路主要包含的功能模块及其功能如下。

① 预驱动电路：对由主控板 DSP 芯片输出的 SVPWM 信号进行功率放大，监控 IGBT 的运行状态，在出现故障时，输出相应信号至 DSP，由于预驱动芯片两侧分别为与 DSP 接口的弱电信号和与 IGBT 接口的强电信号，所以芯片内部采用了磁耦隔离。

② IGBT 电路：系统的功率模块，完成电能变换。

③ 温度采集电路：由运算放大器和外置 NTC 热敏电阻组成，采集 IGBT 模块的温度，做 IGBT 的高低温保护。

④ 预驱动电路隔离电源：为预驱动芯片输出的六路功率放大的 SVPWM 信号提供隔离电源。

8.1.3 高压配电盒与车载充电器

8.1.3.1 高压配电盒

高压配电盒（PDU）是电动汽车高压供电系统的分配单元，其主要作用是将动力电池的电力通过继电器、熔丝等配电器件输送到电机系统、充电系统、空调系统、PTC 加热系统、DC/DC 转换器等。

一般的高压配电盒主要由壳体、铜排、连接器、高压直流接触器和熔断器等组成。壳体为电气元器件提供稳定的工作空间，保证其不受外界影响。铜排电阻率低、散热效果好，在电路中起输送大电流的作用，是箱体内不可或缺的导电材料。连接器作为高压配电盒连接用电设备的桥梁，其选型的好坏直接影响导电回路的稳定性。高压直流接触器在回路中起到通断和保护电路等作用，该元件属于高压配电盒的核心零件。熔断器用于保护高压配电盒内外回路所有的元器件。

（1）铜排设计。铜排截面积可根据国家标准要求设计，但国标规定的是导电常用工况，无法满足电动汽车的极端工况，因此引入铜排设计的经验公式为 $I_c = S\alpha$，式中，I_c 为铜排设计回路的额定电流；S 为铜排设计的截面积；α 为设计常数。

（2）连接器设计。一般直流用电设备可选用一个 2 位或者两个 1 位连接器，交流用电设备选用一个 3 位或者三个 1 位连接器。可根据整车布置的输入要求，选择连接器是否需要配高压互锁和出线方向。工作电压不低于电池包最高电压，一般要求防护等级至少为 IP67。

查看连接器用户选型手册，根据经验值，一般连接器的载流能力按用电器额定电流的 1.2～1.4 倍选择，为避免连接器出现烧蚀现象，设计前期可选用可压线径较广的连接器型号，作为结构改善余量。

（3）熔断器设计。正常情况下，熔断器在电路中是导体，工作电流可正常通过熔断器，但是如果回路中出现短路情况，熔断器则需要自身熔断来保护系统的元器件。如果熔断器容值设计太小，熔断器经常烧坏，会造成维修费用高；如果容值设计过高，电路出现短路时，熔断器又无法及时熔断来保护用电器，而且系统内部之间的电容也会产生纹波电流，对熔断器形成电流干扰，所以熔断器选型是高压配电盒的设计难点。熔断器选型需要根据系统输入的用电设备参数，再结合系统控制器的保护策略综合考虑。

（4）高压直流接触器设计。熔断器型号选定之后，根据高压直流接触器的用户选型手册，结合熔断器的参数反推高压直流接触器的型号参数，最终匹配耐电流能力比熔断器更强的高压直流接触器。

（5）预充电阻设计。由于上电瞬间，用电器与电池包的回路相当于短路状态，如果直接上电会产生冲击电流，严重损害电池、高压直流接触器和熔断器等核心元器件。为了避免在回路接通瞬间产生冲击电流，通常高压配电盒的主回路上会并联一个预充回路，预充回路的电阻选型会影响预充时间，预充时间需要与整车控制系统的上电时间匹配上，否则会造成上电失败或继电器烧蚀等不良后果。

预充电阻选型一般需要预充电容、预充目标和预充时间等参数。预充电容通常是所有高压附件控制器的总电容值，预充目标是预充电阻两端电压为电池电压的比例（％），一般为95％，预充时间是当预充电阻两端电压达到预充目标时所需要的时间，商用车一般为0.5s。

8.1.3.2　车载充电器

车载充电器（OBC）是固定安装在电动汽车内部，将交流电变换为满足动力电池充电要求的直流电的电力电子装置。车载充电器的输入与公共电网直接相连，其无功功率和谐波水平会影响公共电网的清洁，其转换效率会影响电网电能的利用率，因此研制高效率、高功率因数、低谐波水平的车载充电器对电动汽车产业的发展具有重大意义。

（1）车载充电器的拓扑结构。车载充电器受限于电动汽车的内部空间和承载重量，要求具有小型化、轻量化的特点，设计时一般采用高频开关电源技术，高频开关电源的拓扑结构按照功率变换结构可分为单级式功率变换结构和两级式功率变换结构两种。

① 单级式功率变换结构。单级式功率变换结构如图8-8所示，输入交流电仅通过一级AC/DC转换器就变换为蓄电池所需的直流电。单级式功率变换结构相对简单、硬件成本低，但其输出电压范围较小，很难同时实现功率因数校正、谐波抑制、效率提升，仅适用于小功率电源场合。

② 两级式功率变换结构。两级式功率变换结构如图8-9所示，与单级式功率变换结构相比，增加了一级DC/DC转换器。前级AC/DC转换器一般采用非隔离的有源功率因数校正变换器，可以提高设备的功率因数，降低输入电流的谐波含量，减少对电网的污染，并为后级变换器提供稳定的直流母线电压；后级DC/DC转换器一般采用隔离型变换器，作用是将直流母线电压转换为满足充电要求的直流电，并实现交流输入端与直流输出端的电气隔离。

图8-8　单级式功率变换结构　　　　　图8-9　两级式功率变换结构

两级式变换结构虽然比单级式变换结构复杂，设计成本更高，但是可以扩大输出电压范围，并同时实现功率因数校正、谐波抑制、效率提升，电源的整体性能更高，适用于中大功率电源场合。

由于车载充电器需具有小型化、轻量化的特点，车载充电器的技术要求为高功率因数、高功率密度、高转换效率等，为满足上述要求，电动汽车车载充电器主要采用两级式功率变换结构。

（2）车载充电器总体方案设计。车载充电器的整体结构框图如图8-10所示。车载充电器由交流供电设备提供单相220V交流电，交流供电设备可以是交流充电桩或普通的充电插座。功率主电路采用两级式功率变换结构，前级为PFC变换器，用于实现功率因数校正，同时输出稳定的直流母线电压；后级为隔离型DC/DC转换器，用于输出满足充电要求的直流电，实现电网端和输出端的电气隔离。控制器采用DSP，结合采样电路、驱动电路完成对车载充电器的数字控制，实现车载充电器的功能要求。

① 前级PFC转换器。前级PFC转换器可选拓扑主要有Buck、Boost、Buck-Boost。Boost拓扑优点明显：输入端有大电感，输入电流连续、脉动小、易于控制；功率开关管的源极与功率主电路共地，开关管控制容易，驱动电路简单；效率高，工作稳定。因此，

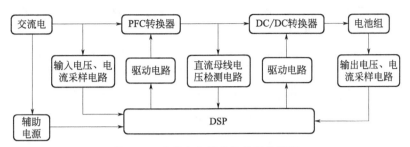

图 8-10　车载充电器的整体结构框图

Boost 拓扑是 PFC 变换器的最佳选择。

② 后级 DC/DC 转换器。根据输入端与输出端是否隔离，后级 DC/DC 转换器可分为隔离型和非隔离型两种。相比于非隔离型后级 DC/DC 转换器，隔离型后级 DC/DC 转换器中含有高频变压器，改变变压器的匝比就能调整系统输出，且系统的安全性能高，适合中大功率场合。隔离型后级 DC/DC 转换器主要有半桥转换器和全桥转换器。半桥转换器开关管数量是全桥转换器的一半，但其电流是全桥转换器电流的两倍，电流有效值为全桥转换器的四倍，导通损耗是全桥转换器的两倍，变压器初级侧铜损是全桥转换器的两倍。因此后级 DC/DC 转换器宜采用全桥转换器。

为满足车载充电器高转换效率、高功率密度的技术要求，实现装置的小型化与轻量化，最有效的方法就是提高开关频率。但是提高开关频率的同时，开关损耗和开关噪声也随之增大，电路效率严重降低。因此，仅简单提高开关频率是不可行的，为解决此类问题，一般采用软开关技术。车载充电器常用的软开关全桥 DC/DC 转换器主要有移相全桥转换器和全桥谐振转换器，其中以全桥 LLC 谐振转换器的综合性能最为优异，适合作为后级 DC/DC 转换器。

8.1.4　电动压缩机、PTC 加热器及高压线束

8.1.4.1　电动压缩机

(1) 电动压缩机的结构与工作原理。电动压缩机的结构如图 8-11 所示，压缩机与电机转子共轴，采用电机、逆变器、压缩机集成化设计，实现了一体化、高效化和轻量化，提高了整体制冷效率。逆变器是小型的电路功率模块，压缩机冷媒为逆变器和电机提供冷却的保障物质。集成式电动压缩机结构紧凑，只要调节电机转速就可以改变压缩机的排气量，相对于发动机带动的压缩机，电动压缩机运转可靠且平稳。

实际使用中，压缩机一般采用无位置传感器的无刷直流电机驱动。控制器通过采集无刷直流电机的反电势信号而辨识出电机的转子位置信号，然后输出变压变频信号给逆变器，控制电子开关的通断来驱动无刷电机带动压缩机运转。

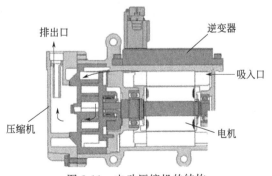

图 8-11　电动压缩机的结构

(2) 电动压缩机的选型。电动压缩机根据工作状况分为往复式和回旋式两种。往复式压

缩机主要分为曲轴连杆式和轴向活塞式，回旋式压缩机主要分为旋叶式和涡旋式。其中，涡旋式压缩机的优点突出，在电动汽车上应用广泛。

曲轴连杆往复式压缩机是一种应用广泛、结构简单、技术成熟的压缩机，缺点是没有高速运转的便利，且比较笨重，一般应用在重型车辆上需要大制冷量的空调压缩机系统中。

轴向活塞式压缩机，常分为摇板式和斜板式。斜板式压缩机比较小巧，适合安装在小型汽车空调系统中，而且容易实现大制冷量情况下的正常工作。斜板式压缩机效率比较高且结构紧凑，排量可控，适用于汽车空调系统。

旋叶式压缩机的噪声小，振动轻，在汽车空调中有所应用，但是其加工工艺复杂，成本较高，限制了其大规模应用。当压缩机运行在一个选定的额定值附近时，涡旋式压缩机的等熵效率略高于典型的往复式压缩机。

涡旋式压缩机分为动静式和双公转式，而动静式涡旋压缩机得到广泛的应用。涡旋压缩机在实际运行时其涡盘几乎没有相互接触，因而其零件磨损度极低，不用经常从空调系统中取出维修或者替换。另外，涡旋式压缩机结构紧凑，运行平稳，容易实现转速和排量的控制，适用于中小制冷量的应用情景。对于电动汽车来说，涡旋式压缩机是目前较好的高效压缩机之一。

8.1.4.2 PTC 加热器

电动汽车一般采用电动压缩式制冷-电加热采暖空调系统，通过电机驱动压缩机制冷，同时安装独立的加热器，通过消耗电能供暖。

电加热采暖有 PTC 空气加热器和 PTC 水暖加热器两种方式，PTC 空气加热采暖系统用 PTC 空气加热器替换空调总成中的暖风散热器，把大电流和高电压引入驾驶室，存在安全隐患。PTC 水暖加热采暖系统是目前成熟且安全的采暖方案，对整车的改动较小，广泛应用于电动汽车上。

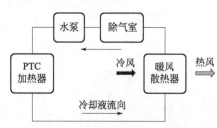

图 8-12　加热器系统工作原理

（1）系统构成与工作原理。PTC 水暖加热器采暖系统主要器件包括：PTC 水暖加热器、电动水泵、除气室、水管、暖风散热器。加热器系统工作原理如图 8-12 所示，启动开关后，冰冷的冷却液进入 PTC 加热器中，经过加热器的加热后迅速升温，随后冷却液流入 HVAC（暖通空调）总成中的暖风散热器进行热交换，鼓风机把携带热量的空气送入车厢内，为车厢内提供热量。经过热交换的冷却液在电动水泵的抽动下，再次进入加热器中加热升温，如此循环下去。为减小加热器对蓄电池的损耗，保证汽车续航里程，在加热器的进出口以及车厢内设置温度传感器，利用反馈回来的温度信息，加热器的控制系统将合理调节功率，精确达到设定温度并能节约动力电池能量。

（2）控制系统总体方案。控制系统通过温度传感器将温度信息传至 MCU（微控制单元），与按键输入的目标温度对比，MCU 根据温度差按预先设定程序不断调节加热器功率，使车内温度达到设定温度水平，并且在液晶屏上实时显示车内温度和设定温度。

控制系统包括如下部分：MCU 控制模块、电源模块、PWM 模块、IGBT 驱动模块、CAN 总线通信模块、温度检测模块、人机交互模块，如图 8-13 所示。

① MCU 控制模块：用于进行系统的运算、逻辑分析、监测控制系统的工作状态等方面。一般在要求不太高的场合下，可以优先采用低功耗的 8 位微控制器，如 51 单片机、

AVR 单片机等。同时在本系统中需要用 PWM 信号进行功率控制，通过改变 PWM 信号的占空比来控制加热器的功率。PWM 信号可采用模拟电路或单片机产生。

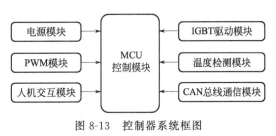

图 8-13　控制器系统框图

② 电源模块：为整个系统提供工作电压，分为低压和高压两部分，低压部分用于 MCU 模块的单片机和其他芯片的上电电压、电动水泵的工作电压，高压部分则为 PTC 加热管提供直流高压。

③ IGBT 驱动模块：PTC 加热管的开关单元部分采用 IGBT，IGBT 驱动电路用于控制 PTC 加热管是否进行加热。

④ 温度检测模块：用于检测系统温度、IGBT 驱动芯片温度和 PTC 加热管温度，采集的温度送至单片机进行分析处理，判断温度是否异常并调节 PWM 占空比。

⑤ CAN 总线通信模块：是 PTC 电加热器控制系统与整车控制器之间通信的桥梁，具有突出的可靠性、实时性和灵活性等优点，主要完成控制器之间的温度信息、PTC 电加热器具体的工作参数等信息的传递以及故障诊断。

8.1.4.3　高压线束

（1）高压线束的工作特点。相对低压线束而言，高压线束的特点如下。

① 电压高。电动汽车电池最高电压可高达 420V，这就对高压线束的绝缘材料提出了较高的要求。

② 电流大。高压线束的输出电流可达 300A，要求导线截面积和连接器接触面积较大。

③ 耐热性高。高压线束大电流工作时会产生较大的热量，导致线束温度较高，这就要求高压线束具有较高的耐热性。

④ 抗电磁干扰。由于电动汽车运行时，电气负荷会发生变化，给线束的电压、电流和频率造成一定的波动，进而对车内电气电子设备造成电磁干扰，因此高压线束应具有较强的电磁干扰屏蔽能力。

⑤ 使用寿命长。传统线束运行压力过大时，非常容易发热，如果线束外面有为了维持线束稳定而安装的外保护套，则不能及时散发热量，热量过高，就面临起火危险。高压线束是在传统线束上进行优化的一种能承受较高压力的线束，具有传统线束不及的优良特性和较高的防护等级，决定了其具有较长的使用寿命，能够保证车辆长期使用。

（2）高压线束的选配设计。高压线束主要包括线缆、插接件和防护结构等几个部分。

① 线缆：线缆是高压线束的主体，线缆的选配应重点关注导线的截面积和绝缘层的材质，并充分考虑载流量特性、热阻、导体电阻等参数，确保电机载流量能够满足车辆长期运行条件，同时为了保证布线的美观和安全，还要求线缆具有良好的柔软性和耐磨性。

② 插接件：线束插接件用于连接线缆与用电设备，插接件直接影响连接的可靠性和拆卸的便捷性。高压插接件对其电性能、通载能力、力学性能和电磁屏蔽功能有一定的要求。高压线束高电压、大电流的使用特性，要求插接件具有较大的接触面积和较低的接触阻抗，同时插接件还应该具有耐腐蚀、阻燃、耐高温以及可多次插拔等特性，以保证连接的稳定和使用寿命。

③ 防护结构：防护结构用于防止线束间的摩擦，以及隔离尖锐、高温物体，达到有效

保护线缆的目的。常见的防护结构包括波纹管、护管、胶带、防护接头等。

（3）高压线束的安装控制。为保证高压线束的运行安全，应充分重视高压线束的安装控制，主要要求：

① 不同高压部件进行隔离，分别设立供电控制系统，杜绝不工作部件仍然带电的现象发生；

② 高压线缆布置时应远离热源，经过锐边或需要穿孔时，应当在线缆表面加裹保护结构，防止线缆遭到破坏；

③ 线缆布置应按要求加装支撑和固定装置，直线线缆两个固定点间的距离应当小于300mm，距离插接件120mm以内的距离内必须有固定点；

④ 注意插接件的位置，为避免雨水和灰层对插接件的侵蚀，插接件应尽可能安放在驾驶室内，并且应当避免垂直布置；

⑤ 线束长度控制要合理，既要留有一定的裕度，以抵消部件运动拖拽带来的应力，又要避免过长导致线缆堆积影响美观；

⑥ 充分考虑电磁干扰因素，高压线束与低压线束分开排布，与信号线束隔离，避免线缆间的互相干扰；

⑦ 线束布置时应充分考虑美观和维修等因素，保证不仅布置美观，而且维修起来也非常方便。

8.2 电驱动特种车辆低压配电系统

低压配电系统为整车提供必需的低压，整车高压通过 DC/DC 转换器转换为 24V 低压电源与低压蓄电池并联，通过驾驶室和底盘相应的配电盒为整车提供低压电源，如图 8-14 所示。

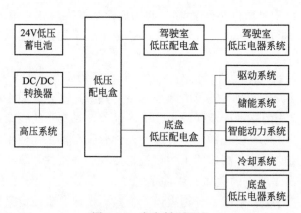

图 8-14　底盘低压配电

8.2.1　点火开关及搭铁

8.2.1.1　点火开关

传统点火系统的组成如图 8-15 所示。点火开关用于控制仪表电路、点火系统一次电路以及起动机继电器电路的通断。

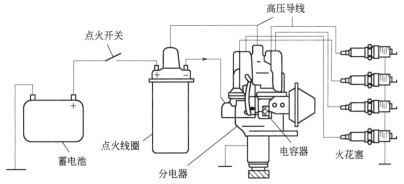

图 8-15　传统点火系统的组成

　　按接线柱多少，点火开关可分为两接线柱式、三接线柱式和四接线柱式。目前，国产汽车使用较多的是三接线柱式点火开关和四接线柱式开关。如图 8-16 所示为三接线柱式点火开关，它有三个接线柱，第一个接电源，第二个接点火线圈的低压电源开关，第三个接起动机的继电器。四接线柱式点火开关则多了一个接线柱，用于控制其他用电设备（如电器仪表等）。

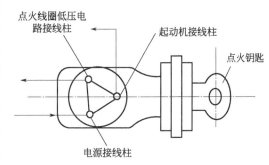

图 8-16　三接线柱式点火开关

8.2.1.2　搭铁

　　(1) 汽车搭铁的原理及作用。工业电一般将大地作为电位基准点，在汽车电气系统中的搭铁也就是整车电位基准点。蓄电池作为整车的电源之一，其作用是提供电能，同时可抑制干扰，蓄电池负极作为整车理想的搭铁，其一般又与车身、车架、发动机缸体等可靠连接，整车的电气负极又与这些部件相连，构成回路，这就是所谓的接地，也叫搭铁。

　　按不同的功能分析，搭铁的作用主要有以下几方面。

　　① 功率搭铁。指电气部件工作时的电流回路搭铁，根据不同负载形式又分为感性负载搭铁与阻性负载搭铁。

　　② 信号搭铁。指各类传感器的搭铁，为小电流，实际上是为整车电气提供一个基准电位点，保证传感器信号不会因电位浮动而产生误差。针对模拟传感器和数字传感器，其搭铁形式又分为模拟信号搭铁和数字信号搭铁。

　　③ 保护搭铁。指用于为电气部件提供过压保护或静电保护的搭铁。

　　④ 屏蔽搭铁。指导线的屏蔽层或电气部件的外壳进行的搭铁，对易受电磁干扰的部件进行防护；同时屏蔽干扰源，对其进行有效电磁抑制，从而提高整车的 EMC 性能。

　　⑤ 电源搭铁。电源搭铁是指整车电路的搭铁，也就是整车电位基准点，是用搭铁线把蓄电池负极直接连接到车架上，车架再与发动机相连，对于商用车来讲，还需将车架通过搭铁线连接到车身上。整个金属车身、车架、发动机缸体构成整车的电源搭铁，也就是电流回路中的负极。

　　(2) 汽车负极搭铁的形式。在进行汽车线束设计时，搭铁设计是非常重要的工作，它对信号的正常传递至关重要，如果搭铁设计得不科学，或是共搭铁点虚接松动，就有可能造成信号衰减，再者共搭铁点杂波如果超过极限，将会引起共搭铁干扰，会直接影响控制单元的正常工作，严重的还会产生整车安全性事故，如车辆自燃、失去方向控制、制动失灵等。

常用的汽车低压电气系统搭铁方法有两种，如图 8-17 所示。

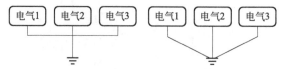

图 8-17　就近搭铁（左）与独立搭铁（右）

① 就近搭铁。将用电设备尽可能地在其附近搭铁，将某一范围内的多个用电器的负极通过一个打钉点合并在一起，再统一连接到搭铁点。优点是可以减少导线的使用量，从而降低了线束的成本及质量；缺点是可能会引起搭铁信号的相互干扰。

② 独立搭铁。每个用电器用独立的电线搭铁。优点是可以降低信号相互干扰；缺点是增加了线束的使用量，造成线束重量和成本增加。

独立搭铁一般用于关键且敏感的用电器，如仪表、控制单元、精密传感器、中控等的搭铁；而针对不敏感的功率用电器，如雨刮电机、灯具、冷却风扇、暖风电机等，就可以采用就近搭铁。

随着汽车新能源、网联化、智能化等技术的飞速发展，汽车电气功能日趋强大，电磁环境更加复杂，对一些关键且敏感的电气部件的搭铁可直接接到蓄电池负极，这也就是真正所谓的"双线制"。如仪表、中控屏、发动机 ECU 等关键敏感部件，该方式由于负极线较长，增加了电压降、整车成本及重量，因环节多、路径复杂，也增加了负极线路损坏的风险，同时还应充分考虑负极线的传导干扰，在实际整车线束设计开发中，这种搭铁方式不宜过多。

（3）整车搭铁分配设计。在实际设计中，对于传感器、控制器间的通信等搭铁，其峰值电流小于 1A，称为"干净搭铁"，也叫电子搭铁。而对于电机类和开关类负载的搭铁，其峰值电流大于 1A，称为"脏搭铁"，也叫功率搭铁。

设计搭铁分配方案的原则是：为避免信号间的相互干扰，要将电子搭铁和功率搭铁区别设计，因为它们对搭铁的冲击是不同的，较敏感的电子器件会受这种冲击影响，从而无法正常运行；也要将模拟搭铁和数字搭铁区别设计，不能将同一个控制器的模拟搭铁和数字搭铁布置得太远，因为如果它们的距离过长，那么它们之间就会产生较大的电位差，也将影响控制器的正常运行。

一般的搭铁分配方案如下。

① 蓄电池负极搭铁：仪表、发动机 ECU、后处理 DCU 等特别关键敏感部件。

② 敏感部件搭铁：收放机、多媒体等。

③ 关键控制器搭铁：整车控制器（VCU）、空调控制器、车身控制器（BCM）、倒车雷达控制器、行驶记录仪、ECAS 控制器、门窗控制器（DCM）、胎压检测控制器等。

④ 开关继电器搭铁：各种开关、各种继电器、电源插座、点烟器等。

⑤ 电机、阀类电器搭铁：雨刮电机、暖风电机、门窗电机、各种电磁阀、电加热部件、电动泵、电喇叭、调光电机等。

⑥ 灯类搭铁：前照灯、雾灯、小灯、各种照明灯和信号灯、蜂鸣器等。

根据实车用电器的位置不同，在不违背搭铁分配原则的前提下，可进行适当调整。

（4）整车搭铁点的分布设计。

① 搭铁点的设置要求。搭铁点的设置应满足以下要求：

a. 仪表、发动机 ECU 等特别关键的敏感部件应单独搭铁，防止被干扰；

b. 为保证信号正常传输，弱信号传感器应尽量单独且就近搭铁；

c. 商用汽车蓄电池负极搭铁和发动机缸体搭铁很重要，有多种形式，要综合考虑，确保可靠搭铁；

d. 车身和车架应保证同电位、可靠搭铁，保证所有搭铁点、空间位置都便于安装和拆卸，满足维修要求；

e. 为防止搭铁点进水、腐蚀，不得把搭铁点布置在严重的飞溅区域；

f 搭铁点有时会发热，甚至因接触不良而产生火花，所以不要把搭铁螺栓布置在油箱和油路的附近；

g. 搭铁线直接通过螺栓、齿形垫片，直接安装到车身、搭铁板（或车架）上，且搭铁处需除漆、除锈，保证无杂物、搭铁可靠并做防锈处理。

② 驾驶舱搭铁分布设计。驾驶舱内用电器很多，用电器种类各异，为了保证驾驶舱内的电气不相互干扰，同时满足就近搭铁的要求，一般驾驶舱设置 4～7 个搭铁点，如左右各两个，中间一个，驾驶舱前围设置一个与车架等电位连接的搭铁点。驾驶舱搭铁分配布置示例如表 8-3 所示。

表 8-3　驾驶舱搭铁分配布置示例

搭铁位置	负载	负载类型
驾驶室本体左搭铁点 1	左前组合灯	负载类
	AFS 灯光调节电机	负载类
	左门灯	负载类
	电喇叭	负载类
	门控模块	负载类
	左车窗升降电机	负载类
	左门锁电机	负载类
	驾驶员座椅调节电机	负载类
	后视镜调节电机	负载类
驾驶室本体左搭铁点 2	多功能方向盘开关	开关类
	危机报警开关	开关类
	轮间差速器开关	开关类
	全轮驱动开关	开关类
	车道偏离预警系统开关	开关类
驾驶室本体右搭铁点 1	前摄像头	传感器类
	左摄像头	传感器类
	右摄像头	传感器类
	后摄像头	传感器类
	驾驶室摄像头	传感器类
	雷达	传感器类
	室内照明开关	开关类

搭铁位置	负载	负载类型
驾驶室本体右搭铁点 1	电动天窗开关	开关类
	辅助加热开关	开关类
	独立制冷开关	开关类
驾驶室本体右搭铁点 2	右前组合灯	负载类
	右门灯	负载类
	右车窗升降电机	负载类
	右门锁电机	负载类
	独立制冷功能	负载类
	辅助加热负载	负载类
驾驶室控制器搭铁点	网关控制器	控制器类
	仪表	控制器类
	行驶记录仪	控制器类
	多媒体控制器	控制器类
	空调控制器	控制器类
	方向盘转角传感器	传感器类
	雨量传感器	传感器类

③ 车架搭铁分布设计。根据不同车型电气系统的复杂程度，车架一般设置 3～6 个搭铁点，如车架前部一个，车架中部靠近蓄电池箱处一个，车架后部一个，还有的在车架第一横梁处设置一个与车身连接的等电位搭铁点，一些车型在靠近发动机处的纵梁上还设置了车架与发动机连接的等电位搭铁点。

④ 驾驶舱与车架的搭铁。乘用车的车身与底盘是连为一体的，车身与底盘始终为等电位；商用车的车身与车架，一般通过悬架与车架相连，而悬架是运动件，不能可靠地将车身与车架导通，必须通过专用的导线将两者连接可靠并导通，从而使车身、车架、蓄电池负极始终处于等电位。

(5) 新能源汽车高压系统搭铁要求。为提升高压系统的 EMC 性能，需进行等电位设计。高压系统搭铁设计要求如下。

① 各高压部件壳体搭铁点数量设计要求：a. 动力电池包壳体到车架应有两个以上搭铁点；b. 整车控制器（VCU）壳体到车架应有一个以上搭铁点；c. 电机控制器壳体到车架应有两个以上搭铁点；d. 电动空调压缩机壳体到车架应有一个以上搭铁点；e. 电动转向泵壳体到车架应有一个以上搭铁点；f. 空气压缩机壳体到车架应有一个以上搭铁点。

② 高压电气部件必须设计专用的搭铁点（可用螺栓或螺母），而且要求拆装方便，不得有油漆等杂物，保证可靠接触。

③ 搭铁线要从高压电气件壳体就近、有效接到车架上（即所谓的"干净搭铁"），避免通过中间支架搭铁。

④ 车架搭铁点应除漆、除杂物，并加锯齿垫圈，按扭矩要求安装，保证可靠接触。

⑤ 高压电气外壳等电位线设计得要尽量短，根据不同的载荷，线径应满足要求，一般线径要求不小于 $16mm^2$。

⑥ 各搭铁点要进行专项防水、防腐处理。

搭铁点测试验证要求：为保证各搭铁点可靠工作，需要满足导通、耐腐蚀、耐振动的要求，需要通过相关试验验证，如电阻测试验证、振动性测试验证、盐雾测试验证等。

（6）搭铁点的形式。

① 驾驶舱搭铁形式。为可靠搭铁，驾驶舱搭铁需设置在车身主体钣金上，一般通过预焊螺栓或螺母来实现，如图 8-18 所示。

目前主流车企一般采用焊接搭铁螺栓，为防止油漆影响搭铁效果，在涂电泳漆之前，将工艺螺母与螺栓拧紧，这样在安装搭铁线时，再将螺母取下。为保证搭铁可靠，在搭铁线端子与钣金间增加锯齿垫圈，通过锯齿垫圈破除安装面的油漆，从而实现可靠搭铁，安装完成后搭铁点需防锈处理。

图 8-18　搭铁螺栓螺母示意

② 车架搭铁形式。车架上搭铁形式一般有 3 种。

a. 如图 8-19 所示，通常采用的是普通螺栓螺母＋锯齿垫圈＋凡士林形式，在安装搭铁线前，先用专用除漆工具将车架安装面的油漆除去，在搭铁线端子与车架安装面间增加锯齿垫圈，从而实现可靠搭铁，安装完成后搭铁点需做防锈处理。

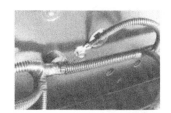

图 8-19　普通螺栓螺母＋锯齿垫圈＋凡士林形式

b. 一些重型卡车采用的专用搭铁螺栓＋普通六角螺母＋锯齿垫圈＋凡士林形式，如图 8-20 所示，螺栓与安装孔通过花键体过盈配合，将安装孔内的油漆除去，从而实现可靠搭铁，安装完成后搭铁点需做防锈处理。

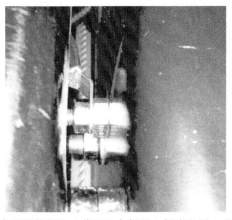

图 8-20　专用搭铁螺栓＋普通六角螺母＋锯齿垫圈＋凡士林形式

c. 一些中轻卡车采用专用搭铁螺栓＋凸焊螺母＋锯齿垫圈＋凡士林形式，如图 8-21 所示，利用专用搭铁螺栓头部特殊结构，在紧固时，将凸焊螺母中的油漆等杂物除去，在搭铁线端子与车架安装面间增加锯齿垫圈，从而实现可靠搭铁，安装完成后搭铁点需做防锈处理。

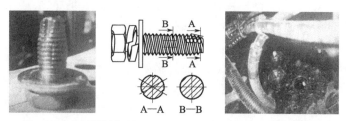

图 8-21　专用搭铁螺栓＋凸焊螺母＋锯齿垫圈＋凡士林形式

8.2.2　车身控制模块

车身控制模块（BCM）是汽车上非常重要的控制模块之一，常被用于控制不需专用控制器的常用"车身"功能。基于 CAN 总线的车身控制模块的基本功能包括车灯控制、雨刮控制、车窗门锁控制、各类电磁阀和继电器等用电设备的控制以及各类开关、传感器的信号采集。此外，车身控制模块还具有通过网络总线在不同模块间传输数据的网关作用。

对车身控制模块的需求因车而异，但其应用趋势是开发一种可覆盖多种车型的单一模块，对每种车型只需进行一些配置工作，就可在多个汽车平台上更迅速地部署该模块，以便降低开发和维护成本，并缩短产品设计开发及试验时间。汽车电子设备的恶劣工作环境（环境温度、机械振动、冲击、化学腐蚀、外部电磁干扰及各类大功率电子设备的干扰）对车身控制模块的安全可靠性提出了更高的要求。

车身控制网络中的各模块依据就近原则进行分布式布置，各个控制器模块由主控制单元、信号输入诊断单元、功率输出单元等组成。信号输入诊断单元接收传感器、其他装置及驾驶员输入的信号，对信号进行前置处理；主控制器对预处理过的信号进行运算处理，并将处理的信号输出到功率模块或 CAN 总线；功率输出单元将数字信号的驱动功率放大，有些被还原为模拟信号，使其驱动被控元件工作，整车 CAN 总线车身系统控制网络框架如图 8-22 所示。

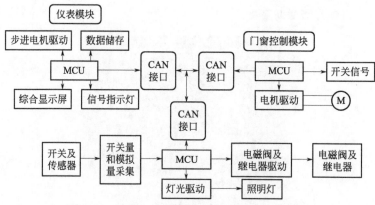

图 8-22　整车 CAN 总线车身系统控制网络框架

8.2.2.1　BCM 功能概述

（1）功率输出。

① 对照明系统进行功率输出。汽车照明系统是汽车的三大安全部件之一，是最主要的主动式安全装置，车身控制模块不仅要通过 CAN 总线上收取的驾驶室中信号采集器采集到

的操控开关信号，进行判别之后向相应照明灯进行供电，而且必须对通电电流进行实时检测。向照明灯丝通电时，白炽灯丝的冷态电阻值只有热态电阻值的十几分之一，因而在开灯瞬时的冲击电流很大，往往损坏灯泡，所以在白炽灯的开灯瞬间需要对白炽灯进行一定的保护。可以采用软启动的方式，让大灯的工作电压逐渐上升，防止大电流冲击烧毁灯泡，灯光逐渐变亮，能够有效延长白炽灯的使用寿命。若电流异常，还可通过 CAN 总线发送信号，而后通过仪表的显示屏进行报警。

② 继电器和电磁阀的功率输出。车身控制模块还对大负载继电器和电磁阀进行控制，这些都是感性负载，它们在开关的过程都能产生干扰汽车电气系统正常运行的瞬变过电压，当没有夫干扰措施的时候，这些瞬时电压可达到 1kV。在处理这些感性负载的功率输出时必须充分考虑到这些因素。

（2）开关量及模拟量信号采集。开关及传感器为整车电控系统提供了大量的反馈信号和重要数据，车身控制模块对这些开关量及模拟量进行采集整理，并通过 CAN 总线传输这些数据。

8.2.2.2 BCM 硬件总体方案

车身控制模块是为了满足车身控制架构的扩展需求而设计的，它包括一个连接 2 个 CAN 网络的接口及一些高电流硅开关输出和 20 多个开关输入。这个可靠的低功率解决方案具有自保护的开关器件，满足了照明的大功率要求。车身控制模块主要包括以下五部分：主控制单元、电源模块、开关量及模拟量的采集单元、功率电源输出部分、通信模块。BCM 硬件总体方案如图 8-23 所示。

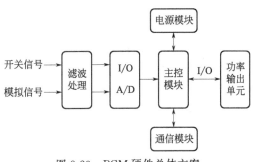

图 8-23　BCM 硬件总体方案

8.2.3　照明与信号系统

为了保证汽车行驶安全和工作可靠，在汽车上装有各种照明装置和信号装置，用以照明道路，表示车辆宽度和车辆所处的位置，照明车厢内部、指示仪表以及夜间车辆检修等。此外，在转弯、制动、会车、停车、倒车等工况下，还应发出光亮或音响信号，以警示行人和其他车辆。

8.2.3.1　照明系统

（1）照明系统组成。照明系统包括前照灯、前雾灯、防空前照灯、防空小灯、转向灯、前示廓灯、侧转向灯、防空后尾灯和组合后尾灯等（所有灯具均采用成熟产品），主要用于夜晚照明道路，照明车厢内部、仪表，夜间检修照明等。照明系统线路如图 8-24 所示。

（2）自适应前照灯系统（AFS）。传统前照灯的近光灯只能工作在一种固定的模式下，但实际的天气条件（干燥、潮湿、卜雨、下雪、雾天等）、道路条件（高速公路、弯曲的乡村道路、城镇道路等）、汽车周围的照明情况（白天、黎明、公共照明、夜晚等）、自身的状态（载荷引起的倾斜、加减速引起的俯仰、转向、车速、离地高度等）以及交通指示牌的识别等情况非常复杂，使得汽车在夜晚行车时仍然存在巨大的交通安全隐患，而且给驾驶人在夜晚行车时造成恐慌心理，舒适程度大打折扣。

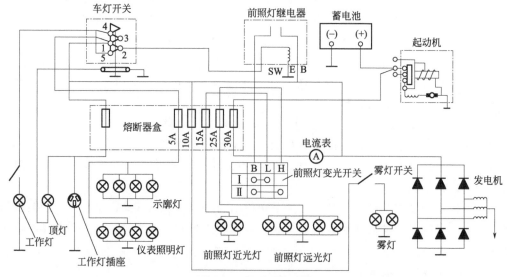

图 8-24　照明系统线路

自适应前照灯系统是指汽车的前照灯能够根据汽车所处的环境条件，包括天气条件、道路条件、周围照明情况以及自身的状态，自动产生一种符合该环境条件的光束，以达到最佳照明效果的一种汽车前照灯系统。其既能满足驾驶人对道路照明的要求，轻松看清道路状况，又能不对道路的其他使用者造成影响，是一种能适应不同环境条件的智能前照灯系统。

① AFS 的组成。自适应前照灯系统是一个由传感器、电子控制器和执行机构组成的自动控制系统，其结构示意如图 8-25 所示，该系统能根据汽车的行驶方向、速度及俯仰角度的变化而对前照灯的照明方向或照明角度进行自动调整，以使驾驶人获得较好的视觉效果。

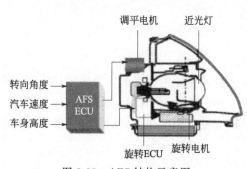

图 8-25　AFS 结构示意图

在左前轮和右后轮上安装轮速传感器来估算汽车的纵向行驶速度，在前后轴的中央各安装一个车身高度传感器来检测汽车行驶过程中车身俯仰角度的变化，将方向盘转角传感器安装在方向盘的旋转轴上，检测汽车在转向行驶的过程中方向盘所转过的角度。汽车横摆角速度传感器安装在汽车纵向轴线的旋转中心，用于检测汽车的横摆角速度。

电子控制器采集传感器信号，将辨识汽车所处的状态及计算车灯所需的转角，再根据前照灯总成的状态反馈信号，由控制算法计算出步进电动机运行频率和转动方向，以便快速而准确地实现车灯需要的转角。

执行机构由电动机和减速机构组成，旋转电机通过齿轮减速机构与近光灯连接，带动其左右转动，调平电机通过螺纹螺杆机构将旋转运动转化为直线运动后带动近光灯上下转动。

② AFS 基本控制原理。汽车 AFS 根据采集的信号，判别出汽车和其自身所处的状态，从而判断近光灯是否转动、转动角度的大小以及转动速度的快慢。其基本的控制原理如图 8-26 所示，其具体的控制过程可以分为转弯模式的左右转角调节和车灯俯仰角的调节。

左右调节原理：汽车在夜晚行车转弯时，控制单元根据采集到的方向盘转角 δ_0、汽车

行驶速度 v 和汽车横摆角速度 ω_r，计算出此时车灯所需要的转角 θ_q，根据步进电机当前的运行频率 F_{ex}，通过控制算法计算步进电动机的运行频率 f 和方向 D，在将 f 转换为相应频率的脉冲信号后，输出到步进电机的驱动器，驱动步进电机 H 转动，通过减速机构减速增矩后带动近光灯转动，近光灯转过的角度 θ 实时地反馈给步进电机，以便进行下一时刻的控制，直到近光灯的转角 θ 与所期望的转角 θ_q 相等时，步进电机停止转动，以此来加强弯道内侧的照明，增加夜晚汽车照明的有效照明距离。

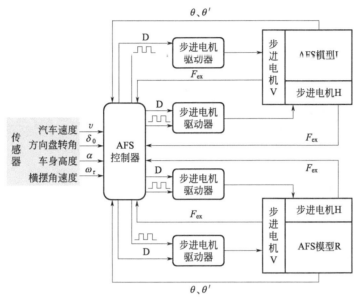

图 8-26　AFS 基本控制原理

俯仰调节原理：汽车在行驶过程中，道路的倾斜或汽车的加速或减速都能造成汽车车身俯仰角 α 的变化，汽车 AFS 的控制器通过采集车身高度传感器的信号计算出车身俯仰角 α，再由此计算出车灯所需要的俯仰角 $\theta_{q'}$，根据步进电机当前的运行频率 F_{ex}，通过调平控制算法计算出调平电动机的运行频率 f 和方向 D，在将 f 转换为相应频率的脉冲信号后，输出到调平步进电机的驱动器，驱动步进电机 V 转动。通过螺纹螺杆机构将旋转运动转化为直线运动后，带动近光灯向上或向下转动，近光灯转过的角度 θ' 实时地反馈给步进电机，以便进行下一时刻的控制，直到近光灯的转角 θ' 与所期望的转角 $\theta_{q'}$ 相等时，步进电机停止转动。以此来防止车身因前倾时造成的前照灯的照明距离缩短和车身后仰时因照射高度的增加而对来车驾驶人造成眩目。

8.2.3.2　信号装置

汽车信号装置的作用是通过声、光信号向其他车辆的驾驶人和行人发出有关车辆运行状况或状态的信息，以引起有关人员注意，确保车辆行驶的安全性。

（1）转向信号装置。转向信号装置由转向信号灯、转向信号闪光器和转向信号灯开关等组成。转向信号闪光器常用的有电热式、电容式和电子式等多种形式。

（2）制动信号装置。制动信号装置主要由制动信号灯和制动信号灯开关组成。制动信号灯开关安装在汽车制动回路中，随制动系统结构形式的不同，有液压式和气压式两种。

（3）倒车信号装置。倒车信号装置由倒车信号灯、倒车信号灯开关及倒车报警器等组成。倒车信号灯和倒车报警器由倒车灯开关控制。

（4）故障停车信号装置。故障停车信号灯在汽车运行中，因出现故障而停驻在路上时点亮，以引起其他车辆和行人的注意。故障停车信号灯常与转向信号灯共用一组灯泡，分别由转向信号灯开关、故障停车灯开关控制。

（5）汽车喇叭。汽车喇叭是用来在汽车运行中警示行人和其他车辆注意交通安全的声响信号装置。按使用能源的不同，汽车喇叭分为电喇叭和气喇叭两种。

8.2.4 空调控制系统

汽车空调的作用在于调节车内空气温度、湿度、流速、流向和空气清洁度，为车内人员创造一个比较舒适的环境。汽车空调系统按功能分为五个子系统：制冷系统、加热系统、送风系统、操纵控制系统和空气净化系统。自动空调系统主要是将操纵控制系统自动化，它不会从根本上改变原空调系统的制冷和加热性能，自动控制使原空调系统的性能尽可能地发挥出来，并通过减轻驾驶员的操作强度来提高汽车空调的舒适性。与手动空调相比较，自动空调具有如下功能：

① 按键操作结合屏幕显示来完成汽车空调的各种功能；

② 自动调节出风口的出风温度，使车内达到并维持较舒适的温度；

③ 自动调节出风口的出风风速；

④ 自动调节出风模式；

⑤ 在实现自动控制的同时，还能实现手动控制。乘员可以根据自己的喜好在非自动状态下设置所需的性能指标和工作模式。

8.2.4.1 空调控制系统组成

汽车自动空调的控制部件主要由传感器单元、电子控制单元（ECU）和执行单元三大部分组成，如图8-27所示。

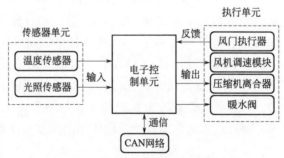

图 8-27　自动空调控制系统基本构成

（1）电子控制单元。汽车自动空调的控制单元采用微型计算机控制，包括硬件和软件两大部分。

硬件系统包括主机和I/O接口设备。主机包括中央处理器（CPU）和主存储器RAM；主机依靠I/O接口设备来输入信息（键盘、传感器信号），输出指令控制命令、显示等。

软件包括系统软件和应用软件。系统软件含有语言处理程序、操作系统、服务诊断系统程序等；应用软件包括工程设计程序、数据处理程序和过程控制程序。

ECU的设计是整个系统设计的核心，在自动空调系统整体性能里起决定性因素。

（2）传感器单元。传感器单元包括车内温度传感器、车外环境温度传感器、蒸发器温度传感器、光照传感器等。

车内温度传感器一般安装在仪表板下端，是一个具有负温度系数的热敏电阻，用于检测车内温度是否达到设定值，热敏电阻的阻值会随温度值升高而逐渐减小；车外环境温度传感器一般安装在前保险杠右下端，也是一个热敏电阻，用于检测车外环境温度，控制系统将根据车外温度与车内温度的差值来决定控制方式；蒸发器温度传感器安装在蒸发器壳体上，一般采用精度较高的铂电阻，贴在蒸发器的进口和出口，用以检测制冷装置内部的温度变化和过热度，以达到蒸发器不结霜的目的；光照传感器是一个光敏二极管，安装在汽车前挡风玻璃下，用于将阳光辐射程度转变成电信号，输送到空调控制器。

各种传感器一般要组成惠斯通电桥作为温度采集电路，其输出接放大电路，再接 A/D 模数转换器。

（3）执行单元。汽车空调送风系统的执行单元包括：空气循环风门伺服电机、混合风门伺服电机、出风模式伺服电机、除霜风门伺服电机。

空调系统的执行单元包括：压缩机电磁离合器、送风鼓风机、冷凝风扇。

各类风门执行电机接收控制器的输出信号，实现汽车空调风量配送控制、出风模式控制、出风温度控制、进气模式控制以及风量控制。

8.2.4.2　空调控制系统的设计原则

（1）提高可靠性，减少故障。确定发生故障时的最小系统方案（应急措施）。

（2）保证技术先进性，与世界先进产品尽量保持同步。

（3）提高舒适性，温度控制稳定性好。驾驶舱内温度达到设定温度后，其波动范围不超过设定温度的±1℃。具有快速制冷和制热功能，以使车内温度能尽快达到目标温度。

（4）保持良好的可操作性，按键结合屏幕显示，实现操作的可视化，改善操作感。

（5）提高产品可维护性，有自诊断功能，提供故障码屏幕调取和 CAN 上传两种模式，提高系统维护的灵活性。

8.2.4.3　空调控制系统功能设计

（1）系统功能总体目标。

① 可视化操作。按键与屏幕显示相结合来完成汽车空调的各种设置。

② 温度自动控制。智能调节出风口的送风温度，使驾驶舱内达到并保持较稳定的舒适温度。

③ 可以按照成员意愿设置驾驶舱内的目标温度。

④ 模式调节自动化。出风模式自动调节。

⑤ 手动模式保留。实现自动控制的同时，自动空调还能实现手动控制，驾驶员或乘员可以根据喜好在非自动状态下设置所需的指标和工作模式。

⑥ 自诊断。自动空调具备自诊断功能。

⑦ 通信。实现信息的传递和共享。

⑧ 布局方便。自动空调与执行元件之间通过电气连接，布置更加方便。

⑨ 减轻驾驶员负担。自动空调运行于自动模式时无须人为干预。

⑩ 易维护，便拆装。

（2）基本功能要求。

① 具有工作指示及夜间照明指示功能。

② 操作送风模式按键，模式风门执行器动作，出风状态与控制面板显示一致。

③ 操作内循环模式按键，循环风门执行器动作，进风状态与控制面板显示一致。

④ 操作温度设定按键，设定温度随之发生变化，自动空调根据温度设定自动控制混合风门执行器、压缩机等工作状态，调节送风温度，以改变和维持驾驶舱内温度。

⑤ 按温度调节键"＋"表示温度设置增加，按温度调节键"－"表示温度设置减少，按一下温度设置键，设置温度加（减）1℃，长按该键设置温度连续上升（下降）。

⑥ 操作风力调节按键，风量相应改变，风机风速共分 9 级。

⑦ 按下除霜键，系统处于加热状态，风机自动升为最高级数，进风方式处于内循环状态。

⑧ 按下 A/C 键，启动压缩机工作，屏幕显示雪花标志。

⑨ 按下 AUTO 键，系统处于自动工作状态，当设定温度与室内温差变化时，系统自动确定送风级数、送风状态。按下 A/C 键、除霜键或者设置温度 LO、HI，系统自动退出 AUTO 模式。

⑩ 记忆功能。系统断电，然后再次通电，系统的工作状态与关机前一致。

⑪ 空调系统故障查询：长按 OFF 键（时间小于 5s），温度显示区显示故障码，连续按下 OFF 键，可查询多个故障，连续 5s 不按 OFF 键，则退出故障查询方式。

⑫ 按 OFF 键，系统进入关机状态，按任意键（除 OFF 键）系统开机。

（3）操作按键功能设计。

① 除霜。用来清除前风挡玻璃的雾气或结霜；若当前状态为 AUTO（自动）工作模式，按下该键后系统自动切换到手动工作模式，除霜时鼓风机自动设为高转速工作，暖气由除霜风口吹出。

② AUTO。全自动功能按键；按下该键，空调进入自动工作模式，制冷/制热、进气/循环风模式和鼓风机转速等均由空调控制器根据自动控制算法决定。

③ AC。制冷键，进入强制制冷状态；若当前状态为 AUTO 工作模式，按下该键便自动进入手动工作模式。

④ TEMP△。温度高调设定按键，用来调高空调的目标设定温度；手动和自动工作模式下均可使用。

⑤ TEMP▽。温度低调设定按键，用来调低空调的目标设定温度；手动和自动工作模式下均可使用。

⑥ 风机△。风速设定按键，用来调低鼓风机转速；若当前状态为 AUTO 工作模式，按下该键便自动进入手动工作模式。

⑦ 风机▽。风速设定按键，用来调低鼓风机转速；若当前状态为 AUTO 工作模式，按下该键便自动进入手动工作模式。

⑧ MODE。出风模式键，用于改变出风模式，从而改变各出风口出风的大小和比率。

⑨ 循环风。用于改变或选择进气方式。

⑩ OFF。用于开启/关闭空调系统。

8.2.4.4 控制器硬件总体方案

（1）控制器硬件结构。控制器主要由数据采集输入模块、控制信号输出模块、CAN 通信模块和信息显示模块四大部分组成。采集输入模块作为数据输入部分，检测汽车驾驶室内的温度、车外环境温度、光照强度等信息，将其转化成电信号输入 MCU；控制信号输出控制模块负责将数据进行存储和运算，并通过执行器输出；信息显示模块将温度参数及各种运行信息显示出来，是重要的人机界面。其结构框图如图 8-28 所示。

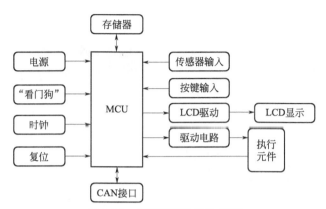

图 8-28　控制器硬件结构框图

（2）硬件抗干扰设计。

① 隔离措施。隔离措施的应用可消除电路之间的接地问题，防止干扰和噪声对系统的影响。目前最有效、最常用的措施是电磁隔离和光电隔离。

② 电路板电源输入部位均加相应的滤波电容，并加 TVS 管以防止瞬间浪涌电压。

③ 电路板布线遵循抗干扰设计规则。

8.2.5　其他辅助控制系统

8.2.5.1　组合仪表

采用金属外壳全数字液晶仪表，分辨率为 1920×720，自带虚拟仪表盘显示，4 路摄像输入。主要功能包括车辆故障信息或维护保养信息报警和提示、工作指示、网关和监控车身控制模块信号等。CAN 全数字液晶仪表如图 8-29 所示。

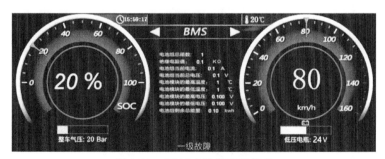

图 8-29　CAN 全数字液晶仪表

除车辆必需的基本功能外，组合仪表还设置了电池电量、电机工作状况、控制模块等相关信息显示功能。

控制模块界面：监控各车身控制模块的负载电源输出、开关信号输入、传感器信息等。

主要参数界面：可实时监控车辆重要数据，包括水温、发动机转速、车速、油门踏板开度等；视频接入时，可将显示分为两层，底层为视频显示层，顶层为仪表盘显示层，可以只显示仪表盘的详细内容，也可以将底层视频信号打开，将仪表信息叠加在视频上显示。

8.2.5.2 驾驶员辅助控制面板

采用模块化设计的驾驶员辅助控制面板，以取代传统的车用翘板开关，辅助控制面板及控制逻辑如图 8-30 所示。

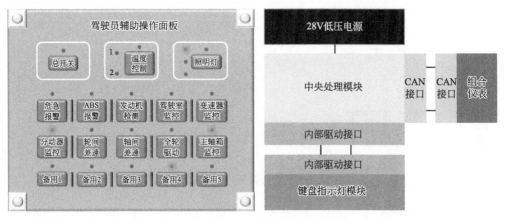

图 8-30　辅助控制面板及控制逻辑

8.2.5.3 车辆信息综合管理系统

车辆信息综合管理系统集成了通信模块、整车信息收集模块、存储模块和视频模块，可实时获取车辆各项运行数据、信号数据和故障数据，进行本车信息显示存储、技术状态检测、地理位置确定及远程加密传输（通过上装设备）、常见故障自诊断和提供维修技术支撑。

第9章
电驱动特种车辆整车控制系统

9.1 电驱动特种车辆整车电子控制系统概述

汽车电子控制系统基本由传感器、电子控制器（ECU）、驱动器和控制程序软件等部分组成，与车上的机械系统配合使用（通常与动力系统、底盘系统和车身系统中的子系统融合），并利用电缆或无线电波互相传输信息，即所谓的"机电整合"，如电子燃油喷射系统、制动防抱死控制系统、防滑控制系统、电子控制悬架系统、电子控制自动变速器、电子助力转向等。

电驱动特种车辆电子控制系统由整车电子控制系统、底盘电子控制系统、汽车安全控制系统、汽车信息电子控制系统组成，这四大系统共同完成了控制电动汽车的功能。汽车电子控制系统可以分为以下四个部分。

（1）整车电子控制系统。整车电子控制系统由整车控制器、通信系统、零部件控制器以及驾驶员操纵系统构成，其主要功能是根据驾驶员的操作和当前的整车和零部件工作状况，在保证安全和动力性的前提下，选择尽可能优化的工作模式和能量分配比例，以达到最佳的燃料经济性和排放指标。

（2）底盘综合控制和安全系统。包括车辆稳定控制系统，主动式车身姿态控制系统，巡航控制系统，防撞预警系统，驾驶员智能支持系统等。

（3）智能车身电子系统。自动调节座椅系统，智能前灯系统，汽车夜视系统，电子门锁与防盗系统等。

（4）通信与信息/娱乐系统。包括智能汽车导航系统，语音识别系统，"ON STAR"系统（具有自动呼救与查询等功能），汽车维修数据传输系统，汽车音响系统，实时交通信息咨询系统，动态车辆跟踪与管理系统，信息化服务系统（含网络等）等。

9.1.1 电驱动特种车辆整车电子控制系统

9.1.1.1 整车控制系统的构成及功能

整车控制系统由多个子系统构成，包括电机及其控制系统、组合仪表及组合仪表报文转换盒、电池及其管理系统、整车控制器等。为满足整车性能指标，保证行车安全，整车控制系统必须对各个子系统之间的通信方式进行定义，使各控制子系统之间协调工作。

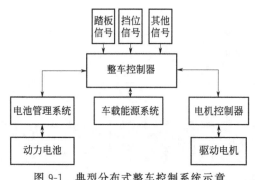

图 9-1 典型分布式整车控制系统示意

整车控制技术是电动汽车关键技术之一，而驱动控制、故障诊断是其核心组成部分，它们对整车动力性、经济性、安全性、舒适性等性能有重大影响。驱动控制主要是根据驾驶员操作、整车运行状态判断驾驶意图，计算电机需求扭矩；故障诊断及处理主要是对与整车控制系统相关的故障进行检测、处理，并对驱动控制所确定的需求电机扭矩进行修正调节，保证行车安全。典型分布式整车控制系统示意如图 9-1 所示，整车控制系统的顶层是整车控制器，整车控制器通过 CAN 总线接收电机控制器和电池管理系统的信息，并对电机控制器、电池管理系统和车载信息显示系统发送控制指令。电机控制器和电池管理系统分别负责驱动电机和动力电池组的监控与管理，车载信息显示系统用于显示车辆当前的状态信息等。

整车控制系统的核心部件是整车控制器，整车控制器应具备如下基本功能。

（1）信号采集及处理。数字量输入信号（如钥匙门开关信号、挡位信号等）、数字量输出信号（如高压继电器控制信号等）及模拟量输入信号（如加速踏板开度传感器信号、压力传感器信号等）是整车控制器实现各项控制功能的依据，因此整车控制器应至少具备对这三类信号的采集与处理功能。

（2）驱动及制动能量回馈控制。整车控制器应根据驾驶员挡位操作、踏板开度及其变化率，并结合整车、电机及电池状态信息等，选择合适的行驶模式，并给电机控制器发送驱动或制动控制指令，实现车辆安全行驶。该部分控制策略的制定对整车动力性、经济性等有较大影响。

（3）整车通信管理。整车控制器应与电机控制器、电池管理系统、组合仪表报文转换盒等实时通信，获取各部件实时信息并实现对各个部件的控制。

（4）整车能量管理。电池除了给驱动电机供电外，还要给电动附件供电。为了提高能量利用率及续航里程，整车控制器需进行能量管理及优化。当电池的 SOC 值较低或需求功率较大时，整车控制器需限制电动附件的使用功率，增加车辆续航里程。

（5）故障诊断及安全控制。整车控制器同时应具备故障诊断与处理功能，在车辆启动之前进行整车控制系统自检；行车过程中对于等级较低的故障，能维持车辆低速行驶；对于等级较高的故障，能及时断开高压电，保证行车安全。同时，在上下电过程中实现整车控制系统初始化、高压主继电器控制、充电状态判断、电机预充电控制等功能。

9.1.1.2 整车控制系统的控制模式

根据整车对动力性和经济性的双重需求，采用单一的控制模式难以满足，因而针对不同的驾驶需求，设置动力模式和经济模式两种基本的操作模式。此外，设置跛行控制模式，以提高车辆对一般异常现象的处理和应对能力，具备跛行回家功能。电动汽车整车控制系统的软件方案如图 9-2 所示。

动力模式和经济模式作为一般控制模式由驾驶员通过挡位手动进行选择，跛行模式则主要由整车控制器根据当前电机及电池系统的工作状态自动识别判断，并根据相应的控制策略

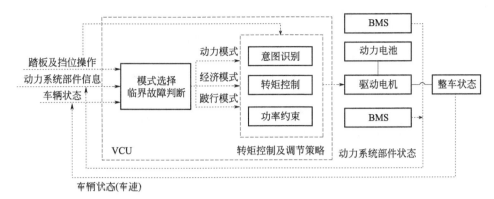

图 9-2　电动汽车整车控制系统的软件方案

进行模式切换和转矩及能量的约束控制。

动力模式侧重整车动力性能，能够较快地响应驾驶员的踏板操作行为，转矩调节更具灵敏性，尤其是在起步和有急加速需求时，能够提供足够的动力，提升驾驶感觉，并能减小滑行制动和再生制动力参与的程度，降低负转矩幅值，以保证整车的动力性水平。

经济模式注重整车经济性水平的提升，在一定程度上降低转矩输出能力，降低放电倍率，提高电池能量效率，延长续航里程。但是经济模式不应等同于临界故障状态下的跛行模式，当驾驶员有较明显的驾驶意图表现如急加速等需求时，应能准确识别驾驶意图，适当修正转矩控制策略，以更好地适应驾驶员的操作行为，具备较好的驾驶性能，避免由于过低的动力性而使该挡位被选择的概率大大降低，从而便失去了设置该挡位的实际意义。在经济模式下，则可适当提高滑行和再生制动力矩，在不影响传统制动系统的前提下回收更多的能量，提高能量利用率。

跛行模式主要针对电池电量低或动力系统部件有故障趋势的情况，提前采取适当的转矩约束和调节策略，在确保安全及不对动力系统造成不可逆损伤的前提下，使整车仍具备一定的功率输出能力，实现跛行回家，避免被迫停车。

9.1.2　电驱动特种车辆底盘电子控制系统

9.1.2.1　底盘电子控制系统

良好的底盘电子控制系统能改善车轮和地面之间的附着状况，进而改善汽车的安全性、动力性和舒适性。电子控制系统在汽车底盘技术中的应用很好地改善了汽车的主动安全性。常见的底盘控制系统由电子动力系统、电控悬架控制系统、定速巡航控制系统、牵引力控制、全轮转向、轮胎压力检测等组成。

（1）电子动力系统。电控动力系统（Electric Power System，EPS）用电能取代液压能，减少了发动机的能量消耗，且该系统将转向控制器、转向油泵和储罐集成于一体，其特点是转向助力性能与转向速度和行车速度密切相关。速度越低，转向速度越高，助力性能越强。电控式电动助力系统是在机械转向机构的基础上，增加信号传感器、ECU 和转向助力机构，其工作原理如图 9-3 所示。信号传感器包括转矩传感器、车速传感器及转向角传感器等。通过这几个传感器，获取作用在方向盘上的操纵力、转向角及汽车车速信号，从而为确定助力控制命令提供信息；ECU 包括检测电路、微处理器、控制电路等。检测电路将传感器的信号进行整形放大后输入微处理器，然后微处理器计算出最优化的助力转矩。控制电路将来自微处理器的电流命令输送到电机驱动电路；转向助力机械包括助力电动机、电磁离合器及减速传动机械。

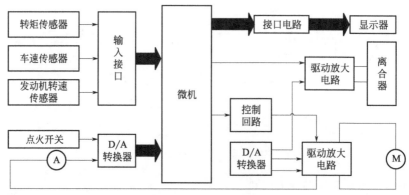

图 9-3 EPS 工作原理

（2）电控悬架控制系统。电控悬架控制系统能够根据车身高度、车速、转向角度及速率、制动等信号，由电子控制单元（ECU）控制悬架执行机构，使悬架系统的刚度、减振器的阻尼力及车身高度等参数得以改变，从而使汽车具有良好的乘坐舒适性、操纵稳定性以及通过性。电控悬架系统的最大优点就是它能使悬架随不同的路况和行驶状态做出不同的反应。

（3）定速巡航控制系统。定速巡航控制系统是一种利用电子控制技术保持汽车自动等速行驶的系统。其主要作用是可以按照驾驶者的需求进行车辆时速的锁定，不用踩油门踏板就可自动保持一个固定时速行驶。当车辆行驶在高速公路上时，驾驶员可有效地减轻身体疲劳，而车辆均速行驶还能节省燃油消耗。

按驾驶员要求的速度打开开关之后，不用踩油门踏板就自动地保持车速，使车辆以固定的速度行驶。采用了这种装置，当在高速公路上长时间行车后，驾驶员就不用再去控制油门踏板，减轻了疲劳，同时减少了不必要的车速变化。

这种系统在国外汽车上应用较多，在美国，安装率已达到 60％以上。然而，在我国由于道路条件限制，使用率不高。即使该系统出现故障，驾驶员也不在意。另外，由于维修技术不能与汽车技术同步飞速发展，许多维修人员尚对该系统认识不足，以至于在维修过程中无意间对该系统造成干扰或损坏，无法科学分析故障现象，准确判断故障根源。

（4）牵引力控制。在汽车行驶时，轮胎摩擦系数和路面条件有着很重要的关系，更具体地说，对汽车的驱动力必须加以控制，以使车轮的滑动率保持在 15％～20％。汽车电子系统所完成的上述控制功能为牵引力控制。

（5）全轮转向。全轮转向顾名思义就是指全部车轮都可以转向，以方便驾驶者根据意愿改变汽车的行驶方向。使车辆在低速时转向更加灵活，高速过弯时也更加稳定，多用于豪华运动轿车或者大型商用车。

（6）轮胎压力检测。汽车轮胎内充气压力的高低直接影响整车行驶的舒适性和安全性，如果保持适宜的轮胎压力，则可以减小轮胎的磨损，降低油耗，防止因胎压不足而引起的轮胎损坏，并能保证汽车的行驶稳定和安全。轮胎压力监测系统通过连续地监测轮胎的压力、温度和车轮转速，能够自动对驾驶员发出警告。

9.1.2.2 底盘综合控制系统的功能与组成

电驱动特种车辆底盘综合控制系统采用分布式网络化实时控制系统和集成信息显示终

端，可实现零部件节点控制、整车状态显示、信息共享、监测评估和远程加密传输；控制网络总线将整车能量管理、驱/制动力分配、底盘横摆角速度控制等关键上层控制算法通过分布式网络节点分别实现。

分布式网络化实时控制系统以整车控制器为核心控制部件，整车控制器根据驾驶员的需求和当前整车与各零部件的工作状态，选择尽可能优化的工作模式和能量分配比例，协调控制各子系统工作，实现整车的上下电、驱动控制、能量回收、附件控制和故障诊断等功能。

底盘综合控制系统包含分布式网络化实时控制系统和车身电气系统。其中分布式网络化实时控制系统采用分层网络架构，由整车控制器、协调控制器以及底层执行控制器构成；车身电气系统由组合仪表、车身控制系统、驾驶员辅助控制面板、低压供电系统、照明系统以及车辆信息综合管理系统等组成。

9.1.2.3　底盘综合控制系统方案设计

（1）分布式网络化实时控制系统。方案针对底盘综合控制系统中分布式网络化实时控制系统自身的重要性，同时兼顾高可靠、高机动、高安全、高生存和好使用的要求，在设计中采用了通用化、模块化、高冗余、电磁规避等设计原则。

具体设计中，采用分布式分层控制模式，实现了电气系统的拓扑分离和功能分离。拓扑分离使得物理结构上各个子系统分布在不同位置上，从而减少了电磁干扰；功能分离使得各个子部件完成相对独立的功能，从而可以减少子部件的相互影响并提高容错能力。

如图 9-4 所示，方案采用两级三层网络架构，通过各层控制器的协调控制，以及关键总成、控制节点及网络的冗余设计，可以充分保证整车控制的精准、可靠与安全。

第一级网络为整车控制器与各分系统协调控制器之间的通信网络，负责整车驱/制动系

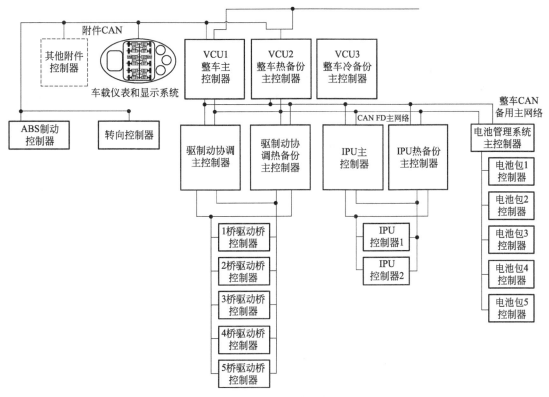

图 9-4　整车网络架构

统的总体控制。整车控制器根据传感器或状态估计算法获得整车实时状态信息，并与参考模型输出的理想状态进行比较，输出纵向需求总力矩、横摆力矩和整车需求总功率等整车控制指令。分系统控制器包括驱/制动协调主控制器、IPU 主控制器、电池管理系统主控制器、ABS 制动控制器、转向控制器、上装接口控制设备、车载仪表和显示系统等。

第二级网络为各分系统协调控制器与各自子系统的部件控制器之间的通信网络。各分系统协调控制器通过与整车控制器的交互，将整车控制需求分解到各子部件控制器，实现各子部件的协调控制。

驱/制动协调主控制器和 IPU 主控制器分别设一个热备份控制器，与各自的主控制器同时在线，实时监控主控制器的状态。当主控制器出现故障无法正常工作时，热备份控制器接管对应的主控制器控制功能，替代主控制器参与控制。各子系统的部件控制器分别实现对各个部件的控制。分布式电驱动系统各驱动桥、IPU 单元、电池包等都能实现独立控制，各子系统内的各个驱动单元互为备份，某个单元出现故障时，其功能由其他单元进行补充，保证整车正常行驶，并达到一定的性能要求。

从控制网络的安全性方面考虑，演示验证底盘主要控制网络采用双网络备份。底盘控制主系统采用双 CAN 网络架构，两个网络同时工作，其中一路高速 CAN 作为主网络，满足控制系统实时性要求；另一路 CAN 作为备份网络同时传输控制信息。当主网络出现故障无法进行信息传输的时候，各节点控制器还可以通过备份 CAN 网络进行信息传输。故障模式下虽然使用备份 CAN 会影响控制实时性要求，但能满足整车行驶要求，可用于故障跛行模式。另外，上装控制系统采用双以太网，两个网络同时工作，其中一路为光纤以太网，传输快，抗干扰能力强，为主网络；另一路为双绞线以太网，为备用网络，当光纤以太网出现严重故障时起用。该分布式分层控制网络具有数据传输快、实时性好、可靠性高等优点，可以很好地满足整车的控制需求。

（2）车身电气系统。系统主要包括组合仪表、车身控制系统、驾驶员辅助控制面板、低压供电系统、照明系统以及车辆信息综合管理系统等。

其中车身控制系统主要用于实现车辆的灯光、雨刮器、电磁阀等控制，分为驾驶室模块、前围模块和底盘后模块三个节点，通过 CAN 总线共享车身信息。根据设计要求，自动获取必要的车辆信息，打开或关闭相应的功能输出，以实现驾驶员的操作意图。车身控制系统拓扑图如图 9-5 所示。

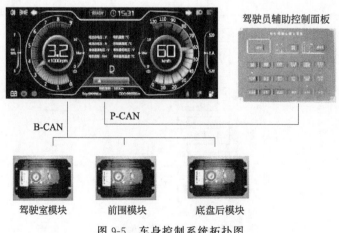

图 9-5　车身控制系统拓扑图

车身控制系统主要负责采集模拟信号和脉冲信号，接收开关控制信号，执行中央处理器命令信号。控制模块根据 CAN 总线命令，控制功率（电源）输出驱动各种用电设备（负载），并且进行电流检测和故障诊断。车身控制模块主要功能如表 9-1 所示。

表 9-1　车身控制模块主要功能

主要控制器	控制器功能
驾驶室模块	驱动控制：雨刮器（高速、低速、间歇、复位）、驾驶室翻转、发动机工作、玻璃加热、位置灯等
	信息采集：驻车制动信号开关、雨刮信号输入（高速、低速、间歇、复位）、小灯信号输入、空滤器堵塞信号输入、进气预热指示灯输入、冷却液位报警开关、制动灯信号开关等
前围模块	驱动控制：近光灯、远光灯、前雾灯、前转向灯、电喇叭、气喇叭等
	信息采集：喇叭信号开关、左转向开关、右转向灯开关、近光灯开关、前雾灯开关、后雾灯开关等
底盘后模块	驱动控制：制动灯、倒车灯、后雾灯、位置灯、左后转向灯、挂车左转灯、挂车制动灯、挂车右转灯、挂车后雾灯、挂车位置灯、右后转向灯、防空后小灯、防空制动灯等
	信号采集：后桥气压传感器等

9.1.2.4　底盘综合控制系统的控制思路

分布式电驱动车辆的执行器数量均大于受控自由度的数量。为了应对执行器的冗余，同时也考虑到系统的容错功能，选择采用分层的控制架构，如图 9-6 所示，通过上层控制器、

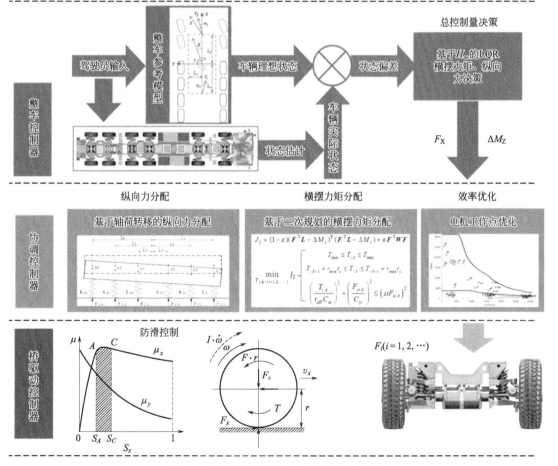

图 9-6　整车纵向及横摆力矩分配策略示意

中间层分配算法和底层执行器控制的结合，将原本复杂的过驱动系统控制问题进行解耦，同时也能在一定程度上处理系统的非线性。

上层整车主控制器基于典型的反馈控制思路，根据车辆的实际状态和理想的目标值计算得到与被控自由度数量相等的总体控制命令。控制器中的参考模型将驾驶员对油门踏板、制动踏板和方向盘的操作转化为对车速、质心侧偏角和横摆角速度等行驶状态的期望值，并与传感器或观测器反馈的车辆实际状态进行对比，作为上层控制算法的输入。上层控制器基于车辆状态的跟踪误差，计算得到车辆所需求的总体控制指令，如纵向力 F、横摆力矩 M_z 等，其具体形式因车辆构型和控制方法选取而各有不相同。

中间协调控制器分配算法将上层控制器所决定的总体控制命令分配至各个底层执行器，采用二次规划算法分配理论，同时兼顾各轴轴荷和电机工作点，使结果更接近车辆操纵稳定性和经济性的最优解。

底层桥驱动控制器负责执行分配算法所产生的具体控制命令。当路面情况不足以提供与驱/制动转矩相对应的附着力时，车轮出现滑转或滑移的情况时根据对底层驱动单元的控制策略修正电机的力矩输出，直至将车轮滑移率控制在合理范围内。

9.1.3　电驱动特种车辆安全控制系统

9.1.3.1　主动安全设计

针对整车动力驱动、转向和制动等各个系统的关键状态参数进行监控，出现异常状态时，通过声光电信号等方式进行报警，保证驾驶员得到实时反馈；同时根据电驱车辆特点，对电池、电机等关键部件进行了如下设计。

（1）对电池的单体温度、单体电压、电池母线电压、母线电流、SOC 等进行监控，如果产生异常数据，即进行电池异常状态报警，并在仪表台上显示相应电池故障。

（2）对电机的温度、转矩、转速等进行监控，如果产生异常数据，即进行电机异常状态报警，并在仪表台上显示相应电机故障。

（3）对整车主控制器、驱/制动协调主控制器、智能动力单元主控制器、电池管理系统、转向主控制器、ABS（防抱死系统）制动主控制器及各子网络上控制器的故障状态和离线情况进行监控，如果产生故障信息或离线状态，即进行相应控制器故障报警，仪表显示相应故障。

主动安全措施主要包含 ABS、电子差矩转向、排气制动（下长坡安全）及应急制动。通过采取主动安全措施，可有效避免车辆运行过程中的方向失控及车轮侧滑，保证汽车的制动方向稳定性，提升了车辆的安全性和操控性，使汽车性能更好、更安全；实现了整车智能化、自动化和信息化的机电一体化。

9.1.3.2　被动安全设计

（1）车门整体外置式设计。车门总成采用整体外置式设计（车门本体完全处于侧围之外），由三个带自润滑和自限位结构的铰链固定，作为驾乘人员的有效逃生通道，外置式设计可避免车门严重变形后与驾驶室本体卡死，而导致车门无法开启。

（2）座椅强度及安全带约束系统设计。为保证驾驶室内乘员在行车过程中的安全性，采用成熟的空气悬挂座椅，并集成三点式安全带，提高了被动安全性能。

9.1.4　电驱动特种车辆信息电子控制系统

为了便于驾驶员随时了解汽车各种工作参数是否正常，以便及时采取措施，防止发生人身伤害和机械事故，汽车上都设置有各种信息显示系统。这些仪表有的显示汽车的常规运行参数，有的显示某些极限参数。由于传统的汽车仪表都是采用机械式或机电结合式仪表，都是通过指针和刻度实现模拟显示，因此存在着显示信息量少、视觉特性不好、易使驾驶员疲劳、准确率低等缺点，难以满足人们对汽车性能越来越高的要求。

汽车信息电子控制系统由智能电子仪表显示系统、汽车显示与报警系统、全球卫星定位系统（GPS）、远程监控系统组成。电子显示器件包括发光显示器、线条图形显示器以及液晶显示屏等。随着新型传感器、电子显示器件以及电子技术在汽车上的广泛应用，汽车仪表电子化已经成为显示汽车信息的发展方向。

9.2　CAN 总线在电驱动特种车辆上的应用

9.2.1　车载网络总线概述

车载网络发展初期，车载电子控制装置与电子设备间的数据交互是通过网状的网络拓扑结构来实现的，车载电子控制装置或电子设备间需要通过点对点的电气线路连接实现互联。随着车载电子控制装置与电子设备数量的增长与功能的提升，车辆内部线束的用量与布置复杂度将大幅提升。线束用量的提升直接导致了车辆的重量与制造成本的增加，而复杂的线束布置不但占据了车内有限的空间，还导致车载电子控制装置与电子设备间电气线路连接可靠性的降低，且不利于故障的查找与排除。此外，网状的网络拓扑结构也不利于实现车载网络数据的实时共享，从而可能对车辆中各控制系统的实时性造成不利的影响。于是，总线型网络拓扑结构的车载网络应运而生。

20 世纪 90 年代中期，美国汽车工程师协会根据位传输速率和应用范围将车载网络分为A、B、C 三类。后来随着导航、多媒体、安全系统在汽车上的应用，对网络的可靠性和带宽提出了更高的要求，又发展了 D、E 类网络，如表 9-2 所示。

表 9-2　SAE 车载网络分类

网络分类	位传输速率	应用范围	主流协议
A 类	<20kbit/s	刮水器、后视镜以及其他智能传感器	LIN、TTP/A
B 类	20～125kbit/s	车灯、车窗等信号多、实时性要求高的控制单元	低速 CAN
C 类	0.125～25Mbit/s	发动机、ABS 等实时性要求高的控制单元	FlexRay、TTP/C、高速 CAN
D 类	25～150Mbit/s	导航、多媒体系统	IDB-1394、MOST
E 类	10Mbit/s	气囊等面向成员的被动安全系统	Byteflight

目前，根据车载电子控制装置与电子设备组成的网络控制系统的不同需求，通过不同类型的车载网络实现其网络连接的方案已经得到广泛认同。该方案将车载网络划分为车辆动力控制系统网络、车身控制系统网络、车载信息娱乐系统网络三种类型。

控制器局域网（CAN）通过载波监听多路访问/冲突避免（CSMA/CR）机制支持事件触发的数据交互。因结构简单、传输高效、设计灵活、鲁棒性强等特点，CAN 已成为应用最为广泛的一种车载网络，全球各主要的汽车生产厂商均以其作为车辆内部的主干网络。其典型的应用是为车辆动力控制系统中的电子控制装置提供最高传输带宽为 500kbit/s 的网络连接，以及为车身控制系统中的电子控制装置提供最高传输带宽为 125kbit/s 的网络连接。

LIN 因成本低廉，通常被作为车辆内部的辅助网络用以替代 CAN 实现某些数据交互量较小的网络连接。其典型的应用是为车身控制系统中的电子控制装置提供最高传输带宽为 10.4kbit/s 的网络连接。

FlexRay 通过时分多路访问（TDMA）机制支持时间触发的数据交互，通过柔性时分多路访问（FTMDA）机制支持事件触发的数据交互。其两条独立信道均可提供最高为 10Mbit/s 的传输带宽，用于传输相同的数据可提高数据交互的可靠性，用于传输不同的数据可提高数据传输的实时性。与 CAN 相比，尽管 FlexRay 提供了更高的网络传输带宽，并通过 TDMA 机制保证时间触发的数据交互的确定性，通过 FTDMA 机制改善事件触发的数据交互的确定性，但其网络系统的设计过程却较为复杂。因此，FlexRay 的应用尚不广泛。

面向媒体的系统传输（MOST）作为车载信息娱乐系统通信网络的新一代解决方案，可支持控制数据、异步数据与同步数据的同时传输。其典型的应用是为车载信息娱乐系统中的电子设备提供最高传输带宽为 150Mbit/s 的网络连接。

9.2.2 CAN 总线的应用和 CAN_FD 总线

（1）CAN 总线的应用。CAN 总线按照速率不同分为两种：一种是高速 CAN 网络，传输速率在 125kbit/s 至 1Mbit/s 之间，主要应用于对实时性要求较高、通信数据量大的动力控制系统和与安全有关的系统；另一种是低速 CAN 网络，传输速率在 40kbit/s 至 125kbit/s 之间，主要应用于车身电子系统之间的通信，低速 CAN 总线可以增加总线的传输距离，提高总线的抗干扰能力，降低开发成本。两条总线彼此独立运行，只有在两条总线之间需要进行数据交换时，才会启用网关进行协议转换并传输数据。这种总线架构及其传输方式可以将不同类型、不同速率的数据信息分开处理，从而可以减轻每个总线网络的负担，提高数据传输的实时性及可靠性。

高速 CAN 总线网络主要连接驱动控制系统及底盘电控系统，实现对电机、电池、制动等系统的控制。低速 CAN 网络主要应用于车身舒适系统中，主要控制对象是低速电机、电磁阀等，它对信息传输的实时性要求并不高，但是传输的数据量非常大。汽车常用总线网络分布如图 9-7 所示。

（2）CAN_FD 总线。CAN 总线存在局限性。CAN 总线波特率和总线长度成反比，所

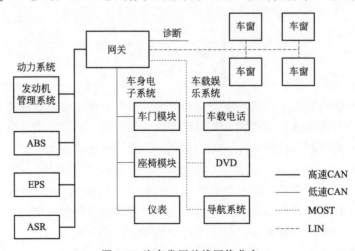

图 9-7 汽车常用总线网络分布

以在保证传输速度的前提下，传输距离不能过长。此外，数据长度随着时间而受到限制，以确保低优先级 CAN 帧不能延迟高优先级。现在比较明确的趋势是 CAN 向 CAN＿FD 逐渐过渡。CAN＿FD 增加了数据部分中的比特率，使得在不增加 CAN 帧时间长度的情况下，增加了数据部分中的字节数。

CAN 总线过渡到 CAN＿FD 总线的另一个原因是汽车系统的安全性。CAN 一般在封闭系统内运行，不能从外部访问，但智能网联的浪潮使得汽车变为开放式系统，信息安全问题日益严峻。CAN＿FD 在一帧中具有多达 64 个数据字节，为安全签名提供了大量空间。随着 CAN＿FD 技术开始出现在中高端微控制器中，内置的硬件支持安全算法如高级加密标准（AES）在车载环境下将被广泛运用。

CAN＿FD 和以太网被认为是下一代主流汽车总线技术。相对于颠覆性的汽车以太网，虽然 CAN＿FD 的升级是延续性创新，但未来汽车以太网和 CAN＿FD 会共存。当需要传输大量信息时，以太网有它的优势，但以太网只能点对点通信，而且以太网通信等待时间不可控。CAN＿FD 专门为分布式嵌入式控制系统进行设计，可以实现点对多点通信，并且能有效保证数据一致性和解决消息冲突问题。CAN＿FD 增加的性能和通信带宽，使其成为传统 CAN 和未来自动驾驶汽车中正在实现的更复杂协议（如 FlexRay 和以太网之间）理想的中间地带。

9.3 电驱动特种车辆整车控制策略

9.3.1 纯电动汽车能量管理控制策略

纯电动汽车依据能量源数量不同，可分为多能量源系统和单能量源系统。

多能量源主要是电池与超级电容组成的双能量源系统，利用超级电容充放电倍率大的主要特点，以削峰填谷的方式弥补动力电池的不足之处。由于超级电容的存在，增加了动力总成系统的复杂性，因此可发挥的控制策略也比单能量源增加了许多，如门限值控制策略、模糊逻辑控制策略等。

对于单能量源纯电动汽车，由于动力总成系统比混合动力及多能量源系统简单很多，因此控制策略可发挥的空间较少。综合国内外整车厂的纯电动汽车能量管理控制策略，主要方法分为两种：一是降低整车能量使用率，只保留车辆行驶必需的高压负载，以此来最大限度地降低整车高压系统功耗，把有限的功率全部分配到驱动系统；二是提高电池使用效率，它通过热管理系统的使用，一直把电池控制在高效能区间。对于方法一，虽然可以最大限度节约行车过程中的电能消耗，但由于缺少电池热管理系统，长时间的高温会加速电池的老化，从而会牺牲整车的经济性能。对于方法二，最常用的是门限值控制法，它虽然控制策略简单稳定，但由于控制规则固定，不能最优地解决功率分配问题，从而影响整车的动力性能。

9.3.2 混合动力汽车能量管理控制策略

混合动力汽车的能量管理策略是一个复杂时变的非线性动力系统，各个元件既相互联系，又相互影响，很难用准确的数学模型来描述。运行工况具有随机性，驾驶员的驾驶习惯各不相同。能量管理策略既有一定的通用性，又各有特点，是混合动力系统的关键技术之一。

传统汽车只有发动机一个能量源，在车辆行驶时，依照驾驶员的意图，发动机实时跟踪车辆的全部驱动功率需求。当车辆怠速、急加速时，发动机效率、排放都很差，而且制动能量也无法回收。混合动力汽车包含两个或两个以上的能量源，充分利用不同能量源的特性，就可以弥补单一能量源的不足，从而提高整车的燃油经济性，并降低排放。为了最大限度提高燃油经济性和降低排放，必须制定合理的能量管理策略，实时分配发动机和电池组需要承担的需求功率。

9.3.2.1 混合动力汽车能量管理策略的分类

根据混合动力汽车动力总成的结构类型的不同，分为串联式、并联式和混联式混合动力汽车能量管理策略。随着研究的深入，同一种能量管理策略在不同类型的混合动力汽车上得到了应用，这种能够用于不同类型 HEV 的能量管理策略称为通用型的混合动力汽车能量管理层策略。

（1）串联式混合动力汽车能量管理策略。串联混合动力汽车的发动机与车轮之间没有直接的机械连接，因此，发动机的工作不受实际工况的影响，可以工作在效率最高的区域。

① 恒温器式策略。这种策略根据电池组的 SOC 来确定发动机的开关状态，为了保证电池组有比较高的工作效率，设置了电池组 SOC 的上限和下限。当电池组 SOC 降低到下限值时才启动发动机。同时使发动机在最高效率区以输出恒定功率的方式工作，当 SOC 升高到上限值时关闭发动机。这种策略的缺点是发动机在行驶过程中频繁启动和关断，由于发动机每次停机期间，发动机和催化转换装置的温度降低，从而导致效率降低。

② 功率跟踪式策略。这种策略根据电池组的 SOC 和负荷来确定发动机的开关状态和输出功率的大小。发电机组的输出功率尽可能接近车辆的实际需求功率，电池的 SOC 保持在规定的范围内，电池组只起调节负荷的作用。只有在电池组的 SOC 大于设定的上限时，并且电池组的输出功率能够满足车辆需求时，才会关闭发动机。电池的充放电量较小，能量损失也最小。缺点是发动机没有工作在最佳转速和输出功率下，因此排放可能变差、效率较低。

③ 基于规则的功率分配策略。这种能力管理策略结合了以上两种策略的优点，根据发动机的负荷特性和电池组的充放电特性分别为它们选择工作范围。根据工程经验、理论计算和试验确定一组控制规则，根据车辆行驶中实时的功率需求与电池组的 SOC 值为发动机和电池组分配功率，使其都能高效工作，从而提高了整车的效率。相关文献的研究结果表明，在市区和公路工况下，该策略的燃油经济性优于恒温器式能量管理策略。

（2）并联式混合动力汽车能量管理策略。它为静态逻辑门限策略，这种策略通过设置发动机转矩、动力电池 SOC 的上下限工作区间、车速等门限参数，把动力系统的工作区域限制在一定范围内。在车辆实际运行时，根据预先设定的规则调整动力系统各部件的动作状态，以达到节能和降低排放的目的。该策略中的门限参数主要根据工程经验来设置，无法达到最优的燃油经济性。而且这些静态参数不能适应工况的动态变化，无法使整车系统达到最大效率。

（3）混联式混合动力汽车能量管理策略。

① 发动机恒定工作点策略。这种策略把发动机作为主要动力源，电动机和电池组通过提供附加转矩的形式进行功率调节，使系统获得足够的瞬时功率。由于采用了行星齿轮机构使得发动机的转速可以不随车速变化，这样发动机就可以工作在最优工作点上，提供恒定的输出转矩，电动机提供其余的转矩。电动机承担转矩的动态部分，避免了发电机动态调节带来的损失。与发动机相比，电动机的动态响应速度快得多，控制更灵敏，容易实现。

② 发动机最优工作曲线策略。该策略从静态条件下的发动机万有特性出发，经过动态

矫正后，跟踪由驱动条件决定的发动机最优工作曲线。发动机在高于某个转矩或功率限值后才会打开。关闭发动机后，离合器可以脱开（避免损失）或者结合（工况变化复杂时，发动机更容易启动）。只有当发电机的电流需求超过电池组的承受能力或当电机驱动电流超过电机或者电池组的最大放电能力时，才调整发动机的工作点。

（4）通用型的混合动力汽车能量管理策略。

① 基于模糊逻辑的能量管理策略。由于模糊控制非常适合高度非线性、时变的模型，基于模糊逻辑控制的能量管理策略在串联、并联、混联式混合动力汽车的能量管理策略研究中得到了广泛的应用。一般根据电池组 SOC、车速、需求功率、转矩等参数中的一部分作为模糊控制器的输入量，以功率或转矩等作为输出量。

② 基于神经网络的能量管理策略。设计这种策略的基本步骤是：首先利用优化算法对多种典型工况离线求得最优解，然后利用聚类算法对样本进行聚类分析，最后利用典型工况最优解的聚类结果作为神经网络的训练数据，得到多个神经网络控制器。

③ 等效燃油消耗最小的能量管理策略。瞬时优化能量管理策略可用于串联、并联、混联式混合动力汽车的能量管理策略中。该方法将电机的能量消耗等效为发动机的油耗，得到一张电机的等效油耗图。在每一个时刻，将电动机的等效油耗与发动机的油耗之和称为名义油耗，并使其最小，据此确定电动机和发动机的工作点。等效燃油消耗最小能够保证每一步都是最优的，但不能保证整个区间是最优的。而且，该方法计算量较大，难以实时实现。

④ 基于最优控制理论的能量管理策略。给定工况的全局优化能量管理策略本质上来说是一个动态优化问题，动态优化方法主要包括基于动态规划理论的全局优化能量管理策略和基于极小值原理的全局最优能量管理策略，这种能量管理策略可用于串联、并联和混联式混合动力汽车。

a. 基于动态规划的能量管理策略：动态规划的核心是最优性原理。该方法把一个多阶段决策问题转化为多个单阶段决策问题，然后对每一个单阶段决策问题逐一求解，就可以得到一系列的决策变量，这些决策变量构成了该问题的最优策略。动态规划是一种全局优化算法，可以很方便地用于给定时间周期的带约束条件的非线性优化问题。但该算法计算量大，在策略计算中需要的时间较长。

b. 基于庞特里亚金极小值原理的能量管理策略：求解带约束的非线性优化问题的最优控制的另一种方法是庞特里亚金极小值原理。该方法将能量管理策略的最优化求解转化为对哈密顿函数中协态参数的求解，通过迭代运算，最终得到控制量在能量源之间的分配。与动态规划算法相比，该算法计算量小，计算速度快，是近年来的研究热点。

⑤ 与粒子群算法、遗传算法相结合的能量管理策略。这是近年来能量管理策略研究的热点，它是把两种及以上的优化方法结合起来得出一种能量管理策略。通常采用粒子群、遗传算法或模拟退火等算法，在特定工况下，以最小油耗为目标对车辆参数和控制策略中的参数进行优化。

粒子群算法、遗传算法和模拟退火等算法属于智能优化算法，它们不需要知道对象的数学模型，在混合动力汽车能量管理策略和动力总成的参数优化中得到了广泛的应用。这两种算法常与模糊控制相结合，对设计好的模糊控制器的隶属函数进行优化。粒子群和遗传算法是随机算法，能够搜索整个解空间。理论上，只要计算时间足够长，也能够得到问题的全局最优解。但实际计算都是在有限时间内完成的，因此利用该类算法只能得到近似的全局最优解。该类算法计算时间长，且得不到全局最优解，故应用较少。

9.3.2.2 电驱动特种车辆的能量管理

串联式混合动力车辆动力系统的控制分两个层次：动力源智能动力单元的控制和动力系统的控制。即一方面，从智能动力单元控制角度出发，研究如何控制两台智能动力单元协调工作从而在满足功率需求的同时提升其燃油经济性；另一方面从整车动力系统控制的角度出发，研究在动力电池和智能动力单元组成的多能源系统中如何分配整车需求功率在提升整车能量利用率的同时保障动力电池和机械制动器等关键部件的耐久性和可靠性。因此，智能动力单元的协调控制和整车能量的优化管理是分布式混合动力智能管理技术的难点及关键点。

在串联式混合动力系统中，动力电池的功率输出是被动的，由 IPU 和电动机的功率差决定。因此在稳态工况下，设定电池目标功率为 0 并合理限制 IPU、电动机功率即可实现电池不参与工作；而在动态过程中，由于电动机功率响应速度明显快于 IPU，无法实现 IPU 输出功率与电动机输入功率平衡。所以需要动力电池输出相应的功率以平衡动态过程中系统输入/输出功率，并通过合理限制电动机响应速度使其尽量与 IPU 同步提升或降低功率，以保护电池。根据电池 SOC、温度等可以得到当前状态下对电池使用最为有利的电池功率工作状态。在能量分配模块中充分考虑这个优化值，以最大限度延长动力电池寿命，然后根据总需求功率和电池最佳充放电功率确定 IPU 的需求输出功率。因此 IPU 的输出功率原则上是跟随整车需求功率变化的。

IPU 工作时应保证两台发动机工作点都在最佳油耗曲线上，它们的输出功率可以不同。当需求功率已知时，需对两台发动机功率进行合理分配，以满足总油耗速率最小的原则。方案以电池寿命和瞬时油耗为优化对象，采用遗传算法对动力电池和两台 IPU 的需求功率进行优化分配。此外，当发动机的功率较小时增加发动机滞回停机功能，在提升系统燃油经济性的同时，避免单台发动机在总功率需求较低时频繁启停。在车辆下长坡制动且电池 SOC 接近 100% 时，根据制动功率需求 IPU 主控制器启动发动机倒拖耗功功能并优化合理分配两台发动机的耗功功率。整车能量管理策略示意如图 9-8 所示。

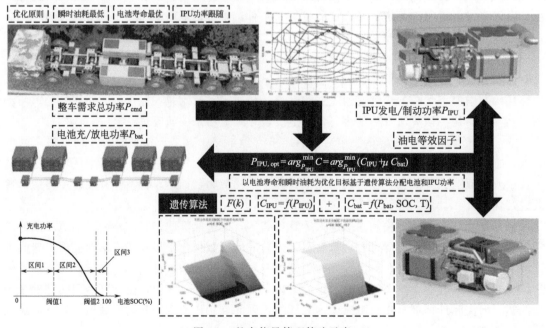

图 9-8 整车能量管理策略示意

动力系统控制通过实时采集驾驶员操作和车辆状态，判断驾驶员动力需求，根据各部件状态对动力需求进行合理限制，然后根据车辆当前状态和动力系统能力进行整车能量分配（即功率分配），最后根据能量分配结果输出控制量到各受控部件，实现对整车动力系统的控制。

动力源智能动力单元的控制采用功率跟随方式，发动机工作状态点沿最低燃油消耗曲线移动，智能动力单元的输出功率跟随车辆负荷变化，实时提供车辆绝大部分的动力需求，动力电池的输入/输出功率较小，以小功率工况循环工作。这种控制方式可降低电池的额定功率，减小电池体积的同时保证电池的使用寿命。

对于动力系统的能量管理，采用最小等效燃油消耗算法。在本项目中，动力系统中存在两套智能动力单元和一套动力电池组，除智能动力单元与电池的功率分配外，两套智能动力单元间的功率分配也需要协调控制，这是一个相对其他 ECMS 问题的不同之处。

9.3.2.3 电驱动特种车辆能量管理策略的设计

对于某一个瞬时状态，由于不清楚未来的电池工况，因此使用平均充放电效率来计算由于电池在这一瞬时充放电导致的未来油耗的增加或减少量，以此来折算电池的等效油耗。依据电池的瞬时效率公式，可以写出最终的等效油耗表达式，最小瞬时油耗速率 C 可以分为两台智能动力单元的油耗速率 C_{IPU} 与电池充放电等效油耗速率 C_{bat} 两部分。

$$C = C_{IPU} + \mu C_{bat} \tag{9-1}$$

式中，μ 为等效因子，调整其取值可以改变维持 SOC 恒定的效果强弱，因此用不同的 μ 可以求解出不同的最优策略，而按照这种求解策略去控制智能动力单元与电池的功率分配相当于控制 SOC 恒定的前馈环节。

根据上述 ECMS 的核心思想，ECMS 的目标函数如下。

$$F = \min(C_{IPU} + \mu C_{bat}) \tag{9-2}$$

（1）发动机瞬时油耗模型。为对瞬时双智能动力单元等效燃油消耗速率 C 进行优化，需预知两台智能动力单元的总耗油速率 C_{IPU} 在不同工况下的最小值。智能动力单元工作时，应保证两台发动机都在最优油耗线上工作，但输出功率可以不同，功率需求已知时，需对两台发动机功率进行合理分配，以满足总油耗速率最小的原则。基于以上目的，列举两台发动机间所有可能功率组合，找到最优的功率分配关系，得到两台发动机的总最优油耗速率与发动机输出功率的关系以及拟合曲线，如图 9-9 和图 9-10 所示。

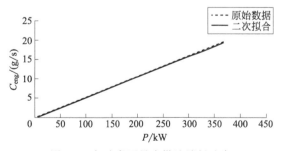

图 9-9 各功率下最小燃油消耗速率

当发动机的功率较小时有效燃料消耗率很高，经济性较差，因此增加发动机滞回停机功能。当智能动力单元功率需求小于 P_2 时不开启智能动力单元，而当功率需求由较大的值降低到小于 P_1 时，才关闭智能动力单元，利用 P_1 和 P_2 的设置形成滞回控制，避免单台发

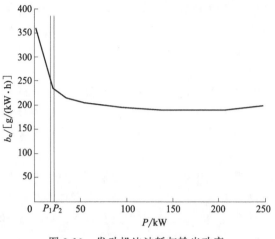

图 9-10　发动机比油耗与输出功率

b_e—发动机比油耗

动机在总功率需求较低时频繁启停。

对于某一台智能动力单元而言，其输出功率与发动机的输出功率间具有如下关系。

$$P_{\text{IPU},i} = P_{\text{eng},i} \eta_{\text{gen},i} \eta_{\text{rec},i} \quad i=1,2 \tag{9-3}$$

式中，$\eta_{\text{gen},i}$ 和 $\eta_{\text{rec},i}$ 分别为某一台智能动力单元的发电机与发电机控制器的工作效率，由于两台发电机的工况点不同，所以发电机与发电机控制器的效率也不同。两台智能动力单元的功率分配关系还不确定，所以这里采用近似的办法，将发电机与发电机控制器的效率用平均效率代替，得到两台智能动力单元的总油耗速率与两台智能动力单元输出的总功率之间的关系。

$$P_{\text{IPU}} = P_{\text{eng}} \eta_{\text{gen}} \eta_{\text{rec}} \tag{9-4}$$

可以得到：

$$\begin{cases} C_{b_0} = \dfrac{c_{b-0}}{(\eta_{\text{gen}} \eta_{\text{rec}})^2} \\[2mm] C_{b_1} = \dfrac{c_{b-1}}{\eta_{\text{gen}} \eta_{\text{rec}}} \\[2mm] C_{b_2} = C_{b-2} \end{cases}$$

拟合形式如下。

$$C_{\text{IPU}} = c_{b_0} P_{\text{IPU}}^2 + c_{b_1} P_{\text{IPU}} + c_{b_2} \tag{9-5}$$

(2) 电池瞬时等效油耗模型。最小等效燃油消耗控制策略是一种能够在每个时刻都能对混合动力车辆进行优化的瞬时优化策略。动力电池可以看作能量缓冲器，电池中的所有能量都是通过发动机的燃油消耗转化而来的，即动力电池当前时刻放出的电量需要在将来的过程中由发动机消耗燃油或者经过制动回收能量进行补充。所以对于给定的任何一个汽车运行工作点，动力电池的工作状态主要分为以下两种。

① 电池的输出功率为正值（放电状态）：电池的电能通过电机转换成机械能，消耗的电能需要在将来的某个工作点通过消耗额外的燃油供给与补偿。

② 电池的输出功率为负值（充电状态）：机械功率通过发电机转化成电能对电池进行充电，存储的电能在未来时刻可以转换成机械功率，从而节省一部分燃油。

在放电情况下，电池通过电机将释放的电能转换成机械能，消耗的电池能量需要在未来某时刻通过发动机消耗燃油来补充，所以电池放电的能量可以转换成相应的发动机油耗。相应地，在充电情况下，发动机或者制动产生的机械能可通过带动发电机发电转化为电能存储在蓄电池中。电池充电时相当于发动机将新存入电池的电能的等效油耗放回油箱存储起来，这些被储存的燃油即是电池充电过程中发动机节省的燃油，因而此时的电机燃油消耗率是负值。

对于电机，电池电能和燃油消耗之间的等价评估综合考虑了燃料能量转化为电池电能的平均路径，并且假设除去制动回收的能量外，每一部分被存储的电池能量都需要车辆在未来行驶过程中进行补偿。在计算总燃油消耗时，若将两部分直接相加，则会因电能和化学能与机械能转换效率的差异将直接偏向于使用电能直至将电池储存的电能耗尽，而这在车辆运行中是不允许出现的，也不能反映电力辅助型混合动力汽车的电能来源与能量消耗本质。为解决此问题，在计算电池电能的等效燃油消耗时引入等效因子 μ，此时电池电能的等效油耗可以表示为如下公式。

$$C_{\text{bat\_dis}} = \lambda\mu\,\frac{P_{\text{bat}}}{\eta_{\text{dis}}\eta_{\text{em}}Q_{\text{lbv}}} \tag{9-6}$$

$$C_{\text{bat\_chg}} = (1-\lambda)\mu\,\frac{P_{\text{bat}}\eta_{\text{chg}}\eta_{\text{em}}}{Q_{\text{lbv}}} \tag{9-7}$$

$$C_{\text{bat}} = C_{\text{bat\_dis}} + C_{\text{bat\_chg}} \tag{9-8}$$

式中，P_{bat} 表示电机的功率，它的正负分别表示电机作为电动机和发电机的工作模式；Q_{lbv} 表示燃油低热值；η_{chg}、η_{dis} 分别表示电池的充放电效率。

系数 λ 的求解公式如下。

$$\lambda = \frac{1+\text{sign}P_{\text{bat}}}{2} \tag{9-9}$$

ECMS 策略的关键就是等效因子的选取，由于电池内阻、电机效率等因素，电机驱动所消耗的能量并不能直接和发动机消耗的能量相加，在增程模式中，SOC 波动幅度过大会破坏能量管理策略的稳定性，同时影响电池的使用寿命。因此引入 SOC 惩罚函数，确保 SOC 值始终维持在目标值附近。以 SOC 当前值作为输入，对函数进行比例调节。

$$f_{\text{SOC}(t)} = \begin{cases} 1 + \left(\dfrac{\text{SOC}_{\text{aim}} - \text{SOC}(t)}{\text{SOC}_{\text{aim}} - \text{SOC}_{\text{min}}}\right)^3 , \text{SOC}(t) < \text{SOC}_{\text{aim}} \\[3mm] 1 - \left(\dfrac{\text{SOC}(t) - \text{SOC}_{\text{aim}}}{\text{SOC}_{\text{max}} - \text{SOC}_{\text{aim}}}\right)^3 , \text{SOC}(t) > \text{SOC}_{\text{aim}} \end{cases} \tag{9-10}$$

等效因子随电池电量的增加而逐渐减小，也就是说电荷状态越高，电池电量的成本越低，策略应更倾向于使用电量使电机协助发动机共同驱动车辆行驶。电荷状态越低，电池电量的成本越高，策略应更倾向于使用发动机提供动力并给电池充电。以此思想建立电荷状态平衡策略，通过电池电荷状态均衡控制系数调整等效因子就能实现电荷状态的均衡。

最终的 ECMS 数学模型为

$$F = \min(C_{\text{IPU}} + C_{\text{bat}}) \tag{9-11}$$

其中

$$C_{\text{bat}} = f_{\text{SOC}}(t)\left\{\lambda\mu\,\frac{P_{\text{bat}}}{\eta_{\text{dis}}\eta_{\text{em}}Q_{\text{lbv}}} + (1-\lambda)\mu\,\frac{P_{\text{bat}}\eta_{\text{chg}}\eta_{\text{em}}}{Q_{\text{lbv}}}\right\} \tag{9-12}$$

约束条件为

$$\begin{cases} P_{req} = P_{IPU} + P_{bat} \\ SOC_L < SOC < SOC_H \\ U_{bus,min} < U_{bus} < U_{bus,max} \\ 0 < P_{IPU} \leqslant P_{IPU,max} \end{cases} \tag{9-13}$$

式中，SOC_L 和 SOC_H 为电池管理系统所允许的 SOC 最小值和最大值；$U_{bus,min}$ 和 $U_{bus,max}$ 为总线电压的最小值和最大值。

ECMS 策略过程如图 9-11 所示，首先确定整车的需求功率以及约束条件的限值，输出到能量管理控制器模块。然后根据等式以及不等式约束，得到当前时刻的实现等效燃油消耗最小的功率输出值，从而求得当前时刻的智能动力单元和电池的最优输出功率值。智能动力单元和电池根据分配的功率进行输出，将运行结束时的动力源参数进行状态反馈，并将其作为下一次优化计算的初始条件。

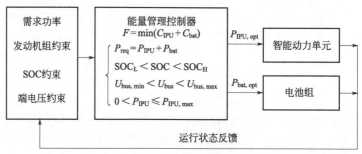

图 9-11　ECMS 策略过程

针对上述问题，可通过遗传算法来获取与最小等效燃油消耗率对应的电池功率和智能动力单元功率。

此外，车辆在制动过程中，车轮带动驱动电机旋转，驱动电机可以输出制动力矩进行制动能量回收，回收后的能量可以回馈给动力电池或依靠智能动力单元进行能量耗散，此时智能动力单元中的电机作为驱动部件，发动机作为负载部件，通过发动机制动将电能转化为热能。

具体控制策略如下：制动过程中，根据动力电池 SOC 和充电速率的不同，协调电池管理系统以及两台智能动力单元进行制动能量分配。当电池 SOC 低于最大允许值时，制动能量优先回馈至动力电池，充电速率受电池管理系统控制，若制动强度较大，充电速率超过电池允许值，则此时智能动力单元系统介入，发动机排气制动开启，发电机转变为电动机，拖动发动机以消耗电能；若电池 SOC 高于最大允许值，则两台智能动力单元会从调节输出扭矩和调节工作效率两方面尽快耗能以降低电池 SOC。

遗传算法（Genetic Algorithm，GA）最早是由美国的 John Holland 于 20 世纪 70 年代提出的，该算法的依据是大自然中生物体进化规律，是模拟达尔文生物进化论的自然选择和遗传学机理的生物进化过程的计算模型，是一种通过模拟自然进化过程搜索最优解的方法。该算法通过数学的方式，利用计算机仿真运算，将问题的求解过程转换成类似生物进化中的染色体基因的交叉、变异等过程。在求解较为复杂的组合优化问题时，相对一些常规的优化算法，通常能够较快地获得较好的优化结果。遗传算法已被人们广泛地应用于组合优化、机器学习、信号处理、自适应控制和人工生命等领域。其运算流程图如图 9-12 所示。

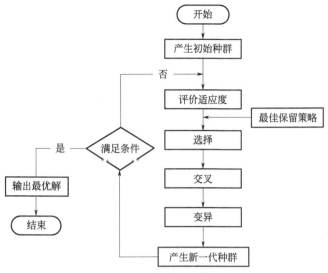

图 9-12　遗传算法运算流程

主要运算过程如下。

① 初始化：设置进化代数计数器 t、最大进化代数 T 和终止条件；设置选择算子、交叉算子和变异算子等算法参数。

② 编码、产生初始群体：确定 N 个优化变量解空间中的数据，并以染色体结构进行表示，转换为二进制编码；设定代数计数器 $t=0$，随机产生 N 个染色体结构的个体构成初始群体。

③ 适应度评价：计算群体中所有个体的适应度，与约束条件和惩罚函数结合构造适应度函数，评价个体的优劣。

④ 选择、交叉、变异：根据适应度函数，选取群体中适应度较高的个体依次进行选择、交叉和变异等运算，得到下一代群体。

⑤ 终止条件判断：当满足终止条件时，则对进化过程中的最优个体进行解码，输出最优解，结束运行；否则，重复步骤③、④直至结束。

9.4　整车故障诊断功能

9.4.1　电驱动特种车辆的故障诊断

提高系统可靠性和安全性的方法有多种，其中一个重要的方法就是采用故障诊断技术。人们通常所说的故障是指系统所出现的一些异常现象。根据故障发生的部位，可以把故障划分成被控过程的元器件故障、执行器故障、传感器故障以及控制器的软件硬件故障等。故障诊断技术包含了故障检测、故障分离、故障估计和故障预报等内容。如果可以对故障做到早期诊断，就有可能采取必要的措施，避免故障的进一步传播，或者采用容错技术，使得被控过程在某些故障发生时，仍可以有效地运行。故障诊断技术又可以分为在线诊断技术与离线诊断技术两种。为了有效地及时处理可能发生的故障，在线故障诊断技术是必须的。

为应对汽车电子化变革使汽车诊断和维修难度增加问题，汽车电子控制系统设置了故障诊断系统，不仅能够监测汽车运行过程中各电子控制系统的工作状态，将故障信息及时反映给驾乘人员，以保证车辆安全，还能将检测出的故障以代码的形式存储在电子控制单元（ECU）的存储器中。同时 ECU 还支持与故障诊断设备（诊断仪）根据协议进行诊断通信，通过读取 ECU 中存储的故障码，辅助维修人员查找并排除故障。

随着新材料、新技术、新工艺在汽车生产、制造中的不断运用，现代汽车的技术性能越来越好，但在其结构越来越复杂的同时故障诊断难度也越来越大。传统的诊断方法和诊断设备无论是其精度和使用方便性，还是对汽车技术发展的适应性，均不能满足用户的需要。为了提高故障诊断技术，需不断完善诊断理论和方法，必须广泛应用各学科的最新成果，借助数学工具和计算机，发展适用于诊断的边缘技术。因此，汽车故障诊断技术得到迅猛发展已成为当今科技研究的热点之一。汽车故障诊断技术是一门综合性技术，它涉及多门学科，如现代控制理论、信号处理、模式识别、计算机工程、人工智能、电子技术、应用数学、数理统计及相应的应用学科。

9.4.1.1 故障诊断技术

（1）故障码自诊断技术。汽车电子控制系统在设计时，增加了故障自诊断功能模块，它具有安全容错处理能力，可以使汽车不会因为电控系统自身的故障导致汽车失控和不能运行。它可以在汽车行驶或整车上电时对电子控制系统各组成部分的工作情况进行不断监控，出现异常时，可通过内部算法对具体故障进行判断，并将故障信息以代码的形式存储在特定存储单元内，同时激活相应故障自诊断功能模块，使故障车辆仍能够被驾驶到维修站进行维修处理，维修技术人员可以利用专用设备调出故障码，实现对故障的快速定位和处理。

现代的汽车电子控制系统的微处理器也被称作 ECU，其具备故障自诊断的功能。只要汽车电路不完全断电，汽车 ECU 中就会自动存储汽车电子设备所出现的持续性故障，检修时，技术人员只要用专用设备将故障码读取出来并查询相应技术手册即可。一般说来，ECU 故障码的提取方式可以分为两种形式：一种是闪光码方式；另一种是串行数据方式。闪光码方式是在汽车发动机熄火的情况下，用导线将故障检测插座中的两个特殊管脚进行短接（品牌不同略有不同），然后注意观察车辆仪表盘上对应故障指示灯的闪烁情况，利用发光二极管的闪烁次数和频率的快慢来表示故障码，此方法属于人工读码方式，也是故障自诊断应用的初级模式，对维修人员的经验要求较高且容易出错；所以，用串行数据的方式读码将被广泛应用，即使用专业的检测仪器——解码器进行读码。串行数据的读码方式只要将故障插座连接（OBD），在对应解码器上进行读码及相应操作，就能够顺利读取该汽车的故障码。目前，不同厂商都为自己所生产的汽车，设计、制造了专用的故障码解码仪。

（2）专家系统诊断。汽车故障诊断的专家系统又被称为 EP。专家系统是依据某一专业领域专家的知识与经验，在计算机内建立基于这些知识的信息系统，它能以人类专家的知识水平完成专门领域的任务。由于汽车故障主要表现在发动机、底盘机械传动、电气电路三大部分，而每一部分的故障又具有多层次结构的特点，因此可建立 3 个数据库：①发动机故障诊断数据库；②底盘机械传动故障诊断数据库；③电气电路故障数据库。每个数据库中又包括若干个相互关联的数据表，在数据表中存储每种汽车故障的表现症状、发生机理、发生原因、发生部位、排除与维修处理方法等字段，在数据表与数据表之间、数据字段与数据字段之间建立一对一或一对多的层次树结构，使整个维修知识库成为有机整体。

采用专家系统技术解决汽车故障诊断问题，国内外都有开发应用实例。如 ESET 系统，这种用于汽车发动机故障诊断的专家系统具有 9 项功能。该系统为实用型，除作为有效的诊断工具外，还可作为辅助教学系统以培训修理工。再如，美国军方开发的"发动机故障诊断系统"，是一种车辆诊断与维修的知识库专家系统，它利用建立在知识库上的故障树诊断方法，用于野战军用车辆的故障诊断，可使维修效率增加 92%。采用专家系统技术是解决汽车故障诊断与车辆维护修理等问题的有效途径。

（3）在线与离线故障诊断技术。所谓的在线故障检测系统是依靠车载的计算机对汽车的电控系统进故障诊断、记录、报警显示及应急模式转换等功能实现过程，其具有较强的即时性。还有另外一种诊断的模式被称为车外诊断，也称为离线故障诊断。它是利用汽车专用的诊断仪器，基于信号的方法对汽车的电控系统进行检测，故障以代码的方式记录并保存。当汽车出现可以检测到的故障时，车载系统将自动发出警报，提示驾驶者车辆出现故障，这样故障就可以被发现并及时维修，但在线诊断主要针对电控系统的故障，诊断的范围也有限，同时不能对机械系统进行诊断，诊断精度不高，对较复杂的故障诊断的精度也不高，此时就需要结合离线诊断技术。离线诊断技术是在线诊断技术的延伸和功能扩充，具有检测效率高、检测精度高、诊断范围广、适应性强的特点，但实时性效果较差，必须被动使用才可以发现故障。实际中汽车的故障诊断一般都是在线诊断与离线诊断结合使用，在线诊断系统主要进行故障提示，离线诊断系统主要进行数据分析，确定故障的原因和发生故障的具体位置。

（4）基于 CAN 和非 CAN 网络的故障诊断技术。上位机（PC 终端）的数据如果由整车 CAN 网络通信得到，即上位机作为一个智能节点挂在 CAN 总线上，能够对 CAN 总线节点上的信息实时监听和数据采集，则这种故障诊断技术是基于 CAN 的，同时，如果所需数据经过外部信号处理模块，数据采集卡等模块采集、分析、处理后传递给上位机，未与整车 CAN 网络发生数据交换，则此种方法是基于非 CAN 的。相较于非 CAN 的故障诊断，基于 CAN 的故障诊断费用比较低，硬件较少，数据采集比较简单方便，这是在有 CAN 网络汽车故障诊断的首选方法，对于无 CAN 网络的部分车辆，采用非 CAN 网络故障诊断将比较简单方便。

9.4.1.2　故障监测对象

根据各子系统可能出现的故障现象确定监测对象。一般监测对象主要包括：①电子控制系统本身的硬件，例如各种传感器（电流、电压、转速、温度、加速度等传感器）和执行器（开关、继电器、电磁阀、电动机等）是否有故障，包括电路的短路/开路、数值超界等；②与电子控制系统控制对象相关的硬件状态，例如动力线路的主继电器由电子控制系统自身控制，但其需要监测容性负载的充电状况；③电子控制系统控制对象的工作过程，例如电池管理系统要实时监测、分析电池充放电过程；④CAN 总线通信故障。

9.4.1.3　故障诊断方法

故障诊断方法主要有传感器故障诊断、执行器故障诊断、电子控制系统本身的故障诊断以及 CAN 总线通信系统故障诊断。

（1）传感器故障诊断。

① 电压型故障诊断。对于传感器而言，其输出信号一般都是电压信号，对于非电压信号，需经过转换电路转化成电压信号输入电子控制系统中。当传感器自身发生断路或短路，或者与电子控制系统之间的接线发生短路或断路时，其输入信号电压将超出正常范围值，从而产生故障。当出现电压值超出范围时不能立刻作为故障处理，因为一些干扰信号可能造成

传感器输出信号瞬时超出正常值。所以在诊断过程中需要根据信号的特点进行相应处理后，才能判断是否发生故障，如将超界信号值连续采集次数累加到一定数量 N（或持续一定时间再测量），或将连续测量值做数值平均等。

② 性能不佳时的故障诊断。传感器输出信号电压值在正常范围内，但由于其性能不好，输出信号值不能准确反映被测物理量的变化，这时采用前边所述的方法无法识别。只能通过分析被测物理量的工作状态及与其他物理量之间的关系，采用多种推理或计算的方法进行识别，但这样会增加系统软件的复杂度，且不容易判断，所以一般通过分析数据流来诊断传感器故障。一些重要的传感器（如加速踏板传感器）经常会采取冗余设计，这也是对故障进行准确判断和启用替代策略的方法。

（2）执行器故障诊断。对于执行器故障判断，采用在电子控制系统的执行器控制电路中设置监测电路的方法，用来反馈执行器的工作情况。

（3）电子控制系统本身的故障诊断。在电子控制系统内，为了对自身工作状态进行监测，设有外接"看门狗"电路，微控制器正常运行时，定期将"看门狗"定时器清零（即"喂狗"），当微控制器内部发生故障，软件不能正常运行时，"看门狗"定时器溢出，触发复位微控制器动作。

（4）CAN 总线通信系统故障诊断。

① 网络节点故障。网络节点故障指 CAN 总线网络中节点的硬件或者软件故障。硬件故障指由于节点 CAN 通信模块电路出现故障造成通信失败；软件故障指总线传输协议或者节点程序出错，使得 CAN 总线数据传输混乱。

② 数据线路故障。数据线路故障指通信线路的短路或断路及线路物理介质改变引起通信信号的失真或衰减。如果是节点上发生故障，则总线上其他节点通信不受影响。如果是总线线路发生故障，将会导致整个通信中断，系统陷入瘫痪状态。通信故障采用报文计数方法，当收到的报文计数达到一定值时清零，若数值不变或者缺失，则认为此节点通信故障，若收不到任一节点的通信报文，则认为整个线路发生故障。

9.4.1.4 故障处理原则

当有故障产生时，存储相应的故障码并点亮故障指示灯通知驾驶员。因为故障码是由自诊断系统定义的，凡不受诊断系统控制约束的故障都没有与之对应的故障码，所以当有故障现象时，一定存在故障，但不一定有故障码。

存储完相应的故障码之后还需要进一步采取相应的处理措施，以最大限度降低故障对车辆乃至乘员造成的危害。在车辆行驶中，故障不会恰好发生在允许停车点或维修站附近，因此根据不同故障等级进行相应故障处理时，应尽量保证车辆能够继续行驶。根据故障严重程度可以将故障分为四种类型，如表 9-3 所示。

表 9-3 根据故障严重程度划分的故障类型

故障类型	分类原则
轻微故障	不影响车辆正常使用，不需要更换零部件，可用工具在短时间内(5min)排除
一般故障	不能行驶，但主要零部件未损坏，可用工具和易损备件在短时间内(30min)修复；或能行驶，但影响正常使用，需调整、修复
严重故障	整车主要性能明显下降；主要零部件损坏，且不能用工具和易损备件在短时间内(30min)修复
致命故障	涉及人身安全，可能造成人员伤亡，主要总成系统报废；或不符合制动、排放、噪声等法规要求

车辆控制技术中的容错控制是指当车辆某系统传感器失效或者执行器故障时，采取一定的策略完全或部分替代故障部分，如信号替代法、降功率法等，从而使汽车能够维持一定的动力输出。对于轻微故障及一般故障，在保证车辆行驶安全的情况下，经过一定容错控制使车辆跛行回家，以便行驶至维修点进行检修。对于严重故障及致命故障，整车控制启动故障模式，提醒驾驶员靠边停车或紧急停车，并设置警戒线，以免误与其他车辆相撞，等待救援。

9.4.1.5　汽车故障诊断技术发展趋势

近年来，汽车故障诊断技术不断应用一些新的科学分支，为其自身的发展提供了新的途径。例如，人工智能神经网络法、小波分析法及分析几何。它们有很强的故障诊断能力，虽然在国内的发展落后于国外，但是这几种故障诊断技术都具有很好的发展趋势，值得国内外行业的深入研究。

小波分析在汽车和拖拉机的故障诊断中有较好的应用效果，它具有变时域、变频域的特点，能够取代传统上的 FFT 分析法。比如小波分析可以对汽车进行故障特征的信号分析，它不仅可以广泛应用于系统辨识之中，而且可以任意逼近各种函数，使得它能够在汽车故障诊断中，顺利地检测出汽车的故障位置。例如：可以利用小波分析技术辨识非线性对象，当非线性对象没有发生突变时，两者之间的输出差就会比较小；当非线性对象发生突变时，两者之间的输出差就比较大，通过这一原理能够快速识别系统故障。

人工智能神经网络法：人工神经网络是对生物神经网络功能进行效仿的一种经验模型。神经网络是按照生物神经网络相似的方式对输入信息进行处理的，由许多简单元件（一般是自适应的）及其层次组织以大规模并行连接方式构造而成的网络，这种模仿生物神经网络组建的人工神经网络对输入信号有功能强大的反应和处理能力。人工神经网络弥补了专家系统由于知识的串行而使得假设选择困难的诊断缺陷，它可以更加有效地组织和应用人类的经验和知识。随着现代汽车结构的复杂化，故障的状态也越来越多样，使得故障诊断的难度也随之变大。在这一情况下，有效地应用神经网络技术，可以使诊断精度和速度得到较大提升。因此，人工神经网络技术在汽车故障诊断技术的发展中将会有很大的应用空间。

分形几何：在数学领域中，分形几何能够以函数结构形式解决略显粗糙或者形状不规则的物体。将该种数学知识引用到汽车故障诊断分析中，可以取得意想不到的效果。利用分形几何将汽车在发生故障时所给出的不规则故障信号进行相应信息的提取，并得到其结构特征——分维数。例如，在丰田汽车实际的故障分析中，分形几何的主要应用方面有：在汽车处于运行状态时，把控其整体状态，确认其有无故障问题；对汽车的各项参数指标进行相关记录，并分析其工作状态是否正常，如有隐藏风险，及时警示；在汽车出现故障问题时，对其故障进行分类判断并结合实际情况分析。

9.4.2　电驱动特种车辆故障诊断的基本流程

根据汽车故障的复杂程度和进行故障诊断时所具备的条件，汽车故障诊断可分为初步诊断、扩展诊断和深度诊断三个层次，而且每个层次诊断的内容、方法、重点和要求各不相同，并有一定的差别。

（1）初步诊断。

① 详问因由：通过向车辆驾驶员询问包括发生故障时的基本症状、使用条件以及修理经历等情况，其目的是初步判断故障可能发生的原因和部位。因此，尽可能地深入了解与汽

车故障发生的相关信息，是快速有效地进行汽车故障诊断的重要前提。

② 观测检查：要求对初步判断可能故障发生的部位进行仔细检查或模拟检测，这是故障诊断最基本和不可忽视的步骤。这里提到的"观"，不仅是一般的"眼观检视"，而应广义地理解为"耳听异响""手感变化"和"鼻辨气味"等检查要求。在"测"的过程中，应以相关理论为指导并与实际经验相结合，在周密思考的同时进行全面深入的检查，求证故障发生的具体原因。因此，在观测检查过程中，要尽量避免被表面现象所迷惑。

③ 原因分析：由于不同类型的故障具有"一因一果""一因多果""多因一果"或"多因多果"等特性，因此进行"原因分析"的目的是要更充分地提供"查明故障部位及原因"的依据。只有这样才能由表及里地把握故障现象的本质，有理由进行相关参数的"调整"或零部件的"更换"。

④ 因果对应：要求判断"原因分析"得到的结论与"观测检查"获得的结果是否具有合理的对应关系，这是确认故障部位的必要条件。

⑤ 调整更换：根据诊断确定出的故障部位，通过调整相关参数或更换相关零部件对故障进行排除。应注意，更换的备品备件应是正常可靠的零部件或者新件（也必须是合格品）。如果不慎用有故障的零部件进行更换，不但排除不了故障，反而会使故障部位虚假化，甚至可能导致产生新的故障或扩大故障范围，这无疑进一步增加了故障诊断的难度。

⑥ 运行试验：通过运行试验，证明汽车故障诊断的准确性和调整更换后排除故障的有效性。所以，在汽车故障诊断的过程中，不应忽视维修效果对故障诊断结论准确性的影响。

⑦ 症状变化：由于汽车故障可能是"多因一果"，初步诊断结论确认的部位可能有偏差。所以，"调整更换"后汽车故障仍可能没有被彻底排除。同样，要在"运行试验"中确认汽车故障"症状变化"是"有变化"或"没变化"，并根据变化程度进一步明确诊断方向。一般来说，初步诊断主要适用于"一因一果"或"一因多果"的故障类型。对于"一因多果"的故障，可以通过多个"同因"故障症状的"并发"进行相互印证。

（2）扩展诊断。在初步诊断的运行试验中发现故障症状已有改变，但还没有被彻底排除，则应进行"扩展诊断"，以进一步查明其他的故障原因及部位。因此，扩展诊断主要适用于"多因一果"的故障类型，其基本要求如下。

① 推理界定：结合系统、总成或零部件的工作原理、基本功能、结构特性以及故障产生条件等因素，推理故障症状可能产生的原因，并界定故障检查应进行的范围。

② 分项检查：对具有独立性功能、系统性结构等特点的总成或电路、气路、油路等，通过采取独立、分段或隔离等方式进行"观测检查"，为分析故障原因及确定部位提供信息。

③ 排除原因：根据分项检查的结果，逐步排除不可能导致故障发生的原因或部位，进一步确定故障部位。然后，同初步诊断流程一样，再进行"调整更换"；并依据"运行试验"验证故障是否被排除，或根据"症状变化"的程度决定应继续进行的故障诊断方向。

（3）深度诊断。通过扩展诊断后，若"症状"没有改变，则应进行深度诊断。深度诊断主要适用于"多因多果"的故障类型，是故障诊断中比较复杂和识别困难的一类问题，其基本要求是：①原因归纳；②综合检查；③识别判断。

第10章
电驱动特种
车辆性能试验分析

10.1 车辆基本性能计算

动力性和经济性是整车性能中最基本的性能，是评价整车性能的重要指标。

10.1.1 动力性

10.1.1.1 电动汽车的动力性指标

与传统内燃机汽车一样，电动汽车动力性仍由最高车速、加速性能和爬坡性能三方面的指标来评定，测试的环境、仪器设备和载荷条件也基本相同，但也存在一些不同之处。

(1) 纯电动汽车的动力性指标。根据《纯电动乘用车　技术条件》（GB/T 28382—2012）中的规定，电动汽车最高车速采用30min最高车速指标，即电动汽车能够持续30min以上的最高平均车速，其值应不低于80km/h。加速性能包括车辆0～50km/h和50～80km/h的加速性能，其加速时间应分别不超过10s和15s。爬坡性能包括爬坡速度和车辆最大爬坡度，即车辆通过4%坡度的爬坡车速不低于60km/h，车辆通过12%坡度的爬坡车速不低于30km/h，车辆最大爬坡度不低于20%。

(2) 混合动力电动汽车的动力性指标。混合动力电动汽车具有发动机和电机两套驱动系统，具备多种运行模式。因此，混合动力电动汽车的动力性指标需要结合具体的驱动模式来确定。

根据《混合动力电动汽车　动力性能　试验方法》（GB/T 19752—2005）的规定，混合动力电动汽车混合驱动模式下的动力性指标包括：最高车速、30min最高车速、0～100km/h或0～50km/h的加速时间、爬坡车速、坡道起步能力和最大爬坡度。

如果混合动力电动汽车具有纯电动驱动模式，则还需要考虑在纯电动模式下的动力性指标，包括最高车速、0～50km/h加速时间、爬坡车速和坡道起步能力。

10.1.1.2 动力性的计算

汽车动力性的计算方法主要是图解法（驱动力-行驶阻力平衡图、动力特性图、功率平衡图）和解析法，两种方法的出发点都是汽车行驶方程式。

$$F_t = F_f + F_i + F_w + F_j \tag{10-1}$$

$$\frac{T_{tq} i_g i_0 \eta_t}{r} = mgf\cos\alpha + mg\sin\alpha + \frac{C_D A}{21.15}u_a^2 + \delta m \frac{\mathrm{d}u}{\mathrm{d}t} \tag{10-2}$$

式中，F_t 为驱动力，N；F_f 为滚动阻力，N；F_i 为坡度阻力，N；F_w 为空气阻力，N；F_j 为加速阻力，N；T_{tq} 为发动机输出转矩，N·m；i_g 为变速器传动比；i_0 为主减速器传动比；η_t 为传动系统的机械效率；r 为车轮半径，m；m 为汽车质量，kg；f 为滚动阻力系数；α 为道路坡度角；C_D 为空气阻力系数；A 为迎风面积，m^2；u_a 为车速，km/h；δ 为汽车旋转质量换算系数。

10.1.2 经济性

汽车燃油经济性是指在保证动力性条件下，汽车以最小燃油消耗量经济行驶的能力。由于等速百公里燃料消耗量的局限性，常将它和多工况燃油经济性结合起来考察汽车的经济性。

10.1.2.1 电动汽车的经济性指标

电动汽车行驶过程中所需的能量部分或全部来自电能，而电能的单位通常采用瓦·时（W·h），在计算电动车辆的能量消耗时，一般以 W·h/km 表示每单位距离所消耗的能量。对于配置动力蓄电池的纯电动汽车，由于全部电能来自动力蓄电池，动力蓄电池能量一般以 W·h 来表示。因此，根据动力蓄电池能量就可以计算出纯电动汽车的续航里程。对于混合动力电动汽车而言，由于能量最终来源于燃油，因此仍采用内燃机汽车中经济性指标 L/100km，并将电能折算为等效的燃油消耗量。

（1）纯电动汽车的经济性指标。电动汽车的经济性常用一定运行工况下汽车行驶的电能消耗量或一定电量条件下汽车行驶的里程来衡量，主要包括能量消耗率和续航里程两个评价指标。

① 能量消耗率。能量消耗率是指电动汽车经过规定的试验循环后，对动力电池重新充电至试验前的容量，从电网上得到的电能与行驶里程的比值，单位为 W·h/km。

② 续航里程。续航里程是指电动汽车在动力蓄电池完全充电状态下，以一定的行驶工况，能连续行驶的最大距离，单位为 km。电动汽车的续航里程可以分为等速续航里程和循环工况续航里程。

（2）混合动力电动汽车的经济性指标。混合动力电动汽车由于具有内燃机和驱动电机两个动力源，因此它的能量消耗通常包括燃油消耗和电能消耗。

① 燃油消耗量。燃油消耗量是指混合动力电动汽车经过规定的循环工况后，在电池储存的容量与运行前保持同一水平条件下所消耗的燃油量，单位为 L/100km。

② 纯电动续航里程。纯电动续航里程是指混合动力电动汽车在动力蓄电池完全充电状态下，以一定的行驶工况，能连续行驶的最大距离，单位为 km。

10.1.2.2 经济性的计算

汽车燃油经济性的计算根据发动机万有特性图（或电机效率图）与汽车功率平衡图得到。

10.2　车辆使用性能仿真

汽车的使用性能是指在一定的使用条件下，汽车以最高效率工作的能力，是决定汽车利用效率和方便性的结构特性表征。汽车使用性能的主要指标如表 10-1 所示。

表 10-1　汽车使用性能的主要指标

使用性能		指标和评价参数
容量		额定装载质量
		单位装载质量
		货厢单位有效容积
		货厢单位容积
		座位数和可站立人数
使用方便性	操纵方便性	每百公里平均操纵作业次数
		操作力
		驾驶员座椅可调程度
		照明、灯光、视野、信号完好
	出车迅速性	汽车起步暖车时间
	乘客上下车和货物装卸方便性	车门和踏板尺寸及位置
		货厢栏板可倾翻数
		有无随车装卸工具
	可靠性和耐久性	大修间隔里程
		主要总成的更换里程
		可靠度、故障率
		故障停车时间
	维修性	维修和修理工时
		每千公里维修费用
		对维修设备的要求
	防公害性	噪声级
		CO、HC、NO_x 排放量
		电波
燃料经济性		最低燃料消耗
		平均最低燃料消耗
速度性能		动力性
		平均技术速度
越野性、机动性		汽车最低离地间隙
		接近角
		离去角
		纵向通过半径
		前后轴荷分配

续表

使用性能			指标和评价参数
越野性、机动性			轮胎花纹及尺寸
			轮胎对地面单位压力
			前后轮辙重合度
			低速挡的动力性
			驱动轴数
			最小转弯半径
安全性	稳定性		纵向倾翻条件
			横向倾翻条件
	制动性		制动效能
			制动效能恒定性
			制动时方向稳定性
乘坐舒适性	平顺性		振动频率
			振动加速度及变化率
			振幅
	设备完备性		车身类型
			空气调节指标
			车内噪声指标
			座椅结构

10.3 关键单机/分系统性能试验

底盘关键分系统性能验证试验共七大项，包括智能动力系统性能测试试验、动力电池包性能测试试验、高压直流配电系统性能测试试验、轮边电驱动系统性能测试试验、机电混合制动系统性能测试试验、线控多轮转向系统性能测试试验、底盘关键分系统电磁兼容性能摸底测试试验，如表 10-2 所示。这里主要介绍动力电池试验和驱动电机系统试验。

表 10-2 底盘关键分系统性能验证试验

序号	试验名称	试验项目	试验内容	参试产品
1	智能动力系统性能测试试验	匹配标定试验	对智能动力系统发动机、发电机的工作点进行匹配优化试验	
		功率性能试验	测量智能动力单元额定功率、电压计转速,具体测试方法参考 GJB 204A	
		雨淋试验	将智能动力单元置于雨淋试验场地,进行密封性试验及运行试验,具体试验防范参考 GJB 1488	
		高原试验	在海拔 5000m 下,测量智能动力单元功率、电压及其他性能参数,测量柴油机排温、增压器转速、水温等参数	
		高温试验	在 45℃ 环境温度下,进行智能动力单元试验,测量输出功率和其他性能指标	

续表

序号	试验名称	试验项目	试验内容	参试产品
1	智能动力系统性能测试试验	低温试验	在 −40℃ 环境温度下,进行智能动力单元低温试验,试验方法参考 GJB 1488	
		振动噪声试验	测量智能动力单元额定工况、半载工况和空载工况下的振动及噪声,测试方法按 GJB 1488	
		制动测试	采用电机拖动发动机的方法对排气制动功率进行标定,标定出智能动力单元制动特性曲线	
2	动力电池包性能测试试验	室温放电容量	GB/T 31486	
		低温放电容量	GB/T 31486,试验温度按 −40℃、−35℃	
		高温放电容量	GB/T 31486	
		室温倍率放电容量		
		室温倍率充电容量		
		低温倍率放电性能	GB/T 31486,试验温度按 −40℃、−35℃	
		高温倍率放电性能	GB/T 31486	
		荷电保持与容量恢复能力		
		振动试验	参照新国标执行	
		防水防尘性能试验	GB/T 4208—2017	
		电池机械冲击试验	GB 38031—2020	
		电池外部火烧试验		
		湿热循环试验		
		电池过放电试验	GB 38031—2020	
		电池过充电试验		
		电池短路试验		
		电池加热试验		
		电池针刺试验		
3	高压直流配电系统性能测试试验	系统负载能力测试	测试高压直流配电系统的接触器、保险、铜板、预充电阻等部件的电流承受能力	高压线束
		系统防护等级测试	测试高压直流配电系统的 IP 等级,至少要满足 IP67 的防护要求	
		系统耐电压性测试	测试高压直流配电箱内部各高压零部件耐压等级、绝缘性能	
4	轮边电驱动系统性能测试试验	温升试验	包括驱动电机绕组电阻的测量、驱动电机绕组温升的计算、冷却介质温度的测定和驱动电机断能时刻绕组电阻的外推计算,具体方法参考 GB/T 18488.2—2015	轮边驱动电机
		输入输出特性试验	包括工作电压范围测定、转矩-转速特性及效率测定、持续转矩测定、持续功率测定、峰值转矩测定、峰值功率测定、堵转转矩测定、最高工作转速测定、高效工作区测定、最高效率测定、控制精度测定、响应时间测定、驱动电机控制器工作电流测定、馈电特性测定等,具体方法参考 GB/T 18488.2—2015	

续表

序号	试验名称	试验项目	试验内容	参试产品
4	轮边电驱动系统性能测试试验	安全性测试	主要包括控制器保护功能测试（参照 GB/T 3859.1—2013）、安全接地检查、驱动电机控制器支撑电容放电时间。	
		电机制动测试	依据《电动汽车用驱动电机系统》（GB/T 18488.2—2015)测试电机的馈电特性。	
		低温试验	在－40℃环境温度下，进行低温试验，试验方法参考 GB/T 18488	
		高温试验	在 45℃环境温度下进行试验，试验方法参考 GB/T 18488	
		耐振动试验	试验方法参考 GB/T 18488	
		防水防尘试验	试验方法参考 GB/T 18488	
5	机电混合制动系统性能测试试验	机械制动性能试验	ABS 及制动器性能测试	
		系统性能试验	测试系统的制动切换过程平顺性、安全性、稳定性及制动能量回收率等	
		混合制动系统控制试验	测试电机反拖制动和智能动力系统倒拖耗功的协调控制性能	
6	线控多轮转向系统性能测试试验	转向系统性能试验	测试转向系统静态输出特性、动态输出特性等基本性能	
		不同转向模式下的前后桥转向系统匹配特性试验	测试全轮转向、公路转向等不同转向模式下前后桥转向系统的转角、速度及输出力匹配特性	
		线控多轮转向系统故障模拟试验	测试典型故障模式下线控转向系统的措施有效性	
		悬架部件台架试验	测试悬架系统典型部件的刚度、阻尼等特性	
7	底盘关键分系统电磁兼容性能摸底测试试验	智能动力系统	参照标准《军用设备和分系统电磁和敏感度测量》(GJB 151B—2013)	
		电机及控制器		
		动力电池组		
		整车控制器		

10.3.1　动力电池试验

10.3.1.1　电池电性能试验与要求

（1）试验条件。

① 环境条件。除另有规定外，试验应在温度为 25℃±5℃、相对湿度为 15%～90%、大气压力为 86～106kPa 的环境中进行。规定室温为 25℃±2℃。

② 测量仪器、仪表准确度。测量仪器、仪表准确度应满足以下要求。

a. 电压测量装置：不低于 0.5 级。

b. 电流测量装置：不低于 0.5 级。

c. 温度测量装置：±0.5℃。

d. 时间测量装置：±0.1%。

e. 尺寸测量装置：±0.1%。

f. 质量测量装置：±0.1%。

（2）蓄电池模块充电方法。室温下，蓄电池模块先以 $1I_1$（A）（I_1 为 1 小时率放电电流）电流放电至任一单体蓄电池电压达到放电终止电压。搁置 1h（或企业提供的不大于 1h 的搁置时间），然后按企业提供的充电方法进行充电。

若企业未提供充电方法，则依据以下方法充电。

① 对于锂离子蓄电池，以 $1I_1$（A）电流恒流充电至企业技术条件中规定的充电终止电压时转恒压充电，至充电电流降至 $0.05I_1$（A）时停止充电，若充电过程中有单体蓄电池电压超过充电终止电压 0.1V 时则停止充电。充电后搁置 1h（或企业提供的不高于 1h 的搁置时间）。

② 对于金属氢化物镍蓄电池，以 $1I_1$（A）电流恒流充电 1h，然后再以 $0.2I_1$ 充电 1h，充电后静置 1h（或企业提供的不大于 1h 的静置时间）。

（3）室温放电容量试验。

① 试验步骤：

a. 蓄电池模块充电；

b. 室温下，蓄电池模块以 $1I_1$（A）电流放电至任一单体蓄电池电压达到放电终止电压；

c. 计量放电容量（以 A·h 计），计算放电比能量（以 W·h/kg 计）；

d. 重复步骤 a~c 5 次，当连续 3 次试验结果的极差小于额定容量的 3%，可提前结束试验，取最后 3 次试验结果平均值。

② 要求。蓄电池模块试验时，其放电容量应不低于额定容量，并且不超过额定容量的 110%，同时所有测试对象初始容量极差（所有样本的最大值和最小值之差）不大于初始容量平均值的 7%。

（4）低温放电容量试验。

① 试验步骤：

a. 蓄电池模块充电；

b. 蓄电池模块在 −37.5℃±2.5℃ 下搁置 24h；

c. 蓄电池模块在 −37.5℃±2.5℃ 下，以 $1I_1$（A）电流放电至任一单体蓄电池电压达到企业提供的放电终止电压（该电压值不低于室温放电终止电压的 80%）；

d. 计量放电容量（以 A·h 计）。

② 要求：

a. 锂离子蓄电池模块试验时，其放电容量应不低于初始容量的 70%；

b. 金属氢化物镍蓄电池模块试验时，其放电容量应不低于初始容量的 80%。

（5）高温放电容量试验。

① 试验步骤：

a. 蓄电池模块充电；

b. 蓄电池模块在 55℃±2℃ 下搁置 5h；

c. 蓄电池模块在 55℃±2℃ 下，以 $1I_1$（A）电流放电至任一单体蓄电池电压达到室温放电终止电压；

d. 计量放电容量（以 A·h 计）。

② 要求：蓄电池模块试验时，其放电容量应不低于初始容量的 90％。

（6）室温倍率放电容量试验。

① 试验步骤（按照厂家提供的电池类型分别进行试验）。

能量型蓄电池模块试验步骤：

a. 蓄电池模块充电；

b. 室温下，蓄电池模块以 $3I_1$（A）（最大电流不超过 400A）电流放电，直至任意一个单体电压达到放电终止电压；

c. 计量放电容量（以 A·h 计）。

功率型蓄电池模块试验步骤：

a. 蓄电池模块充电；

b. 室温下，蓄电池模块以 $8I_1$（A）（最大电流不超过 400A）电流放电，直至任意一个单体电压达到放电终止电压；

c. 计量放电容量（以 A·h 计）。

② 要求：

a. 高能量蓄电池 [室温下，最大允许持续输出电功率（W）和 1C 倍率放电能量（W·h）的比值低于 10 的蓄电池] 模块试验时，其放电容量应不低于初始容量的 90％；

b. 高功率蓄电池 [室温下，最大允许持续输出电功率（W）和 1C 倍率放电能量（W·h）的比值不低于 10 的蓄电池] 模块试验时，其放电容量应不低于初始容量的 80％。

（7）室温倍率充电容量试验。

① 试验步骤：

a. 室温下，蓄电池模块以 $1I_1$（A）电流放电至任一单体蓄电池电压达到放电终止电压，静置 1h；

b. 室温下，蓄电池模块以 $2I_1$（A）（最大电流不超过 400A）电流充电，直至任意一个单体电压达到充电终止电压，或达到企业规定的充电终止条件，并且总充电时间不超过 30min，静置 1h；

c. 室温下，蓄电池模块以 $1I_1$（A）电流放电至任一单体蓄电池电压达到放电终止电压；

d. 计量放电容量（以 A·h 计）。

② 要求：蓄电池模块试验时，其放电容量应不低于初始容量的 80％。

（8）荷电保持与容量恢复能力试验。

① 试验步骤。

室温荷电保持与容量恢复能力试验按照如下步骤进行：

a. 蓄电池模块充电；

b. 蓄电池模块在室温下储存 28d；

c. 室温下，蓄电池模块以 $1I_1$（A）电流放电至任一单体蓄电池电压达到放电终止电压；

d. 计量荷电保持容量（以 A·h 计）；

e. 蓄电池模块再充电；

f. 室温下，蓄电池模块以 $1I_1$（A）电流放电至任一单体蓄电池电压达到放电终止电压；

g. 计量恢复容量（以 A·h 计）。

高温荷电保持与容量恢复能力试验按照如下步骤进行：

a. 蓄电池模块充电；

b. 蓄电池模块在 55℃±2℃下储存 7d；

c. 蓄电池模块在室温下搁置 5h 后，以 $1I_1$（A）电流放电至任一单体蓄电池电压达到放电终止电压；

d. 计量荷电保持容量（以 A·h 计）；

e. 蓄电池模块再充电；

f. 室温下，蓄电池模块以 $1I_1$（A）电流放电至任一单体蓄电池电压达到放电终止电压；

g. 计量恢复容量（以 A·h 计）。

② 要求：

a. 锂离子蓄电池模块试验时，其室温及高温荷电保持率应不低于初始容量的 85％，容量恢复应不低于初始容量的 90％；

b. 金属氢化物镍蓄电池模块试验时，其室温荷电保持率应不低于初始容量的 85％，高温荷电保持率应不低于初始容量的 70％，容量恢复应不低于初始容量的 95％。

（9）耐振动试验。

① 试验步骤。

a. 蓄电池模块充电。

b. 将蓄电池模块紧固到振动试验台上，按下述条件进行线性扫频振动试验：放电电流，$1/3I_1$（A）；振动方向，上下单振动；振动频率，10～55Hz；最大加速度，30m/s²；扫频循环，10 次；振动时间，3h。

c. 振动试验过程中，观察有无异常现象出现。

② 要求：蓄电池模块试验时，不允许出现放电电流锐变、电压异常、蓄电池壳变形、电解液溢出等异常现象，并保持连接可靠、结构完好。

10.3.1.2　电池安全试验与要求

（1）试验条件。

① 一般条件。

a. 除另有规定外，试验环境温度为 22℃±5℃，相对湿度为 10％～90％，大气压力为 86～106kPa。

b. 对于由车体包覆并构成电池包箱体的电池包或系统，可带箱体或车体测试。

c. 电池包或系统试验交付需要包括必要的操作文件，以及和测试设备相连所需的接口部件，如连接器、插头、冷却系统接口。制造商需要提供电池包或系统的安全工作限值。

d. 电池包或系统在所有测试前和部分试验后需进行绝缘电阻测试。测试位置为：两个端子和电平台之间。要求测得的绝缘电阻值除以电池包或系统的最大工作电压不小于 100Ω/V。

e. 如果电池包或系统由于某些原因（如尺寸或质量）不适合进行某些测试，那么制造商与检测机构协商一致后可以用电池包或系统的子系统代替作为试验对象，进行全部或部分测试，但是作为试验对象的子系统应包含和整车要求相关的所有部分（如连接部件或保护部件等）。

f. 调整 SOC 至试验目标值 n％的方法：按制造商提供的充电方式将电池包或系统充满电，静置 1h，以 $1I_3$ 恒流放电，放电时间为 T，T 按照式(10-3)计算得到，或者采用制造商提供的方法调整 SOC。每次 SOC 调整后，在新的测试开始前试验对象应静置 30min。

$$T = \frac{100 - n}{100} \times 3 \qquad (10\text{-}3)$$

式中，T 为放电时间，h；n 为试验目标值的比值，%。

g. 测试过程中的充放电倍率大小、充放电方法和充放电截止条件由制造商提供。

h. 电池单体、电池包或系统的额定容量应符合制造商提供的产品技术条件。

② 测量仪器、仪表准确度。测量仪器、仪表准确度应不低于以下要求。

a. 电压测量装置：±0.5%FS。

b. 电流测量装置：±0.5%FS。

c. 温度测量装置：±0.5℃。

d. 时间测量装置：±0.1%FS。

e. 尺寸测量装置：±0.1%FS。

f. 质量测量装置：±0.1%FS。

③ 测试过程误差。控制值（实际值）与目标值之间的误差要求如下。

a. 电压：±1%。

b. 电流：±1%。

c. 温度：±2℃。

④ 数据记录与记录间隔。除在某些具体测试项目中另有说明外，否则测试数据（如时间、温度、电流和电压等）的记录间隔应不大于100s。

（2）机械冲击试验。

① 实验步骤：

a. 对试验对象施加表10-3规定的半正弦冲击波，±z 方向各6次，共计12次；

表10-3　机械冲击测试参数

测试程序	参数要求	测试程序	参数要求
冲击波形	半正弦波	脉冲时间/ms	6
测试方向	±z	冲击次数	正负方向各6次
加速度值	7g		

b. 半正弦冲击波最大、最小容差允许范围如表10-4和图10-1所示；

表10-4　机械冲击脉冲容差范围

点	脉冲/ms	±z 方向加速度值	点	脉冲/ms	±z 方向加速度值
A	1.00	0.00g	E	0.00	2.68g
B	2.94	5.95g	F	2.00	8.05g
C	3.06	5.95g	G	4.00	8.05g
D	5.00	0.00g	H	7.00	0.00g

c. 相邻两次冲击的间隔时间以两次冲击在试验样品上造成的响应不发生相互影响为准，一般应不小于5倍冲击脉冲持续时间；

d. 完成以上试验步骤后，在试验环境温度下观察2h。

② 要求：电池包或系统进行机械冲击试验，应无泄漏、外壳破裂、起火或爆炸现象。试验后的绝缘电阻应不小于100Ω/V。

（3）外部火烧试验。

① 试验环境温度在 0℃ 以上，风速不大于 2.5km/h。

② 测试中，盛放汽油的平盘尺寸超过试验对象水平投影尺寸 20cm，不超过 50cm。平盘高度不高于汽油表面 8cm。试验对象应居中放置。汽油液面与试验对象底部的距离设定为 50cm，或者为车辆空载状态下试验对象底面的离地高度。平盘底层注入水。外部火烧示意如图 10-2 所示。

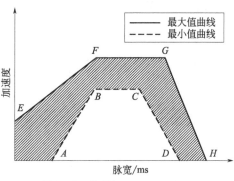

图 10-1　脉冲容差范围示意图

③ 外部火烧试验分为以下 4 个阶段。

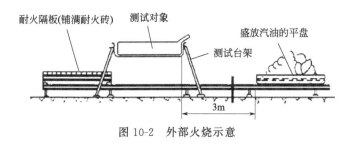

图 10-2　外部火烧示意

a. 预热。在离试验对象至少 3m 远的地方点燃汽油，经过 60s 的预热后，将油盘置于试验对象下方。如果油盘尺寸太大无法移动，可以采用移动试验对象和支架的方式。

b. 直接燃烧。试验对象直接暴露在火焰下 70s。

c. 间接燃烧。将耐火隔板盖在油盘上。试验对象在该状态下测试 60s。或经双方协商同意，继续直接暴露在火焰中 60s。耐火隔板由标准耐火砖拼成，也可以用耐火材料制作。

d. 离开火源。将油盘或者试验对象移开，在试验环境温度下观察 2h 或试验对象外表温度降至 45℃ 以下。

④ 要求。电池包或系统进行外部火烧试验，应不爆炸。

（4）湿热循环试验。

① 按照 GB/T 2423.4 执行试验 Db，温湿度循环如图 10-3 所示。其中最高温度是 60℃ 或更高温度（如果制造商要求），循环 5 次。

② 完成以上试验步骤后，在试验环境温度下观察 2h。

③ 要求。电池包或系统进行湿热循环试验，应无泄漏、外壳破裂、起火或爆炸现象。试验后 30min 之内的绝缘电阻应不小于 100Ω/V。

（5）过放电保护试验。

① 试验条件：

a. 试验应在 20℃±10℃ 的环境温度或更高温度（如果电池系统制造商要求）下进行；

b. 按照电池系统制造商推荐的正常操作（如使用外部充放电设备），调整试验对象的 SOC 到较低水平，但应在正常的工作范围内，只要试验对象能够正常运行，可不需要精确调整；

c. 在试验开始时，影响试验对象功能并与试验结果相关的所有保护设备都应处于正常运行状态，用于放电的所有相关的主要接触器都应闭合（如电池系统回路中包含相关继电器）。

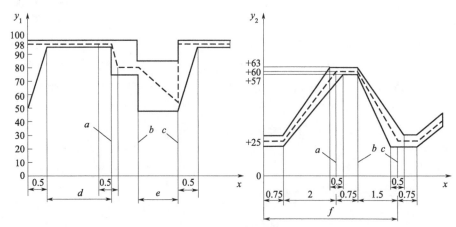

图 10-3　温湿度循环

y_1—相对湿度（%）；y_2—温度（℃）；x—时间；a—升温结束；b—降温开始；c—推荐温湿度值；

d—冷凝；e—干燥；f—一个循环周期

② 放电过程：

a. 外部放电设备应连接到试验对象的主端子；

b. 应与电池系统制造商协商，在规定的正常工作范围内以稳定的电流进行放电。

③ 放电应持续进行，直至符合以下任一条件时，结束试验：

a. 试验对象自动终止放电电流；

b. 试验对象发出终止放电电流的信号；

c. 当试验对象的自动中断功能未起作用时，则应继续放电，使得试验对象放电到其额定电压的 25% 为止；

d. 试验对象的温度稳定，温度变化在 2h 内小于 4℃。

④ 完成以上试验步骤后，在试验环境温度下观察 1h。

⑤ 要求：电池包或系统进行过放电保护试验，应无泄漏、外壳破裂、起火或爆炸现象；试验后的绝缘电阻应不小于 100Ω/V。

（6）过充电保护试验

① 为保护试验操作人员和实验室安全，制造商应提供试验上限参数作为异常终止条件。

② 试验条件：

a. 试验应在 20℃±10℃ 的环境温度或更高温度（如果电池系统制造商要求）下进行；

b. 按照电池系统制造商推荐的正常操作（如使用外部充放电设备），调整试验对象的 SOC 到正常工作范围的中间部分，只要试验对象能够正常运行，可不需要精确调整；

c. 在试验开始时，影响试验对象功能并与试验结果相关的所有保护设备都应处于正常运行状态。用于充电的所有相关的主要接触器都应闭合（如电池系统回路中包含相关继电器）。

③ 充电过程：

a. 外部充电设备应连接到试验对象的主端子，外部充电设备的充电控制限制应禁用；

b. 试验对象应由外部充电设备在电池系统制造商许可的用时最短的充电策略下进行充电。

④ 充电应持续进行，直至符合以下任一条件时，结束试验：

a. 试验对象自动终止充电电流；

b. 试验对象发出终止充电电流的信号；

c. 当试验对象的过充电保护控制未起作用时，继续充电，使得试验对象温度超过电池系统制造商定义的最高工作温度再加 10℃ 的温度值；

d. 当充电电流未终止且试验对象温度低于最高工作温度再加 10℃ 的温度值时，充电应持续 12h。

⑤ 完成以上试验步骤后，在试验环境温度下观察 1h。

⑥ 要求：电池包或系统进行过充电保护试验，应无泄漏、外壳破裂、起火或爆炸现象，且不触发异常终止条件；试验后的绝缘电阻应不小于 100Ω/V。

（7）外部短路保护试验。

① 试验条件：

a. 试验应在 20℃±10℃ 的环境温度或更高温度（如果电池系统制造商要求）下进行；

b. 在试验开始时，影响试验对象功能并与试验结果相关的所有保护设备都应处于正常运行状态。

② 外部短路过程：

a. 在开始试验时，用于充电和放电的相关主要接触器都应闭合（如电池系统回路中包含相关继电器），来表示可行车模式以及允许外部充电的模式，如果不能在单次试验中完成，则应进行两次或更多次试验；

b. 将试验对象的正极端子和负极端子相互连接，短路电阻不超过 5mΩ。

③ 保持短路状态，直至符合以下任一条件时，结束试验：

a. 试验对象的保护功能起作用，并终止短路电流；

b. 试验对象外壳温度稳定（温度变化在 2h 内小于 4℃）后，继续短路至少 1h。

④ 完成以上试验步骤后，在试验环境温度下观察 1h。

⑤ 要求：电池包或系统进行外部短路保护试验，应无泄漏、外壳破裂、起火或爆炸现象；试验后的绝缘电阻应不小于 100Ω/V。

（8）过温保护试验。

① 为保护试验操作人员和实验室安全，制造商应提供试验上限参数作为异常终止条件。

② 在试验开始时，影响试验对象功能并与试验结果相关的所有保护设备都应处于正常运行状态，冷却系统除外。

③ 试验对象应由外部充放电设备进行连续充电和放电，使电流在电池系统制造商规定的正常工作范围内尽可能快地升高电池的温度，直到试验结束。

④ 室内或温度箱的温度应从 20℃±10℃ 或更高的温度（如果电池系统制造商要求）开始逐渐升高，直到达到根据 a 或 b（如适用）确定的温度，然后保持在等于或高于此温度，直到试验结束：

a. 当电池系统具有内部过热保护措施时，应提高到电池系统制造商定义为这种保护措施的工作温度阈值，以确保试验对象的温度将按规定升高；

b. 如果电池系统没有配备任何具体的内部过热防护措施，那么应将温度升高到电池系统制造商规定的最高工作温度。

⑤ 当符合以下任一条件时，结束试验：

a. 试验对象自动终止或限制充电或放电；

b. 试验对象发出终止或限制充电或放电的信号；

c. 试验对象的温度稳定，温度变化在 2h 内小于 4℃。

⑥ 完成以上试验步骤后，在试验环境温度下观察 1h。

⑦ 要求。电池包或系统进行过温保护试验，应无泄漏、外壳破裂、起火或爆炸现象，且不触发异常终止条件。试验后的绝缘电阻应不小于 100Ω/V。

（9）过流保护试验

① 为保护试验操作人员和实验室安全，制造商应提供试验上限参数作为异常终止条件。

② 试验条件：

a. 试验应在 20℃±10℃ 的环境温度下进行；

b. 按照电池系统制造商推荐的正常操作（如使用外部充放电设备），调整试验对象的 SOC 到正常工作范围的中间部分，只要电池系统能够正常运行，可不需要精确调整；

c. 与电池系统制造商协商确定可以施加的过电流（假设外部直流供电设备的故障）和最大电压（在正常范围内）。

③ 按照电池系统制造商的资料进行过电流试验：

a. 连接外部直流供电设备，改变或禁用充电控制通信，以允许通过与电池系统制造商协商确定的过电流水平；

b. 启动外部直流供电设备，对电池系统进行充电，以达到电池系统制造商规定的最高正常充电电流。然后，将电流在 5s 内从最高正常充电电流增加到过电流水平，并继续进行充电。

④ 当符合以下任一条件时，结束试验：

a. 试验对象自动终止充电电流；

b. 试验对象发出终止充电电流的信号；

c. 试验对象的温度稳定，温度变化在 2h 内小于 4℃。

⑤ 完成以上试验步骤后，在试验环境温度下观察 1h。

⑥ 要求：电池包或系统进行过流保护试验，应无泄漏、外壳破裂、起火或爆炸现象，且不触发异常终止条件；试验后的绝缘电阻应不小于 100Ω/V。

10.3.2 驱动电机系统试验

10.3.2.1 试验条件

（1）环境条件。如无特殊规定，所有试验都应在下列环境条件下进行。

① 温度：18～28℃。

② 相对湿度：45%～75%。

③ 气压：86～106kPa。

④ 海拔：不超过 1000m，若超过 1000m，应按 GB/T 755—2019 的有关规定。

（2）试验仪器选择。

① 仪器准确度。仪器的准确度或误差应不低于表 10-5 的要求，并满足实际测量参数的精度要求，尤其对于电气参数测量的仪器仪表，应能够满足相应的直流参数和交流参数测量的精度及波形要求。

表 10-5　试验仪器准确度

序号	试验仪器	准确度误差	序号	试验仪器	准确度误差
1	电气测量仪器	0.5 级（兆欧表除外）	4	转矩测量仪	0.5 级
2	分流器或电流传感器	0.2 级	5	温度计	±1℃
3	转速测量仪	±2r/min	6	微欧计	0.2 级

② 测量要求。

a. 若用分流器测量电流，测量线的电阻应按所用测量仪器选配。

b. 测量时，各仪器的读数应同时读取。

（3）试验电源。

① 试验过程中，试验电源由动力直流电源提供，或者由动力直流电源和其他储能（耗能）设备联合提供；试验电源的工作直流电压不大于 250V 时，其稳压误差应不超过±2.5V；试验电源的工作直流电压大于 250V 时，其稳压误差应不超过被试驱动电机系统直流工作电压的±1%。

② 试验电源能够满足被试驱动电机系统的功率要求，并能够工作于相应的工作电压状态。

（4）布线。

① 试验中布线的规格应与车辆中的实际布线一致，布线长度宜与车辆中的实际布线相同。

② 如果试验中的布线对测量结果产生实质性影响，则应调整相应的外线路阻抗，使之与车辆中布线的阻抗尽可能相等。

（5）冷却装置。驱动电机和驱动电机控制器的冷却条件宜模拟其在车辆中的实际使用条件，驱动电机和驱动电机控制器冷却装置的型号、冷却液的种类，流量和温度应记录于试验报告中。

（6）信号屏蔽。为确保驱动电机系统能够正常试验，必要时，制造商应对关联信号进行模拟或者通过其他方法进行屏蔽。

10.3.2.2　温升试验

（1）驱动电机绕组电阻的测量。

① 电机绕组的温升宜用电阻法测量。此方法依据试验期间驱动电机绕组的直流电阻随着温度的变化而相应变化的增量来确定绕组的温升。

② 试验前，测量驱动电机某一绕组的实际冷态直流电阻（或者试验开始时的绕组直流电阻），如果各相绕组在电机内部连接，那么可以测量某两个出线端之间的直流电阻，并记录绕组温度。

③ 试验时，使驱动电机系统在一定的工作状态下运行，电机断能后立即停机，尽量降低停机过程对驱动电机绕组温度变化的影响。在断能时刻开始记录时间，并记录冷却介质温度。尽快测量驱动电机绕组的电阻随时间的变化情况，绕组电阻的测量点与试验前的绕组电阻测量点相同。第一个记录时间点应不超过断能时刻 30s，从第一个记录点开始，最长每隔 30s 记录一次数据，直至绕组电阻变化平缓为止，记录时间总长度宜不低于 5min。

（2）驱动电机绕组温升计算。

① 对于驱动电机绕组是铜绕组的情况，电机断能瞬间的温升由式（10-4）计算获得

$$\Delta\theta = \frac{R_0 - R_C}{R_C}(235 + \theta_C) + \theta_C - \theta_0 \tag{10-4}$$

式中，$\Delta\theta$ 为驱动电机绕组温升，K；R_0 为驱动电机断能时刻的绕组电阻，mΩ；R_C 为驱动电机开始试验前的实际冷态直流电阻，mΩ；θ_0 为驱动电机断能时刻冷却介质的温度，℃；θ_C 为对应实际冷态电阻测定时刻的绕组温度，℃。

② 对于驱动电机绕组是铜以外的其他材料，应采用该材料在0℃时的电阻温度系数的倒数来代替式(10-4)中的数值235，对于铝质绕组，除另有规定外，应采用225。

(3) 冷却介质温度的测定。

① 对采用周围环境空气或气体冷却的驱动电机（开启式电机或无冷却器的封闭式电机），环境空气或气体的温度应采用不少于4个测温计测量，测温计应分布在驱动电机周围不同的地点，测点距离驱动电机1~2m，测点高度位于驱动电机高度1/2位置，并防止一切辐射和气流的影响。多个测温计读数的平均值作为当前温度。

② 采用强迫通风或具有闭路循环风冷系统的驱动电机，应在驱动电机进风口处测量冷却介质温度。

③ 采用液体冷却的驱动电机，应取冷却液进口处作为绕组冷却介质的温度。试验结束时的冷却介质温度，应取断能时刻的冷却介质温度。

(4) 驱动电机断能时刻绕组电阻的外推计算方法。

① 利用测量得到的驱动电机断能后绕组电阻随时间的变化数据，绘制电阻与时间关系曲线，绘制曲线时，推荐采用半对数坐标，电阻标在对数坐标上，并在坐标图中将此曲线外推至驱动电机断能时刻，所获得的电阻即为驱动电机断能时刻的电阻。

② 如果驱动电机停止转动后测得的电阻连续上升，则应以测得电阻的最高值作为断能时刻的电阻。

③ 通过外推法获得驱动电机断能时刻的电阻值，利用式(10-4)获得驱动电机断能时刻的绕组温升。

④ 如果驱动电机断能后第一次测量得到绕组电阻读数的时间超过断能时刻30s，则本部分规定的方法只有在制造商与用户取得协议后才能采用。

10.3.2.3 输入输出特性试验

(1) 工作电压范围。

① 台架试验时，将驱动电机系统的直流母线电压分别设定在最高工作电压处和最低工作电压处，在不同工作电压下，测试在不同工作转速下的最大工作转矩，记录稳定的转速和转矩数值。

② 在驱动电机系统转速范围内的测量点数不少于10个，绘制转速-转矩特性曲线，检查转矩输出是否能符合产品技术文件的规定。

(2) 转矩-转速特性及效率。

① 测试点的选取。

a. 转速测试点的选取。试验时，在驱动电机系统工作转速范围内一般取不少于10个转速点，最低转速点宜不大于最高工作转速的10%，相邻转速点之间的间隔不大于最高工作转速的10%。测试点选择时应包含必要的特征点，如额定工作转速点；最高工作转速点；持续功率对应的最低工作转速点；其他特殊定义的工作点等。

b. 转矩测试点的选取。在驱动电机系统电动或馈电状态下，在每个转速点上一般取不少于 10 个转矩点，对于高速工作状态，在每个转速点上选取的转矩点数可以适当减少，但不宜低于 5 个。测试点选择时应包含必要的特征点，如持续转矩数值处的点；峰值转矩（或最大转矩）数值处的点；持续功率曲线上的点；峰值功率（或最大功率）曲线上的点；其他特殊定义的工作点等。

② 测量参数的选择。试验时，根据试验目的，在相关的测试点处可以全部或者部分选择测量下列数据：

a. 驱动电机控制器直流母线电压和电流；

b. 驱动电机的电压、电流、频率及电功率；

c. 驱动电机的转矩、转速及机械功率；

d. 驱动电机、驱动电机控制器或驱动电机系统的效率；

e. 驱动电机电枢绕组的电阻和温度；

f. 冷却介质的流量和温度；

g. 其他特殊定义的测量参数等。

③ 试验方法。

a. 测量仪表应具有足够的准确度。

b. 非特殊说明，宜使用测功机或具备测功机功能的设备作为负载，被试驱动电机系统应处于热工作状态，驱动电机控制器的直流母线工作电压为额定电压。

c. 试验时，可以根据试验目的设置试验条件，驱动电机系统可以在实际冷状态或者热状态条件下试验，驱动电机控制器的直流母线电压可以设置在最高工作电压、最低工作电压、额定工作电压或其他工作电压处，试验的转速和转矩可以是一个工作点，也可以是一条特性曲线或者全部工作区，必要时，需要在试验报告中记录相应的试验条件。

d. 试验时，驱动电机控制器输入或输出功率可以通过测量驱动电机控制器输入或输出的电压和电流计算获得，测量时，电压和电流的测量点应在驱动电机控制器靠近接线端子处。控制器输入功率和输出功率也可以使用功率表直接测量获得。

e. 一般情况下，驱动电机控制器和驱动电机之间的电力传输线缆不会对测量结果产生明显影响，如果线缆的长度或阻抗严重影响到被试系统的工作特性，则需要调整线缆，或者对测量结果予以修正，以避开或减少影响。

f. 试验过程中，为保证测量的精度，驱动电机的工作转矩和转速宜直接在驱动电机轴端测量，此时，驱动电机轴端和转矩转速测量设备之间应是刚性连接；如果可以忽略联轴装置的传动效率和中间的风磨损耗，也可以在驱动电机轴端与转矩转速测量设备之间放置联轴环节，此时，转速转矩测量设备的读数即为驱动电机轴端的输出值。

g. 对于需要考虑到联轴装置的传动效率和试验过程中的风摩损耗的情况，对试验结果进行修正。

h. 试验过程中，应防止被试驱动电机系统过热而影响测量的准确性，必要时，转矩-转速特性曲线可以分段测量。

④ 效率的测量。

a. 驱动电机控制器效率。驱动电机控制器效率分为驱动电机系统电动状态时控制器的效率和驱动电机系统馈电状态时控制器的效率，其值应根据驱动电机控制器输入功率和输出功率的比值计算确定。

驱动电机控制器效率按式(10-5)计算。

$$\eta_c = \frac{P_{co}}{P_{ci}} \times 100\% \tag{10-5}$$

式中，η_c 为驱动电机控制器效率，%；P_{co} 为驱动电机控制器输出功率，kW；P_{ci} 为驱动电机控制器输入功率，kW。

b. 驱动电机效率。驱动电机效率分为驱动电机系统电动状态时的效率和驱动电机系统馈电状态时的效率，其值应根据驱动电机输入功率和输出功率的比值确定。

驱动电机效率按式(10-6) 计算。

$$\eta_m = \frac{P_{mo}}{P_{mi}} \times 100\% \tag{10-6}$$

式中，η_m 为驱动电机效率，%；P_{mo} 为驱动电机输出功率，kW；P_{mi} 为驱动电机输入功率，kW。

c. 驱动电机系统效率。将驱动电机系统一并在试验台架上进行试验，根据驱动电机系统输入或输出参数的测量和计算获得驱动电机系统的效率。

驱动电机系统处于电动工作状态时，输入功率为驱动电机控制器直流母线输入的电功率，输出功率为驱动电机轴端的机械功率，驱动电机系统电动工作状态下的效率按式(10-7)求取。

$$\eta = \frac{Tn}{9.55UI} \times 100\% \tag{10-7}$$

式中，η 为驱动电机系统的效率，%；n 为驱动电机转速，r/min；T 为驱动电机轴端转矩，N·m；U 为驱动电机控制器直流母线电压平均值，V；I 为驱动电机控制器直流母线电流平均值，A。

驱动电机系统处于馈电工作状态时，输入功率为驱动电机轴端的机械功率，输出功率为驱动电机控制器直流母线输出的电功率，驱动电机系统馈电工作状态下的效率按式(10-8)求取。

$$\eta = \frac{9.55UI}{Tn} \times 100\% \tag{10-8}$$

⑤ 关键特征参数的测量。

a. 持续转矩。除非特殊说明，试验过程中，驱动电机控制器直流母线电压设定为额定电压，驱动电机系统可以工作于电动或馈电状态。

试验时，使驱动电机系统工作于 GB/T 18488.1—2015 中 5.4.3 规定的转矩和转速条件下从事试验和测量，驱动电机系统应能够长时间正常工作，并且不超过驱动电机的绝缘等级和规定的温升限值。

b. 持续功率。按照获得的持续转矩和相应的工作转速，利用式(10-9) 即可计算获得驱动电机在相应工作点的持续功率。

$$P_m = \frac{Tn}{9550} \tag{10-9}$$

式中，P_m 为驱动电机轴端的持续功率，kW。

c. 峰值转矩。可以在驱动电机系统实际冷态下进行峰值转矩试验。除非特殊说明，试验过程中，驱动电机控制器直流母线电压设定为额定电压，驱动电机系统可以工作于电动或馈电状态。

试验时，使驱动电机系统工作于 GB/T 18488.1—2015 中 5.4.5 规定的峰值转矩、转速和持续时间等条件下从事试验和测量，同时记录试验持续时间。驱动电机系统应能够正常工作，并且不超过驱动电机的绝缘等级和规定的温升限值。

如果需要多次从事峰值转矩的测量，宜将驱动电机恢复到实际冷态时，再进行第二次试验测量。

如果用户或制造商同意，可以在不降低试验强度的情况下，允许驱动电机没有恢复到冷态时开始第二次试验测量。如果这样调整后，试验测量得到的温升值和温度值较大，或者超过了相关的限值要求，则不应做这样的调整，以确保试验结果的准确性。

峰值转矩试验持续时间可以按照用户或制造商的要求进行，建议制造商提供驱动电机系统能够持续 1min 或 30s 工作时的峰值转矩作为参考，并进行试验测量。

作为峰值转矩的一种特殊情况，可以试验驱动电机系统在每个转速工作点的最大转矩，试验过程中，在最大转矩处的试验持续时间可以很短，一般情况下远低于 30s。根据试验数据，绘制驱动电机系统转速-最大转矩曲线。

d. 峰值功率。按照获得的峰值转矩和相应的工作转速，利用式(10-9) 即可计算获得驱动电机系统在相应工作点的峰值功率，峰值功率应与试验持续时间相对应。

e. 堵转转矩。除非特殊说明，试验过程中，驱动电机控制器直流母线电压设定为额定电压。

试验时，应将驱动电机转子堵住，驱动电机系统工作于实际冷状态下，通过驱动电机控制器为驱动电机施加所需的堵转转矩，记录堵转转矩和堵转时间。

改变驱动电机定子和转子的相对位置，沿圆周方向等分取 5 个堵转点，分别重复以上试验，每次重复试验前，宜将驱动电机恢复到实际冷状态。每次堵转试验的堵转时间都应相同。

取 5 次测量结果中堵转转矩的最小值作为该驱动电机系统的堵转转矩。

f. 最高工作转速。试验过程中，驱动电机控制器直流母线电压设定为额定电压，驱动电机系统宜处于热工作状态。

试验时，匀速调节试验台架，使驱动电机的转速升至最高工作转速，并施加不低于产品技术文件规定的负载，驱动电机系统工作稳定后，在此状态下的持续工作时间应不少于 3min。

进行试验测量，每 30s 记录一次驱动电机的输出转速和转矩。必要时对转矩试验结果予以修正。

g. 高效工作区。在驱动电机系统转速转矩的工作范围内，选择试验测试点，测试点应分布均匀，并且数量不宜低于 100 个。

被试驱动电机系统应达到热工作状态，驱动电机控制器的直流母线工作电压为额定电压，驱动电机系统可以工作于电动或馈电状态。

在不同的转速和不同的转矩点进行试验，根据需要记录驱动电机轴端的转速和转矩，以及驱动电机控制器直流母线电压和电流、交流电压和电流等参数，必要时对转矩予以修正。计算各个试验点的效率。

按照 GB/T 18488.1—2015 中 5.4.9.2 对高效工作区的要求，统计符合条件的测试点数量，其值和总的试验测试点数量的比值，即为高效工作区的比例。

鼓励通过对试验和计算数据拟合等方式获得驱动电机、驱动电机控制器或驱动电机系统的高效工作区。

h. 最高效率。可以按照以下两种方式之一选择测试点：按照制造商或产品技术文件提供的最高效率工作点进行测试；结合高效工作区试验进行，选择所有测试点中效率最高值即视为最高效率。

被试驱动电机系统应达到热工作状态，驱动电机控制器的直流母线工作电压为额定电压，驱动电机系统可以工作于电动或馈电状态。

驱动电机系统工作于试验测试点，记录转速、转矩和电压、电流以及冷却条件等参数，必要时对相关数据进行修正。计算试验点的效率。

（3）控制精度。

① 转速控制精度。

a. 试验时，驱动电机控制器直流母线电压宜设定为额定电压，驱动电机系统宜处于空载、热态、电动工作状态。

b. 对具有转速控制功能的驱动电机系统，在10%～90%最高工作转速范围内，均匀取10个不同的转速点作为目标值。按照某一转速目标值设定驱动电机控制器或上位机软件，驱动电机由静止状态直接旋转加速，并至转速稳定状态，此过程中不应对驱动电机控制器或上位机软件做任何调整，记录驱动电机稳定后的实际转速，并计算实际转速与目标转速的差值，或者实际转速与目标转速的偏差占目标转速值的比例（%），此值即为这一转速目标值对应的转速控制精度。

c. 对每一个转速目标值均进行以上试验，选取转速控制精度中的误差最大值，作为驱动电机系统的转速控制精度。

d. 对于无转速控制功能的驱动电机系统，不进行该项试验。

② 转矩控制精度。

a. 试验时，驱动电机控制器直流母线电压宜设定为额定电压，驱动电机系统宜处于热态、电动工作状态。

b. 对具有转矩控制功能的驱动电机系统，在设定转速条件下的10%～90%峰值转矩范围内，均匀取10个不同的转矩点作为目标值。按照某一转矩目标值设定驱动电机控制器或上位机软件，驱动电机输出由零转矩直接工作至转矩和转速稳定状态，此过程中不应对驱动电机控制器或上位机软件做任何调整，记录驱动电机系统的实际转矩值，并计算实际转矩值与目标转矩的差值，或者实际转矩与目标转矩的偏差占目标转矩值的比例（%），此值即为在特定转速条件下，这一转矩目标值对应的转矩控制精度。

c. 对每一个转矩目标值均进行以上试验，选取转矩控制精度中的误差最大值，即为特定转速条件下驱动电机系统的转矩控制精度。

d. 加载过程中，驱动电机的工作转速会发生变化，其设定转速可以由测功机设定并控制。

e. 对于无转矩控制功能的驱动电机系统，不进行该项试验。

（4）响应时间。

① 转速响应时间。

a. 试验时，驱动电机控制器直流母线电压宜设定为额定电压，驱动电机系统宜处于空载、热态、电动工作状态。

b. 对具有转速控制功能的驱动电机系统，按照转速期望值设定驱动电机控制器或上位机软件，驱动电机由静止状态直接旋转加速，此过程中不应对驱动电机控制器或上位机软件做任何调整，记录驱动电机控制器从接收到转速期望指令信息开始至第一次达到规定容差范围的期望值所经过的时间。

c. 试验时，应改变驱动电机定子和转子的相对起始位置，沿圆周方向等分取 5 个点，在同一转速期望值条件下分别重复以上试验，取 5 次测量结果中记录时间的最大值作为驱动电机系统对该转速期望值的转速响应时间。

d. 对于无转速控制功能的驱动电机系统，不进行该项试验。

② 转矩响应时间。

a. 试验时，驱动电机控制器直流母线电压宜设定为额定电压，驱动电机系统宜处于堵转、热态、电动工作状态。

b. 对具有转矩控制功能的驱动电机系统，在堵转状态下，按照转矩期望值设定驱动电机控制器或上位机软件，对电机进行转矩控制，使驱动电机输出转矩从零快速增大，此过程中不应对驱动电机控制器或上位机软件做任何调整，记录驱动电机控制器从接收到转矩期望指令信息开始至第一次达到规定容差范围的期望值所经过的时间。

c. 试验时，应改变驱动电机定子和转子的相对起始位置，沿圆周方向等分取 5 个点，在同一转矩期望值条件下分别重复以上试验，取 5 次测量结果中记录时间的最大值作为该驱动电机系统对该转矩期望值的转矩响应时间。

d. 对于无转矩控制功能的驱动电机系统，不进行该项试验。

（5）驱动电机控制器工作电流。

① 试验方法。

a. 驱动电机控制器与对应的驱动电机连接后一并进行台架试验，组成的驱动电机系统可以工作于电动或馈电状态。

b. 试验时，按照制造商或者产品技术文件的规定设置台架试验条件，如驱动电机控制器直流母线电压，驱动电机工作转速和转矩、试验持续时间等，驱动电机系统应能够在规定的试验时间内正常稳定工作，并且不超过驱动电机的绝缘等级和规定的温升限值。

c. 测量驱动电机控制器工作电流的均方根值。

② 驱动电机控制器持续工作电流。在一定的台架试验条件下，驱动电机系统如果能够长时间持续稳定工作，此时测量得到的电流为驱动电机控制器持续工作电流。

③ 驱动电机控制器短时工作电流。按照制造商或者产品技术文件的规定，通过改变台架试验条件增大驱动电机控制器的工作电流，使得驱动电机系统能够在较短的时间内正常稳定工作，此时测量得到的电流为驱动电机控制器在对应工作时间内的短时工作电流，驱动电机控制器短时工作电流的持续时间宜不低于 30s。

④ 驱动电机控制器最大工作电流。按照制造商或者产品技术文件的规定，改变台架试验条件进一步增大驱动电机控制器的工作电流，试验持续时间可以很短，一般情况下远低于 30s，此时测量得到的电流为驱动电机控制器最大工作电流。

（6）馈电特性。

① 温升计算方法，测量点的选择，测量参数和试验方法等，同样适用于馈电特性试验过程。

② 试验时，被试驱动电机系统由原动机（测功机）拖动，处于馈电状态，根据试验目的和测量参数的不同，驱动电机控制器工作于设定的直流母线电压条件下，驱动电机在相应

的工作转速和转矩负载下进行馈电试验。

③ 记录馈电状态时驱动电机控制器的直流母线电压、直流母线电流、驱动电机各相的交流电压、交流电流，以及驱动电机轴端的转速和转矩等参数，同时计算获得功率、馈电效率等数值，绘制相关曲线。

④ 必要时对试验结果进行修正。

10.3.2.4 安全性测试

(1) 安全接地检查。接地检查方法和量具按照 GB/T 13422—2013 中 5.1.3 中的要求进行，测量被试驱动电机系统相应的接地电阻。量具推荐采用毫欧表。

(2) 控制器保护功能。按照 GB/T 3859.1—2013 中 7.5.3 的要求进行。

(3) 驱动电机控制器支撑电容放电时间。

① 被动放电时间。试验时，直流母线电压应设定为最高工作电压，电压稳定后，立即切断直流供电电源，同时利用电气测量仪表测取驱动电机控制器支撑电容两端的开路电压。试验期间，驱动电机控制器不参与任何工作。记录支撑电容开路电压从切断时刻直至下降到 60V 经过的时间，此数值即为驱动电机控制器支撑电容的被动放电时间。

② 主动放电时间。对于具有主动放电功能的驱动电机控制器，试验时，直流母线电压应设定为最高工作电压，电压稳定后，立即切断直流电源，并且驱动电机控制器参与放电过程，利用电气测量仪表测取驱动电机控制器支撑电容两端的开路电压，记录支撑电容开路电压从切断时刻直至下降到 60V 经过的时间，此数值即作为驱动电机控制器支撑电容的主动放电时间。

10.3.2.5 低温试验

(1) 进行低温储存试验时，将驱动电机和驱动电机控制器正确连接，按照 GB/T 2423.1—2008 中的规定，放入低温箱内，使箱内温度降至 −40℃，并保持 2h，试验过程中，驱动电机系统处于非通电状态，对于液冷式驱动电机及驱动电机控制器，不通入冷却液。低温储存 2h 后，在低温箱内复测绝缘电阻，复测绝缘电阻期间，低温箱内的温度应保持在 −40℃。

(2) 低温储存 2h 后，低温箱内的温度继续保持在 −40℃，在低温箱内为驱动电机系统通电，检查能否正常空载启动。对于液冷式驱动电机及驱动电机控制器，若要求在启动过程中通入冷却液，冷却液的成分、温度及流量按照产品技术文件规定确定。

(3) 试验结束，按照 GB/T 2423.1—2008 的规定恢复常态后，将驱动电机控制器直流母线工作电压设定为额定电压，驱动电机工作于持续转矩、持续功率条件下，检查系统能否正常工作。

10.3.2.6 高温试验

(1) 进行高温储存试验时，将驱动电机和驱动电机控制器放入高温箱内，按照 GB/T 2423.2—2008 中的规定，使箱内温度升至 85℃，并保持 2h，试验过程中，驱动电机系统处于非通电状态，对于液冷式驱动电机及驱动电机控制器，不通入冷却液。高温储存 2h 后，检查驱动电机轴承内的油脂是否有外溢，同时在高温箱内复测绝缘电阻，复测绝缘电阻期间，高温箱内的温度应保持在 85℃。

(2) 高温储存 2h，按照 GB/T 2423.2—2008 的规定恢复常态后，将驱动电机控制器直流母线工作电压设定为额定电压，驱动电机工作于持续转矩、持续功率条件下，检查系统能否正常工作。

（3）进行高温工作试验时，将驱动电机和驱动电机控制器正确连接，按照 GB/T 2423.2—2008 中的规定，放入高温箱内，按照 GB/T 18488.1—2015 中 5.6.2.2 的要求设置高温箱内的试验环境温度，驱动电机控制器直流母线工作电压设定为额定电压，驱动电机工作于持续转矩、持续功率条件下，检查驱动电机系统能否正常工作 2h。对于液冷式驱动电机及驱动电机控制器，应在试验过程中通入冷却液，冷却液的成分、温度及流量按照产品技术文件规定确定。高温工作 2h 后，在高温箱内复测绝缘电阻，复测绝缘电阻期间，高温箱内的温度应继续保持不变。

（4）高温工作试验完成后，被试样品应按照 GB/T 2423.2—2008 的规定恢复常态。

10.3.2.7　耐振动试验

（1）试验时，将被试样品固定在振动试验台上并处于正常安装位置，在不工作状态下进行试验，同时应将与产品连接的软管、插接器或其他附件安装并固定好。

（2）进行扫频振动试验时，按照 GB/T 18488.1—2015 中 5.6.4.1.1 的要求设置严酷度等级，并按照 GB/T 2423.10—2019 中的规定进行试验。

（3）进行随机振动试验时，按照 GB/T 18488.1—2015 中 5.6.4.2.1 的要求设置严酷度等级，并按照 GB/T 28046.3—2011 中的规定进行试验。

（4）振动试验完成后，检查零部件是否损坏，紧固件是否松脱。恢复常态后，将驱动电机控制器直流母线工作电压设定为额定电压，驱动电机工作于持续转矩、持续功率条件下，检查系统能否正常工作。

10.3.2.8　防水防尘试验

按照 GB/T 4942—2021 和 GB 4208—2017 中所规定的方法进行试验。

10.4　电驱动特种车辆总装集成性能验证试验

特种车辆底盘总装集成性能验证试验共六项，包括底盘结构特性参数测量、混合动力电驱动系统装车集成性能验证试验、线控多模转向系统装车集成性能验证试验、机电混合制动系统装车集成性能验证试验、底盘综合行驶性能集成验证试验、底盘环境适应性摸底测试试验，如表 10-6 所示。这里仅对动力性试验和转向系统试验进行介绍。

表 10-6　底盘总装集成性能验证试验

序号	试验名称	试验项目	试验内容	参试产品
1	底盘结构特性参数测量	尺寸参数测量	测量底盘长、宽、高，车架上平面离地高度等参数，具体参考 GB/T 12673—2019	
		质量参数测量质心位置测定	测量底盘质量参数、质心高度等参数，具体参考 GB/T 12674—1990、GB/T 12538—2003	
		通过性	测量底盘接近角、离去角、最小离地间隙、最小转弯直径等参数，具体参考 GB/T 12673—2019、GB/T 12540—2009	
2	混合动力电驱动系统装车集成性能验证试验	整车动力性试验	测量最高车速、最大爬坡度、9% 爬坡车速、静默行驶里程和车速等参数，具体参考 GB/T 19752—2005	
		模拟故障试验	测试底盘驱动电机、智能动力单元、动力电池严重故障时的处理模式	

序号	试验名称	试验项目	试验内容	参试产品
3	线控多模转向系统装车集成性能验证试验	基本性能试验	基于液压转向和差矩转向系统的底盘原地转向、方向盘转向速度、转角和转向系统标定等试验,具体参考 GB 17675—2021	
		操纵稳定性试验	转向轻便性试验、转向回正性能试验、稳态回转试验、转向瞬态响应试验,具体方法参照 GB/T 6323—2014	
		模拟故障试验	测试线控多模转向系统严重故障处理模式	
4	机电混合制动系统装车集成性能验证试验	基本性能测试	测试整车机械制动、电制动和排气制动功能是否满足需求;以及制动响应时间试验、制动系统充气时间试验、制动能量回收率试验等	
		性能指标试验	制动距离试验、制动跑偏量试验、驻车制动试验,具体参考 GB 12676—2014	
		模拟故障试验	测试机械制动、电制动、排气制动、ABS 严重故障处理模式	
5	底盘综合行驶性能集成验证试验	底盘各关键系统综合协调运行试验	测试驱/制动瞬态切换、转弯制动、紧急避障、高速超车等工况下的各系统协调工作情况	
		模拟多系统故障试验	测试单个或多个储能单元和驱动电机同时故障,单个或多个智能动力单元和储能单元同时故障时,底盘的故障响应模式	
6	底盘环境适应性摸底测试试验	高寒、高温、高原环境舱试验	测试底盘冷启动性能,具体参考 GB/T 12545。高温、高原测试随底盘道路试验进行	试验样车

10.4.1 动力性能试验

10.4.1.1 试验原则

如果试验车辆具有纯电动模式,并能够按照 GB/T 18385 的要求进行动力性能试验,则进行该车的纯电动模式下的动力性能试验,否则,试验车辆可以不做纯电动模式下的动力性能试验或者减去不能做的试验项目。

为兼顾试验条件和试验程序的要求,规定的试验顺序可用于下列道路性能试验。

(1) 在混合动力模式下的实验内容主要包括:①最高车速;②0～100km/h 或 0～50km/h 的加速时间;③30min 最高车速;④爬坡车速;⑤坡道起步能力;⑥最大爬坡度。

(2) 在纯电动模式下的实验内容主要包括:①最高车速;②0～50km/h 加速时间;③爬坡车速;④坡道起步能力。

10.4.1.2 测量参数、单位及准确度

表 10-7 规定了测量的参数、单位及准确度。

表 10-7　测量的参数、单位及准确度

测量参数	单位	准确度	分辨率
时间	s	±0.1	0.1
长度	m	±0.1%	1

测量参数	单位	准确度	分辨率
温度	℃	±1	1
大气压力	kPa	±1	1
速度	km/h	±0.1%或±0.1 取大者	0.2
质量	kg	±0.5%	1

10.4.1.3　试验条件

(1) 试验车辆要求。

① 试验车辆必须按照每项试验的技术要求加载。

② 在环境温度下，车辆轮胎气压应符合车辆制造厂的规定。

③ 润滑油的黏度应符合车辆制造厂的规定。

④ 除了试验必需的和日常行驶需要的设备和部件外，应当关闭照明设备、信号指示灯及辅助装置。

⑤ 除了牵引用途以外，所有的储能系统都应该充到制造厂规定的最大值（电能、液压、气压等）。

⑥ 车辆应保持清洁，车辆未运转时必须将开启的窗户和进气口关闭。

⑦ 在进行试验前 7 天内，将动力蓄电池装在试验车辆上，试验车辆至少行驶 300km。

⑧ 动力蓄电池应达到满足各项试验要求的充电状态。

⑨ 应满足各项试验具体的前提要求。

(2) 环境条件。

① 室外试验温度为 5~32℃。

② 室内试验温度为 20~30℃。

③ 大气压力为 94~104kPa。

④ 地平面以上 0.7m 处平均测量风速不得超过 3m/s，瞬时风速不大于 5m/s。

⑤ 相对湿度低于 95%。

⑥ 雨天和雾天不能进行室外试验。

(3) 道路要求。试验应该在干燥的直线跑道或环形跑道上进行。路面应坚硬、平整、干净且要有良好的附着系数。

① 直线道路。测量区的长度至少 1000m，并用标杆做好标志。

加速区应足够长，以便在进入测量区前 200m 处达到稳定的车速。在测量区和加速区的后 200m 的纵向坡度不超过 0.5%。加速区的纵向坡度不超过 4%。测量区的横向坡度不超过 3%。

为了减少路面坡度、风速、风向的影响，试验应在试验跑道的两个方向上进行。尽量使用相同的路径。当条件不允许在两个方向进行试验时，进行单向试验。

② 环形道路。环形道路的长度应不小于 1000m。环形道路由直道部分和环道部分首尾连接而成，环道部分的曲率半径不小于 200m。测量车速时，行驶里程应以车辆被计量的实际通过的路程为准。

试验路段的纵向坡度不超过 0.5%，环道行驶时车辆所受的离心力由道路横向坡度补偿，因此无须转向操作，车辆也可以保持正常行驶路线。

③ 试验坡道。坡道长不小于 25m，坡前应有 8～10m 的平直路段，坡度大于或等于 30% 的路面用水泥铺装，小于 30% 的坡道可用沥青铺装，在坡道中部设置 10m 的测速段。允许以表面平整、坚实、均匀的自然坡道代替。大于 40% 的纵坡必须设置安全保险装置。

④ 单向试验。如果由于试验路面布置特点的原因，车辆不可能在两个方向达到最高车速，允许只在一个方向进行测量。但应该满足以下条件：试验跑道应满足要求；任何两点的高度差不能超过 1m；试验应尽快重复进行两次；风速与试验道路平行方向的风速分量不能超过 2m/s。

10.4.1.4　试验车辆的准备

（1）充电。对动力蓄电池应按下列程序进行充电。

① 常规充电。如有车载充电机，则由车载充电机完成充电任务；如果未安装车载充电机，则应使用车辆制造厂家推荐的外部充电机进行充电。充电时环境温度应保持在 20～30℃。

上述程序不适用于特殊形式的充电，例如均衡充电和维护性充电。在各项试验过程中不允许进行特殊充电操作。

② 充电结束的判断。一般充电 12h 后应停止充电，但如果充电 12h 后仪表仍显示未充满，则应按照下式确定的最长充电时间（h）。

$$最长充电时间 = 3 \times \frac{制造厂规定的蓄电池能量(kW \cdot h)}{电源供电功率(kW)}$$

③ 全充满的蓄电池。采用常规充电程序进行充电，达到充电结束标准，则认为蓄电池已全充满。

（2）里程表的设定。试验前，车载里程表应被清零或记录起始里程。

（3）预热。试验车辆应在混合动力模式下，以制造厂估计的 30min 最高车速的 80% 行驶 5000m 以上，使电机和传动系统预热。

10.4.1.5　试验程序

试验程序如表 10-8 所示。

表 10-8　试验程序

顺序	试验准备或项目	模式
准备阶段	充电	—
第一阶段	预热	混合动力
	混合动力模式下的最高车速	混合动力
	纯电动模式下的最高车速	纯电动
	0～100km/h 加速性能	混合动力
	纯电动模式下的爬坡速度	纯电动
	纯电动模式下的爬坡速度	纯电动
	混合动力模式下的爬坡速度	混合动力
第二阶段	充电	纯电动
	预热	混合动力
	混合动力模式下的 30min 最高车速	混合动力
	纯电动模式下的坡道起步能力	纯电动

顺序	试验准备或项目	模式
第二阶段	混合动力模式下的坡道起步能力	混合动力
	混合动力模式下的最大爬坡度	混合动力

10.4.1.6　试验方法

(1) 混合动力模式下的最高车速。

① 将试验车辆加载到试验质量，增加的载荷应均匀地分布在乘客座椅上及货厢内。

② 在直道或环道上使车辆加速到最高车速并维持该车速行驶 1km 以上，记录车辆持续行驶 1km 的时间 t_1。

③ 随即，在同样试验道路上以反方向重复上述试验，记录车辆持续行驶 1km 的时间 t_1。

最高车速为上述两次试验结果的算术平均值。如果仅能进行单向试验，最高车速由式(10-10) 和式(10-11) 修正后获得。

$$v_i = v_r \pm v_v f \tag{10-10}$$

$$v_r = 3.6 \frac{L}{t} \tag{10-11}$$

式中，v_i 为第 i 次（$i=1$, 2）最高车速，km/h；v_r 为风速在试验道路方向上的分量，m/s（如果风的水平分量与车辆行驶方向相反，选"＋"；如果风的水平分量与车辆行驶方向相同，选"－"）；v_v 为试验中实际测得的最高车速，km/h；f 为修正因子，$f=0.6$；t 为测量的时间，s；L 为测量的距离，m。

最高车速 v 为 v_1 与 v_2 的算术平均值。

(2) 纯电动模式下的最高车速。参照 GB/T 18385—2005 中 7.3（最高车速）进行。

(3) 0～100km/h 加速性能。

① 将试验车辆加载到试验质量，增加的载荷应均匀地分布在乘客座椅上及货厢内。

② 将试验车辆停放在试验道路的起始位置，并启动车辆。

③ 将加速踏板踩到底使车辆加速行驶；如果该车是手动变速系统，需要适时切换挡位。

④ 记录从踩下加速踏板至车速达到 100km/h 所经历的时间。

⑤ 在同样试验道路上以反方向重复上述试验。

0～100km/h 加速时间为上述两次试验结果的算术平均值。

对于最高车速在 110km/h 以下的混合动力汽车，可测试 0～50km/h 的加速性能，测试方法相同。

(4) 纯电动模式下 0～50km/h 加速性能。参照 GB/T 18385—2005 中 7.5（0～50km/h 加速性能试验）进行。

(5) 纯电动模式下的爬坡车速。参照 GB/T 18385—2005 中 7.7（爬坡车速试验）进行。

(6) 混合动力模式下的爬坡车速。

① 将试验车辆加载到最大设计总质量，增加的载荷应均匀地分布在乘客座椅上及货厢内。

② 把车辆放置在底盘测功机上，并对测功机进行必要的调整，使其适合试验车辆最大设计总质量值。

③ 调整测功机使其增加一个相当于 4% 坡度的附加载荷。

④ 将加速踏板踩到底使试验车辆加速，或使用适当变速挡位使车辆加速到最高爬坡车速。

⑤ 以 ±1km/h 的速度公差维持该爬坡车速行驶 1km，同时，记录持续行驶 1km 的时间 t。

⑥ 调整测功机，使其增加一个相当于 12% 坡度的附加载荷。

⑦ 重复③和⑤的试验。

⑧ 用式（10-12）计算试验结果为

$$v = \frac{3.6 \times 1000}{t} \tag{10-12}$$

式中，v 为实际爬坡最高车速，km/h；t 为持续 1km 所测的时间，s。

（7）混合动力模式下的 30min 最高车速。

① 将试验车辆加载到试验质量，增加的载荷应均匀地分布在乘客座椅上及货厢内。

② 该试验将在环形跑道或在按照 GB/T 18385—2005 中 7.1（30min 最高车速）设定的底盘测功机上进行。

③ 在通过试验前的预热阶段，将车辆加速至制造厂家估计的 30min 最高车速（误差为 ±5%）行驶 30min。

④ 记录下车辆实际通过的距离 S_1，30min 最高车速 v_{30} 可由式（10-13）计算得到。

$$v_{30} = \frac{S_1}{500} \tag{10-13}$$

式中，v_{30} 为车辆 30min 最高车速，km/h；S_1 为车辆 30min 驶过的里程，m。

在试验过程中，如果车速比厂家估计的 30min 最高车速小了 5% 以上，试验应重做。重做时可采用相同的或制造厂家修正后的 30min 最高车速估计值。

（8）纯电动模式下的坡道起步能力。参照 GB/T 18385—2005 中 7.8（坡道起步能力试验）进行。

（9）混合动力模式下的坡道起步能力。

① 原则。进行该试验时所使用的测试坡道的倾斜角 α_1 应尽可能接近厂家声明的倾斜角 α_0。α_1 与 α_0 间的偏差将由修正质量 ΔM 来补偿。

② 方法。

a. 将试验车辆加载到最大设计总质量。

b. 选定的坡道上应至少有 10m 的测量区和足够的起步区域，把车辆放置在起步区域，选定坡道的倾斜角 α_1 尽可能接近 α_0。

c. 通过式（10-14）计算修正质量 ΔM。

$$\Delta M = M \frac{\sin\alpha_0 - \sin\alpha_1}{\sin\alpha_1 + R} \tag{10-14}$$

式中，M 为试验条件下的最大设计质量，kg；R 为滚动阻力系数，常取 0.01。

修正质量 ΔM 应该被均匀地分布在车辆的乘客室和货厢中。

d. 车辆应至少行驶 10m 的距离。

③ 实际 α_0 值的计算。在已知驱动系统（热机与电机的复合）的峰值转矩和轮胎滚动半径的前提下，可通过式（10-15）和式（10-16）近似计算。

$$C_r = C_a T \eta_t \tag{10-15}$$

$$F_t = \frac{C_r}{r} = Mg(\sin\alpha_0 + R) \tag{10-16}$$

求得 α_0 后，根据式(10-17)可以获得最大坡道起步能力的坡度。

$$i_{\max} = \tan\alpha_0 \times 100\% \tag{10-17}$$

式中，C_r 为车轮转矩，$N \cdot m$；C_a 为驱动系统的转矩，$N \cdot m$；T 为总减速比；η_t 为传动效率；F_t 为地面驱动力，N；r 为轮胎滚动半径，m；g 为重力加速度，m/s^2。

（10）混合动力模式下的最大爬坡度试验。

① 将试验车辆加载到最大设计总质量，增加的载荷应均匀地分布在乘客座椅上及货厢内。

② 将试验车辆停于接近坡道的平直路段上。

③ 使用最低挡起步，将油门全开进行爬坡。

④ 爬坡过程中监测各种仪表的工作情况；爬到坡顶后，停车检查各部位有无异常现象发生，并做详细记录。如果第一次爬不上，可以进行第二次，但是不能超过 2 次。

⑤ 爬不上坡时，测量停车点（后轮接地中心）到坡底的距离，并记录爬不上的原因。

⑥ 如果没有厂方规定的坡道，可增减装载质量或采用较高一挡（如Ⅱ挡）进行试验，再按照式(10-18)计算最低挡的最大爬坡度为

$$\alpha_m = \sin^{-1}\left(\frac{M}{M_a} \times \frac{i_1}{i_a}\sin\alpha_a\right) \tag{10-18}$$

式中，α_m 为最大爬坡度对应的坡度角；M 为汽车实际总质量，kg；M_a 为汽车厂定最大总质量，kg；i_1 为最低挡速比；i_a 为实际速比；α_a 为试验时实际坡度角。

求得 α_m 后，最大爬坡度可由式(10-19)计算得出。

$$i_{\max} = \tan\alpha_m \times 100\% \tag{10-19}$$

爬坡的平均车速由式(10-20)计算得出。

$$v = \frac{36}{t} \tag{10-20}$$

式中，v 为爬坡的平均车速，km/h；t 为通过测试路段的时间，s。

10.4.2　转向系统试验

10.4.2.1　技术要求

（1）转向系统应确保车辆在其最大设计车速范围内转向操纵的轻便性和安全性。转向系统完好时汽车的转向操纵力、转向时间、转向半径应满足表 10-9 的要求。试验时，在转向系统完好的前提下，汽车应具有自动回正能力，如果车上安装了辅助转向装置，还应满足额外要求。规定圆周运动均指沿转向圆运动。

表 10-9　转向系统完好时转向操纵力要求

车辆类别	转向操纵力/N	转向时间/s	转向半径/m
M1	≤150	≤4	12
M2	≤150	≤4	12
M3	≤200	≤4	12

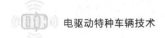

续表

车辆类别	转向操纵力/N	转向时间/s	转向半径/m
N1	≤200	≤4	12
N2	≤250	≤4	12
N3	≤200	≤4	12

（2）在汽车的最大设计速度范围内，当驾驶员无异常转向修正行为和转向系统无异常振动时，不应因转向系统影响汽车直线行驶性能。

（3）汽车转向操纵的方向应与其行驶方向相一致，且转向角应与转向操纵装置的偏转连续对应。

对于 ASE，本条要求不适用。对于全动力转向系统，当车辆处于静止时，或在车速不超过 15km/h 的条件下行驶，或系统没有启动时，可以不必满足本条要求。

（4）转向系统的设计、制造和装配应能承受车辆或车辆组合正常使用状态下的载荷，应保证在无须拆卸的情况下能够借助常规的测量装置、检查方法或试验方法检查其工作状态。除非专门设计，否则转向传动装置的任何部分都不应限制最大转向角。

（5）与汽车转向相关的车辆电气控制系统不得因电磁干扰而影响转向功能，并应满足 GB 34660 中的技术要求。

（6）转向传动系统中的可调节部件应能锁止。

（7）汽车的转向车轮不应仅是后车轮。

（8）转向系统可以和其他系统共用同一能源供应。但如果任何与转向系统共用同一能源的系统发生故障，转向系统仍应满足故障时的相关转向功能。

（9）转向电子控制系统的功能安全要求，应按照 GB/T 34590（所有部分）制定，并满足额外要求。

10.4.2.2 试验方法

（1）试验条件。

① 试验应在水平且附着力良好的路面上进行。

② 试验过程中，车辆最大允许总质量和转向车轴最大允许轴荷应为设计的最大值。如果车轴配置有 ASE 装置，则在车辆加载到最大允许总质量且装备 ASE 车轴加载至最大允许轴荷的条件下再进行一次试验。

③ 试验前，在车辆静止的状态下，轮胎应充气至要求轴荷下相对应的规定压力。

④ 对任何全部或部分使用电能的系统，所有性能试验均应在共享同一供能装置的所有基本系统或系统组件的实际或模拟电力负荷条件下进行。基本系统应至少包括照明、挡风玻璃雨刮、发动机管理和制动系统。

（2）汽车驶离转向圆时异常振动的测试。汽车在下述车速下，沿切线方向离开半径 50m 圆周时转向系统不能有异常振动。

① M1 类车辆：50km/h。

② M2 类、M3 类、N1 类、N2 类和 N3 类车辆：40km/h，当设计最高车速低于 40km/h 时以设计最高车速为准。

③ 汽车不足转向的测试。当车辆转向车轮转到约最大转向角的一半，且车速不低于 10km/h 时，放开转向操纵装置输入，车辆应维持在原来的转向半径轨迹上或转向半径

变大。

(3) 汽车转向操纵力测量时对毛刺信号处理要求。在对转向操纵力测量的过程中，持续时间短于 0.2s 的转向操纵力忽略不计。

(4) 汽车转向系统完好时转向操纵力的测量。

① 汽车以 10km/h 的车速从直线行驶进入转向行驶状态。对方向盘在转向操纵输入有效半径上的转向操纵力进行测试。汽车在转向半径达到表 10-9 所示的转向圆时，其转向时间和施加的转向操纵力应满足表 10-9 的要求。记录转向操纵力输入。转向操纵力测量应该左右各做一次。

② 对于 M3 类和 N3 类车辆，如果转向圆半径无法小于 12m，则使用转向车轮的最大转角，并锁定位置后进行转向操纵力测试。

(5) 汽车转向系统出现故障时的转向操纵力测量。

① 测试转向过程中的最大转向操纵力、转向时间、转向半径，转向操纵力存在最低要求。对于带助力的转向系统，至少应包括助力失效时转向操纵力测量；对于无助力的转向系统，制造商应提供转向系统失效模式。对出现故障的转向系统，重复试验过程。

② 对于 M3 类和 N3 类车辆，除汽车随动转向装置外的双转向轴或多转向轴非铰接式车辆为 500N。

10.5　基于 AVL Cruise 的整车性能仿真

现如今，使用实体汽车进行项目的研究试验不仅成本太高，而且试验花费时间长，因而随着时代的进步，汽车仿真技术在汽车研发中的地位显得更加突出。在新产品的研发过程中，对汽车的各个模块，系统进行仿真计算和参数优化不仅可以准确分析车辆的各方面性能，有利于产品评估，而且能够加快产品研发过程，提高效率。

10.5.1　Cruise 软件及仿真流程简介

Cruise 是 AVL 公司开发的用于汽车动力性、燃油经济性、排放性能仿真的高级模拟分析软件。灵活的模块化理念使得 Cruise 可以对任意结构形式的汽车传动系统进行建模和仿真，可以用于汽车开发过程中的传动系统匹配、性能预测，还可以用于开发和优化混合动力汽车的传动系统及控制系统。

Cruise 提供了图形化的交互环境，用户可以在已有的模块库（驾驶员、整车、发动机、离合器、变速器、主减速器、电池、电机、制动器、轮胎等）中选取合适的模块拖放到工作区，再根据需要添加相应的控制模块，并正确连接数据总线，建立各模块之间的连接，便能得到汽车模型。各个模块的仿真参数可以通过参数设置窗口修改，对于一些特性复杂的模块（如发动机、电动机），可以在参数设置窗口通过编辑图表建立曲线图来实现参数设置。此外，Cruise 还提供了与 Matlab 等软件的接口，可以实现联合仿真。

Cruise 的主要特点在于：

(1) 模块化设计使得用户能够根据自身需要灵活对车辆进行仿真建模；

(2) 具有能够真实模拟驾驶员反应的驾驶模型；

(3) 其黑箱模块以及 Matlab 接口模块能够方便用户开发所需的控制算法。

Cruise 仿真操作流程如图 10-4 所示，主要分为以下几步：

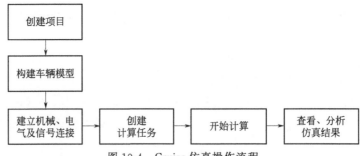

图 10-4　Cruise 仿真操作流程

（1）打开 Cruise 软件，创建项目；

（2）根据车型选择各模块并输入相应参数；

（3）将各模块正确连接；

（4）创建计算任务；

（5）开始计算，等待结果生成；

（6）查看和分析仿真结果。

如图 10-5 所示为 Cruise 仿真界面。

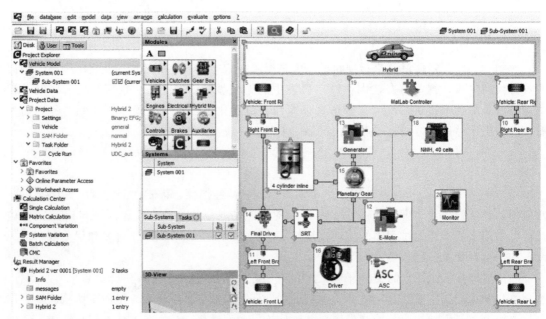

图 10-5　Cruise 仿真界面

10.5.2　Cruise 常用模块展示

Cruise 常用模块有整车模块、驾驶员模块、发动机模块、变速器模块等。各常用模块主要参数设置界面如下。

（1）整车模块设置如图 10-6 所示。

（2）驾驶员模块设置如图 10-7 所示。

（3）发动机模块设置如图 10-8 所示。

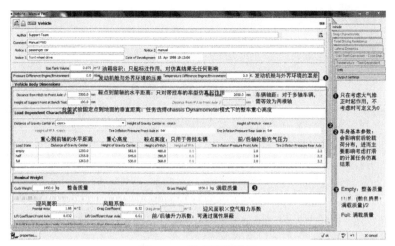

图 10-6　整车模块设置

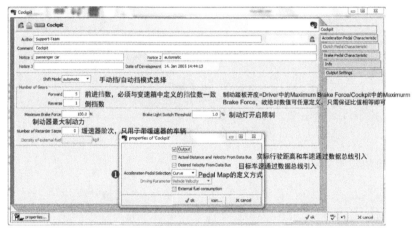

图 10-7　驾驶员模块设置

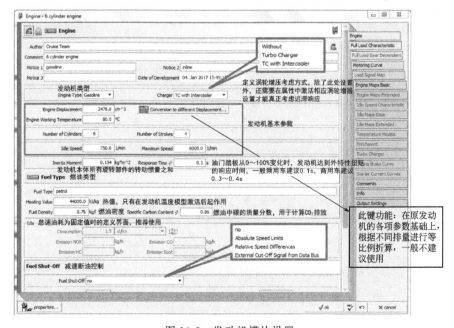

图 10-8　发动机模块设置

（4）变速器模块设置如图 10-9 所示。

图 10-9　变速器模块设置

（5）差速器模块设置如图 10-10 所示。

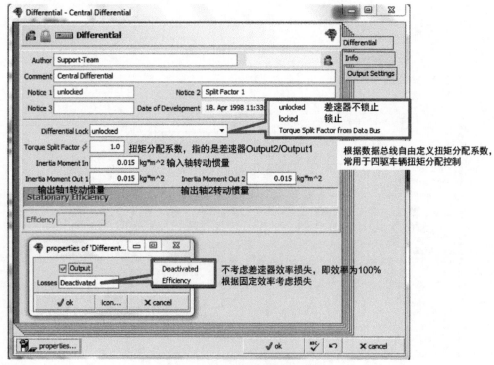

图 10-10　差速器模块设置

（6）制动器模块设置如图 10-11 所示。

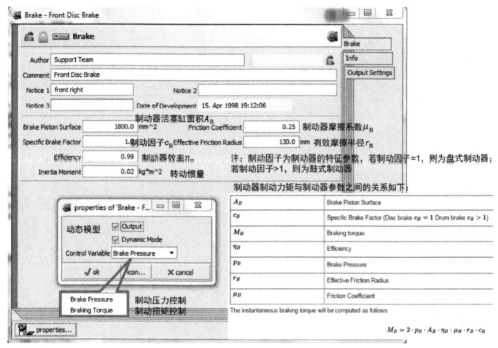

图 10-11　制动器模块设置

（7）轮胎模块设置如图 10-12 所示。

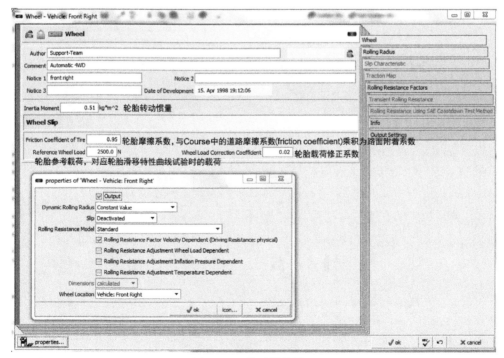

图 10-12　轮胎模块设置

（8）电机模块设置如图 10-13 所示。

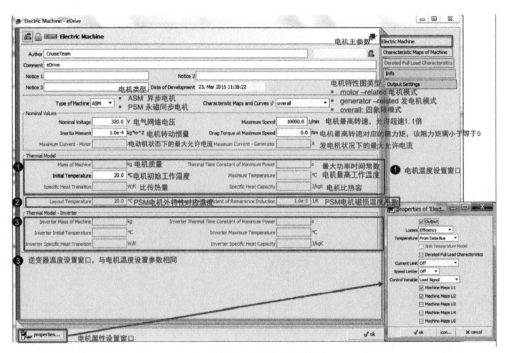

图 10-13　电机模块设置

（9）混合动力电池模块设置如图 10-14 所示。

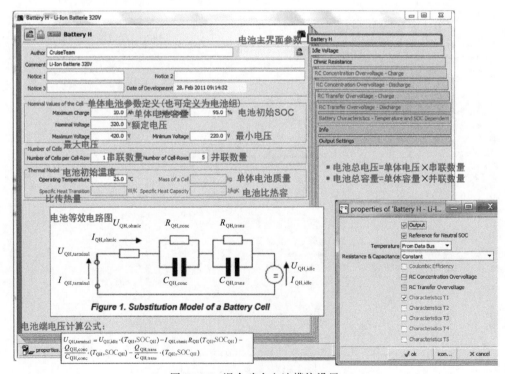

图 10-14　混合动力电池模块设置

Cruise 的模块设置细节较多，要想得到足够准确的仿真结果，需要充分熟悉各模块，进行正确的设置。值得一提的是，Cruise 提供了 Users Guide，即用户指南，用户可以点击跳转到浏览器查看，里面对 Cruise 有详细的说明，Cruise Users Guide 界面如图 10-15 所示。

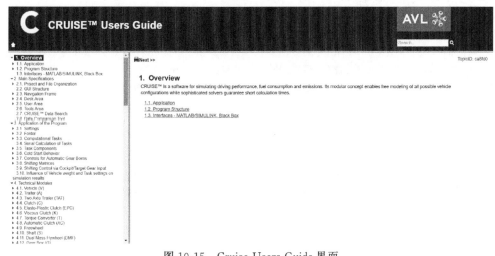

图 10-15　Cruise Users Guide 界面

参考文献

[1] 王宏日，白晓涛．电动汽车分类及我国相应的发展策略［C］.发挥科技支撑作用深入推进创新发展——吉林省第八届科学技术学术年会论文集．2014：292-294.

[2] 焦建刚．纯电动汽车结构与原理介绍［J］.汽车维修与保养，2017（01）：94-97.

[3] 李曾．城市重载电动汽车用适配功率电机关键技术研究［D］.天津：河北工业大学，2018.

[4] 何弘瑞，王桥，贾伟健．军用车辆未来的起动电池——磷酸铁锂电池［J］.山西电子技术，2019（05）：21-24.

[5] 石庆升．纯电动汽车能量管理关键技术问题的研究［D］.济南：山东大学，2009.

[6] 陈清泉，孙立清．电动汽车的现状和发展趋势［J］.科技导报，2005（04）：24-28.

[7] 安学国，李年裕．军用电动/混合电动车辆的前景与挑战（上）［J］.国外坦克，2008（07）：45-49.

[8] 田青云．60吨矿用汽车总体设计［D］.郑州：郑州大学，2012.

[9] 方家．某矿用越野车总体设计［D］.南京：南京理工大学，2009.

[10] 王凤杰，周广凤，蒋鹏鹏．重型军用越野汽车涉水通过性分析［J］.专用汽车，2019（12）：89-93.

[11] 蒋美华，李慧梅，王国军，等．中国与美国军用汽车平顺性对比［J］.军事交通学院学报，2016，18（07）：39-42.

[12] 吴坤林，赵祥君，王立辉．中美军用车辆人机工程标准对比研究［J］.军事交通学院学报，2017，19（07）：41-46.

[13] 解来卿，何建清，高树新，等．军车轮胎评价指标体系探究［J］.汽车科技，2014（02）：42-47.

[14] 刁增祥，何建清．军用车辆轮胎参数的确定［C］.2008中国汽车工程学会年会论文集，2008：286-289.

[15] 李智奕．基于模块化的电动交通工具设计方法研究和应用［D］.北京：清华大学，2013.

[16] 陈皓云，董福龙．汽车模块化设计的应用与研究［J］.科技信息，2011（03）：452-453.

[17] 刘振声．重型汽车双轴转向特性研究与优化［D］.长沙：湖南大学，2013.

[18] 禄正伟．某4×2重型载货车前桥转向设计［J］.汽车实用技术，2017（08）：31-33.

[19] 叶忠慧．超重运输对汽车安全性能的影响［J］.中小企业管理与科技（下旬刊），2009（04）：211-212.

[20] 周飞鲲．纯电动汽车动力系统参数匹配及整车控制策略研究［D］.长春：吉林大学，2013.

[21] 董艳艳，王万君．纯电动汽车动力电池及管理系统设计［M］.北京：北京理工大学出版社，2017：88-90.

[22] 李泉．锂离子动力电池管理系统关键技术研究［D］.长沙：湖南大学，2017：83-85.

[23] 王浩东．电动汽车永磁同步电机驱动控制器的设计［D］.苏州：苏州大学，2015：28-31.

[24] 张绪彬，欧阳天琪．浅谈电动车高压配电盒选型设计［J］.大众科技，2019（12）：42-43.

[25] 张新伟．数字控制的电动汽车车载充电器的设计［D］.北京：北京交通大学，2019：10-19.

[26] 曹中义．电动汽车电动空调系统分析研究［D］.武汉：武汉理工大学，2008：18-20.

[27] 杨君．纯电动汽车PTC水暖加热器结构设计及其控制系统研究［D］.武汉：华中科技大学，2016：6-17.

[28] 黄江波．电动汽车线束布置的研究［J］.时代汽车，2018（6）：60-61.

[29] 史文库，姚为民．汽车构造［M］.北京：人民交通出版社，2013：441-454.

[30] 张伟，张力元，朱亚萍，等．汽车搭铁研究及应用［J］.汽车电器，2021（12）：45-47.

[31] 刘忠宝．汽车自动空调控制系统研究与开发［D］.长春：吉林大学，2011：9-10.

[32] 宋崇，许丹．浅析汽车使用性能指标［J］.汽车实用技术，2020（8）：202-204.

[33] 顾云青，张立军．电动汽车电动轮驱动系统开发现状与趋势［J］.汽车研究与开发，2004（12）：27-30.

[34] 孙悦超，李曼，廖聪，等．电动汽车电机驱动发展分析［J］.电气传动，2017，47（10）：3-6.

[35] 韩志嵘，林芸，刘洁．电动汽车的动力电池技术研究［J］.企业科技与发展，2018（08）：132-133.

[36] 胡英瑛，吴相伟，温兆银，等．储能钠电池技术发展的挑战与思考［J］.中国工程科学，2021，23（05）：94-102.

[37] 赵宏志．电驱车辆动力单元控制策略研究［D］.北京：中国运载火箭技术研究院，2021.

[38] 付玄．基于空间感知的军用特种驾驶室室内设计［D］.西安：西安工业大学，2021.

[39] 谢卓，陈江平，陈芝久．电动车热泵空调系统的设计分析［J］.汽车工程，2006（08）：763-765.

[40] 韩明祖．汽车电动座椅结构及工作原理［J］.汽车工业研究，2016（01）：56-60.

[41] 裴凯东．基于人机工程学对重型车辆驾驶室的设计与研究［D］.太原：中北大学，2015.

[42] 吴定超．汽车电磁兼容仿真预测技术的研究［D］.长春：吉林大学，2009.

[43] 郝文起．防弹车的功能及技术要求［J］.专用汽车，2000（04）：11-12.

[44] 雷君．防弹车防弹设计与模拟分析［J］.CAD/CAM与制造业信息化，2013（04）：47-50.

［45］　郝琛韬．新型防弹复合材料［J］．纺织科技进展，2022（04）：10-13.

［46］　徐建化．低速纯电动汽车 EPS 系统控制策略的研究［D］．济南：齐鲁工业大学．2020.

［47］　宋效文．电动汽车线控转向系统的设计与开发［D］．合肥：合肥工业大学，2020.

［48］　Li Zhong-li，Qiao Dong-dong，Zhou Hui-mian. Research on Tractor Electro Hydraulic Steering System Control Based on Variable Universe Method［J］. jiangsu Agricultural Sciences，2020，48（4）：203-208.

［49］　陈家瑞．汽车构造［M］.3 版．北京：机械工业出版社，2009.

［50］　余志生．汽车理论［M］.5 版．北京：机械工业出版社，2011.

［51］　赵万忠，王春燕．汽车动力转向技术［M］．北京：清华大学出版社，2018.

［52］　Jiao Wen-rui. New Technology of Hydraulic Steering Gear［J］. Hydro-pneumatic and Sealing，2021，41（8）：4-8.

［53］　张晋格．自动控制原理［M］.2 版．哈尔滨：哈尔滨工业大学出版社，2007.

［54］　崔胜民．MATLAB 编程与汽车仿真应用［M］．北京：化学工业出版社，2020.

［55］　赵景波．汽车电动助力转向系统的研制及台架试验研究［D］．镇江：江苏大学，2007.

［56］　Yuji Kozaki，Goro Hirose，Shozo Sekiya and Yasuhiko Miyaura. Electric Power Steering（EPS）［J］. Motion&Control，1999，6：9-15.

［57］　Ping-xia Zhang，Li Gao，Yong-qiang Zhu. A New Steering-by-Wire System Driving byElectric Wheels［C］. Information Engineering Research Institute，2014：180-185.

［58］　杨传英．EPS 扭矩传感器零点漂移补偿技术研究［D］．哈尔滨：东北林业大学，2017.

［59］　Li Yong-heng，Liu Ling-shun，Hu Yun-an，et al. Sliding Mode Control Method Based on Adaptive Reaching Law［J］. Journal of Huazhong University of Science and Technology：Natural Science Edition，2019，47（1）：109-113.

［60］　Chao Huang，Fazel Naghdy，Haiping Du，Hailong Huang. Shared Control of Highly Automated Vehicles Using Steer-By-Wire Systems［J］. IEEE/CAA Journal of Automatica Sinica，2019，6（02）：410-423.

［61］　喻凡，林逸．汽车系统动力学［M］．北京：机械工业出版社，2005.

［62］　Takayuki Kifuku，Shun ichi Wada. An Electric Power-Steering System［J］. Mitsubishi Electric ADVANCE，1997（3）：20-23.

［63］　魏建伟．主动转向控制机理及其干预时 EPS 系统转向路感研究［D］．南京：南京航空航天大学，2011.

［64］　何伟丽．基于滑模控制的汽车电子助力转向系统性能研究［J］．电子器件，2021，44（4），1000-1004.

［65］　夏光．基于增益模糊滑模变结构的线控液压转向控制［J］．中国公路学报，2021，34（9）：70-84.

［66］　王望予．汽车设计［M］．北京：机械工业出版社，2006.

［67］　Miranda C B，Costa C B B，Caballero J A，et al. Optimal synthesis of multi-period heat exchanger networks：A sequential approach［J］. Applied Thermal Engineering，2017，115.

［68］　刘涛．汽车设计［M］．北京：机械工业出版社，2008.

［69］　孟少农．汽车设计方法论［M］．北京：机械工业出版社，2003.

［70］　Nassim Tahouni，Narges Bagheri，Jafar Towfighi et al. Improving energy efficiency of an Olefin plant-A new approach［J］. Energy Conversion and Management，2013，76.

［71］　龚微寒．汽车现代设计构造［M］．北京：人民交通出版社，1995.

［72］　Kaye A H，Laws E R. Brain tumours：an encyclopedic approach［J \］. Journal of Clinical Neuroscience，2003，10（1）：137.

［73］　过学迅．汽车设计［M］．北京：人民交通出版社，2005.

［74］　王国权．汽车设计课程设计指导书［M］．北京：机械工业出版社，2010.

［75］　Yong Wang，Xun Yang，Teng Xiong，et al. Performance evaluation approach for solar heat storage systems using phase change material［J］. Energy & Buildings，2019，155.

［76］　刘惟信．汽车设计［M］．北京：清华大学出版社，2001.

［77］　Galtier M，Blanco S，Dauchet J，et al. Radiative transfer and spectroscopic databases：A line-sampling Monte Carlo approach［J \］. Journal of Quantitative Spectroscopy and Radiative Transfer，2016，172：83-97.

［78］　张春林．机械原理［M］．北京：高等教育出版社，2005.

［79］　幺居标．汽车底盘构造与维修［M］．北京：机械工业出版社，2002.

［80］　程军．汽车防抱死制动系统的理论与实践［M］．北京：北京理工大学出版社，1999.

[81] Xiang W，Richardson P C，Zhao C，et al. Automobile brake-by-wire control system design and analysis ［J＼］. IEEE Transactions on Vehicular Technology，2008，57（1）：138-145.

[82] 姜宏霞，刘垚均，张涵. 基于 CarSim 与 Simulink 车辆防抱死系统仿真分析 ［J］. 时代汽车，2018（6）：108-109.

[83] 艾江. 汽车防抱死制动系统电控单元的设计 ［J］. 重型汽车，2017（6）：22-25.

[84] Park J H. Wheel slip control system for vehicle stability ［J］. Vehicle System Cynamics，1999，31：262-278.

[85] 梁燕. 汽车防抱死制动系统的技术研究 ［J］. 内燃机与配件，2019（12）：3-4.

[86] Gu J，Ouyang M，Li J，et al. Driving and braking control of PM synchronous motor based on low-resolution hall sensor for battery electric vehicle ［J＼］. Chinese Journal of Mechanical Engineering，2013，26（1）：1-10.

[87] 郭建亭，王少勇，吕魁超. 基于 Matlab 的汽车 ABS 仿真研究 ［J］. 汽车实用技术，2012，（11）：24-27.

[88] Ko J W，Ko S Y，Kim I S，et al. Co-operative control for regenerative braking and friction braking to increase energy recovery without wheel lock ［J＼］. International journal of automotive technology，2014，15（2）：253-262.

[89] 张骁. 多系统集成式车轮模块及线控转向技术研究 ［D］. 长春：吉林大学，2021.

[90] 刘义付，谷银港. 机动车转向系统简析 ［J］. 现代农机，2020（04）：56.

[91] 赵燕，周斌，张仲甫. 汽车转向系统的技术发展趋势 ［J］. 汽车研究与开发，2003（02）：22-24.

[92] 谢冬. 电动线控转向系统设计与控制研究 ［D］. 合肥：合肥工业大学，2021.

[93] 孙叔雷. 电动液压助力转向系统性能的研究与分析 ［D］. 天津：天津理工大学，2018.

[94] Steven Peppler A，James Johnson R，Daniel Williams E. Steering System Effects on On-Center Handing and Performance ［C］. SAE Paper No. 1999-01-3765.

[95] 孙营. 重型商用车转向系统建模及整车动力学仿真研究 ［D］. 武汉：华中科技大学，2011.

[96] 何洪文，熊瑞. 电动汽车原理与构造 ［M］. 北京：机械工业出版社，2018.

[97] 韩振. 汽车电动转向系统优化设计及仿真分析 ［D］. 天津：天津职业技术师范大学，2020.

[98] 杨康. 重型卡车液压助力转向系统设计及转向特性匹配研究 ［D］. 济南：山东大学，2019.

[99] Minoiu Enache N，et al. Driver steering assistance for lane departure avoidance ［J］. Control Engineering Practice，2009（17）：624-651.

[100] 原健钟. 汽车主动转向系统研究 ［D］. 广州：华南理工大学，2010.

[101] 郑伟. 电动转向助力系统（C-EPS）研究 ［D］. 哈尔滨：哈尔滨工业大学，2018.

[102] 胡文. 电控液压助力转向系统技术研究 ［D］. 北京：北京理工大学，2016.

[103] Mian A A，Changjun K，Sangho K，et al. Lateral acceleration potential field function control for rollover safety of multi-wheel military vehicle with in-wheel-motors ［J］. International Journal of Control，Automation and Systems，2017，15（2）：837-847.

[104] 《中国公路学报》编辑部. 中国汽车工程学术研究综述 2017 ［J］. 中国公路学报，2017，30（06）：1-197.

[105] 池成. 基于线控全轮转向驱动协调的轮毂电动汽车操控稳定性控制研究 ［D］. 深圳：深圳大学，2018.

[106] Fan C S，Guo Y L. Design of the Auto Electric Power Steering System Controller ［J］. Procedia Engineering，2012，29：3200-3206.

[107] Lukic S M，Emadi A. Effects of Electrical Loads on 42V Automotive Power Systems ［C］. Future Transportation Technology Conference & Exposition，2003.

[108] Schwarz B，Eckstein L. Reduction of Driving Resistance by Means of Wheel-individual Steer-by-wire Systems ［J］. Atz Worldwide，2018，120（1）：44-49.

[109] Keiji Suzuki，Yo shiharu Inaguma，Kyo suke Haga. Integrated electro-hydraulic power steering system with low electric energy consumption ［C］. SAE Paper 950580，1995.

[110] Yo shiharu Inaguma，Keiji Suzuki，Kyo suke Haga. An energy saving technique in an electro-hydraulic power steering（EHPS）system ［C］. SAE Paper 960934，1996.

[111] Avinash Balachandran，Christian Gerdes J. Designing Steering Feel for Steer-by-Wire Vehicles Using Objective Measures ［J］. IEEE/Asme Transactions on Mechatronics，2015，20（1）：373-383.

[112] Farbod Fahimi. Full drive-by-wire dynamic control for four-wheel-steer all-wheel-drive vehicles ［J］. Vehicle System Dynamics：InternationalJournal of Vehicle Mechanics and Mobility. 2013，51（3）：360-376.

[113] 王倩，蔺毅. 汽车动力转向系统的发展 ［J］. 农业装备与车辆工程，2009（03）：45-46＋52.

[114] 吕勇．中型载货车液压助力转向系统优化与助力性能研究［D］. 青岛：山东科技大学，2018.

[115] 刘天浪．作业绞车液压传动系统设计与分析［D］. 大庆：大庆石油学院，2007.

[116] 俞阿龙，李正，孙红兵，等．传感器原理及其应用［M］. 南京：南京大学出版社，2017.

[117] 周萌萌．轻型载货汽车车架的有限元模拟及优化设计研究［D］. 镇江：江苏大学，2020.

[118] 张平，王伟．特种汽车底盘车架的系列化设计［J］. 专用汽车，2006，40（02）：40-41.

[119] 魏坤．矿用车前独立悬架研究［D］. 哈尔滨：哈尔滨工业大学，2015.

[120] 黄辉阳．基于轻量化的6×4牵引车车架结构设计分析［D］. 长沙：湖南大学，2019.

[121] 王伟，王孟琴．某轻型卡车车架有限分析［J］. 农业装备与车辆工程，2022，60（03）：156-160.

[122] Barker R，Harding A. Automobile Design：Twelve Great Designers and their Work［M］. SAE International，1992.

[123] Timoney E P，Timoney S S. A Review of the Development of Independent Suspension forHeavy Vehicles［R］. SAE Paper No，2003，112：426-433.

[124] NFPA 414，Standard for Aircraft Rescue and Fire-Fighting Vehicles［S］. National FireProtection Association，2012.

[125] 姜斌．8×8轮式越野车独立悬架和整车性能仿真分析与优化［D］. 长春：吉林大学，2003.

[126] 王海云．空气悬架在重型卡车上的应用及其装配工艺设计［D］. 西安：长安大学，2020.

[127] 王晓鑫．基于UG和ADAMS的玻璃挑料机械手的设计和仿真［D］. 大连：大连工业大学，2018.

[128] 黄卫庄．某型轿车悬架上摆臂结构设计及其有限元分析［J］. 车用制品技术与应用，2020.

[129] 李鹏雷，周长城，李颂，等．双横臂悬架导向机构运动学分析及优化［J］. 汽车实用技术，2022.

[130] 耶尔森·赖姆帕尔．汽车悬架［M］. 李旭东，译．北京：机械工业出版社，2013.

[131] 刘文杰．320吨电动轮矿用车车架参数化及轻量化设计研究［D］. 武汉：武汉理工大学，2013.

[132] GB/T 3273—2015. 汽车大梁用热轧钢板和钢带［S］.

[133] 李杰，赵旗，洪哲浩．车架纵梁、横梁截面几何特性的计算［J］. 专用汽车，1996（02）：23-25.

[134] 王霄锋．汽车底盘设计［M］. 北京：清华大学出版社，2015.

[135] Balaraju A，Venkatachalam R. A Study on Conventional versus Independent Suspension of an Automobile［J］. Applied Mechanics and Materials，2014.

[136] 石峰．双横臂独立悬架系统的分析与设计［D］. 西安：长安大学，2008.

[137] 周桂凤，王玉刚，张东梅．汽车悬架系统弹性元件的参数程序化设计［J］. 机电工程技术，2012.

[138] 董明明，王梦瑶，梁迎港．装甲车辆悬挂系统设计［M］. 北京：北京理工大学出版社，2019.

[139] 倪强．6×6越野汽车前独立悬架的设计与研究［D］. 哈尔滨：哈尔滨工业大学，2007.

[140] 江民圣．ANSYS Workbench19.0基础入门与工程实践［M］. 北京：人民邮电出版社，2019.

[141] Yong Zhen Zhu，Kuo Yang，Qi Yang，et al. Finite Element Analysis of Frame of Dump Truck［J］. Applied Mechanics and Materials，2015，733：591-594.

[142] 陈峰华．ADAMS2018虚拟样机技术从入门到精通［M］. 北京：清华大学出版社，2019.

[143] Benko Milan，Kucera Lubos，Smetanka Lukas. Front suspension design of the lightweight vehicle［J］. Transportation Research Procedia，2019，40：623-630.

[144] 周鑫．重型汽车双横臂独立悬架设计研究［D］. 镇江：江苏大学，2016.

[145] Guang Tian，Yan Zhang，Jin Hua Liu，et al. Double Wishbone Independent Suspension Parameter Optimization and Simulation［J］. Applied Mechanics and Materials，2014.

[146] 王孝鹏，吴龙．车辆动力学建模与仿真［M］. 成都：西南交通大学出版社，2020.

[147] 王丽娟．纯电动客车整车控制系统设计及驱动控制策略研究［D］. 长春：吉林大学，2015.

[148] 杨建森．面向主动安全的汽车底盘集成控制策略研究［D］. 长春：吉林大学，2012.

[149] Liu H，Lei Y，Fu Y，et al. A novel hybrid-point-line energy management strategy based on multi-objective optimization for range-extended electric vehicle［J］. Energy，2022，247：123357.

[150] Rajani B，Sekhar D C. A hybrid optimization based energy management between electric vehicle and electricity distribution system［J］. International Transactions on Electrical Energy Systems，2021，31（6）：e12905.

[151] Zhang F，Wang L，Coskun S，et al. Energy management strategies for hybrid electric vehicles：Review，classification，comparison，and outlook［J］. Energies，2020，13（13）：3352.

[152] Guo N，Zhang X，Zou Y，et al. Real-time predictive energy management of plug-in hybrid electric vehicles for coor-

dination of fuel economy and battery degradation [J]. Energy，2021，214：119070.

[153]　陈筠翰．车载网络的若干关键技术研究 [D]. 长春：吉林大学，2014.

[154]　张卓，盖敏慧，王刚，等．车载网络的发展现状与应用 [J]. 车辆与动力技术，2011.

[155]　齐利威．电动车 CAN 总线网络整车架构研究与设计 [D]. 长沙：湖南大学，2013.

[156]　周琦．汽车 CAN_FD 总线应用研究 [D]. 上海：上海工程技术大学，2019.

[157]　董冰．基于锂离子动力电池的纯电动汽车能量管理系统控制策略与优化 [D]. 长春：吉林大学，2014.

[158]　许世景．串联混合动力汽车能量管理策略优化研究 [D]. 天津：天津大学 2013.

[159]　周东华，王桂增．第五讲　故障诊断技术综述 [J]. 化工自动化及仪表，1998.

[160]　曹红．纯电动汽车故障诊断系统开发 [D]. 济南：山东大学，2014.

[161]　吴汪箭，赵婷婷，牛礼民．增程式电动汽车续驶里程的延长优化 [J]. 汽车工程师，2021 (11)：14-18.

[162]　丘东海．纯电动客车整车控制策略主体架构 [J]. 客车技术与研究，2021，43 (05)：12-14, 33.

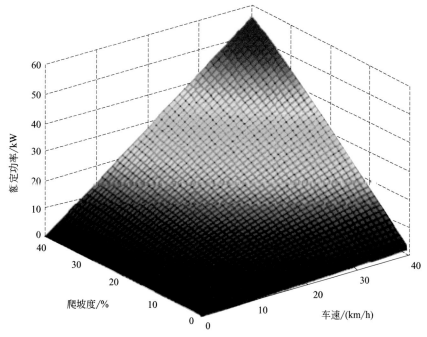

图 2-12 电机额定功率与最高车速和最大爬坡关系

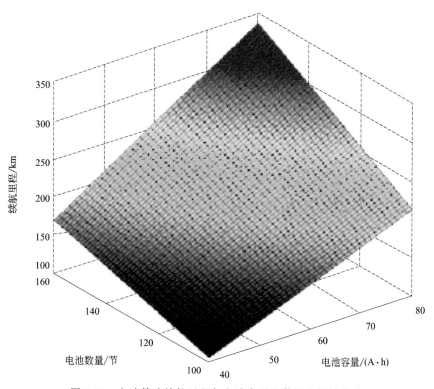

图 2-13 电池等速续航里程与电池容量和数量之间的关系

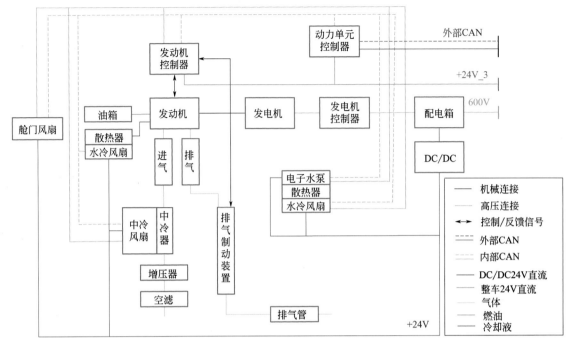

图 3-26　智能动力单元（IPU）控制架构

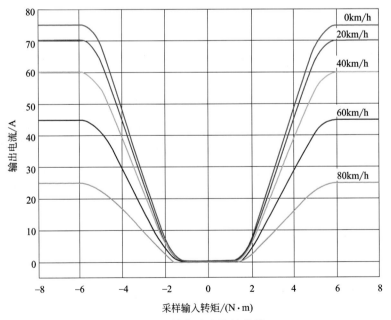

图 5-30　转向助力特性曲线

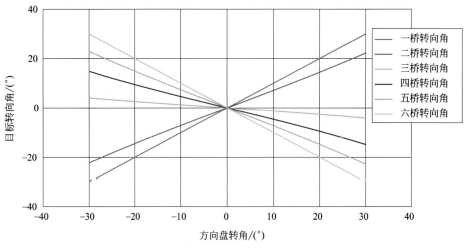

图 5-31 一桥转向角

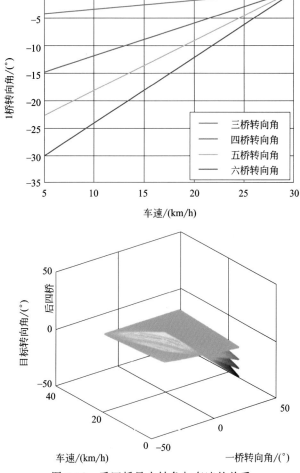

图 5-32 后四桥最大转角与车速的关系

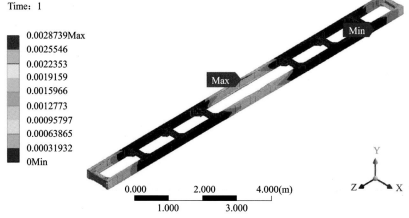

A：Static Structural
Total Deformation
Type：Total Deformation
Unit：m
Time：1

0.0028739Max
0.0025546
0.0022353
0.0019159
0.0015966
0.0012773
0.00095797
0.00063865
0.00031932
0Min

图 6-15　车架有限元形变

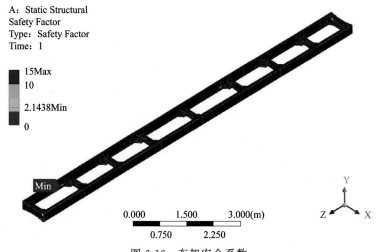

A：Static Structural
Safety Factor
Type：Safety Factor
Time：1

15Max
10
2.1438Min
0

图 6-16　车架安全系数

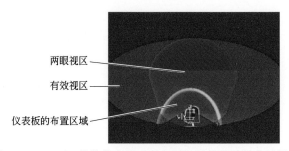

两眼视区
有效视区
仪表板的布置区域

图 7-29　CATIA 软件仿真的重型车辆驾驶员驾驶操作的视区